理性、生命与世界

汪堂家文选

日月光华·哲学书系

汪堂家 著　吴猛 编

理性、生命与世界

汪堂家文选

上海人民出版社

本书由上海易顺公益基金会资助出版

总　序

“日月光华，旦复旦兮”，思想之光，代代相传。在复旦哲学走过一个甲子之际，“日月光华·哲学书系”、“日月光华·哲学讲堂”应运而生。这既是过往思想探索道路上的熊熊火炬、坚实基石，以砥砺后学继续前行，亦是期许未来学术反思的灿然星陈，以哲学之力去勘探人类精神应有之高度与广度。为此我们当勤力不殆。

“兼容并蓄”是哲学成长的传统。复旦哲学建系伊始，胡曲园、全增嘏、严北溟、陈珪如、王遽常等诸位先生学识渊博，其来有自，奠定了复旦哲学的根基。他们不独立门户，不自我设限；不囿于教条，不作茧自缚；而是以思想和问题为导向，兼容并蓄，博采众长，由此造就了六十年来复旦哲学的特色。诸位奠基先贤始终秉持开放而专业的态度，强调严肃的学术训练，打破学科壁垒，追寻思想脉络，力图以真切而深邃的思考达致生活之本真，捕获时代之真精神。

“时代担当”是哲学不变的使命。自改革开放以来，以思想深入时代，对时代的根本问题做出积极的求索，是复旦哲学另一鲜明特色。真正的思想探索和学术研究理应紧紧抓住与时代血脉相连的命题，提炼精华，不断对人类生存的基本问题做出回应。优秀的学者须有冷静的观察和深刻的反思，但这并不等于将自己封闭在无根的象牙塔中，而是真实切入时代命题的必备前提。切问而近思，人类的根本命题始终激荡于胸！

我们将以开放和虚心的态度来传承这些特色。“日月光华·哲学书系”不但收录了复旦哲院教师以往的代表作，也以面向未来的姿态吸纳复旦哲学人的最新力作。我们希望这一书系成为一个开放式的平台，容括从复旦求学毕业、在复旦从事教学和研究，以及到复旦访问讲学的学界同仁的优秀著作，成为推动汉语哲学界不断发展前行的引擎。“日月光华·哲学讲堂”，则希望将国内外学者在复旦所做的系列讲座整理成文，编撰成册，努力展现他们思想的源初轨迹，推进其理论贡献。以“日月光华”为平台，以学术为标尺，使国内外学者的优秀成果在共同的学术园地上得以生动呈现。这必将是一个漫长而艰难的过程，需要敞开的思想姿态、精准的学术眼光以及异乎寻常的努力与坚持。我们希望把复旦哲学“扎根学术、守护思想、引领时代”的精神风格融入这两套丛书；我们期许它们不但能透彻地刻画出思想本身的发展历程，还将在更为丰满的历史背景中探索思想的作用。唯有如此，我们的“书系”与“讲堂”才能超出一般丛书的范畴，真正成为时代精神的捕获者、诠释者、推动者和反思者。

思想薪传在任何时代都是无声、艰辛和困苦的事业，隐于“日月光华”这一个美好愿景背后的深意尤为紧要：思想的守护与传承是“旦复旦兮”的意涵所在，精神的催生与创新是生生不息的事业。“书系”与“讲堂”的出版并不是书目的简单累积，也不是论题的无序叠加，而是思想的流动和生长，是已有思想激发新思想的创造过程，是不断厘清思想限度、拓展思想疆域的漫漫求索，是幽微星火燃成日月光华的坦荡大道。在几辈学人的共同理想和不懈坚持下，既往的成果已然成为了沉甸甸的责任。由此，在决定“书系”与“讲堂”的名称时，我们选择将我们的理想标示出来，以此自勉，并期望人类趋向光明的理想，终将启迪人类的智慧，并照亮那条崎岖不平却让人甘之如饴的精神道路。

是为序。

孙向晨

二〇一六年九月于复旦

目　录

四、德法哲学相互接受史研究

五、现象学研究

六、德里达和后结构主义研究

七、建构主义研究

八、利科与诠释学研究

九、杜威与实用主义研究

十、伦理学研究

十一、思想随笔

一、哲学总论

哲学的时代性与超越性[①]

“因为任何真正的哲学都是自己时代精神的精华，所以必然会出现这样的时代，那时哲学不仅从内部即就内容来说，而且从外部即就其表现来说，都要和自己时代的现实世界接触并相互作用”。[②]早在一个世纪之前，马克思就提出了这一精辟的见解。这一见解初步揭示了哲学与现实，哲学与时代精神的关系，是哲学对自身的深刻反思。然而，这一见解招致了许许多多的误解。有些人不加分析地把马克思的上述论断简单地表述为：“哲学是时代精神的精华”，他们自以为自己所做的工作是人类历史上无与伦比的工作，他们自以为自己就是时代精神的化身，于是他们忘记了哲学在批判历史和现实的同时也要进行自我批判。因此，许多人不是陶醉于对现实进行亦步亦趋的解释，就是忘身于象牙塔内的闭门造车。这样做导致了两种理论后果，要么以急功近利的眼光去看待哲学，从而把哲学的时代感等同于对现实的简单说明，要么无视现实的发展，从而把哲学看成了历史的注脚和概念游戏。

所谓时代精神，必须是符合时代要求和兴趣的社会化的意识。它要通过哲学、文学、艺术、政治、法律、伦理等等表现出来。

---

① 本文载于《社会科学》1991 年第 1 期。——编者注

② 《马克思恩格斯全集》第 1 卷，人民出版社 1972 年版，第 121 页。

黑格尔首次提出了“时代精神”这个概念，但是，他所说的时代精神本质上是绝对精神的表现，他并没阐明时代精神作为统一的客观状态究竟包含哪些内容。他着眼于时代的精神方面，而不是精神的时代方面。时代精神不仅是内在的精神和无形的力量，而且还是活生生的现实，它贯穿于人类的各种社会活动并通过这些活动而潜沉到生活的各个方面，由此影响社会、推动社会、塑造社会。时代精神之所以是时代精神，就在于它代表了一个时代最先进的东西，预示了时代发展的方向和趋势。从这种意义上说，时代精神也是一个流动着的历史的概念，虽然它不因某个人的死亡或某种新的理论的产生而改变自己，但是它最终会随着社会实践以及由这种社会所规定的社会生活的改变而改变。当然，这种改变是一个十分缓慢的过程，并且在不同的时代改变的速度是不同的。甚至在新旧交替的社会大变革时代，新的时代精神也不是在一天之内就能形成。我国的五四运动就是一个最好的例证。

一

那么，哲学与时代精神究竟有什么关系呢？总的说来，哲学与时代精神处于相互作用的过程中。哲学，按黑格尔的看法，像政治、法律、艺术、宗教等等一样根源于时代精神，也就是说，时代精神是新哲学形成的基础，这一点决定了哲学必须具有时代感。

亚里士多德说过：“首先要满足生活上的需要，人们才开始有哲学思想”，[①] 这就是说，哲学思想是生产发展到一定阶段的产物，物质生活是精神生活的基础。无论哲学如何玄妙高超，无论哲学如何宣称自己最远离现实，它都要以一定时代的物质生活和精神生活为基础，这一点可以从如下方面去理解。第一，哲学的创造者—哲学家总是时

① 亚里士多德：《形而上学》第1卷，第2章。

代的产儿，他的个性、他的生活、他的知识结构也都受到他所处的时代的制约。哲学家不仅热爱生活，而且由于他能参生悟死，最能了解生活的真谛，因而他能以最和谐的方式、以最丰富的感情按理智去生活。过去，一部分人之所以认为哲学家对生活十分冷漠，这并不是因为哲学家不热爱生活，而是因为这些人把生活理解得太狭隘了，他们以为生活仅仅是一种物质活动，除了饮食男女就没有别的。实际上，随着社会的发展，精神生活在整个生活中的比例在渐渐提高。甚至可以说，人类物质生活的每一个方面都渗透着精神的因素，因此，人们没有理由说哲学家不重生活，更没有任何理由说哲学家生活在现实之外。

第二，哲学家思考的问题既有普遍的方面又有特殊的方面。所谓普遍的问题是指各个时代的哲学共同关心的问题，如思维与存在的关系问题，有限与无限的问题，生与死的问题，它们是哲学的永恒主题，正因为有了这些永恒的主题，过去的哲学才不会过时。所谓特殊的问题是指每个时代向哲学家提出的问题，这些问题是受特定时代条件制约的。比如，苏格拉底和柏拉图就不可能提出人的异化问题，不能提出法兰克福学派有关现代工业社会对人性的摧残等方面的问题。这些特殊问题的提出正好证明哲学是时代的产物。

第三，过去我们非常重视哲学对时代的表现，这无疑是正确的，但仅仅看到这一点还不够，我们要看到，任何一种哲学的产生都与哲学家的个性有着这样或那样的联系。哲学家的个人经历、人生态度、师承关系乃至知识结构，对他的哲学理论有着直接或间接的影响，就拿马克思和恩格斯来说吧，他们在创立马克思主义哲学时，似乎有某种分工，这种分工与他们个人的理论兴趣和知识结构不无关系，马克思的研究偏重于社会历史方面，而恩格斯则由于自己通晓当时的自然科学和军事知识，把自己理论研究的重点放在自然辩证法和军事辩证法方面。在现代西方哲学中，哲学与哲学家个性的联系体现得更为明显。现代哲学学说纷呈，派别林立，哲学内部的分工也越来越细。如20世纪相继出现了精神哲学（这不是黑格尔意义上的精神哲学）、行为哲学、语言哲学、科学哲学等哲学分支。这些哲学分支的出现每每与哲学家的知识结构有关。研究语言哲学和科学哲学的哲学家每每是语言学家（如乔姆斯基和卡兹）、科学史家和科学家（如库恩、劳丹、邦格），而研究精神哲学的哲学家常常是心理学家和行为科学家。现代的哲学家不是，而且也不可能像过去的哲学家那样成为百科全书式的人物。如果他是一个百科全书式的人物，他大概不会有多大的造就。因为现代社会处于信息剧增的时期，一个人要想掌握一切就等于什么都不能把握，这就迫使哲学家们也要去选择一些专门的领域。从这样的意义上讲，现在许许多多哲学分支的出现乃是一种必然现象，是思想进步的标志。这也从另一个侧面反映了时代的发展决定了哲学的发展。

至于哲学与哲学家人生经验的关系，我们可以从一切人生哲学中看出来。在现代西方哲学中，几乎一切人生哲学都与哲学家的个人经历有关，唯意志论和存在主义是这方面的典型。尼采哲学是一种变态心理的产物。家庭的不幸、病痛的折磨、爱情的挫折，使他带着不同于常人的眼光去看待19世纪末的德国社会，他的理论可以说是对个人不幸的抗议，他把这种不幸归因于社会，因此，他对个人不幸的抗议必然表现为对社会的抗议。存在主义哲学家克尔凯郭尔、海德格尔、萨特、加缪的理论也都包含他们个人的人生体验。萨特加入过战俘的队伍，深深体会过现代社会给人带来的不幸，他的不幸是社会造成的，他的理论表现了法国二战期间一整代资产阶级知识分子的心理。所以我们说，没有他所处的那种特定的社会环境也便没有他那种独特的哲学。这一点也说明，哲学与哲学家人生经验的关系是哲学与时代的关系的一种曲折表现一哲学家是时代塑造的。诚如叔本华所言，“人、不同于一般动物只生存在‘现在’，人类有理想，靠着它，由检讨过去而瞻顾未来”。①

哲学并不等于常识，也不是现实的附庸，不是关于世界的粗浅的浮面观念。就抽象程度而言，哲学毋宁是与现实相距最远的学科，但这丝毫不意味着哲学可以脱离现实。恰恰相反，哲学总是以抽象的理论形态出现，它使用的概念越抽象，它包含的内容越模糊，越具有不确定性，而它的覆盖面也随之越广阔。仅从这一点，就可以说，哲学包含生活的全部丰富性。

正因为哲学离不开时代，所以它要倾听时代的呼声，反映时代的要求，表现时代的风貌。就哲学家是由特定的时代塑造而言，就哲学的重大问题产生于特定的时代而言时代决定哲学，哲学反映时代。下面我想就这个问题谈谈自己的看法。

二

哲学家站得高看得远，之所以这样，就在于哲学家并不只是简简单单地充当社会附庸，而是在充分研究他所处时代的同时不断地超越他所处的时代。整个西方哲学史充分证明了这一点。哲学家只有超越他的时代才能透视他的时代。这就好比我们看一幢房子，如果我们只在这间房子里面看，我们是不可能充分了解这幢房子的，要了解这幢房子的全貌，我们既要把房子里面弄清楚，又要超出这幢房子—站在这幢房子之外。维特根斯坦说过，我们要给世界划定界限就得站在这个世界之外，他讲的正是这个道理。同样，哲学家既要置身于他所处的时代里充分了解他的时代，又要站在他的时代之外来了解他的时代。哥德尔（Godel，著名数学家、逻辑学家）不完全性定理的哲学意义恐怕就在这里。哥德尔认为，任何系统中都有一个因素不能为这个系统本身所说明。换句话说，一个系统要借这个系统之外的东西才

① 叔本华：《生存空虚说》，陈晓南译，作家出版社1987年版，第25页。

能获得充分的说明。如果把哥德尔的这个定理加以哲学的抽象，那么，我们可以说超越性是人类认识的根本特征，因而也是哲学认识的根本特征。

具体地说，哲学时代的超越主要表现在如下几个方面：

首先，哲学具有预见性，因此，它是指向未来的。例如近代科学的原子论早在古希腊的德谟克里特那里就以哲学的形式表现出来，培根和狄德罗也曾以哲学的方式指出了分子的存在。达尔文的进化论已经获得了广泛的接受，但是，古希腊哲学家和以后的许多哲学家都表述过生物进化的思想，如阿那克西曼德曾说人是从鱼变来的。正由于古希腊哲学包含着许多天才的猜测，马克思才说它具有全面发展的萌芽。

大家都知道几年前出现的生物全息律理论。按照这种理论，一片树叶反映了一棵树的基本特征。拿人来说，人体的每一部位反映了人体的基本面貌。因此，医学可以按这种理论来为病人治病。比如，医生可以根据手上的信息来判断身体的其他部位是否患病。令我们感兴趣的是，莱布尼茨的单子论实际上也表述了这样的思想。莱尔尼茨认为整个宇宙是由单子构成的，每个单子就像一面镜子反映了宇宙的面貌，如果把这种理论用于人体，我们自然会得出这样的结论，人体是由单子构成的，每个构成人体的单子也反映了整个人体的面貌。

以上事实无可辩驳地表明，哲学可以超出自己的时代提出一些预设性的东西，这些预设性的东西往往能启迪人们的思维，开阔人们的眼界。如果说没有假设就没有现代科学，那么，哲学家提出一些大胆的假设将有助于科学的进步。

其次，哲学的超越性还表现在它的理想性。理想以超越现实为特征，它是人类不满足于现状的一种表现。如果人们都满足于现状，社会就不会发展，时代就不会进步。因此，我们要提倡人们树立自己的理想，因为理想给人以希望，使人们的奋斗具有方向性，从而减少盲目性。思想家常常喜欢建立一种精神王国或为人类绘制各种各样的理想蓝图。柏拉图的理想国，培根的新大西岛和马克思所设想的我们正在为之奋斗的共产主义社会都是人类追求理想性的表现。从本质上说，人即是理想性的存在，他能以超前的眼光去看待自己，看待自己所生活的社会，因此，人不仅能从现在去看将来，而且能从将来看现在。对哲学家来说，未来向我们敞开着，它展示出的各种可能性不仅规定着人的现实生活目标，而且规定了现实生活的意义。所以只要哲学关心人和人的未来，它就必须为人类提供各种尽可能完满的预设。有了这些预设，人类才得以明确自己的生活道路和人生目的。从这种意义上讲，哲学家乃是人类前途的设计师。

最后，哲学的超越性表现在它总是力图从常识中超拔出来。一方面，任何一种哲学都有自身独特的语言，这种语言的抽象性决定它只能潜入意识的底层，而不能停留于生活的浮面现象。就抽象程度而言，哲学语言无疑是远离常识的语言，它所表现的沉甸甸的思想是日常语言无法容纳的。尽管哲学离不开诗意的激情，但哲学语言是其他语言无法替代的，因此，一种哲学体系首先是一种自律的语言体系。离开这样的体系，哲学思想必然丧失自身独立存在的价值。如果说平静无波的思想只能诉诸平静无波的语言，那么，哲学的生命必然与深沉的语言共始终。另一方面，哲学是不计功利的，它撇开了生活的个别因素而专注于世界的普遍实质。它既不是一堆了无生气的概念木乃伊，也不是现成的实用工具。它对社会的影响是潜移默化的并且要通过各种中间环节表现出来。它可以满足人的精神需求，但不能满足人的物质欲望。如果以急功近利的眼光去看待哲学，那只能把哲学降低为常识。从认识论上讲，哲学首先是一种思维体操，它的功用不在于能给我们带来多少物质利益而在于给我们的思维提供了锻炼的场所。在这个物欲横流的时代，人心正为名利所占据，而不愿进行沉思和默想。当外在世界的喧嚣打破了内心世界的宁静，我们深沉的哲学思考就面临着沉沦的危险，因此，我们今天强调哲学的超越性就有着极为重要的意义。

我们需要什么样的哲学教育

——哲学教育的理念与危机[①]

一

从1977年恢复高考开始，我国恢复哲学教育已有30年了。在这30年里，我们见证了思想界从封闭到开放、从禁锢到解放的历程，也见证了本民族的思想传统从断裂到再续、从荒废到复兴的过程。在这30年里，我们的哲学和哲学教育历经从过分的意识形态化到回归常态的过程。只需将这30年间各个大学哲学系的课程表做一个前后对比就不难发现，我们的哲学课程越来越丰富，授课方式越来越灵活，对经典文本的解读越来越重视，互动性教学越来越受欢迎，与国际同行的交流越来越频繁，本国的思想资源越来越激起人们的兴趣。

然而，我们越是深思，越是觉得哲学教育的浮华掩盖不了其中的问题与危机。这种问题与危机也是哲学的问题与危机，因为哲学与哲学教育的关系是一体两面的关系。如今，我们可以看到，哲学教育的理想正日益被社会对哲学的功利性要求所破坏，以致哲学越来越变成了以"搞"和"做"为标志的职业，而无法变成以"思"与"问"为特征的、令人向往、令人痴迷的职业。其后果必然是，人们不再相信精神的力量，不再享有思想的乐趣。我们也可以看到，随着哲学被分

① 本文载于《探索与争鸣》，2009年第8期。——编者注

为条条块块的知识部门，哲学教育变成了对这些部门知识的传授。哲学本应给科学以统一，给知识以统一，可它自身却无法把那些条条块块的东西统一在哲学的名下，以致“中”“西”“马”成了哲学这门曾经不断孕育一些新学科的学科标准建制。这种建制不仅损害了我们的哲学教育，而且以制度化的方式妨碍着思想的交流。今天，我们依然看不到这种已有50年之久的建制有丝毫改变的迹象，相反，它仍然牢牢地纠缠着我们，使我们自限于、自安于、自娱于所谓的专业之中。我们还可以看到，哲学本应具有的传道、授业和解惑的传统教育功能被狭隘地理解为单一的授业功能，而哲学如果有“业”可授的话，其最大之“业”本是思想，本是传道和解惑。如今，随着哲学教育变成知识教育，学生变得懒于思考或害怕思考，他们关心的是某门哲学课可以得到几个学分以及哪门课更容易通过。与此相应，哲学教师“驰骛于外界，而不遑回到内心”，即便有回到内心的意愿，也无回到内心的闲暇。其表现是，大家要么忙于通过不断的开会来进行意见的展览，要么通过日复一日的申请、评比、填表、检查、汇报、公关等与思想无关的事务，来证明自身的职业性存在。其后果必然是，人越来越繁忙和烦忙，思想却越来越荒疏和苍白。

但是，随着以一人的思想为思想、以一人的意志为意志的时代的远去，中国比以往任何时候更需要思想，更呼唤思想。众所周知，中国正在变成一个经济大国和政治大国，但中国还远远没有成为文化大国，更没有成为思想大国。我们自然会说，没有思想的中国不可怕，有思想的中国更不可怕。重要的是，中国应当拥有不仅属于自己而且属于全人类的思想，拥有让人安心、让人热爱、让人痴迷、让人激动的思想。只有当中国学者向世界贡献了那种源于自己的时代、属于自己的时代并超越自己的时代的思想，中国才能成为一个不仅为中国人而存在，而且为整个人类和人类文明而存在的中国。客观地讲，中国要成为文化大国和思想大国，还有很长的路要走。但是，中国要在未来的30年中成为拥有思想并创造思想的国家还是有可能的。其前提是，中国不仅要能营造一个尊重创造、尊重思想并激励思想的人文环境，而且能培养为思想的繁荣所必不可少的一大批杰出学者。于是，催生一种能造就这类学者的哲学教育体系便成了我们不可回避的使命。

二

哲学和哲学教育是有着自身的法则的。揭示、遵循这种法则正是我们这些哲学教师的主要职守之所在。“在人们按惯例教授哲学时，哲学强化了过去的思想的历史并且引导职业哲学家去研究通过既有的体系得以表述的题材。”① 人们常说“哲学是世界观与方法论”，人们还一再重复说“哲学是时代精神的精华”②，我甚至要说：“哲学是文化的灵魂。它不仅为自身而存在而且为时代精神而存在。哲学家不仅为同时代人而工作而且为子孙后代而工作。”③ 但是这些并非对中国现有的哲学状况的现象描述，而是对过去的哲学的辉煌时代的真切怀念，以及对思想抱有极大热忱的人们对哲学提出的本质性要求，或毋宁说，是他们对哲学的“应然状态”的一种让人振奋的期待。因此，我们不应陶醉在历史上的哲学曾经为我们提供的种种希望与愿景里，而不自觉到现行哲学和哲学教育的困局与危机。

“为天地立心，为生民立命，为往圣继绝学，为万世开太平”④，这是我们的先哲张载为今人提出的崇高要求，这也是今天哲学和哲学教

① John Dewey, “The Need for a Recovery of Philosophy”, In Larry A. Hickman and Thomas M. Alexander (ed.), *The Essential Dewey*, Bloomington and Indianapolis, Indiana University Press, 1998, pp.46–70.

② 《马克思恩格斯全集》第1卷，人民出版社1972年版，第121页。

③ 汪堂家、孙向晨、丁耘：《十七世纪形而上学》，人民出版社2005年版，第1页。

④ 张载：《张子语录》。

育应当积极回应的要求。它既道出了“天、地、人、圣”的统一，也道出了他对绝学的忧思以及对绝学不绝的信念，更道出了以太平盛世为定向的历史愿景，以及由这份愿景所引领的人类生活的意义。当我们今天把张载的这种要求作为哲学和哲学教育的理念时，我们也许会觉得它太过崇高、太过远大。但自视为思想尊严代言人的学者应当自视能配得上这样的理念，通过对这种理念的具体化以及在这一具体化过程中所表现出来的对于哲学的丰富内容、表现风格、语言策略和存在样式的开放性思考，把自己置于精神生活的享受中。黑格尔曾说，“追求真理的勇气，相信精神的力量是哲学研究的第一条件”[①]。就此而言，当前哲学教育的首要任务是把哲学课堂作为锻炼精神能力的场所，使学生意识到，世上除了纷繁的物质世界之外，还有丰富的思想世界可供我们开掘与享受。

然而，诚如歌德所言，一切实用的东西无需鼓励亦会自行发展，而真正美的东西、高尚的东西却需要鼓励与扶持。真正的哲学虽然不一定是美的东西，但一定是高尚的东西，是能体现思想的尊严并坚守这种尊严的东西。当前哲学教育的急务是要破除对哲学的实用性的迷思，正是这种迷思将哲学降格为工具性知识。实用性的东西总是与物质性的要求相联系，而美的、高尚的东西总是与精神的力量相联系。人们常问“哲学有什么用?”当我们接受这种问法时，我们早已先行接受了这种“问”本身的合理性。我们极少反问“这里所说的‘用’是什么样的‘用’? 是‘小用’还是‘大用’?”当人们以问“杯子有什么用”、“钢笔有什么用”的方式去问“哲学有什么用”时，答案自然是“哲学是无用的”，因为哲学之用显然不是谋生之用、谋财之用、器物之用，而是体道之用、悟道之用和明道之用，总之，是思想之用。这种“无用之用”堪为“大用”，或者说，是“无用之用”所造

---

① 黑格尔:《小逻辑》，贺麟译，商务印书馆 1982 年版，第 16 页。

就的“大用”。

正因如此，海德格尔说，“这种无用的东西，却恰恰拥有真正的威力。这种不承认日常生活中直接反响的东西，却能与民族的本真历程生发最内在的共振谐响。它甚至可能是这种共振谐响的先声。”①当我们与学生一道问“什么样的追问值得追问”时，当我们与学生们一道区分“小用”、“大用”与“无用”时，我们已经把自己带入了哲学的思考之中；当我们与学生一道追问“什么样的问题才是哲学问题”、“什么样的东西才配称为哲学”时，我们已经在把自己从日常习见的实用性知识中抽离出来、超拔出来并把自己投入哲学的思考之中。不断地追问这样的问题，恰恰从哲学的根源处显示出哲学的生命。

哲学本是生气蓬勃的思想。哲学教育如果不能让学生为思想所振奋，就只能听任事务性要求和实用性知识把他们拉入与思想无关的杂务之中。但精神的不满足仍会不时地向那些偶有所悟的人袭来。所以，当今的哲学教育如果不能培养训练有素的头脑，至少应当能让学生偶有所悟，偶有所思，偶有所疑。如果做到了这一点，也就算得上取得了最低限度的成功。

三

哲学教育应当实现什么目标呢？我以为，它首先要培养学生的批判精神。正是这种批判精神使我们不囿于成见，不故步自封，不为已有的经验、观点、知识和视域限制自己追求新知的热忱，以及防止外在的权威泯灭创造的勇气。盲从权威是创造的大敌。当我们致力于创新型国家的建设时，意识到这一点具有至关重要的意义。学术创新也只有在承认批判精神的正当性的学术氛围中才有可能。然而，我们所

① 海德格尔:《形而上学导论》，熊伟、王庆节译，商务印书馆 1996 年版，第 10 页。

说的批判并非对已有的东西进行无根基、无根据的纯粹否定，或对现实进行犬儒主义式的抵制。它首先是对对象的研究性介入，是基于这种介入和细究缘由的挑战性发问。因此，此处所说的批判绝不等于对已有的东西做无根由的拒绝，而是在揭弊中引入有价值的尺规，是在进行肯定之际不忘抱有怀疑精神的否定性姿态。它可以让我们意识到视角的多样性、视野的开放性和思维方式的可转换性。

批判的本质在于意识到一个东西的有限性，以及我们对它的认识的有限性。万物存在的有条件性和对这种有条件性具有明确意识的人的局限，使批判不仅成为探求真知的条件，而且成为社会进步的动力。我们甚至可以说，能批判性地对待“社会进步”的观念本身就是衡量社会进步的标尺。因此，批判精神中合乎逻辑地包含了以批判的方式去对待批判自身。马克思说：“批判的武器不能代替武器的批判。”① 这句名言道出了对批判本身进行批判的必要性。马克思的理论就是在批判中产生的，也是在批判中自我完善的。当我们讨论批判的必要性、可能性，讨论批判对于哲学和精神生活的意义，以及审查批判的手段的可靠性时，我们已经把自己带入了对批判的批判中。

批判的本质还在于意识到一个东西的不完满性和可超越性。尽管完满性是我们追求的目标，但真正说来没有什么现实的东西是完满的。完满性只存在于想象里，存在于我们的信念里，存在于我们的期盼里。哲学要求我们以想象的完满性的尺度去度量那些原本就不完满的事物，所以那些事物在哲学家挑剔的目光下就显得愈发不完满。这是哲学好发忧思的原因，也是一部分人害怕哲学的原因。哲学史在一定意义上是批判史，具体地说，是认识批判、社会批判和自我批判的历史。哲学既在批判中产生，又在批判中自觉，更在批判中演进。这一点是由哲学的超越本性决定的。哲学往往关注的是人类的普遍问题

---

① 《马克思恩格斯选集》第1卷，人民出版社1995年版。

或关于万事万物的“大道理”，因此，它不拘泥于一时一地的个别现象。哲学家无疑要关注自己的时代，但哲学家也总是与时代保持某种适度的距离，以便对自己的时代采取一种客观的立场和静观的态度。正因如此，海德格尔说，“哲学的一切根本性问题必定都是不合时宜的，之所以如此，是因为哲学或者远远超出它的当下现今，或者反过来把这一现今与其先前以及起初的曾在联结起来。……哲学本质上是超时间的，因为它属于那样极少的一类事物，这类事物的命运始终是不能也不可能在当下现今得到直接反响。”①

哲学的批判本性决定了哲学传统是无法通过固守来保持的，只有变革才能给哲学本身注入活力。我们不能设想哲学只有一种表述方式。承认哲学文本的多样性，承认其存在形态的多样性本身就是哲学变革自身的力量。为获得这样的承认，批判精神始终在哲学变革中发挥作用。德里达甚至说哲学不会有最终结论，但哲学是有前途的，哲学就是前途本身。哲学要考虑那些让它终结的东西，要考虑一系列有限的可能性。人们常感到，哲学话语已经穷尽了，哲学不可能有什么新花样，哲学只能以不同的组合来复制自身。谈论哲学的完结恰恰给哲学以机会，给思想以机会。“它丝毫不同于死亡或终结，而是机会。如果将这称为哲学，那么，我认为，哲学不仅有前途，而且只要存在前途，只要不可预料的事件会发生，哲学就意味着前途。”②然而，正如德里达曾经指出的那样，总有一些人害怕哲学。我们至少可以发现，一些不愿变革的人害怕哲学，一些因循守旧的人害怕哲学，一些思想懒惰的人也害怕哲学，他们害怕自己苦心经营的摊子在哲学的挑剔目光下破绽百出。讲到底，他们害怕真正的哲学提倡的批判精神，

---

① 海德格尔：《形而上学导论》，熊伟、王庆节译，商务印书馆1996年版，第10页。

② Raoul Mortley, *French Philosophers in Conversation*, Routledge, London and New York, 1991, pp.93-108.

这种精神要求我们不要承认万古不易的教条，并且要勇于批判自身和超越自身。

同时，哲学家多半是时代的观察者、诊断者和批判者，这些被称为牛虻的人总是不满足于现状，总爱对现行的东西说三道四，总爱捕捉哪怕一丝社会疾病的信息，他们有时与敏感的诗人为伍，充当时代危机的感应者和呻吟者。实质上，哲学让人警觉起来。不管是无病呻吟还是尖锐批评，哲学始终在提醒我们，我们的时代是一个充满重大危机和内在冲突的时代。“杞人忧天”对哲学家来说是最自然不过的事，也是必不可少的事，甚至是最重大、最根本的事。人类的存亡绝续恰恰系于这种危机意识，因为正是这种出于本源处的忧虑既使我们常怀改进之心，常存进取之念，常思自满之弊，常想变革之难；也使我们意识到自己的承诺、责任与决断，以及它们在多大程度上能得到成功的履行；更使我们不断意识到自身能力的有限性，以及无法应对不断变化着的僵化思维模式还隐含着的许多尚未意识到的危机。危机的存在正是寻找出路的开始和动力。哲学未必能开救世良方，但它敦促我们不忘检查社会的机体，甚至要对检查手段的可靠性和检查方法的有效性进行检查。当一些人还不习惯做这种检查的时候，逆耳的哲学便开始出现并不断地向他们发话和发问。但哲学决不是消极地对待现在的事物，每种哲学都是在现行的社会机制中展开的，即便是它的困惑和矛盾也是这种社会机制的一部分。

进行批判并接受批判是所有哲学的命运。“哲学不仅是一种没有历史界限、语言界限和民族界限的普遍计划，哲学还是一种长期由它自身的危机构成的计划。哲学始终是对它自身危机的经验，它也始终通过批判性的要求探询它自身的根源，它自身的可能性。”① 当哲学在确定自身的意义、自身的价值、自身的正当性时，哲学也在自我批判

① J. Derrida, *Du Droit à la philosophie*，Paris：Verdier，1990，p.158.

中不断重复和再造它自身的传统。

四

哲学教育要让学生学会发问以及就“问”本身发问。亚里士多德曾说哲学源于惊异。惊异意味着什么呢？意味着新事物、新现象、新观念在人们心灵中激起不同于旧印象、旧经验和旧观念的强烈反差感。这种反差感会让人疑，让人思，让人问，正所谓见疑启悟，见疑明性，见疑还思。但哲学之问不同于常人的随随便便的疑问。哲学之问是从生命本根处的问，用王玖兴先生的话说是“通观全体的问”，是能问出新视野、新境界的问。哲学之问是在深思中颠覆庸人识见的问。我们常说，问得好不如问得巧。哲学之问的巧妙性在于它总让人觉得是“问到在者之外去”。何谓“问到在者之外去”？它不拘泥于个别性，不追逐外在的杂多性，而是让我们存心于、潜心于万类的根据中。简言之，哲学之问是问一切问题之问题，它问最古老、最原始的问题，也问最广泛、最深刻的问题。这个问题被海德格尔表述为一切在者之在的问题，在中国古典哲学中它被表述为道的问题和其他本源性问题。其他问题都被这一类本源性问题所统摄。所以，海德格尔说，“进行哲学活动意味着追问：究竟为什么在者在而无反倒不在？而这种询问则意味着，通过澄清所要询问的东西去冒险探究和穷尽在这一问题中不可穷尽的东西。哪里出现了这样的活动，哪里就有哲学。”①

尽管哲学也像其他学科那样问一些特殊的问题，如某某概念、某某方法、某某文本的问题，但这些问题总是服从于、服务于或至少勾连于那种总体性、根本性的问题，亦即生活世界的根源问题、生活的意义与价值问题。即便一些哲学家遗忘了这类问题或以特殊的问题掩盖了这类问题，也并不表明这类问题就不存在或已得到了解决。提这

---

① 海德格尔:《形而上学导论》，熊伟、王庆节译，商务印书馆1996年版，第9页。

类问题是提其他问题的总体背景，或毋宁说，这类问题隐含在其他问题中，至少它已先行地成了追问其他特殊问题的形而上的预设。它在逻辑上和历史上的先在性保证了问其他问题是可靠的，是有价值的，因而是值得不断追问的。因为它最终使我们回到了人的存在意义以及意义之根，问其他科学的特殊问题或多或少会让人回溯到哲学的本源性问题。因此，疑问最终会过渡到现象学所说的“回问”“反问”或“探问”。用存在哲学的语言说，其他学科要问在者的问题并且将在者之在的问题悬置起来了，而哲学恰恰要问有关“在”本身的问题。用中国哲学的语言说，其他科学问的问题是有关“器”的，哲学的问题是有关“道”的问题。尽管“在”也是一种“在者”并且是特殊意义上的“在者”，但追问“在”的问题是哲学的使命之一，因为不追问和解答“在”的问题，形形色色的“在者”问题都只能作为分散的问题而不能作为整体性问题呈现给我们，知识的统一性和科学的统一性问题也就不可能激起我们的兴趣，更不可能有解决的前景。其原因在于，“在”的问题的解决为所有以“在者”为对象的科学的问题的解决提供了价值效准。同时，就“在”发问与就“在者”发问凸显了哲学问题作为根基性问题的可能性与特殊性，也凸显了哲学之问因关注在者整体而为我们提供了一种问其他问题的总体视域，从而防止其他科学之问停留于“只见树木不见森林”式的探问。借用海德格尔的话说，通过哲学的追问，“在者整体才得以作为这样一个整体，以及向着其可能的根基展开并且在发问中保持其展开状态”①。

然而，哲学之问的特殊性还在于，它不仅要问到“在者之外去”，不仅就“在”本身发问，就在者总体发问，而且要就“问”本身发问。就“问”本身发问意味着什么呢？意味着对问题本身的反问，意

① 海德格尔：《形而上学导论》，熊伟、王庆节译，商务印书馆1996年版，第6页。

味着探讨问题的来由和根苗，意味着把所有特殊的问题放在一个超乎寻常的东西面前进行考问。考问什么呢？考问那些特殊的问法是否关乎世界的总体，是否为一个超乎寻常的总问题所统领。用海德格尔的话讲，就是“对超乎寻常的东西作超乎寻常的发问”①。就问本身发问也意味着不仅要就世界总体、人的总体、生活总体和知识总体问一个“为什么”，而且要问“为什么要问‘为什么’”。问“为什么”是人的形而上的本性。但问“为什么要问‘为什么’”是揭示人的形而上的本性的哲学所要昭示给人的东西。哲学通过问这样的问题塑造着它的反思性的品格，它也通过问这类问题维持着精神的深度和思想的庄重性。当哲学沦为纯粹的分析技巧时，这种深度就丧失了，或者说，哲学家就不再是哲学家，而成了与木匠和铜匠无异的常人。木匠和铜匠的工作自然是不可小视的，但他们的工作只有放在人的总体境域中才能显示其深层意义。哲学之问不仅要提供一个问题域，而且要把问题问得奇特，问得有深度，就不能不对问题的性质做一番考察。比如，它要反问某个问题是否问得恰当，是否问到了根底上；它也要反问，什么样的问题才值得一问，以及“……是什么”这样的问法是否能不加限制地运用到所有的领域。哲学不加限制的提问以及对提问方式的反思既体现了哲学之问的自由自在性，也体现了哲学之问的自反性。正是基于这一点以及对哲学史“事实”的考察，我们断定，哲学史既是流动的概念史和命题史，又是活跃的论辩史，也是丰富的方法史，更是无尽的问题史。

五

哲学教育要实现有学术的思想和有思想的学术的统一。无思想的

① 海德格尔：《形而上学导论》，熊伟、王庆节译，商务印书馆 1996 年版，第 15 页。

学术是丧失灵魂的学术，无学术的思想是浮泛无根的思想。许多人可能和我一样感到，一个人一辈子即便要说上两句新话也是极为困难的。之所以如此，是因为我们的先人已经先于我们做了超越其时代的言说，只有了解那些言说、理解那些言说、阐释那些言说，那些言说才能作为有意义的言说呈现给我们。至少，只有在这种前提下，我们才能知道我们的言说是否还有必要。而正因为有根基的思想是为训练有素的头脑准备的，我们的哲学教育需要对学生进行良好的学术训练。

学术训练意味着什么呢？意味着培养学生对学术问题的敏感，对材料的鉴别能力，对新问题的发现能力，当然也意味着培养学生进行分析、比较、归纳、论证和驳难的能力。不过，哲学教育还要致力于培养人们的洞察力。洞察力并不是天生的，它需要培养和训练。如果说培养一个民族的想象力在很大程度上是文学和艺术的任务，那么，培养人们的洞察力在很大程度上则是哲学的任务。一种具有深厚底蕴的文化传统总有某种哲学在背后起作用，因为正是哲学主导着对其精神品格的塑造。

不过，为了进行哲学的学术训练，建立一些哲学交流机构是必不可少的，因为我们需要一些哲学交流机构来保证思想传统的继承，保证哲学诠释技巧的训练和传授，保证人们可以学习那些无法直接为普通人所把握的哲学论著。这些哲学论著是文化的源头活水，但它们要通过学习和阐释才能变成新时代的资源。就像“四书五经”和其他哲学论著在很大程度上造就了中国的文化品格一样，没有发源于古希腊罗马的西方理性主义哲学传统，没有积极发扬这一哲学传统的启蒙运动，现代科学和文化是不可能形成的。中国古典哲学代表着一种精神传统，一种智慧资源，一种文化气质，但只有通过受过学术训练的学者的阐释才能生发对于新时代和新生活的意义。仅凭个人的兴趣和一时的意愿，人们无法使它具有一种连续性，也无法将不同兴趣集中于一个统一的精神空间里，并使它们成为一种彼此互补与合作的力量，或营造一种共享的精神氛围。哲学交流机构（如“柏拉图学园”“伊壁鸠鲁花园”、中国的书院、近代西方的大学和沙龙，等等）都对学术做出过这样或那样的贡献。从哲学的观点看哲学教育，我们不仅应把哲学教育看作基本的思想训练，而且要突出它如何传承某种精神传统、如何唤起人们对于思想的热忱。

那么，我们该如何进行学术训练呢？我以为最好的方式仍然是研读经典。经典之所以为经典，就在于它是经过淘汰而留存下来并证明有恒久价值的东西。经典既是过去的人留下来的思想资源，又是有待我们进行创造性解释的范本。通过研读经典，可以让学生对过去的哲学保持历史的敏感，使他们感到过去的哲学其实并没有“过去”，因为过去的哲学所提的问题仍然以新的形式出现在我们面前；况且过去的哲学一直维系着我们的精神传统，这一传统首先是通过那些经典文本以及不同时期的人对那些经典的不断记忆、领悟和诠释而延续下来的。

今天，为使思想成为有学术的思想，我们的哲学教育还有一件紧迫的事情要做，这就是，哲学教育需要为绝学的继承、改造和发扬开辟道路。在这方面，尼采是我们学习的榜样。尼采非常重视希腊的古典哲学传统。他不仅是古典语言专家，而且是古典修辞学家。在他生活的时代，古典修辞学几成绝学，欧洲绝大部分的大学都取消了修辞学教席，延续了两千多年的修辞学传统已奄奄一息。尼采却认为修辞学不应死亡，古典修辞学传统应当得到继承。为此，即使只有一个学生听他讲修辞学，他仍照讲不误。我以为，如果我们认定一门学问几成绝学，我们也应像尼采那样即便只有一个学生听课也要讲授，哪怕对着墙壁也要讲授。

令人遗憾的是，逻辑与修辞在我国今天的哲学教育中几成绝学。除了少数哲学系还有部分人研究逻辑并教授逻辑之外，一些大学纷纷取消了本应面向所有学生的逻辑学教学，我尚未听说哪个大学哲学系专门开设修辞课。逻辑、语法与修辞在过去并称“科学”，其重要性毋庸置疑。早在 1945 年，王玖兴先生就在《论必然命题》一文中说过，“我个人一向觉得逻辑的势力伸张于一切知识之内而为一切知识的骨干，逻辑不研究任何现实事物却不能逃其规范，既叹服其权威，又惊讶惶惑其权威所自来。”[①] 现在，我们天天谈学术创新，不重逻辑训练，学术创新从何谈起呢？在这方面，我们学习一下杜威的做法肯定是大有帮助的，即把逻辑学的教学和研究与哲学的教学和研究结合起来，从而赋予哲学和哲学教育以生气。

① 《王玖兴文集》，崔唯航编，河北大学出版社 2005 年版，第 31 页。

二、死亡哲学研究

死与思

——死亡现象的文化分析[①]

思之死总是伴随着死之思。对死的领悟意味着在的澄明。当哲学和文学毫不隐讳地把“死”这个触及人类灵魂深处的奥秘揭示出来时，人们才猛然发现，“死”已经成为并将继续成为许多文化现象的活的源头。

中国历来重死。从产生无数伤逝悼亡之作的文学艺术到强调不着意生死处堪破生死的佛家冥想；从沉湎于“在世”之烦忙的日常意识到注重节操的政治-伦理文化，都可以看出人们对自身命运的终极关怀。人们对死的种种思索、名目繁多的丧礼、各式各样的墓葬可以使我们发现中西文化的心理差异及表现这些差异的文化壁垒；找出使中西文化在更高层次上获得会通的现实根据，并由此获得审视和拓展文化境域的崭新角度。鉴于此，本文力图对死亡现象进行初步的文化分析。

一、死亡的自然性与文化性

美国普利策文学奖获得者恩斯特·帕克在风靡一时的著作《死亡的否定》中写道：“在达尔文之后，死亡问题作为进化问题处于首要

① 本文是汪堂家先生早年作品《死与思》第一章的一部分，发表于《复旦学报》(社会科学版) 1989 年第 4 期。——编者注

地位。许多思想家随即看到，它是人类的主要心理学问题”。① 在此，帕克的确道出了死亡问题的重要地位。然而，死亡问题不仅是生理学、病理学和心理学的重要问题，而且是文化学的重要问题。我们必须区分和综合生理学意义上的死亡和生存论意义上的死亡。前者涉及死亡的自然规定，后者涉及死亡的文化规定。只有充分了解这两种规定才能获得完整意义上的死亡概念。

世界上有许许多多的神秘现象，而生与死始终是最具有神秘性的东西。为了揭示死的奥秘，古希腊人就开始研究死亡的生理病理过程，并在这种意义上提出了“死亡学”这一术语。但直到20世纪，随着生物学、医学和心理学的发展，人们才真正把死亡作为自然过程来加以探讨。1912年，美国社会心理学家罗斯韦·帕克主张建立死亡学这门学科，以便研究何为死亡以及人在临死前的反应。此后，瑞士精神病理学家伊丽莎白·屈布勒–罗斯进一步把人在临死前的反应分否定、愤怒、讨价还价、沮丧、接受五个阶段。1932年和1938年，英国和美国安乐死协会的相继成立则是死亡学研究史上的划时代事件。它标志着人类不仅有可能选择自己的生，而且有可能选择自己的死，从而为人类的自我认识和自我调整开辟了新的途径。

但是，迄今为止，死亡学大多及从生物学、生理学的角度提出问题，并在此基础上探讨生命的性质、变化和死亡的关系，确定死亡的标准、种类、原因、机制与方式，研究死者临死时的心理、生理反应。所有这些研究无疑是必要的，并且体现了人类自我认识的伟大进步。然而，人不仅是自然的存在，而且是社会和文化的存在，不仅是肉体的存在，而且是精神的存在。所以，人的死亡并不仅仅意味着生命的终结。正因为人是精神的存在，他就可以超出感性的个别性，并借助这种个别性而上升到概念和普遍。当精神达到一定的阶段，自我

① Ernest Becker，*The Denial of Death*，The Free Press，New York，1973，p.11.

离感性的东西愈远，精神反而更能接近实在性，换言之，精神是在最终离开现象界的时候才能彻底地把握现象界，并给世界赋予意义与价值。因此，我们不能把具有精神的存在者的死简单地归结为没有精神的存在者的死，因为在精神里可以看到由死产生的不死的可能性。死亡作为生命的最高限界和可能性不仅从反面规定了生命的意义，而且本身就包含着人的自然规定和文化规定。

大量的人类学资料表明，人类最初是从超自然方面，从社会文化方面，从被自身制度化和仪式化的社会行为方面，而不是从人的生理心理方面去理解自身的死亡的。据斯潘塞、吉林·雷斯科伊（Spencer、Gillin J. Rescoe）等人的研究，澳大利亚的土著Muganda人认为死是由鬼造成的，Fang人认为死是由巫师造成的，Cherokee人认为死是由恶灵、咒师造成的；至今仍有许多非洲人相信，人的死亡都是横死。不管这些处于原始文明中的人对死的看法多么千差万别，有一点是共同的，他们都力图到自然过程以外去寻找死亡的原因。正因如此，死对他们具有极端的神秘性。由于死与巫术有着如此密切的关系，死亡的方式在很大程度上影响着巫术的发展，巫术则反过来给死亡赋予了不同的意义。在与死亡相关的巫术支配着人类生活的时候，“没有一个人可以离开巫术行事，甚至没有人有取消巫术的想法：每个人都或多或少地倾向于怀疑自己的邻人随时在采用巫术，同时又可能成为这神怀疑的对象。”① 马林诺夫斯基也发现，在Trobiand人那里，“疾病、健康或死亡是巫术或反巫术造成的结果。”② 巫术引起人们对死亡的忧虑，同时又减轻了这种忧虑。他们把疾病或死亡归因于巫师，意味着死亡不被看成自然现象，而是被看成人为的现象。而巫术作为社会文化活动本身包含着许多不断得到完善的技

---

① 列维-布留尔：《原始思维》，丁由译，商务印书馆1985年版，第271页。

② B. Malinowski，*Argonauts of the Western Pacific*，Waveland Press，1984，p.73.

巧、仪式，包含着人的各种原始而又近乎神秘的文化态度与感情。

如此看来，在原始的文明中，死亡现象首先是一个文化现象，其次才是一个自然现象。如果不了解这一点，我们就很难理解死亡事件对原始人的社会行为的影响，也很难理解死亡现象在人类生活中的意义。

在此，我们不妨进行一下语言分析，这也许可以大大有助于我们揭示死亡的各种文化意义。据不完全统计，汉语中表示死亡的词多达150余种，这是任何一种西方语言都无可比拟的。更有趣的是，汉语中表示死的词远多于表示生的词。人死的年龄、死的方式、死者的社会地位、生者与死者的关系、生者对死者的态度无一不体现在人们对死的称谓之中。这种奇特的语言现象不仅从一个侧面折射出中国人对死的体验的广度与深度，而且强化了中国人面向古人，面向历史和重视死亡的心理。为了表示生者对死者的敬畏，减轻生者对死亡的恐惧，缓解死亡给人带来的痛苦，人们常常讳死言“殂”，言“逝”、言“去”、言“千古”或“归西”等等。由于中国皇帝具有至高无上的社会地位，他的死也相应地具有了特殊的说法，如“晏驾”“驾崩”“山陵崩”“殂落”①。对于死，道家有“跨鹤西游”之说，佛家则有“圆寂”（归寂、示寂、入寂）、坐化（物化、羽化、鹤化）之谓。年少死亡被称为“夭折”，死在外地被称为“客死他乡”，倩女弃世被称为“玉陨香消”，等等。所有这些不但反映了中国人的慎终追远的心态、畏死的真切心情或达观的生死态度以及社会的等级观念，而且表现出中国人给死亡这个人人都不可逃避的自然必然性涂上了最为丰富的感情色彩，从中也可以看出中国人对死亡意识的普遍压抑。

不仅如此，死亡作为人生的重大事件，作为个人最本真的可能

① 诸葛亮《出师表》：“先帝创业未半而中道崩殂”，书舜典：“高乃殂落”，尔雅释诂：“殂落，死也”。

性，似乎只有通过转化为社会过程才能获得自身的现实性。如果说生是分阶段完成的，那么，死也是分阶段完成的。在这个通过各种偶然性体现出来的自然过程中渗透着个人与个人的关系、个人与群体的关系以及个人与传统的关系。但是，这些关系在生命的自然性面前悄然隐去了，于是，人们首先看到的是自然的必然性或死亡的自然性。因此，人们往往在自然的意义上把死亡定义为“血液循环的完全停止，呼吸、脉搏的停止”。今天则有越来越多的人相信，人脑的死亡即意味着人的死亡。但从生存论意义上看，确定人的死亡必须涉及人的自然过程以外的东西，必须涉及人的社会文化规定，死并不仅仅意味着心跳的停止或大脑的死亡。在人类历史上，许多人相信，“死人只是在结束丧期的终结仪式举行以后并只是由于这次仪式才成为完全的死”①。所谓“完全的死”是指死人与活人彻底脱离了联系。在许多原始人和部分文明人看来，要断绝死人与活人的联系就必须举行一定的仪式，这些仪式不仅使个人的死获得了群体的确认，从而使死亡事件成为社会事件，而且生者通过寄托对死者的哀思之情充分意识到自己与死者的区别，并重新确立死者与群体之间的新型关系。

据人类学家的调查，加拿大的印第安人常常是在人实际断气之前就举行丧礼并随即把他埋掉，阿比朋人亦大致如此。但在一般情况下，宣布死亡的仪式是在人实际断气之后进行的。在不同的文明中，确定死亡的时间自然是不同的。法国学者赫兹在《死亡的集体表象》中记载，在苏兹人那里死是分阶段完成的，只有把从生者头上剪下来的头发埋葬之后，一个人才算真正死了。东非和澳大利亚的土人则认为，只有肉体腐烂，死亡才告完成。中国的不少地方有回丧的习俗，回丧之日的各种仪式除了表示生者要消除对死亡的恐惧外，还标志着死亡过程的最终完成，《颜氏家训》云：“偏傍之书，死有归杀，子孙

① 列维-布留尔：《原始思维》，丁由译，商务印书馆1985年版，第333-334页。

逃窜，莫肯在家，画咒书符，作诸厌胜。丧出之日，门前燃火，户外列灰，被送家鬼，章断注连”。[①] 一望即知，这里的“画咒书符”，“燃火列灰”使死亡具有象征意味，它把人为的、社会的因素注入到死亡的自然过程中，从而在死的自然性之上加入了死的文化性。

然而，死并不意味着一切生命活动或一切存在形式幻完全消失。汉语中有“永垂不朽”和“虽死犹生”的说法，这反映了人们潜意识里希望灵魂不死，反映了人们对生的留恋，同时也体现了死的文化性：死亡是一个有待人们去填充的空洞，它的意义随若文化传统的改革而改变。许多事实表明，关于死亡的风俗是人类社会中最持久的风俗，而“包括在婚姻、巫术、种植、经济交易中的各种态度在死亡时的行为方面都有最强烈的表现”。[②] 从这种意义上说，我们常常能从死亡现象中发现许多人类文化的萌芽，也看到通过各种习俗表现出来的普遍心理。

死亡是人类存在的总体现象。如果我们仅仅把它看成单纯的自然过程，那么，我们不仅不能说明人的死亡与动物死亡之间的本质区别，而且无法理解许多与死亡有关的文化现象。即使是由纯粹的自然因素导致的死亡，它也多多少少打上了社会和文化的印记。今天，人类比以往任何时代都更深地陷入了这样的困境：一方面，随着社会的发展和文明的进步，人类越来越多地把死亡归结为自然过程，而抛弃了以超自然的原因来解释死亡现象的做法，从而减少了人们对死亡的神秘感；另一方面，人类越来越疏远自然，核武器和辐射尘的出现作为人类疏远自然的象征，已把人置于无所适从的境地。两次世界大战的教训和愈演愈烈的核竞争使我们深深地意识到，对人类生存的最大威胁已经不再来自自然，而是来自人类自身。确切地说，造成死亡的

① 《颜氏家训》卷二。

② 本尼迪克特：《文化模式》，何锡章、黄欢译，华夏出版社 1987 年版，第 125 页。

自然因素随着社会的进步相应减少了，而引起死亡的潜在的社会文化因素正在急剧增加。在古代，人类用自己时代的最高文化去为死亡服务（埃及的金字塔和中国的秦皇墓就是明证），而今天人类则用最尖端的科学技术去制造死亡（制造杀人的核武器）。大工业的发展一方面为人类带来了福音，另一方面也造成了前所未有的疾病。这样，我们就不能不透过死亡这个不可回避的现象去重新审视人类的前途，重新思考文明的宿命，重新发现人类生存的可能性。这也使我们不能不提出一个似乎耸人听闻的问题：迄今为止的人类文明是否走错了道路？

二、丧礼：以生饰死

丧礼是一个十分普遍的文化现象。它既显示了人类生死的秘义，又浓缩了人类的悠久文明，也反映了人类的共同心理，还以典型的制度化形式同化和保持着不同文明的异质因素，并维护着各个民族的文化传统。在一切民俗中，丧礼的形式之所以保持得最为持久，变化最为缓慢，乃是因为它涉及人性的最深刻、最内在的方面。

荀子曾就举行丧礼的原因和意义作过如下的分析："丧礼之凡：变而饰，动而远，久而平。故死之为道也，不饰则恶，恶则不哀；尒则玩，玩则厌，厌则忘，忘则不敬。一朝而丧其严亲，而所以送葬之者不哀不敬，则嫌于禽兽矣，君子耻之。故变而饰，所以灭恶也；动而远，所以遂敬也；久而平，所以优生也。"① 荀子的看法代表了几千年来中国人对死亡的基本态度。对他来说，丧礼体现了礼之极旨，因为一切礼都不过是讲究养生送死之道，这也就是他所谓的"礼者，谨于治生死也"。但是，丧葬之礼是"礼义之法式"，是臣重其君、子重其亲的最后机会。在这里，人道完成，天数已尽。如果说生是人之

---

①《荀子·礼论》。

始，死是人之终，那么，要达到终始俱善，就必须敬始慎终。也正是在这种意义上，荀子认为，厚生薄死是奸人之道，信叛之心。这种观点也许有偏颇之嫌，但也道出了丧礼的实质："丧礼者，以生者饰死者也，大象其生以送其死也。"① 一个"饰"字道破了举行丧礼的心理根源和社会根源。这里的"饰"字不仅意味着"整饰"，而且意味着"美化"和"掩盖"。问题在于，人类为什么要以生饰死呢？

古往今来，死往往是人类最忌讳的话题，讨论死甚至需要很大的勇气，因为死亡的震颤把人抛入了极度的焦虑不安和阴森恐怖的情境之中。在人类社会的早期，人们并没有清楚地意识到，对死后世界的宗教感情诚然能使人以超验的眼光去看待现实世界，给人带来心灵的安慰。但是，宗教所设定的那种空虚邈远的彼岸世界牺牲了现实的人生，人们幻想着能以暂死来渡常生，相信人类"越死于自己就越活于天主。"但在现实生活中，他们时时碰到死亡事件，因而不得不一再面对死的现实性。当人类找不到克服死亡情绪的有效方式时，对死的内在恐惧就迫使人们不断地压抑死亡意识。正因为如此，在日常生活中人们常常轻描淡写地谈论"某某人死了"，仿佛死亡与自己毫无关系。尽管他们确知人终有一死，但总是把这个不知何时发生的事情推到遥远的未来。此外，许多人在谈论死亡问题时总是躲躲闪闪，或者千方百计地掩盖死的事实，甚至违心地劝说濒死的病人相信，不久即将重返他们过去生活的世界。据屈布勒·罗斯的研究，濒死者一开始总是对死亡采取不接受以至否定的态度②，而丧失亲友的人们几乎都幻想过死者的复活。

所有这些都不过反映了人们畏死的普遍心理以及对死亡意识的压抑。丧礼则以公开的形式满足了这种需要，因为它可以在人们不得不

① 《荀子·礼论》。

② Cf. Kübler-Ross Elizabeth, *On Death and Dying*, Athene-um, New York, 1969.

承认的事实时尽量掩盖死、削弱死，减轻死亡给人带来的恐惧。在人类社会中，“死亡是生活给予的最直接的冲击，它威胁着团体的团结，尤其当死者是成人时，就会要求进行巨大的再调整，并常常意味着给生者造成孤独、凄凉与悲哀。”① 在许多情况下，为死者举行丧礼之所以具有举足轻重的意义，不仅是因为它以社会化的惯例的形式割断了死者与生者的联系，巩固了死者生前在人们心目中的地位，而且通过丧礼，死者亲属可以获得社会的普遍同情和支持，并且让社会来承担个人的悲哀。从这种意义上说，人们把对死者的安慰实质上变成了对自己的安慰。丧葬之礼与其说是为死人举行的，还不如说是为活人举行的，因为死亡的意义并不在于死人而是在于活人。同时，由于丧礼向生者暗示了他们的未来（死亡是人的宿命），人们总是力图用生活的美去淡化死亡的悲。

在举行丧礼之际，人们为死者准备了色彩斑斓的棺材，对遗体进行精心的处理，在死者周围放上鲜花和松柏，向死者献上挽联和花圈，用千篇一律的悼词为死者歌功颂德，相信死者“永远活在我们的心中”。在中国的不少地方，人们把结婚称为“红喜”，把死亡称为“白喜”，在丧礼之后要置办酒席，就像结婚要置办酒席一样。另外，中国人常把棺材称为“寿材”或“长生”，把为死者准备的衣服称为“寿衣”。所有这些都不过是用生去美化死、冲淡死、掩饰死，使人们尽量不觉得死之可悲。

据说，在加拿大，活人总是从身上解下最宝贵的东西来打扮死人；他们常常启开死人的坟墓，给死人换衣服，他们宁肯挨饿，也要为死人准备食物。② 在伊斯列塔，在举行遗体告别仪式之前，主持仪

---

① 本尼迪克特：《文化模式》，何锡章、黄欢译，华夏出版社 1987 年版，第 125 页。

② Pierre-François-Xavier de Charlevoix，*Journal d'un Voyage fait par ordre du roi dans L'Amerique Septentrionale*，tome 3，Paris：Libraie Rolin Fils，1744，p.372.

式的祭司要设一个祭坛，并把死者生前的东西放在祭坛上。另外，还要放上大家供献的食品。从房门到祭坛的路上，祭司要撒上玉米。他们一道为死者进最后一次食，并把他送走。①

在中国，这种以生饰死的现象更是随处可见。由于相信灵魂不死，相信死后与生前的一致性和某种程度的连续性，中国人一直奉行“事死如事生，事亡如事存”的原则。在丧葬期间，尽管人们涕泪沾襟，悲痛欲绝，但幸生之心不已，持生之事不辍。周去非《岭南代答》卷六记载：“钦人始死，孝子披发顶竹笠，携瓶瓮，持纸钱，往水滨号恸，掷钱于水而汲归浴尸，谓之买水，否则邻里以为不孝。”今天有不少地方仍盛行这样的习俗：停尸期间，灵堂上要设置死者的牌位，牌位前放有酒食。此外，要为死者准备纸钱、纸制的器具、牛马、亭屋等等。出殡那天，人们把这些东西统统烧掉，以表示为死者在冥间所有。在有些地方，人死后并不马上埋葬，而是把棺材在地面上停放几年（如果死者没有后代或属凶死，通常是立即下葬）。

在丧礼上，死者始终是生者感情的中心。居丧的亲朋在此之际表现出极端矛盾的心理：一方面，他们对死者表现出依依的留恋和敬慕；另一方面，他们对尸体感到莫名的绝望和厌恶，因死而引起的周围环境的变化则使他们惶惑和恐惧。焚尸与制作木乃伊是这种矛盾心理的极端反映，前者是要断绝死者与生者的联系，后者是要保持这种联系。澳大利亚有将死人的脂肪涂在活人身上的习俗，在中国孝子常穿死者的衣服，这都象征着生者与死者的联系。由于丧礼牵动着人的灵魂，人的人味或情味也就充分体现在其中。在生活中我们每每发现，在哭得死去活来之时，亲属甚至有与死者同去的轻生向死之心。在这里，感情的流露是自然的，行为本身就是目的，并且这些感情和行为都被丧礼所认可，“被丧礼所排演出来，于是借着自然的事实而

---

① 本尼迪克特：《文化模式》，何锡章、黄欢译，华夏出版社 1987 年版，第 85 页。

创造出社会的意义。”①

就个人而言，丧礼把生与死分离开来，因而是生命由一种形态过渡到另一种形态的转折点。它标志着在世的完成，标志着生命的各种可能性的中断，标志着人的偶然性变成了自然的铁的必然性。如果说人的在世由于死亡时刻的不确定性而展现出无穷的可能性，那么，丧礼就使人充分意识到这些可能性的丧失，从而把人封闭在过去的自我里。换句话说，丧礼是确定人的存在，承认人的社会地位的一种方式。有鉴于此，古代中国人和希腊人都把丧礼看得十分重要。如果有人听说别人将不为他举行葬礼，他将感到这是对他的莫大侮辱。实际上，葬礼也的确在一定程度上反映了社会对死者的尊重程度，因为在丧葬之际，死者因其年龄、性别、声望或地位而得到不同的待遇。今天，尽管丧葬之礼大大简化了，但人们一有机会仍要以生的不平等性去体现死的不平等性。一般人的死很可能只是家庭的事情，而某个重要人物之死则成了全社会注目的事件。为个人举行国葬则是把死亡现象社会化的最高形式。事实表明，在迄今为止的人类社会中，生的不平等性最终总要通过处理死亡的方式表现出来。丧葬之礼的不平等性或多或少强化了人们的不平等观念。

就社会而言，丧礼通过克服恐惧、失望、灰心这些影响群众生活的离心力，使受到威胁的社会组织得到重新统协的机会，因为丧礼不仅满足了个人表达基本感情的需要，而且增强了家庭、朋友以及死者亲属与其他社会成员之间的关系，增强了人与人之间的“亲和力”和凝聚力，使个人的感情化为社会成员的普遍感情，使个人与团体的同一性得到确认，使社会的稳固性得以加强。在原始社会中，由于人数很少，一个社会成员的死，特别是重要人物的死，往往会破坏正常的

① 马林诺夫斯基：《巫术、科学、宗教与神话》，李安宅译，中国民间文艺出版社 1986 年版，第 34 页。

社会生活，甚至威胁群体的生存。在这种情况下，丧礼把人们重新统一起来，并能激发人的自我保持本能，从而为统协社会生活，深持文化传统创造条件。

的确，丧礼使人意识到死的现实性，从而使人意识到生的现实性，同时也使人意识到群体的力量，意识到死亡对于人生的决定性意义，意识到在世的肃穆与庄严。表面上看，婚礼和丧礼仿佛是人生的两极，前者象征人的欢欣和合，后者象征人的悲戚离散；前者把个人纳入新的集体，后者使个人与集体分离。实质上，由于生与死在人们心目中并没有绝对分明的界限，人们的生死意识常常交织在一起。在古希腊人那里，结婚的服饰仪式被移用于死者，新娘的服色以及沐浴涂膏等均与死人时相同。在他们眼里，人死升天，与诸神结合，以男女婚配为象征。而此世的死亡即是彼世的结婚。有一首希腊挽歌表达了这样的心境：

> 不，我不停留了，我的亲爱的父亲和深爱的母亲。
> 昨天是我的好日，昨晚是我的结婚，
> 幽冥给我当作丈夫，坟墓做我的新母亲。①

此处的哀悼启示着生的希望，结婚的欢悦中潜伏着死的忧伤。生中刻下了死的预言，死里孕育着生的萌芽。这便是生与死的相通性。

与此相似，成年礼中也常常渗透着死的意识。在澳大利亚的许多部落里，成年礼一般要再现一个人从生到死以及由死复生的过程。土人们毁伤青年的肢体，要他们装作当场死亡，旋又复活的样子。长者们常常告诉青年人，说有一个超人的主宰要吞没他们，然后又让他们复活。人们还相信，经过成年礼的人正在走向死亡。死的颜色是白

① 引自周作人：《自己的园地》，岳麓书社 1987 年版，第 679 页。

色，行成年礼的人的身体也涂成白色。在原始人看来，人们在生生死死，又在死死生生。甚至在第二次死以后人还可以继续存在，一直等到另一次转生。死与生一样是分阶段完成的。成年礼所模仿的死的第一阶段不过意味着灵魂的迁移，意味着灵魂暂时离开身体，但仍然停留在身体的跟前。①

在这里，死似乎是人从一个世界进入另一个世界的门径。尽管这里的死仅仅具有象征意义，但是，它标志着人的确定存在的开端，因为它把人的生理过程转变成了社会过程，它使人充分意识到自己的存在，意识到只有通过死人才能进入人的世界。如果说丧礼是以生者饰死者，那么，成年礼则以死（当然是假死）反衬出生的珍贵。同时，它“在体格成熟之上加上已为成人的意识，使青年尽义务、享权利、负责任，并且认识传统，从而与圣物接近。”② 然而，不论是葬礼还是成年礼，都不过是把生与死作为同一过程的两个方面。它们不仅表明了生与死的阶段性，而且起着一种无形的范式作用，使人意识到人的尊严，并通过一连串的活动把它化为现实活动的目标。正因如此，荀子把“生则天下歌，死则四海哭”作为一种人生理想。

此外，随着人类自身的对象化，人把自己投射到自己创造的对象——神之上。神有人的形象，人的感情，人的命运。人不免一死，神作为人的创造物也会陷入同样的境地：

> 埃及的那些大神自己也不能逃脱这一共同命运。他们也要衰老死亡。后来发明了涂油防腐的技艺，可以防止尸体腐烂，给了死者魂魄以新的生命机会，神也分享了这一发明的好处，有了可以永生的合理希望。于是各地区都有了自己亡神的坟墓

① 列维-布留尔：《原始思维》，丁由译，商务印书馆 1985 年版，第 345 页。
② 马林诺夫斯基：《巫术、科学、宗教与神话》，李安宅译，中国民间文艺出版社 1986 年版，第 23 页。

和木乃伊。①

由此可见，神性是人性的改铸，神死是人死的投影。人从神的死亡中获得一种自宽自慰和惺惺相惜的感觉。人们对基督教的上帝的长生不死不仅产生敬畏，而且感到惊讶，其原因也就在这里。而在现代人尼采的笔下，上帝与众神都同样逃脱不了毁灭的命运，这不仅是对基督教的反叛，而且是生死观的一次变革，因为它指出了人和人所创造的对象的有限性，使人类不再洋洋自得于自己所创造和皈依的对象，而是让它与人共在，与人一起参与宇宙的生死轮回。这样，人类所创造的最后一个避难所彻底崩溃了。但是，旧的上帝死去了，新的上帝又被一再创造出来。在福轻似羽、祸重如山之际，人们彷徨歧路，举步维艰，于是需要以神灵来转嫁死的痛苦，寄予生的希望。

总之，丧礼以及它的各种转变形式从不同的侧面体现了人类以生饰死的企图，反映了人类对自身终极命运的关怀，凝聚了人与人之间的崇高感情，并以此维护着文化传统的神圣性与延续性。当我们沉沦在生的繁忙和烦忙中，我们是否应该时常问问自己，如果人类剥夺了死的基本意义，是不是也在一定程度上剥夺了生的意义呢？

① 弗雷泽：《金枝》，徐育新、汪培基、张泽石译，中国民间文艺出版社 1987 年版，第 392 页。

自杀行为的初步分析①

自杀是主体自愿的自我毁灭行为。它作为主动的死亡不仅使死亡方式平添了诡秘阴森的色彩，而且通过人对自身的抛弃证明人是一个独立而能动的主体。当社会的沉沦，精神的颓废和灵肉的失衡使人凭借自杀而走向死亡深渊时，社会由此而引起的震荡足以让人处于惶恐不安的状态。因此，对人的生存方式和人生意义的思考自然不能回避对自杀的全面认识。

事实上，对自杀的探讨不仅是认识上的需要，而且是培养健全的心理和建立健全的社会的需要。历史表明，哪里有社会，哪里就有自杀，自杀像人类一样古老，像凶杀一样古老，像自然死亡一样古老。尽管自十九世纪末，法国社会学家涂尔干的《论自杀》一书出版以来，人类在对自杀的探讨方面进行了卓有成效的努力，但迄今为止，人们对这个普遍的社会问题还感到束手无策，可现实的发展却一再提醒我们所面临的问题的严重性。

世界卫生组织（WHO）提供的资料表明，全世界每年约有 37 万人死于自杀。1981 年匈牙利的自杀率竟高达 45.6/10 万，在我国大中学生中，自杀是列居第二的死亡原因（仅次于事故）。由于各种因素

---

① 本文系《死与思》第五章，发表于《当代青年研究》1990 年第 2 期。——编者注

的影响，上述估计是非常保守的。比如，撞车自杀常被作为交通事故来处理，而自杀受伤直到几周，甚至几个月后才死去的人从未作为自杀而登记在案。不少家庭和朋友为了顾及死者的声誉和家庭的声誉往往掩盖自杀死亡的真相。有人估计，目前世界上统计到的自杀人数只占实际自杀人数的12%—65%左右。至于自杀未遂者，部分自杀①和企图自杀者，更是多得难以数计。

尽管自杀一向被视为懦弱而遭人鄙视和谴责，但自杀趋势并未因此而减弱，相反，随着文明的进步，自杀人数却在急剧增多。②现在，自杀已成为威胁人类的三大社会病之一。因此，揭示自杀的本质，探讨自杀与人类生活的复杂关系，并在此基础上制定防止自杀的有效方案，乃是摆在我们面前的紧迫任务。

一、自杀的生理、心理基础

自杀并不是人类特有的行为。如果我们承认人是从动物进化而来的生物学事实而不是人为地割断他们的连续性，那么，我们自然能从动物界找到人类自杀的胚芽。据说，在毛里求斯有一种能活一百年左右的棕榈树，每当末日来临，它就用一天的时间抖落树叶与花朵，随后干枯而死。故此当地人称此树为“自杀树”。动物界也不乏自杀现象，亚里士多德就在《动物史》中记载过马自杀的事例。在现实生活中，有的狗也因失去主人而拒绝进食，最后活活饿死。1978年10月11日，中国的金州湾就有15头伪虎鲸登陆集体自杀。海洋生物学家早就注意到，当一些蓝鲸在近陆海域内发现有成群虎鲸追赶时，它们往往冲上海滩集体自杀而不愿被虎鲸咬死。

---

① 所谓部分自杀是指主体采取一系列的自我毁灭行动但并未导致死亡，如自伤、自残行为。许多心理学家认为，这种行为的无意识机制与自杀没什么两样。

② 大量人类学资料表明，种族的文化层次越低，自杀冲动隐藏得越深。但人类学家施泰因梅特（Steimetre）指出，野蛮人的自杀倾向比文明人的自杀倾向更强。

上述事实提醒我们，人的自杀也许具有一定的生物学基础，如果我们不忘记自己身上有动物性的一面，我们就很容易理解这样一种观点：人的天性或本能中存在一种自杀倾向。这种倾向要么被后天的外在因素所减弱，要么被这些因素所增强，要么被这些因素保持下来，但决不可能被这些因素彻底根除。因此，充分注意人的自杀的潜在可能性不仅有助于我们对自杀的原因进行深入的探讨，而且有助于我们为防止自杀而做必要的疏导工作。近几年的研究已经初步证实，自杀的确具有一定的物质基础。美国韦恩州立大学和国立精神卫生研究所的科学家发现，自杀者脑内的生物胺 5-HT 的活性水平比其他暴死者低得多，自杀者脑内 5-HT 的受体也比其他人少 39%—40%。从目前提供的材料看，严重抑郁症患者的自杀率高达 70% 左右，而美国科学家布朗（Brown）在 1982 年通过生物实验提出生物胺的明显降低是发生抑郁症的物质基础，因而也是导致自杀的重要生理因素之一。在此，我们自然会提出这样的问题：我们能否通过 5-HT 的活性来治疗抑郁症从而降低这类病人的自杀呢？

如果说以上的发现为我们研究自杀问题提供了生物学根据，那么揭示自杀与遗传的关系也许会进一步加深我们对自杀的生理机制的认识。1981 年 Knin Maung Zaw 在《一个自杀家庭》中报道[①]一个七口之家就有三个人因患抑郁症而自杀，而其他家庭成员也都有过自杀的念头。Zaw 追访了这个家庭的家族史，发现男方的祖父、父母都因患抑郁症而自杀。类似的事例屡见不鲜。这就使得我们合乎逻辑地推断，自杀倾向是可能遗传的，因为引起自杀的那些精神疾病是可以遗传的。在一个家庭里，如有一个成员因患抑郁症而自杀，他的其他家庭成员和后代应当特别提防，以避免这类现象继续重演。

法国社会学家迪尔凯姆（旧译涂尔干）甚至猜测，自杀具有传染

---

① *British Journal of Psychiatry*，1981（139），pp.68–69.

性。据说1772年，一家医院里有15个病人接二连三地吊死在同一个挂钩上，这个挂钩放在医院漆黑的通道里。人们一移开这个挂钩，这场传染病即告结束。与这个结论类似的另一事例是，在布洛涅的兵营里，有个士兵在岗亭里用枪砸开了自己的脑袋，几年之内其他人也在同一地方仿效他，这个岗亭一被烧毁，这场可怕的传染病也就停止了。所有这些事实表明，痴迷心理具有不可抗拒的影响力，随着唤起这个思想的物体的消失，人们才停止这种行动。

事情可以这样来解释：他人的自杀有一种示范作用，由于许多人本来就存在自杀倾向，他们对死亡事件总怀有特殊的兴趣。成功的自杀不仅使他们看到了死亡的简单，而且直接向他们暗示了现成的自杀手段，通过别人的自杀而确立的生不足惜，死不可悲的观念会在突然间使他们摆脱自杀时的犹豫，而一般人的盲从本性则使他们从他人的自杀中受到启示与鼓舞。在今天，大众传播媒介，如电视、电影以及文学作品所描绘的自杀行为模式很容易使人从审美角度而不是从道德的角度去看待自杀。在模仿类似的自杀行为模式时，自杀者对自杀痛苦的恐惧被大众传播媒介所渲染的浪漫而神秘的气氛冲淡了，他心中所想的是如何以有效的自杀去解决生活的冲突，结果是运用某种自杀方式常常成为一种时髦。

自杀是人类死亡本能的曲折表现。死亡本能作为与生存本能相并行的心理冲动总是以这样或那样的方式内在于人的思想和行为。弗洛伊德认为死亡本能是一种破坏性的本能，一般表现为侵犯和敌对，当它指向他人时便表现为杀人形式，当它内化转向自我时，就采取自杀形式。如果这种假设能够成立，那么自杀便是人类为谋求内外平衡所做的努力，尽管这种努力的结果是“不能努力”，是一种终极的努力。根据这种逻辑，一切自伤自残行为都是人的攻击性向内运动的结果。在人的对外攻击性的渠道受阻时，毁伤自我常常成了疏导和排遣情绪的一种手段。自杀是一种有目的的行为，就此而言，自杀属于广义上的谋杀——对自身的谋杀。用专业术语说，自杀是一种“移位”（displacement），自杀者通过谋杀内投的对象而排除了谋杀对象的罪恶感。通过自杀，自我获得满足，超我因此而平息下来。如果根据病理学来解释，自杀与杀人的区别仅在于谋杀对象不同，在于死亡本能的指向不同。由此，我们可以发现，在一些高度分化的社会里，自杀与杀人呈互反趋势：杀人率高，则自杀率低；自杀率低，则杀人率高。（当然也有例外情况，如在法国和日本，自杀率和杀人率却大致同步增长或下降。）这种现象也许可以用来解释死亡本能的转向。

但是，自杀作为复杂的生命现象往往是由诸多因素造成的，在这些原因中既有个人因素又有社会因素，既有内在因素又有外在因素。社会因素只有通过个人因素才会起作用，个人因素只有通过社会因素才能表现出来。

就个人因素而言，不少人倾向于把自杀看成个人的病态行为，社会因素则仅被视为诱因。法国文学家、哲学家加缪的观点很有代表性：

> 人们向来把自杀当作一种社会现象来分析。而我则正相反，我认为问题首先是个人思想与自杀之间的关系问题。自杀的行动在内心默默酝酿着，犹如酝酿一部伟大的作品。但这个人本身并不觉察。某天晚上，他开枪或投水了。人们曾对我谈起一个无家可归的流浪汉自杀了，说他在五年前失去了女儿，从此他就完全变了，人们说他的经历早已为自杀的行动‘设下了伏雷’，人们还没能找到比‘设下伏雷’更准确的词。开始思想，就是开始设下伏雷。社会在一开始与自杀并无关联。隐痛深藏于人的内心深处，正是应该在人的内心深处去探寻自杀。①

① 加缪：《西西弗的神话》，杜小真译，人民文学出版社 2012 年版，第 12 页。（原文中本段引文出处不详，今改为杜小真先生译文。——编者注）

我们不必过分看重加缪的这种观点，因为他的说法明显有前后矛盾之处，但是他提醒我们更多地去揭示人的内心隐患，这是无可非议的。的确，人从来就不是一个由外部世界任意摆布的被动对象，他常常是在极端的情境中对外界作出总体的反应。一般的精神病患者、心理失衡者乃至正常人都可能处于极端情境之中。偏执狂的存在就是这种极端情境的突出反映。当人的内心冲突和创伤未能得到适当的解决和弥合时，人的心理危机首先表现为内在情感的失衡，这种失衡往往不同程度地影响个体对外部世界的感受以及个体的自我评价，因此，个人作出自杀的决定始终离不开影响个性的精神刺激因素。从这种意义上讲，自杀的隐病的确深藏在人的内心深处。据统计，自杀的精神病患者占自杀总数的25%左右，而精神病对自杀行为的影响在很大程度上是通过患者的个性特征和他与周围环境的相互关系间接地表现出来的。有些性格刚烈者仅仅是由于怨愤填膺无从抒发，于顷刻之间顿起自杀之念的；而另外一些人如遇到同样的情况就不会想到自杀，而是采取报复或忍耐的态度。这一点表明自杀行为与个性特征有着内在的联系。

那么，这是否意味着一切自杀都与病态心理有关呢?

有些精神病学家认为，从自杀者身上可以发现精神错乱的一切特征，人既然在正常情况下可以理智地调整自己的情绪和行为，那么趋生避死的本能会阻止他采取自杀行动。只有在精神失常时人才会走上自我毁灭的道路，自杀本身就是某种精神病的直接或间接的表现形式。这种观点也许是基于以下的事实：自杀者做出自杀决定时通常要受到某种反常情绪的影响，不管这种情绪是隐藏不露还是公开爆发，也不管产生这种情绪的方式是突然的还是缓慢的。无论如何，一个人要采取自杀行动就必须积聚超出常规状态的心理能量并打破平时的心理平衡。因此，自杀者常常表现出偏执狂的人格特征。人在自杀时，要么抑郁，要么狂躁，但不论是抑郁还是狂躁都不过是积聚能量和打破常规心态的过程。失恋自杀、人际障碍自杀、癌症病人的自杀以及利他主义的自杀实际上都经历了这样一个过程。

据报道，1978 年在南美洲圭亚那琼斯（Jones）镇一次就有 900 余人为忠于领袖的意志而集体自杀。根据上述精神病学观点，我们也许可以把这种自杀归因于由狂热信仰所产生的偏执狂，正是这种偏执狂使人的思想和行为不能协调和平衡，因为对领袖的崇拜使人丧失了健全的心智，使人不可能对自己的生命价值和生存目标作出客观的评价。这种人的心态常常被羞耻观念和恐惧倾向所占据，他们总觉得自己随时可能失去生命，与其等死，还不如为忠于他们的领袖主动去就死。如果对这种人进行心理分析，你就会发现他们的推理总是不连贯的，但他们的价值取向却是单一的。对于上述集体自杀现象，美国迈阿密大学心理学家拉萨奇（Lasage）也作了与精神病学相关的解释，他认为这种现象是一种社会规模的集体催眠术。

一般说来，有四种自杀强有力地证明了精神病症与自我毁灭的相互关系，它们是狂躁型自杀、抑郁型自杀、迷恋型自杀和冲动型自杀。

狂躁型自杀是幻觉和健忘导致的，这种人自杀常常是为了逃避想象的危险和悲哀，甚至是为了遵守某种来自上天的神秘命令。他们在自杀前的情绪和行动总是反复无常，躁动不安使他们像个一刻不停的风车，各种想法在头脑中不断涌现并以惊人的速度改变和消失。当暗示自杀的幻觉突然出现时，他们相应采取暴烈的自杀行动。如果自杀企图没能实现，他也许会暂时安静下来。有时，一个偶然的事件会改变他们自杀的决定。比如，有个病人想跳河自杀，其实他眼前的河只不过是他的幻象而已。他因没能自杀而四处寻找藏身之地，这时有个过路人发现他精神异常，就威胁说要枪毙他，于是他心情平静地走回家去，以后再未想到自杀。

抑郁型自杀是由过分压抑和悲哀导致的。大量的实际观察表明，大部分自杀者在自杀前都处于不同程度的心情抑郁状态。过分的压抑或悲哀常使人难以清楚地意识到他与周围环境的关系。对他来说，外在世界总是灰色的，生活并不意味着幸福和欢乐，而是意味着烦恼和痛苦。当这种情绪强烈时就会产生自杀的念头并且这些念头长期难以消失。抑郁型自杀者总是被恐惧、自责，悲哀与绝望所困扰。他们往往是在极度平静的情况下准备自杀手段的。为了达到自杀目的，他们常常表现出令人难以置信的恒心与毅力，甚至表现得十分聪明。有个女孩因要外出求学而离开了家乡，她为远离亲人而感到痛苦，不久便产生了自杀念头。她时常站在一个地方发呆，眼睛直勾勾地盯着地面，胸脯起伏不定，仿佛看到了某种令人恐惧的东西。她一心想跳河而死，为此她跑到一个偏僻的地方以防有人相救，当她意识到自己的行为具有犯罪性质时，马上放弃了自杀念头。但一年之后，她的自杀倾向愈发强烈，以致最终走上了自杀的道路。

迷恋型自杀是由固定的死亡念头导致的，而没有现实的或虚构的原因。这类自杀者总是被死亡的念头所纠缠，尽管他本人完全知道他没有理由这样做。他的理智与情感是分裂的。当病人意识到自己行为的荒唐时，他开始竭力抵抗，但通过这种抵抗他越发压抑和焦虑。因此，这种自杀常被称为焦虑型自杀。有个人在自杀被救后作过如下自述：我最大的痛苦就是想自杀，我从来就没摆脱过此念头。我有这种冲动达一年之久，一开始并不怎么样，后两个月它总是纠缠我。我知道我没有理由要自杀，我有令人满意的工作、可观的收入、身体健康、家庭也很和睦，我本可以像我的同龄人一样生活得很快乐。

冲动型自杀仅仅源于突发的情感冲动。在此，自杀倾向是突发出现的并且影响极大，这类人在看到刀子之类的死亡工具时就顿起自杀念头且动作很快，以致病人常常自己也弄不清发生了什么事情。比如，有个人在与朋友交谈时突然起身向河里冲去。被救后，别人问他为什么自杀，他回答说不知道自己是怎么回事。他只觉得受了不可抗拒的力量的驱使，他以前从未动过自杀的念头，至少他暂时不记得动过这样的念头。病情较轻的人在感到有这种冲动后，通常要设法逃离现场，避开死亡工具的吸引。也许，如果人没有建立潜在的行为模式，那些外在的刺激是不可能导致自杀的。几乎一切人都经过了不同程度的受挫过程、压抑过程，并且有不同程度的罪恶感和焦虑感。自杀则通过特定的情绪而成为消除压抑和受挫的潜在通道。

上述四种病态自杀似乎仅仅是个人的心理病态现象，它们要么毫无动机，要么是为想象的动机（如摆脱想象的恐惧对象）所驱使，这一点体现了病态自杀与其他自杀的明显区别，因为其他自杀者的动机在现实中是可以找到的。然而我们应该看到，尽管正常人和临界心理失调者在自杀时常有精神异常似的抑郁和沮丧，但是这些人是在理智清醒的情况下作出自杀决定的，因此，虽然自杀中所表现的情绪可以通过个人经历来说明，特别是通过特殊的心理结构来说明，但自杀情绪始终是外部因素内化的产物，笼统地把一切自杀都看作病态行为实质上是混淆了自杀时的行为表现和引起自杀的根本原因。从客观上讲，这是把医治自杀这种社会病的责任推给精神病医生。我并不否认人人都有自杀的潜在可能性，但是个人的精神刺激因素只为心理危机的产生创造了条件，它并不一定导致不可避免的自杀行为。事实证明，自杀行为是生理、心理、社会生活和文化因素相互作用的结果，况且有许多人自杀是为了神圣的感情，服从法律的约束、恪守自己的信念或为了国家的利益。他们很清楚自己在干些什么，并且完全可以自主地作出别的选择，即使是精神病人的自杀也不一定属于上面所说的病态自杀，有些精神病人是在病情减轻、理智清醒时采取自杀行动的，他们自杀的原因是不堪别人把自己视为疯子或担心自己以后病情恶化又要被关进精神病院。这一点可以从一些精神病人留下的遗书中看出来。

二、自杀的定义和分类

什么是自杀呢？对一般人来说这是个不言自明的问题。其实问题并不如想象的那么简单。对自杀的定义往往随文化传统的不同而不同。如果一个社会对自杀采取谴责态度，那么，这个社会会把一切值得赞扬的行为从自杀定义中排除出去；如果社会对自杀采取肯定态度，那么这种肯定态度也常反映在自杀的定义中。比如，在古代，自杀往往遭到社会的谴责，而妇女殉夫则被看成正当的行为，于是，人们不把妇女殉夫称为自杀，而是称为牺牲。再如，在一个对自杀采取肯定态度的社会中，一切导致死亡的，对社会有益的冒险行为均可被视为自杀。在日常意识里，如果一种有意的自我致死行为旨在解除自己的痛苦，这种行为一般被称为自杀；如果旨在解除他人的痛苦或减轻他人的负担，这种行为一般被称作“牺牲”。

然而，日常意识对自杀和牺牲所作的上述分界是以了解自杀动机的性质为基础的，换言之，看一种有意的自我致死行为是自杀还是牺牲，就得看他的行为是利己的还是利他的。实际上根据结果来确定人的行为动机是非常困难的。比如，有个人的刹车失控，他为了不压死路上行人，把车往山上开去，结果自己翻车致死。事后，人们既可以推断他是因车祸而死，又可以说他是为拯救别人而牺牲，甚至可以说他是在自杀。面对这种情况，保险公司、政法部门、死者单位以及社会科学家颇感棘手，因为事后我们可作三种假设并能找到相应的理由。如果说他是自杀，社会对他的死可以不负任何责任；如果说他是为别人而牺牲，社会有义务给予其家属以一定的照顾；如果说他是因车祸丧生，保险公司就应付给其家属一定数量的费用。

那么，如何保证自杀定义的确定性呢？对自杀的流行定义是，当一个人有意地结束自己的生命时，他的行为方构成自杀。但是，在有些情况下，确定一个人是否是自杀死亡同样十分困难。比如，有个老人坠楼而死，我们可以说他的行为是一种自杀，也可以说他是不小心从楼上掉下去的，甚至可以说是他杀。为了克服这一困难，法国社会学家迪尔凯姆对自杀作了这样的定义：

“自杀这个词适用于由牺牲者本人的肯定或否定行为直接或间接导致的一切死亡事例（他知道会产生这种结果）”。①

这个定义扩大“自杀”一词的适用范围，在一定程度上减少了对自杀规定的主观任意性，正因如此，迪尔凯姆的定义在很长时间内被人们作为标准定义。然而，当代精神病学家欧文·施滕格尔（Ervin Stengel）发现，在自杀时，自杀者很少知道他的行为会导致死亡，大部分自杀者对是否放弃性命抱着十分矛盾的心理，我们很难说他是想死还是想活。不过，他们的自我毁灭倾向导致他们进行极端的冒险，并且毁伤自己的身体。在现实生活中，我们也发现有许多自杀者在采取自杀行为时经常是听天由命，甚至有人吞服大量不知其名的药片后静静地等待上帝的判决。有个被恋人玩弄而遭抛弃的少女在服毒被救后说：“我想，如果我病了我会好受些，不知怎么我相信自己不会死”。这类事实表明，在迪尔凯姆的自杀定义中“他知道会产生什么结果”是值得怀疑的。为进一步避免主观任意性，社会学家罗纳德·马里斯（Ronald Maris）提出了涉及范围更广的总括性定义：

当一个人采取一种他知道有可能毁灭并且事实上会毁灭他的生活方式的行为时，他的行为就构成自杀。

这种自杀的总括性定义包括各种自我毁灭形式，诸如冒险和许多所谓的“事故”。② 显而易见，这个定义过于宽泛了，它不仅无法区分

---

① Emile Durkheim，*Suicide*：*A Study in Sociology*，Free Press，New York，1966，p.44.

② 引自 *A Handbook for the Study of Suicide*，Oxford University Press，New York，1975，p.101。

自杀与事故性死亡，而且会把吸烟，登山，空间探险等活动也作为自杀行为，这样一来，法律、保险、医院等部门在处理死亡问题时就很难办。依我之见，问题不在于在定义自杀时要抛开自杀者的动机，而在于怎么进一步说明这种动机。只有把动机和结果综合起来，才有可能对自杀作出恰如其分的定义。故此，我倾向于把第二种定义与迪尔凯姆的定义结合起来。

尽管到目前为止我们还无法找到一个令人满意的自杀定义，但一个行为要构成自杀必须满足两个基本条件：第一，主体自愿死亡，第二，主体选择了死亡手段并且主动完成死亡过程。简言之，自杀是主体自愿的自我毁灭。

有人可能会问，绝食，病危时拒绝治疗以及某些“牺牲”是否算自杀呢？根据上述定义，对此问题的回答是肯定的，任何导致死亡的手段都可用于自杀目的。只要主体自愿选择了死亡手段并且不是由他人而是由自己来完成致死过程，那么他的死亡就应当算作自杀。在此，绝食和病危时拒绝治疗是主体选择的一种致死手段，既然他们的行为是出于自愿，因而可以算作自杀。至于牺牲，我们不能把它与自杀相提并论，因为从逻辑上讲，它们之间是一种交叉关系，而不是并列关系。自杀可能是牺牲的一种方式，或者说，有的牺牲属于自杀（如利他自杀），但并不是所有的牺牲都属于自杀。

迪尔凯姆对自杀的分类有助于我们进一步认识自杀与牺牲的相互关系，也有助于我们深入了解自杀的基本特征。在此，我们不妨采纳他的分类方法。根据迪尔凯姆的观点，自杀可以分为利己自杀，利他自杀和反常自杀。

利己自杀是一个人因自己的根本利益得不到满足或不能忍受自己所面临的苦难而采取的自杀。一般说来，它是以个人主义为特征的。由于利己自杀者经常不能把自己整合到社会群体中去，一旦外界因素侵犯他个人的利益，影响他的人格，限制他的自我意识，他就可能以自杀的方法来反抗这些外在力量。在一个轻义务和少责任的社会中，个人往往缺乏与社会的整合，这样以自我为中心的人格不仅会时时表现自我利益的排他性，而且处处把个人对社会的要求放在社会对个人的要求之上。由于人心的孤寂随个人的自我意识的增强而增强，因而，一旦个人的情绪得不到有效的表达，个人与群体、内心世界与外部现实的冲突就会打破个人对生命意义的既有信念，并通过剔除自我来结束对自我价值的尊崇和怀疑。比如，在当今日本，许多青年十分关注自己在社会中所扮演的角色，个人对社会认同的需要自然特别强烈。在这种情况下，如果个人的自我实现要求因角色的改变突然受挫，那么，近乎自恋的自我很可能由此走上自杀的道路。通过对自杀率的比较研究，我们可以发现，社会和群体的凝聚力越弱，个人的利己性就越强，利己性自杀的可能性就越大。

利他性自杀是主体为了他人利益而进行的自杀。在通常情况下，利他自杀者对他人和群体有着高度的责任感，他们的个体性被融入社会性之中，对他们来说，个人的利益与他人或群体的利益息息相关，个人的价值和意义只有在社会或群体中才能得到规定和体现。由于自我的生存意志受群体的价值观念的影响强烈，个人的社会化过程会使个人以生命去承受他人的苦难。而意识形态和日常意识对利他性自杀的推崇和宣传则强化了公众为他人献身的崇高感和光荣感。在个人生活受到集体主义精神严格支配的社会里，很容易发生利他性自杀，盲目的政治忠诚和宗教狂热也会导致这种自杀。

反常自杀一般出现在社会规范对某些社会成员失去控制的时候。当社会良心达到崩溃的程度，旧有的生活方式和价值观念面临急剧的变化，有些人因不适应这种转变而失去心理的平衡，结果自杀之风骤起。经济的突然繁荣和萧条都可能导致反常自杀的突然增多，这是历史上反复出现的现象。

三、影响自杀的相关因素

到目前为止，我们还找不到一个普遍适用的自杀理论，也找不到一个普遍适用的防止自杀的有效手段，其原因首先在于自杀行为不仅受生理，心理因素的影响，而且受许多复杂的外在因素的影响。在不同时期，不同地域，不同的社会结构，不同的文化传统，不同的年龄层次，性别和种族中，自杀率的高低，自杀的社会效应以及对自杀行为的道德评价都是极不相同的。这里，我只想列举几个影响自杀的外在因素，并希望初步揭示这些因素与自杀行为的关系。

自杀与性别比例。在已遂自杀者中，男性多于女性，在未遂自杀者和企图自杀者中，女性多于男性，这几乎是全球自杀现象中的一条基本规律。从世界卫生组织统计的资料（1978—1981）看，匈牙利男性自杀在63/10万以上，女性自杀率在26/10万左右。1979年，美国男女自杀死亡率的比值分别为3.10∶1。为什么会出现未遂自杀女多于男，已遂自杀男多于女的现象呢？其原因归根结底在于男女自杀时的心态的差异以及社会对自杀过的男女作出的不同反映。

从性格特征上看，男性即意味阳刚，女性则是阴柔的化身，不管社会的进程是如何在日常缩短两性间的差距，男女之间的生理和心理区别是始终存在的。一般说来，女子在遇到重大生活变故时心理承受能力比男子强，尽管女子比男子多愁善感，也更容易产生自杀念头，但女性天性上的普遍柔弱和胆怯常使她们在作出自杀决定时犹豫不决，故而容易放弃自杀念头；相反，男子一旦下定决心通常都较快付诸实践，男子所崇尚的果断、刚毅和豪气常使他们选择的自杀方式更为暴烈，自杀成功率自然更高；而女子通常选择的自杀手段都比较软，成功率相对低一些。从外在的方面讲，男子接触社会的机会较多，担子重，受挫率较高，这大大增加了男子产生心理危机的程度，一旦处于绝望状态，男子较女子更易产生自杀的念头并下定自杀的决心。

自60年代以来，由于妇女地位的日趋提高，男女的生活方式，行为方式的差别缩小，男女参与社会工作的机会日益均等，他们受挫的机会也相应接近，因此，西方国家的男女自杀性比例有缩小趋势。但在我国和日本，女性自杀率高于男性。1985年上海市区自杀死亡人数中女性占54.24%。中国和日本都是非常重视人际关系、家庭关系的国家。与男子相比，女性在这些关系中受挫的可能性，自杀的可能性要大得多。事实说明，家庭、婚姻、恋爱方面的人际纠葛是女性自杀的重要原因。

自杀与时间性。自杀率的高低常随时间性的变化而变化。春天是人和动物都易动情的季节，也是精神病的多发季节，自杀的高峰期多在春季。在美国，8—9月是自杀的第二个高峰期，12月最低。麦克马洪（Macmahon）发现，美国每月5日前后自杀人数最多，每月1日自杀者最少；在一周中，星期一自杀者最多，星期六自杀的人最少。这也许是由于时间的暗示作用所致。人的精神压力随休息日的到来相应减轻，而一旦工作日开始，便意味着身不由己、工作中的一系列烦恼将再度重演，刚刚享受过的闲适与迎面而来的紧张烦恼所形成的强烈反差容易使人的精神危机骤然爆发以致导致自杀。

自杀与战争。在烽火连天的战争年代，战场以外的自杀率总是急剧下降的，这不仅是因为人的死亡本能转向了外部世界，而且血淋淋的现实向人们显示了死亡的痛苦，人们对生命的爱惜，对死亡的恐惧随着战争增强了。

自杀与婚姻状况。无论在东方还是在西方，婚姻问题都是导致自杀的一个重要原因。在自杀者中几乎有三分之一是由于情困。从总体上说，结婚者比尚无配偶者具有较低的自杀率。丧偶、独身与离婚者常因情感压抑或悲哀而自杀，而结婚者不仅能通过婚姻有效地表达情感，而且还由于心里的牵挂较多，在选择自杀时比较犹豫，因而更容易放弃自杀的念头。许多国家的自杀率从高到低依次为：1. 鳏夫和寡妇；2. 离婚者；3. 两地分居者；4. 未婚者；5. 已婚者。

自杀与家庭。在中国，因家庭纠纷而导致的自杀几乎占自杀总数的一半。父母的离异和家庭的瓦解往往使子女失去父母之爱和家庭的温暖，情感表达能力差的儿童会因此而产生自杀念头。不仅如此，由于家庭是缩小的社会，社会的各种危险因素常通过家庭影响个人的思想和行为。在孩提时期，个人的行为模式是通过家庭形成的，家庭的社会化过程其实是儿童的受挫过程，这一过程中，儿童的情绪模式，决定了人的自杀倾向，社会因素正是通过这种情绪模式和自杀倾向而导致了人的自杀行为。

自杀与年龄。自杀率基本上是随年龄的增加而增加的。这一点已成为众所周知的事实。在西方，5—15 岁组自杀曲线上升很快以后便呈缓慢上升趋势。在我国，许多地方 15—22 岁组自杀曲线猛增。在一些发达国家，如法国、美国、日本、希腊，从 55 岁开始自杀曲线再度上升，75 岁以后的死亡率最高。这些材料表明，在青少年时代人尚未定型，当人从家庭走向社会时，他必须接受新环境的挑战，因此产生心理危机的可能性突然增加，自杀的可能性自然更大。据报道，在日本，有 1/3 的青年因学业上的激烈竞争失败而自杀。人到中年后，人的情绪和生活相对稳定，自杀曲线上升很慢。到老年后各种变故增多，特别是体质的下降以及各种疾病的干扰，加之人的孤独感增强，因此自杀率再度上升。

自杀与宗教信仰。在西方国家里，天主教的自杀率是所有宗教群体中最低的，而新教教徒的自杀率通常都很高。这主要是因为天主教强调群体关系，提倡个人介入社会，主张个人与群体保持共同的感情和信念。这样一来，个人会觉得自身的命运和群体的命运相连，个人不幸时容易得到群体的同情和帮助，个人的罪感和责任也因集体的承担而减轻，因此，个人的心理危机比较容易克服。与此相反，新教强调个人主义，主张个人的罪感和责任由个人来承担。这样，新教教徒既要面对上帝，又要承受长者对个人的赤裸裸的谴责，同时，新教徒也不像天主教徒那样通过宗教、诗歌、艺术和仪式排除儿童时的受挫感和压抑感。

四、自杀的动机与道德评价

中国人常称自杀为“轻生”或“寻短见”。这种日常意识的确反映了与自杀相关的两个重要因素——自杀的动机和自杀者的自我认识。问题是轻生者为何如此之多？自杀仅仅是由于自我的“短见”吗？

确定自杀的动机是很困难的。有些人确实想通过自杀摆脱人世的烦恼和痛苦，有些人心里并不想死，而只是为了向他人作出某种表示，并因此选择了比较安全的自杀方式。有些自杀则仅仅是一种病态的自伤自残行为。动机与结果的不一致性使我们不能单凭结果去推测一个人的自杀动机或根据动机去防范自杀事件的发生。

然而自杀者留下的遗书为我们了解自杀动机提供了非常有利的条件。在有文化的自杀者中几乎有一半人要留下遗书。这些遗书从一个侧面反映了自杀者的人生态度和生死观念。不管个人遭遇多么不同，遗书的内容和语言表达每每是相似的。尽管很少有人直接谈论到对死亡的看法，而只是陈述自杀的具体理由，且这些理由只涉及日常生活问题。但是，“他们都将生活的意义与生活的质量等同起来”。在“文化大革命”中，有个自杀的女教师给她的儿子留下了这样的遗书：“××我儿，妈妈天天挨斗，受人侮辱，我实在活不下去了。我死后，望你听爸爸的话，好好念书……”有个自杀未遂的女孩则在致父母的遗书上写道：“爸爸妈妈，你们天天骂我，我真不想活了，我要死给你们看。”

第一封遗书表明，自杀者主要是为了维护个人尊严才选择自杀的；在第二封遗书中，自杀者似乎只是想通过自杀来表示对父母的抗议。对她来说，死亡并不是目的而仅仅是手段。在一般情况下，不以死为目的的自杀者喜欢采用软的手段并且在容易被发现的地方进行自杀。令人感兴趣的是，失恋自杀者的遗书从形式到内容都是大同小异的。这种人一般都把爱与生命的意义等同起来，以致觉得失去爱就无异于死亡。这一点除了受个人情感的影响外，还与文学作品等文化媒介对失恋自杀者的渲染有关。

尽管自杀的结果是自我的虚无化，但它可以通过短暂的痛苦来摆脱长时间的焦虑和罪恶感，又可以用来打开自我与外界的沟通渠道。不管意识与否，有人自杀旨在维护自己的尊严，巩固自己在他人心目中的地位或博得别人的理解和同情，或向别人展示自己的坚强意志和热烈情感。因此，自杀常被人用来表示怨恨和愤怒、忠诚与爱情、道义和信仰，甚至是为了证明自己的清白与正确。正像苏联学者阿姆博普莫娃等人提出的那样。出于上述动机的自杀是一种诉诸社会舆论的方式，其最终目的是为了求得社会舆论的保护和来自亲友、行政以及法律的支持，基于这种原因的自杀的猛增是社会灾难和政治经济危机的征象。中国的文化大革命便是最好的例证。那时，许多人因怨恨难消而走上了自杀的道路，因为他们知道死亡事件是最能引起社会关注和震动的事件，“人命关天”的观念会使死者得到他人的注目和同情，在他们的眼里，自己的苦难、怨恨和信念只有通过自己的毁灭而为社会所了解。这一方面反映了个人对社会认同的需要，另一方面又是一个受难者向社会正义和良心所发出的求救的呼喊。

遗憾的是，许多人不去深入了解隐藏在这些人际障碍自杀背后的根源，而是一味谴责自杀者的软弱。在很长的历史时期里，自杀甚至被看成一种可耻的犯罪行为而受到刑事制裁。在中世纪，自杀是遭禁止的。人们认为人既然是上帝的创造物，那么只有上帝才能掌握人的生死大权。人遇到痛苦和灾难时不应当通过自杀来逃避，而应当坚强地生活下去，忍受这些苦难，并通过忍受苦难来忏悔自己的原罪。自杀是对生命的亵渎，对上帝权利的侵犯，至少是对上帝的不敬。因此，一个人的自杀行为实际上有犯罪性质，因为它违背了上帝的意旨和天国的法律。

中世纪宗教神学家托马斯·阿奎那在《神学大全》中从个人、社会和神权的角度对自杀的不合理性进行过全面的论证。他列举了三条理由：第一，一切东西本性上就是自爱的并且试图自我保存，因此，自杀违反了自然律和人应当自爱的原则；第二，人是社会群体的一部分，因此，他属于这个群体，人的自杀会损害这个群体；第三，生命是上帝的馈赠，并且从属于上帝，只有上帝才能掌握人的生死，因此，一切自杀均是对上帝的背叛。由于这些原因托马斯断言，自杀在道德上是不允许的。托马斯的论证为西方人对自杀的道德评价奠定了基调，并且在相当大的程度上影响了教会对自杀未遂者的惩罚。

在人类走出黑暗的中世纪以后，英国哲学家休谟系统地批判了托马斯的观点。他认为，既然人的死亡是由于自然的原因，那么，我们就没有理由相信还有什么非自然的原因。因此，我们没有必要用上帝的态度来说明死亡事件。退一步说，假如上帝能完全支配人的生命，那么，没有上帝的允许，生活中就不会发生什么事件，因而，没有上帝的允许，自杀事件也就不可能发生。但在人类社会中，屡见不鲜的自杀事件显然否定了上帝支配人的生命的说法，因而也否定了自杀违反上帝意志的说法。他反复重申塞尼卡（Seneca）对自杀所作的辩护。在休谟看来，如果真的存在上帝，那么，人无法摆脱苦难而选择自杀则体现了人对上帝的真诚态度，因为上帝要人趋乐避苦，向善去恶。即使自杀不是结束苦难的最佳手段，我们也不能说它是一种罪恶。在有的情况下，自杀“不仅是无辜的，而且是值得赞扬的”。如果一个人退休了并且退出了一切社会交往，他的自杀就不会像托马斯所说的那样对社会造成损害。如果通过自杀清除苦难的价值大于一个人的继续生存对社会的价值，那么，这个人的自杀就是合理的。比如，一个生了绝症的病人不仅痛不欲生而且成了社会的负担，他的自杀就是合理的。一个被抓住的间谍为防止泄露机密而自杀也是合理的。

今天，几乎一切国家都取消了对自杀未遂者的法律制裁，休谟对自杀的某些辩护实际上已为许多人所接受。与吸毒、卖淫和其他刑事犯罪不同的是，自杀不但不会受到社会舆论的强烈谴责，反而会引起公众的普遍同情，人们甚至会由此想起死者家庭的不幸。这是社会意识对个人独立自主性的承认，是对个人的死亡权利的肯定。

在任何一个社会，对死亡的哲学理解和道德评价都在相当大的程度上影响着人们的自杀行为。无可否认，由于自杀始终是一种自愿的死亡，自杀者对生命价值和意义的看法、对死亡的认识程度一直支配着自杀者作出最后的选择。自杀既体现了主体对自身的拥有，又体现了主体孤注一掷式的主动性和独立性，并且证实了个人对自身的决定权。但是，自杀的完成标志着个人与社会、与外界的绝对分离，通过自杀，个人在了结了自己的同时也了结了他眼中的世界。自愿的死常常是最后的一张王牌，它不仅使敌手望而生畏，而且使自己的意志力得到最终证实。

然而，有不少人以过于功利的眼光去看待自杀现象，以致觉得当一个人无法摆脱眼前的困境时可以决定自杀。我以为，这是对死亡权利的一种滥用，社会意识对自杀行为采取的不干预态度并不意味着要提倡人们放弃对自杀的严肃态度，也不意味着在鼓励个人追求物质生活的丰富性时放弃个人对社会的责任，更不意味着要设无差别地肯定一切自杀的合理性。

那么，评判自杀的合理性的标准是什么呢？哪些自杀是合理的，哪些是不合理的呢？在人类历史上，社会意识对自杀的合理性的评判一般是依据四种原则：功利性原则，人生价值原则，自律性原则和神学原则。

根据功利性原则，一个人的行为是否道德取决于它对个人和社会的利益的大小。如果这种行动能最大限度地增进人的安全感和幸福感，从而最大限度地减少恶，那么，这种行为就是合乎道德的。因此，如果一个人认为他没有活下去的指望，并且他死了更有利于个人和社会，那么，他作出自杀的决定就是合理的。如果一个人因暂时的损害而放弃长远的价值，并轻率地以一时的决定来解决生活的重大问题，那么，他的自杀行为肯定是不合理的。比如，有个病人身患绝症，他自身非常痛苦同时也明白家人在他身上所耗费掉的一切都是枉然。于是，他选择了自杀。根据功利性原则，他的自杀就是合理的，因而，社会对他的行为不应加以谴责和阻挠。与此相反，失恋自杀通常都是不合理的，因为爱是人生的一部分但不是唯一的生活目标，况且爱的选择存在着许许多多的可能性。自杀自然会使失恋者摆脱暂时的心灵痛苦，但它否弃了生命，因而也否弃了获得幸福的一切可能性。

根据人生价值原则，人的生命具有内在价值，其中蕴涵着人的意识和尊严。正是这种意识和尊严把人和其他动物区别开来，因此，有意识地结束人的生命是一种错误的行为，自杀是不合道德的。但是，社会奉行这一原则时会碰到很大困难。比如，根据人生价值原则，一切堕胎、死刑、自卫性杀人都是不合理的。面对这种情况，人们从维护群体的利益出发有意或无意地对这一原则进行了修改。公众普遍认为，如果自杀和杀人是为了拯救他人的生命和维持社会的存在所必需，那么这种自杀或杀人在道德上是允许的。

根据自律性原则，既然每个人都是自己生命的主人，我们就应当承认每个人都有决定自己命运的权利。只要这个人的行为不对他人造成危害，他就有权发表自己的意见并根据这些意见作出自己的选择，因此，尊重人的自决权也就意味着尊重人所拥有的对自己生命的支配权。这样一来，自杀就成了纯粹个人的、不应受社会干预的行为。

根据神学原则，人是上帝的财产，因而无权决定自己的命运。上帝禁止谋杀，而自杀恰恰是人的自我谋杀，因而自杀在道德上是不合理的。

在以上四种原则中，自律性原则被认为是道德评价的最高原则，而功利性原则正为越来越多的人所运用。富有现实主义精神的人生价值原则为前两个原则的补充，神学原则则由于神学的衰弱和神权的失势而渐渐被社会所淡忘。人生价值原则之所以受到当今社会的挑战，是因为生命价值论的产生为人们认识价值提供了新的角度，它告诉我们，人的生命价值并不等于活在世上，如果人丧失了意识，它甚至会带来负价值。比如，一旦人成了植物人，他作为人实际上已经从世界上消失。他作为器官移植的来源也许尚有某种价值，除此之外，他的价值几乎等于零或者甚至是社会的沉重负担。这些年来，由于安乐死的广泛流行，自杀问题又再度成为全球性的热门话题。

如今，越来越多的人倾向于把自愿安乐死看成协助自杀，许多严重病人也正在为维护人的自杀权利而努力，对这些病人来说，生存意味着痛苦和灾难，既然他们没有好转的希望，既然让这些人继续生存下去是一种残忍，既然这些人对家庭和社会造成了沉重的经济负担和感情负担，那么，阻止他们自杀的做法不仅不符合他们的根本利益，而且是很不人道的。有鉴于此，医生普遍同情无法治好的病人的自杀愿望，有的甚至愿意提供致死剂量的吗啡或其他药物，因为他们心里很清楚，这类药物可以阻碍心跳和呼吸，从而加速死亡过程。尽管如此，许多医生仍因害怕涉嫌谋杀病人而不敢承认他们提供吗啡是为了加速病人的死亡，而只是辩护说，他们提供吗啡仅仅是用来给病人止痛。令人惊奇的是，老弱病残者的自杀并不像其他自利性的自杀那样会引起人们的悲痛和遗憾，相反，他们的自杀行为可以得到亲友的理解，甚至有些人觉得，通过自杀来结束痛苦对病人和家庭都有利。

在此，我无法对其他类型的利己性自杀进行一一讨论。但有一点是可以肯定的，要判定一个人的自杀是否合理不仅要看他的自杀动机，更重要的是要看他的自杀的社会效果。换言之，我们既要遵循功利性原则，又要遵循自律性原则（在我看来，这两种原则虽然有不一致的地方，但两者并非绝对对立。过去之所以有许多道德学家会对同一种自杀行为作出截然相反的评价，是因为他们各执一端了）。问题的关键在于如何尽可能使这两种原则尽快地协调起来。

总的说来，几乎任何一种自杀（包括利他性自杀）都会对社会造成一定的消极影响，尽管影响的程度会随着自杀性质以及自杀的具体环境的不同而不同。我们且不说家庭和社会要负担自杀致残者的康复治疗费，残废抚恤金以及自杀者所赡养的家庭成员的社会福利金，也不用说自杀者如果健在会为社会创造多少财富，我们只要稍稍留心一下周围的自杀事件就会发现，自杀对家庭成员和他人的压力是很大的，一个家庭会因某个成员的自杀而蒙上阴影，已自杀的父母或其他家属的形象很可能促使下一代仿效他们的自杀行为，这是现实生活中屡见不鲜的事实。

至于病态自杀，社会舆论一般都不进行谴责，尽管它一直被人们作为精神疾病来对待并且遭到公众意识的本能厌恶，但是，随着道德的医学化，社会医学家和精神病学家都带着十分关切的心情来探讨它的机理和防治手段。如果说许多利己性自杀行为会对社会造成有害影响而引起道德学家们的普遍注意，那么，病态自杀则被称为自然性的心理疾病而处于道德学家的视野之外。其实，我们应当从尊重生命价值的社会良心出发把病态自杀也作为一种社会现象来处理，因为我始终相信，即便是病态自杀也是可以找到这样或那样的社会根源的。

自古至今，利他性自杀一直受到社会道德的肯定和赞扬，甚至被人们赋予很高的价值和意义。利他性自杀者常常被冠之以英雄或各式各样的称号，他们的事迹被四处传颂，甚至被列入对青少年进行道德教育的内容。这不仅是对个人生命价值的承认，而且是社会整合的需要，因为利他性自杀行为作为一种社会规范增强了群体的内聚力。中国有清明节祭扫烈士墓的习俗，其社会意义不仅在于它能通过忆思既往来满足人的感情需要，更重要的是为了唤起民众的英雄热情，表明群体利益的至高无上性，强化人们的群体意识，培养人们的社会责任感。对军烈属的慰问以及对功臣的追认都可以起到这种作用。

在一个充满浪漫气氛的英雄主义时代里，许多人宁愿在战场上自杀而不愿为敌人所俘虏，其目的无非以自愿的死亡来表明自己的信念，维护人格的尊严，捍卫整体上的利益。在这种情况下，对英雄行为和英雄品质的赞美和颂扬给利他性自杀罩上了一层神圣的光环。在不得不死的时候，人都希望自己死得尊严、死得悲壮、死得光荣。正因如此，宁折不弯，宁死不屈一直被人们作为美德广为传颂。事实上，这的确有一种动人心魄的力量，在战争和动乱年代，其作用更是大得惊人，它足以塑造一个民族的顽强性格和至死不屈的决心。在敌我双方势均力敌的时候，谁懂得这一点谁就能赢得民心，从而赢得最后的胜利。

三、近代西方哲学研究

二元论的命运与确实性的思想[①]

很多研究者都强调近现代哲学有本质区别，以为它们研究问题的原则、立场和方法都根本不同。其实，现代哲学仍继续追求近代哲学的一个根本的理想：确实性的理想。

从表面上看，现代哲学对近代形而上学的全面反动似乎彻底打破了思想史上的连续性；但细究起来，现代哲学只是改变了近代哲学的设问方式，抛弃了它的一些基本预设，并在各个方面拓宽了哲学研究的领域，而没有完全否定近代哲学的基本精神。正如德里达所指出的，我们只能站在传统中来改造传统，思想史逻辑使我们不得不使用近代哲学的语言来批判近代哲学。可以说现代许多具有重大意义的思想早已萌生在近代哲学家的著作中。现代哲学的许多理论成就往往是将近代思想的某些因素加以极端发挥的结果。

现代哲学的一个根本任务是克服近代哲学主客体的二元分裂；但对待这种分裂，我们应取历史主义的态度。这种分裂在不同的历史条件下所起的作用是不同的。

在近代早期，思想家的首要任务是进行理智的启蒙，旨在唤醒人的独立精神，使人摆脱对自然的依附关系。为此，人们必须突出自己对自然的统治地位，强调人对自然的控制和利用。但人在与自然

① 本文载于《探索与争鸣》1991 年第 6 期。——编者注

的对立状态中生活需要具备对象性的思维方式。“对象”或“客体”（Gegenstand，object）一词就反映了这样一种思维方式。

人从自然生活中独立出来的同时发现自己并没有完全脱离自然。他的血肉之躯告诉他，他仍与自然息息相通，仍在某种程度上依赖自然。因此，为了突出人对自然的优越性，人们合乎情理地试图割断心灵与肉体的联系。仿佛承认两者的一致，就意味着贬低精神的价值，降低自我的地位。在这种背景下，笛卡尔的二元论合乎情理地出现了。尽管他把心物截然分开的做法在当时就被证明为违反常识、难以自圆其说，但常识的要求并没有遏止笛卡尔的形而上的冲动，也没有改变笛卡尔对主体的绝对独立性的近乎偏执的辩护。应当说，笛卡尔的心物二元论是过分夸大主体的作用的必然结果，它体现了注重理性和精神的历史定势，促进了传统的物我不分的模糊思维向近代的物我相分的清晰思维的过渡，并由此推动了知识的分工过程。近代心理学和近代物理学就是在确认“心理”与“物理”的重大差别的前提下产生和发展起来的。尽管近代心理学家仍在很大程度上采用了物理学的实验方法，从而表明他们犯有后来被胡塞尔激烈批评过的把“心”归结为“物”的混淆“种类”的错误；但是，这并不能从根本上改变心物二分的思维格局。以后的各门学科的独立发展都或多或少地与这一格局相关联。由此看来，笛卡尔的二元论在当时的历史条件下起过推动知识分工的积极作用，但同时也用主客体对立的哲学思维模式将人与自然的分裂肯定下来。

笛卡尔的二元论无疑是主客体对立的极端形式，它的思想影响十分深远，其消极面也不断暴露出来。通过斯宾诺莎的泛神论和休谟的怀疑论，哲学中的二元论色彩虽然得到了某种程度的淡化，但仍以其他形式表现出来。我们看到，即使是反对将心灵实体化的休谟也没有最终逃脱心物二元化思维的窠臼。休谟宣称事实间的关系完全不同于观念间的关系：前者是物理的，受因果律支配；后者是心理的，不受因果律的支配。事实间的关系缺乏绝对的必然性，只有观念间的关系才有绝对的必然性。休谟的这种看法显然为康德所接受，但康德不愿停留在经验论的立场上。他已经意识到笛卡尔二元论所带来的困难，所以反对笛卡尔的心灵实体说。但他认为要解决知识的起源和确实性问题就得把先天的东西和后天的东西结合起来。在他那里，知识是由两者拼凑而成的：外界刺激提供“素材”，而自我则提供“构架”。诚如黑格尔所嘲笑的那样，这就像把木头绑在大腿上，其二元论和机械论的色彩显而易见。

可是，黑格尔本人也没有能够真正克服主客体二分的思维模式。尽管他已经看到了主客体分裂的危险性，但是，他以一个完全缺乏现实内容的抽象精神来保证主客体的统一，这不但没有消除原来的危险，反而使问题的解决离现实的可能性更加遥远。因为黑格尔所说的作为世界灵魂和基础的绝对精神不过是脱离现实的心的虚构。而且，黑格尔并没有废弃近代哲学的主体概念，只不过是改头换面地将“小我”膨胀为“大我”。由于黑格尔继续沿袭近代形而上学以主体来规定客体的传统，因而他不可能克服主客体二分的倾向。因为主体与客体是世界发生分裂的结果，它们是同时出现的，只要承认了一方，也就意味着承认对方。

为什么近代哲学一直未能真正克服这种主客体的二元分裂呢？这固然是因为近代哲学本身缺乏克服这种分裂的内在动力和能力，而更根本的是因为现实生活缺乏克服这种分裂的要求和根据。近代人几乎是天生的二元论者，他们生活在人与自然发生普遍分裂的时代。只要他们不愿过一种顺从自然的生活，而是过一种征服自然的生活，他们就不得不生活在这样的时代。因为人成为主体与世界成为对象这对对立面相互依存：人为了自己的独立发展一开始就注定要将自然对象化、异己化，并在思想上和行动上保持自己对自然的绝对支配地位。科学为人对自然的统治提供了强有力的手段。随着现代科学的突飞猛进，自然界的面貌发生了空前的改观，人也由此获得了从未有过的福利。这一方面把人从自然中解放出来并把人确立为自然的主人，另一方面又培养了人的盲目自负和对科学的与日俱增的迷信。其后果是，自然被置于与人截然对立的地位。在这样的时代里，人对自然的敌意不断加剧，人与自然的鸿沟不断加深，并且这种敌意和鸿沟由于人在自然面前的节节胜利而被近代文明所认可。在这种条件下，人们在理论上强调人与自然的分裂，进而在哲学上有意无意地默认了主客体的分裂。近代人没有想到，把人与自然的分裂强调到极点就会走向事情的反面。如果说在近代历史条件下肯定人与自然的分裂是不可避免的——因为这不仅是科学的独立发展的前提而且是人自身的独立发展的前提，那么，在现代生活中继续固守人与自然的分裂并在哲学上坚持主客体的分裂，就会变得令人难以接受，甚至难以容忍。我们对强调人和自然的对立的严重后果不能视而不见：对自然的控制和利用正在变成对自然的盘剥和掠夺，人类将面对自然资源的匮乏和自然本身的失衡。尤其是，大量工业废渣、废水和废气的排放，森林面积的日趋缩小以及随之而来的水土流失和土地的沙化，正使人类的生存环境日趋恶化。这种趋势如不尽快加以制止，人类终将面临灭顶之灾。当然，我们仍有理由对解决这样的问题表示乐观，因为只要人类合理而有效地发展科学，这一问题并不难解决。可是我们紧接着碰到了人与自然发生严重分裂之后所产生的最难克服的危机，这就是人的生存意义的危机。

这一危机的突出表现之一是，人在与自然疏远之后普遍感到“无家可归”。当初，人们尽情享受从自然掠夺而来的果实，并放任于对自然物的追逐和占有。殊不知，人在挖掘大地的同时也挖去了自己生存的基础。所以，当突飞猛进的现代科学给人营造了丰富多彩的物质世界时，生活于其中的人们反而有一种无根感，不真实感，乃至荒诞感。问题的症结显然并不像某些哲学家所说的那样在于科学本身，因为科学不过是人用来开发自然和人自身的工具。科学既可以用来造福人，也可以用来毁灭人。因而人应当到科学之外去寻找现代人失落的原因。从最终根源上说，现代人之所以越来越肤浅，越来越缺乏感受性，越来越缺乏思想深度和力度，与其说是因为人们对现代科学给社会带来的急剧变化缺乏应有的心理准备和应有的承受能力，还不如说是因为现代人在经历与自然的严重分裂之后找不到自己生存的根据。过去人们可以到自然中去寻找温馨、亲切和充实的感觉，可现代人到哪里去寻找这种感觉呢?

带着这类问题，许多人几乎本能地发出了“拯救大地”的呼声。哲学家和诗人敏锐地看到，一切问题的关键在于人与自然的分裂。只有弥合人与自然的裂缝，在更高的层次上实现人与自然的和谐统一，让自然重新回到人的生活中来，人才能找到安身立命的基础。但人不能通过倒退到原始的自然生活来获得这种基础，而应当与自然建立和睦共处的新型关系。人要学会珍爱自然、保护自然。人不应一味地对自然进行盘剥和掠夺，而应当在利用自然的同时积极恢复自然的再生能力。从最终意义上说，人要克服自身与自然的分裂，就要克服主体与客体的分裂，走出近代形而上学所制造的心物二元论的思维模式和行为模式。因此，现代哲学家几乎一致地把克服近代哲学的主客体对立的二元论倾向作为自己的首要任务。现代哲学一致地把克服近代哲学的二元论倾向作为自己的首要任务还有更为直接的原因。与近代科学的长足发展相适应，追求知识渐渐成为西方社会的一种时尚。现在，人们普遍感到，知识是人类的基本需要，也是人的存在方式。正如笛卡尔的科学乐观主义精神早就预示的那样，人的世界必将是科学的世界，知识的世界。因此，知识如何可能，科学作为人类生活的基本事件如何发生，知识的可靠性程度如何，获得知识的途径如何等等，自然成了人们热切关注的问题。但一切问题的焦点是知识的确实性问题，因为只有具备确实性的知识才是客观有效的知识。我们只有解决了知识的确实性问题，其他认识论问题的解决才有意义。当近代人不再像中世纪的人那样从宗教的信条、从对上帝的信仰获得知识的确实性以及人生确实性的保证时，他们就只能从他们自身中去寻找确实性的理由。从此，人必须自己证明自己的能力，自己确定自己的认识是否正确，自己决定以什么方式来设置（posit）认识的对象。事情正像海德格尔指出的那样：对近代人来说，“只有通过自我解放的人向他自己保证，可认识的事物的确实性才有可能。”①

认定人本身可以保证知识的确实性之后，知识的确实性问题是否就算解决了呢？远远没有。自从笛卡尔和洛克系统地阐述确实性问题以来，对这个问题的争论从来就没有停止过。在科学成为深刻影响人类生活的全球性现象之后，人们发现科学本身并非完全自足的知识体系。首先，科学的规范并不是科学本身所提供的，所有科学的一般方法和原则也不是科学自生的。其次，科学从不思考自身的确实性范畴，也不追问它的有效性程度，更不讨论自身为什么能切中（treffen）外在的对象。随着近代实验科学的独立，人们还不得不尽可能地解决经验科学与非经验科学的衔接问题，否则非经验原则在别的知识领域的应用就成了不合法的事情。

根据胡塞尔在《逻辑研究》和《观念》第一章所作的区分，近代科学可以分为事实科学和本质科学。前者以自然领域的个别事实为对象，它的最终根据在于经验，具体地说，在于以感知活动为内容的经验直观。后者则是以非经验的东西为对象的科学，比如逻辑学和数学；它们既不以经验的材料为内容，也不以经验的方法为方法，它们的思想构造摆脱了对现有事实的完全占有。就几何学而言，它的任务几乎与收集事实材料无关，它所考虑的空间关系必然是非经验的。在

① Heidegger，*The Question Concerning Technology and Other Essays*，New York：Harper Torchbooks，1977，p.148.

黑板上画的几何图形恰恰是由几何公理决定的，这些公理并非偶然的事实，而是独立于对这类图形的经验。经验归纳并不能得出三角形的内角和等于 180° ，它们的关系是必然的并且其必然是由三角形的本质决定的。如果我们进一步追问下去就会提出这样的问题：几何学的这种必然性究竟是怎样取得的？几何学的可能性需要靠什么来保证？包括几何学在内的一切非经验科学如何与经验科学相关联？经验科学与非经验科学的相安无事是否表明它们原来就有一个统一的基础？

这些问题显然是科学本身无法回答的。这就需要一门独立于各门具体科学又能给这些科学以统一的科学，这门科学就是我们通常所说的形而上学。笛卡尔比他的同时代人更为清楚地意识到这一点。他认为，科学的最终基础只能到形而上学中去寻我。因此，他给我们确立了形而上学的第一原理逻辑地推演出其他具体科学原理的演绎科学的理想。但笛卡尔本人的科学实践与他的科学理想大相径庭。尽管他骨子里是个十足的理想主义者，但他总是不时地回到经验主义的立场上来。他始终无法把先天与后天、感性与理性内在地统一起来，也无法使科学的天赋原则与知识的经验内容达到真正的和解，因而更谈不上用形而上学来为经验科学奠基。在形而上学中，笛卡尔把经验和想象贬得一文不值；而在物理学中，他却强调想象和观察的作用。在形而上学中，他拒绝任何具有或然性的东西，在物理学中他却一改初衷，运用或然性最大的假设。从本质上说，笛卡尔的形而上学与物理学是脱节的，它们之间的确实性缺乏内在的连续性。因此，他并没有完成为科学知识的确实性提供最终基础的任务。

洛克似乎比笛卡尔更接近解决科学知识各个层次的连续性问题，但他还只是在知识论的范围内进行工作。在《人类理智论》第四卷中，洛克认为我们的知识可以分为四个等级，这四个等级的高低取决于知识的明白程度和确实程度。洛克认为，这四个等级的知识并不能无限扩张，它们只能停留在观念的范围，甚至比观念的范围更为狭窄。由于我们的观念最终可以还原为经验，因而“我们的知识是很难超出我们的经验范围的”①。但经验毕竟是摇摆不定的，知识以这种摇摆不定的东西为根据怎么可能获得最终的确实性呢？而且，由于洛克重复了伽利略对第一性质与第二性质的区分，并声称不可能发现这两种性质之间的联系，他也就很难把这两种性质的认识逻辑地贯通起来。这样，认识论上的二元分裂势必不可避免。更为危险的是，认识论上的二元论分裂渐渐把洛克引到了不可知论的大门口。因为洛克一直认为事物的第一性质必须以某个实体作为“支撑物”，但那个支撑物不属于经验的范围，因而是无法认识的。我们原以为洛克对确实性问题的讨论可以得出一些令人鼓舞的积极成果，而他却从经验主义立场出发引出了实体不可知的消极结论。这个结论也许连洛克本人也不愿看到，当然更难指望为那些崇尚科学知识的人所接受。

后来的康德并没有吸取洛克的这个教训，相反，他继续走在二元论的道路上，并且使洛克哲学中的不可知论倾向更加明朗化、合理化起来。比洛克高明的是，康德并没有停留在经验的范围内去寻找科学知识的确实性的根源，没有就知识论来讨论知识论问题，而是认定科学知识的基础只能在科学之外。因此，他不仅问出了“纯粹数学如何可能”和“纯粹自然科学如何可能”这种无人敢问的问题，而且把探求自然科学的形而上学基础作为哲学家的义不容辞的责任。我们不能不欣赏康德的特殊提问方式，因为它向我们表明，数学和自然科学的确实性并不是不言自明的，尽管问纯粹自然科学还不等于问它是否可能，但这将把我们引向对确实性进行批判和审查。在20世纪初的数学领域中的逻辑主义，直觉主义和形式主义三大派别对数学基础的论争正是在这个问题上进行的。在《自然科学的形而上学基础》中，康

① 北京大学哲学系外国哲学史教研室编：《十六—十八世纪西欧各国哲学》，商务印书馆1961年版，第281页。

德甚至这样写道：

“只有那些确实性是无可置疑的科学才能成为本来意义上的科学；仅仅具有经验的确实性的知识只能在非本意义上被称为学问。……不过，如果在科学中，例如在化学中，这些基础或原则最终不过是经验的，并且理性用来解释既存事实的那些法则仅仅是经验法则，那么，它们就不具备自身必然性的意识（没有无可置疑的确实性），因而在严格意义上讲这个整体也就没有资格被称为科学。”①

在此，康德明确把是否具有无可置疑的确实性作为判定科学与非科学的标准，其意义不亚于他发动的“哥白尼式的革命”，因为无论是在康德所处的时代还是在今天，人们都自觉或不自觉地运用这条标准对科学进行划界。尽管有许多伪科学的东西不断借科学之名而出现在光天化日之下，但这并不能从根本上有损于这条标准本身的尊严。当然，确定这条标准是一回事，对这条标准进行形而上的说明又是另一回事。康德试图通过理性批判来说明确实性的问题实际上正是要揭开科学知识的确实性的秘密。遗憾的是，康德处处用二元论的方式来处理自己所面对的问题。在他那里，一切都是分裂的，知识不过是把先天的知性范畴和后天的感性内容粘合在一起，因而并不能体现世界的本质的统一。在分裂的世界里怎么可能产生知识的统一呢？没有知识的统一，怎能设想哲学可以为自然科学提供一个统一的最终基础？最可怕的似乎还不在于康德没有完成自己一心想完成的为自然科学寻找可靠的形而上学基础的任务，而在于他从二元论的前提引出了不可知论的结论。他把科学限制在现象界，而把物自体作为不可知的东西留给信仰。这固然表明康德具有先见之明地看到科学本身并不等于灵魂的依托，知识并不能代替道德和审美，科学的繁荣不应以道德的沦

① 见康德：《自然科学的形而上学基础》，邓晓芒译，三联书店 1988 年版，前言。译文稍有改动。

丧和信仰的衰微为代价。但这也表明康德已经把科学的发展和心灵的归属感对峙起来，从而忽视了希腊人早就看到的知识与道德在根本上的统一。这无疑会损害科学的自信，甚至会有危及科学继续发展的可能性。因此，要避免不可知论给科学的发展变相设置的禁区，现代哲学就必须通过克服近代哲学的二元论倾向而重新鼓起人类求知的勇气，并从中找到自己生存的根基。

现代哲学究竟如何克服这种二元论倾向呢？对这个问题各派哲学从各自不同的立场作出了各自不同的回答。总括起来，这些回答不外四种方式：第一种是自然主义的方式。根据这种方式，人们将“心理与物理”看成两个不同的领域而认为前者归根到底可以还原为后者，因此对后者的解释也可以适用于前者。第二种方式是分析哲学的方式。按照这种方式，传统的主客体问题是既不能为经验所检验，又不能化为逻辑和数学问题的伪问题。因而应当作为无意义的东西加以取消。第三种是以海德格尔为代表的存在论的方式。按照这种方式，我们必须采用新的概念如“此在”（Dasein）来消融主客体对立的思维模式。在《尼采》第二卷中，海德格尔全面批判了近代哲学的主体概念，认为这一概念是近代形而上学的历史产物，以此概念为基础的二元思维模式是根本错误的。第四种是以胡塞尔为代表的用主体消融客体的自我学（egology）方式。按照这种方式，只要把对象看成自我的相关物，看成自我的建构，主客体的对立就会自行消解。

详尽论述这些方式的内容并不是本文的任务。在此，我只想指出，无论是二元论还是形形色色的反二元论都隐含着一个更加深刻的思想动机，即追求确实性的动机。

值得注意的是，现代哲学中出现了一种不同于近代哲学的新的倾向，这就是把确实性的问题由知识论的领域进一步扩展到了存在论的领域。这种新倾向的出现与胡塞尔、海德格尔、雅斯贝尔斯、萨特等思想大师的名字联系在一起。他们极其敏锐地发现，人生的确实性问题比知识的确实性问题更为根本，人拥有了知识并不等于他拥有了生存的根基。人只有解决了生存的意义问题，他所从事的各种认识活动才是有意义、有价值的，否则就会形成这样一种局面：随着人的知识的日益丰富，人反面觉得没有着落，人心反而更加浮泛，更加没有依持和归宿。康德的伟大之处恰恰在于他比他的同时代人甚至比不少现代人都更加深刻地意识到人不能没有心灵的依归。他之所以要“限定知识，给信仰留地盘”，正是因为他预感到知识的无限扩张可能严重威胁人类生存的根据。康德的意图在现代存在哲学那里得到了新的表达，所不同的是存在哲学不再像康德哲学那样把世界人为地加以割裂，也就是说不是将知识论和存在论加以并列，而是把存在论作为知识论的基础加以优先考虑。

论笛卡尔的自我概念[①]

自我概念是笛卡尔哲学的出发点。如果说“我思故我在”是笛卡尔哲学的第一原理，那么，自我概念就是笛卡尔哲学的第一概念。笛卡尔从自我出发推论出上帝的存在，继而根据上帝的存在推论出物质的存在，然后又试图以自我、上帝、物质三大概念为支柱建立起整个人类知识的大厦。因此，理解自我概念是把握笛卡尔哲学的关键。

具有“智圣”之称的苏格拉底早就提出了“认识你自己”的口号。但是，由于古希腊罗马哲学的衰微以及随之出现的中世纪宗教神学的黑暗，刚被激发起来的对自我进行哲学思考的热情渐渐消逝了，代之而来的是抹煞自我的经院哲学的一统天下。在文艺复兴之后，笛卡尔面对经院哲学的余威，使哲学由本体论转向了认识论，使自我成了哲学探讨的主题，从而既使萌发于希腊哲学中的追寻自我的苏格拉底精神得到恢复与发扬，又使盛行于希腊哲学中的广泛注重自然而不大反求诸己的风气发生了转变。通过对自我本性的揭示，笛卡尔把哲学思维的触角由外部世界引向了人本身，由此开阔了哲学研究的视野，深化了对主客体关系的认识，加速了自我认识的进程。更为重要的是，笛卡尔打破了经院哲学对理性的禁锢，提高了自我在宇宙

① 本文载于《中国社会科学》1988 年第 5 期。——编者注

中的地位，高扬了人的主观能动性[①]。过去，自我屈从上帝，理性屈从信仰；现在，认识的秩序发生了逆转，哲学的探求不是先上帝而后自我，而是先自我而后上帝，不是先信仰而后理性，而是先理性而后信仰。因此，笛卡尔在人类认识史上实现了伟大转折。

自我概念就是笛卡尔实现这一伟大转折的契机与枢纽。

一、我是什么？

我是什么呢？笛卡尔首次明确地提出了这个问题。如果真要给笛卡尔的“我”下个定义，我们只能说它是保持着自身同一性的自由的思想实体。这个定义包括三层含义：我是思想的实体，我是自由的存在，我是自身同一者。

1. 我是思想的实体

笛卡尔认为，我不是有形的感性事物，而是一个思想的东西。所谓一个思想的东西“就是一个在怀疑、理解、设想、肯定、否定、愿意、不愿意、想象和感觉的东西”[②]。也就是说，我不仅是理性思考的主体，而且是包括感觉、意志、情感在内的纯粹意识。简言之，我是知、情、意的统一。

确定了我是一个思想的东西之后，笛卡尔又试图由此推出我的本质只是思想。照伯纳德的看法，其推论过程可以简化如下：我是一个思想的东西，而且仅仅是一个思想的东西，我没有肉体，我可以想象我，但我没有思想决不能想象我，因为思想是与我不可分离的东西。“如果我不思想，我就不知道我是否在怀疑，也不知道我是否存

---

① 阿尔奇（F.Alquié）在《笛卡尔与否定的本体论》一文中说：“在笛卡尔那里，自然从属于我思，……我思又从属于神。”这段话基上表明了笛卡尔关于思维主观能动性的思想及其限度。参见 Ferdinand *Alquié*，*Études cartésiennes*，Paris：J. Vrin，1982，p.3.

② *The philosophical Works of Descartes*，vol.1，Trans. and ed. E.S.Haldane and G.R.T.Ross，Cambridge：Cambridge University Press，1969，p.153.

在”[①]。因此，思想是我的本质。

思想有各种形式，在这些形式中，理性起什么作用呢？它与其他意识活动有何关系呢？笛卡尔认为理性是自我的核心，其他意识活动要么伴随着理性，要么直接受理性的支配，如意志、理解、想象、感觉等都依赖纯粹于理智。在《沉思》里，他甚至认为在我之中被称为感觉的东西，严格说来，不是别的，就是思想。虽然笛卡尔一直相信感觉是不可靠的，但他的目的是要我们留心感觉的弱点，而不是把它与理智完全对立起来。就像他反对离开理论去谈实验一样，他也反对撇开理智去谈感觉，因为感觉从来都渗透着理智。“无论我们的想象力或我们的感官，如果没有我们理智的参加是不能感知任何事物的”。我的感觉不同于动物的感觉不仅是因为我的感官不同于动物的感官，更重要的是因为我的感官受理智的规范和制约。尽管感觉中有理智不可说明的因素，但感觉受到了“自然之光”的照耀；尽管理智不能完全宰制感觉的存在，但可以纠正它的偏差。同时，当我说出我感觉到某物时，当我宣布我想象到某物时，我必须意识到我在感觉、我在想象等精神活动。这一事实正表明我是思维的存在。在这种意义上，说我是感觉的东西恰恰证明我是思维的东西。

既然我是思维的东西，那么，我也必定与思维共长久。我的思维停止了，我的生命也就完结了。我就是我的思维，思维是我的原始因素和最终规定。只有当我能意识或能说出“我”时，我才算真正来到了这个世界，也只有在这时，我才算获得了意识与自我意识的双重性。所以，归根到底，只有思维才是我存在的标志，只有思维才是划分我与非我的界碑，因为只有思维才是我的本质。

然而，思维作为活动或状态都只是属性，而属性本身是不能独立

---

① Bernard Williams, *Descartes: The Project of Pure Inquiry*, London: Pelican Books, 1978, p.109.

自存的，因为“各种性质不会属于虚无”①，或者说，“任何属性或性质都不能不有一种东西作为依托”②。这个依托是什么呢？笛卡尔说，它就是实体。自我或心灵就是思维所依托的实体。

“所谓实体，我们只能理解为其存在只依赖自身而不需要他物的东西。”③也就是说，实体是自满自足、自我说明、自我完善的系统。它既独立于人的肉体，也独立于外部世界的其他有形的物体。虽然心灵天生就与肉体紧密地结合在一起，但它们是两个完全不同的东西。肉体有广延而不能思维，心灵能思维而无广延。心灵之于肉体就好比船员之于船。船员能驾船，但他本身并不是船。看来，把实体看作其存在只靠自身而不依赖他物的东西这一点对说明笛卡尔所作的灵魂和肉体的实在区别至关重要。因为在笛卡尔看来，心灵和肉体都是实体，而实体间本质上不存在相互依赖关系。只要笛卡尔实体进行了上述规定，只要他把自我看成实体，那就必然会得出自我是完全不同于肉体的二元论的结论。

对于笛卡尔来说，我是我的灵魂，是一个没有形体的存在和实体，而这个实体之所以能为我们所发现，并不是因为它是独立自在的东西，而是因为实体的存在通过属性显现出来。因此，“我们在一个事物或实体中发现的属性愈多，我们就对该事物或实体知道得愈明白”④。在与毕曼的谈话中，笛卡尔甚至断言：“属性与实体是相同的。不过只有在我们综合地而不是分别地孤立地考察它们时情况才是如此”⑤。笛卡尔指出，我们之所以能根据属性去发现实体则是因为我们抱着这样的信念：任何属性都有一种东西作依托。因此，当我们知道

---

① René Descartes，*Principles of Philosophy*，Trans. Valentine Rodger Miller and Reese P. Miller，Dordrecht：D. Reidel Publishing Company，1982，p.11.

②③ Ibid.，p.23.

④ Ibid.，p.7.

⑤ René Descartes，*Entretien avec Burman*：*manuscrit de Göttingen*，Paris：Édition Charles Adam，1937，p.35.

一些属性时，我们就断言这些属性所依托的实体必定存在。

自我与思想的关系体现了实体与属性的关系，因此，我们在自觉到思想这种属性时必定知道自我这个实体的存在。并且，“我们在想象思想时，只有把它看作思想的实体本身，我们才能清楚明白地理解它”①。如果我们离开思想的实体来单独了解思想的各种样式，我们就会因此把它们认作独立存在的东西，从而把样式的观念和实体的观念相混淆。唯其如此，“创造或保持一个实体就比创造或保持一个实体的属性意义更为重大”②。

2. 我是自由的存在

既然自我是实体，那么，按照笛卡尔对实体的定义，我们自然会得出自我本质上是自由的结论。因为自我是实体就意味着自我是依赖自身而不依赖他物的东 西，也就是说，自我自己决定自己，自己规定自己。

在笛卡尔看来，自由是自我与生俱来的规定，自由概念乃是“天赋于我们心中的首要的最普通的概念之一”③。人把自己的自由与自己的生命联系在一起，把它的存在看作不证自明的公理。由于我们的意志处于时空之外，它不受任何因果律的制约，因而“意志本质上是自由的，它决不可能受到限制”④。在《哲学原理》中，笛卡尔同时使用了自由与必然这两个概念。他指出，人与自动机的区别就在于机器的运动是必然的，而人的行动“不是必然的，而是自由的”⑤。

① René Descartes，*Principles of Philosophy*. Trans. Valentine Rodger Miller and Reese P. Miller，Dordrecht：D. Reidel Publishing Company，1982，pp.28–29.

② *Oeuvres de Descartes*，tome 7，Publiée par C. Adam & P. Tannery，Paris：J. Vrin，1964，p.166.

③ René Descartes，*Principles of Philosophy*. Trans. Valentine Rodger Miller and Reese P. Miller，Dordrecht：D. Reidel Publishing Company，1982，p.18.

④ Ibid.，p.17.

⑤ *Oeuvres de Descartes*，tome 1，Publiée par C. Adam & P. Tannery，Paris：J. Vrin，1964，p.350.

不仅如此，笛卡尔还把人的自由，与自我对自身的内在体验联系起来。在与毕曼交谈时，笛卡尔指出，我们诉诸内在的经验就能获得和确知自我的自由，“我们内在地意识到我们的自由”①。毕曼曾把自由看成自动的、无动于衷的（Indifference），笛卡尔对此表示赞同。“无动于衷”本是一个经院哲学的术语，笛卡尔和毕曼用它来表示意志的完全独立性，表示它不受任何机械力量的支配。在笛卡尔看来，意志的力量是巨大的，它不但是人的行动的触机，而且是人的思维的动力。人的行动之所以完全自由，就在于他的意志绝对不受限制。譬如，国王让两个互相仇恨的人待在一起，当这两个人正进行殊死决斗时，国王也深知自己无法阻止他们，所以只好听任他们去决斗，因为他们的意志是自由的②。在《沉思第四》中，笛卡尔提出了自由度这个概念，用以表示在不同情况下人们获得的自由具有程度上的差别。但在这时，笛卡尔对“无动于衷”这个概念作了重新规定。他认为，“当没有理由促使我采取这种而不是那种行动时，我意识到的无动于衷就是最低的自由度”。③“无动于衷”的程度与真正的自由度成反比。正因为如此，此时的笛卡尔把“无动于衷”看成自我面对的两难境地。

不过，笛卡尔在自由问题上并无定见。在早期著作中，他把自由规定为人的行动的任意性，而一谈到神的先定与人的自由的关系他就不得不采取调和的立场。他一边在设法把人的自由意志纳入神的先定范围，一边又宣称，如果我们极力把这种神的先定与我们的意志自由调和起来，我们就会遇到极大的困难。由此可见，笛卡尔既不愿放弃

---

① René Descartes，*Entretien avec Burman*：*manuscrit de Göttingen*，Paris：Édition Charles Adam，1937，p.51.

② *Oeuvres de Descartes*，tome 4，Publiée par C. Adam & P. Tannery，Paris：J. Vrin，1964，p.353.

③ *The philosophical Works of Descartes*，vol.1，Trans. and ed. E.S.Haldane and G.R.T.Ross，Cambridge：Cambridge university press，1969，p.171.

人的自由，也不愿去亵渎神明，而只是希望通过神的权威来保证人的自由，希望在神的庇护之下人能获得其应当获得的自由。人的意志最终服从神的意志，因而人的自由最终要受到神的限制。但在对神的表面虔敬之下隐藏着笛卡尔削弱神权的企图。这种企图在他的物理学中表现得十分明显。如果说在他的形而上学中，自我仍是上帝的奴仆，那么在物理学中，自我实际上成了自己的主人。笛卡尔深知，在经院哲学中上帝支配一切，神权高于人权，因此，要抬高自我就得贬低上帝，要提高自我的独立性就得削弱上帝对自我的统治。然而，由于自我生活于其中的物理世界决定了自我的生存与发展，因而不提高物理世界对于上帝的独立性，就无从提高自我对于上帝的独立性。从这种意义上说，笛卡尔把物理学与形而上学分开也就意味着把自我与上帝分开，笛卡尔为物理世界争取独立性意味着为自我争取独立性。诚如马克思和恩格斯在《神圣家族》中所说，“笛卡尔在其物理学中认为物质具有独立的创造力，并把机械运动看做是物质生命的表现”。① 笛卡尔甚至说，给我物质和运动，我给你造出一个宇宙来。这一点表明，他在物理学中已经撇开了上帝，而承认物质世界有着自己运动的规律，因此，生活于物质世界中的自我自然不再受上帝的干预。由此看来，笛卡尔把物理学与形而上学分开，其意义不仅在于他为科学争得了相对独立的地位，从而为科学与哲学的分化提供了理论依据，而且还在于他为神权与人权的分离，为自我的存在与独立作了理论上的论证。

3. 自我是自身同一者

既然自我是自由的思想实体，那么自我就具有内在的确定性和人格的同一性，否则一切法律都将归于无效，人与人之间的交往与沟通也不可能，因为它们都基于自我的同一性。

按照通常的理解，自我的同一性是建立在记忆基础上的。洛克、

---

① 《马克思恩格斯全集》第 2 卷，人民出版社 1972 年版，第 160 页。

巴特勒（Butler）和休谟都坚持这种观点。笛卡尔则认为，记忆具有或然性，记忆不依赖时间，相反，时间有赖于记忆。我们可以在记忆中确定对象的时间而自身却处于时间之外。因此，自我的同一性并不是通过时间表现出的，相反，时间要从自我的同一性中得到说明。笛卡尔指出，人们之所以在日常生活中就经验到自我的同一性倒不是因为自我一成不变，而是因为自我处于不断的生成中，并且新生成的我始终与过去的我是同质的。有鉴于此，笛卡尔主张从两方面去理解自我同一性：（1）自我依赖上帝，上帝保持自我。但这种保持是在创造中的保持，因为“保持就是不断的再造”。“如果此刻没有某种原因产生出新的我，也就是说创造我，那么，就不能从我刚刚存在过这一事实得出我必定存在”①。（2）自我总是在思想着，凡思想都具有对象，这个对象要么是外在的，要么是内在的，但它们必定有自己的同一性，“它不能既在又不在”，否则，我就不能思想它。既然我始终在思想着对象，并且思想的对象在具有其同一性的情况下才能为我所思想，既然在思想时我与对象是共存的，那么，思想也必定是同一的，因而这个思想的我在人格上也必定是同一的。

以上就是笛卡尔对“我”的规定。通过对“我”的这些规定，笛卡尔“使思想摆脱了物质的纠缠”。这固然肯定了我的独立与自由，肯定了我的能动作用，但这种肯定是以牺牲我的物质性为代价的。同时，笛卡尔对我所进行的考察只是微观的考察而不是宏观的考察，因为他只是从自我本身来考察自我，而不是从社会的角度来考察自我。他所说的我只是小我而不是大我，只是我的个别性而不是我的社会性，只是脱离了一切社会关系的离群独居的东西，而不是现实的有血有肉的人。由于笛卡尔使自我置身于一切社会关系之外，那个以社会

---

① *The Philosophical Works of Descartes*，vol.1，Trans. and ed. E.S.Haldane and G.R.T.Ross，Cambridge：Cambridge university press，1969，p.168.

关系为其本质，因而只有在社会关系中才能得到说明的自真实的我在这里悄然隐去了，剩下的只是失去了物质外观的思想的幽灵一那个掩盖了现实自我的幽灵。因此，笛卡尔无法说明自我与他我的沟通与过渡，从而也无法揭示自我的本质与秘密。他所做的不过是把人们的目光引向了这个秘密，从而唤醒了沉睡着的自我意识。

二、我与自我意识

谈起自我意识，人们自然会想起洛克和斯宾诺莎，想起康德与黑格尔，想起胡塞尔与萨特。其实，笛卡尔早就对自我意识问题做过深入细致的研究，并且有两处明确使用过自我意识这一概念①。因此，我们完全有理由说，笛卡尔是近代和现代自我意识理论的始祖。

自我意识是笛卡尔自我概念的重要规定。这一规定在笛卡尔那里主要指心灵的反观自照。从这种意义上说，它与洛克在《人类理智论》中所说的反省相近。笛卡尔也经常使用“反省”这一概念，不过其含义与自我意识的含义没有多大区别。笛卡尔认为，“在我的心灵中没有什么不是我所意识的”②。我对于自身是非常明了的。对我来说，心灵中根本没有隐秘的东西，一切都是通明透亮的。

笛卡尔首先区分了纯粹意识与反省意识③。所谓纯粹意识是指自我对外部对象的意识，反省意识是指自我对意识本身的意识，亦即自我意识。一切意识都伴随着自我意识，自我从来都兼有意识和自我意识的双重身份，因为意识在以外在的东西为对象时也总以“心灵的眼睛

---

① 参见 Descartes，“Letters to Hyperapiste”（1641 年 8 月），*Descartes Philosophical Letters*，Trans. and ed. Anthony Kenny，Oxford：Clarendon Press，1970，另见笛卡尔的《真理的探求》。

② *Oeuvres de Descartes*，tome 3，Publiée par C. Adam & P. Tannery，Paris：J. Vrin，1964，p.237. See，tome 7，p.107.

③ *Oeuvres de Descartes*，tome 1，Publiée par C. Adam & P. Tannery，Paris：J. Vrin，1964，p.413.

去注视自身”①。

除区分纯意识与反省意识外，笛卡年还区分了自我意识与回忆。他认为，回忆是不确实的，因为它可能发生错误；而自我意识总是确实的，它不因思想形式的变化而变化，只要你在思想，你就有自我意识。而且，回忆只是涉及过去的东西，只是把过去的东西再现出来：自我意识主要涉及当下的精神状态，并能把不同的精神状态联系起来。但回忆不是单独进行的，它常要有理智参加。所以，笛卡尔常称回忆是“理智的回忆”。他在《与毕曼的谈话》中还举了“国王”的例子来说明这一点。他说，我只有借理智把“国王”这个词与它指称的对象联系起来才能回忆起这个词的意义。既然理智在注视对象时总要把目光转向自身，而回忆又要借理智才能实现，那么回忆一定伴随着自我意识，也就是说，回忆者必定对回忆本身有所意识。

毕曼对笛卡尔所谓“意识既是思维又是对那个人思维的反省”②这一观点提出过异议。他认为，自我意识是不存在的，即使存在，那也只能说它是对过去意识的意识，而不可能是对当下意识的意识。因为心灵不可能同时想到两个东西，不可能同时意识一个对象又对这个意识对象的活动本身有所意识。笛卡尔指出，说心灵只能想对象明显与事实不符。虽然“我不能同时想到许多东西，但想到的东西可以不止一个。比如，我现在意识到并想到我一边走路，一边吃饭，这两件事是同时发生的”③。既然心灵能同时想到两个东西，它为什么不能同时想到他物而又意识到自身呢？

为进一步回答这个问题，笛卡尔强调说，自我“有能力随时反省他的思想”④。这种反省不仅是对当下思想的反省，而且可以是对过去

---

① *Oeuvres de Descartes*，tome 7，Publiée par C. Adam & P. Tannery，Paris：J. Vrin，1964，p.387.

②④ René Descartes，*Entretien avec Burman*：*manuscrit de Göttingen*，Paris：Édition Charles Adam，1937，p.13.

③ Ibid.，p.11.

观念的反省。心灵为各种各样的观念占据着，其中有些观念是外来的，有些是天赋的，有些是我们自己制造出来的。对天赋观念的反省是自我意识的另一种形式。在我的心灵中天赋观念占有特殊地位，它不但是我思维的对象，而且是我思维的支撑点。我首先在这些天赋观念中发现了我自己，进而我根据这些观念去观察和理解外部世界。因此，对天赋观念的发挥与审视是自我认识的起点，是自我意识的第一要义。在自我意识中我们发现了自我的观念、上帝的观念、物质的观念和许许多多的其他观念。有了这些观念，意识就有了认识外部对象的基础。从此，心灵就可以把思维的触角由自己转向外在的对象。

这里，自我意识对于笛卡尔仍然是首要的。在处理自我意识与外部意识的关系时，笛卡尔注重的是前者而不是后者，因为在他眼里，关于自我的知识是我们获得的第一种知识，我们对外部世界的认识是从自我出发并通过自我而实现的，用他自己的话说，“我们（的认识）必须从人的灵魂开始，因为我们的全部知识都依赖它”①。

从认识自我与认识上帝的关系看，有关上帝的知识是从我们对心灵本性的思考中得来的。如，“我们在认识上帝的完满性之前能认识到自己的不完满性，这是因为我们在注意到上帝之前已能注意自身”②。反过来说，“当我反省自身时我不仅知道我是某种依赖他物的不完满的东西，而且我知道我所依赖的上帝具有我所期求的一切伟大之处”③。

从认识自我与认识形体的关系看，前者先于后者并且是后者的条件，前者易于后者并且比后者更为确定。在《哲学原理》中，笛卡尔

① *The philosophical Works of Descartes*，vol.1，Trans. and ed. E.S.Haldane and G.R.T.Ross，Cambridge：Cambridge university press，1969，p.310.

② René Descartes，*Entretien avec Burman*：*manuscrit de Göttingen*，Paris：Édition Charles Adam，1937，p.26.

③ *The philosophical Works of Descartes*，vol.1，Trans. and ed. E.S.Haldane and G.R.T.Ross，Cambridge：Cambridge university press，1969，p.156.

说："我们对自己的思维所具有的知识先于有形物的知识并且更为确定"①。在《第一哲学沉思集》的后半部分，笛卡尔还具体论证了"没有什么比我的心灵更容易、更明白地为我所认识"，"我对我的心灵本性的了解比对任何形体的了解更清楚"②。他认为，在认识形体时，我们得用感官，但感官常常骗人。我们通过感官所获得的观念往往是虚妄不实的。而我们在认识心灵时却不会遇到这样的情况，因为心灵从来都是确确实实的，"我们在心灵中见到的性质分明比在任何别的事物中所见到的更多些"③。拿蜡来说，我看到的那块蜡有许许多多属性。我知道这些属性，这表明我有认识这些属性的能力。我所认识的那些属性不一定真实，而我清清楚楚地知道的那些认识能力却是确确实实的。因此，认识心灵的属性比认识外物的属性更容易④。

从认识自我与认识外界的关系看，前者是后者的前提，因为在认识外部世界之前我们必须考查自我的本性、能力和局限。同时，"认识外部世界需要实体、时间和数目等观念，它们是心灵在进行自我反省时得到的，而不是我们认识外物时形成的当我知道我此时此刻存在着，并且进一步回忆起我以前存在过，当我记起我拥有我可以了解其数目的各式各样的思想时，我便获得了时间和数目的观念，我后来把它们应用到我愿意应用的那些对象上"⑤。

但是，笛卡尔的言行似乎是不一致的。一方面，他在理论上主张自

① René Descartes，*Principles of Philosophy*. Trans. Valentine Rodger Miller and Reese P. Miller，Dordrecht：D. Reidel Publishing Company，1982，p.5.

② *The philosophical Works of Descartes*，vol.1，Trans. and ed. E.S.Haldane and G.R.T.Ross，Cambridge：Cambridge university press，1969，p.157.

③ René Descartes，*Principles of Philosophy*. Trans. Valentine Rodger Miller and Reese P. Miller，Dordrecht：D. Reidel Publishing Company，1982，p.7.

④ *Oeuvres de Descartes*，tome 7，Publiée par C. Adam & P. Tannery，Paris：J. Vrin，1964，p.360.

⑤ *The philosophical Works of Descartes*，vol.1，Trans. and ed. E.S.Haldane and G.R.T.Ross，Cambridge：Cambridge university press，1969，p.165.

我认识先于外部认识，自我认识是外部认识的前提，另一方面，他的学术生涯表明，他是从外部认识回到自我认识，而不是从自我认识进展到外部认识的。例如，在《方法谈》中，笛卡尔说自己一生只研究两种学问：一种是从世界这本大书里找到的学问，另一种是在自我本身中找到的学问，鉴于研究自我本身的学问脱离了研究世界的学问就会显得空洞无益，笛卡尔一开始就下决心到各国去游历，去研读世界这本大书；鉴于研究外部世界的学问离不开研究自身的学问，笛卡尔在“花了好几年功夫去研究世界这本大书并取得一些经验之后就下决心来研究自我本身”①。为什么在研究自我之前要先去研究外部世界？在《哲学原理》的序言中我们不难找到这一问题的答案。在那里，笛卡尔深有感慨地说，研究外部世界不仅可以满足人们在“支配行为”、“适应人生”方面的需要，而且为人心提供了真正的“营养品”。与把自己终身关闭在高楼深院的经院哲学家相反，笛卡尔选择了研究外部世界作为自己学术生涯的开端。笛卡尔意识到，过去的经院哲学家始终停留在空洞的思辨中，这些思辨不会产生任何实际的效果，而只能把人束缚于概念的藩篱中，使人养成了对现实世界漠不关心的习惯，结果造成了无数的偏见和无休止的纷争。然而，自文艺复兴以来，许多哲学家纷纷走出自我这个狭小的天地，把研究外部世界作为自己的首要任务，从而不仅使自己获得了富贵与尊荣，而且增进了人类的幸福与完美。如，数学“既满足了人的好奇心，又促进了各种技艺，还减轻了人的劳动”，其他科学则“给研究它们的人带来了荣誉与财富”②。正是这种研究外部世界的紧迫感与使命感使笛卡尔一改经院哲学的沉闷空气，独开面向现实之风。

然而，提倡研究外部世界并不等于不要研究自我，恰恰相反，随着研究外部世界的深入，对自我的研究也势在必行。虽然经院哲学也

① *The philosophical Works of Descartes*，vol.1，Trans. and ed. E.S.Haldane and G.R.T.Ross，Cambridge：Cambridge university press，1969，p.85.

② Ibid.，p.84.

曾主张研究自我，但他们的“自我”是处于信仰枷锁中的“自我”，是寄居于天国中的“自我”，因而是幻想的“自我”。笛卡尔要恢复自我的主体地位，因此他必须让自我从天国回到尘世。那么，笛卡尔为什么在研究外部世界之后要下决心研究自我呢？对于这个问题，笛卡尔作了不太明确但极富有启发意义的回答。他认为，在研究外部世界的过程中，我自觉或不自觉地受到一些偏见的影响，那些暗中潜入我的信仰的意见常常干扰我的理智，掩盖我的灵明，妨碍我继续认识外部世界的真理。因此，要更好地认识外部世界，我就必须“把一切坏的意见从心灵中排除干净”①。但是，要排除这些坏的意见我必须找出产生它的根源，这个根源不在别处，正是在自身之内。鉴于这一点，我必须进行自我反省、自我怀疑，同时又自我确信。

此外，为了更好地认识外部世界，我们必须认识自己的本性，因而要下决心研究自我本身。就我的本性具有某种完满性来说，如果我对于许多在我之外的那些事物的思想是真的，那么它们都依附于我的本性②。研究外部世界必须有一套可靠的方法。正确的方法犹如我们的向导，而错误的方法从来就使人误入歧途。为此，笛卡尔首先要制定“指导心灵的规则”，要寻求“正确运用理性的方法”，他觉得那些偏离了认识真理的正确轨道的人之所以会犯错误就在于他们不了解心灵的本性，特别是不理解心灵的缺陷。因此，了解心灵的本性，把握它的特点乃是寻找正确方法的关键。笛卡尔宣称，“为了完整地把握真理而开辟一条达到这一目的的更为简捷的道路”，他一度沉迷于对心灵本性的沉思，并“把它当作生活的唯一乐趣”③。针对人们只重视认

---

① *The philosophical Works of Descartes*，vol.1，Trans. and ed. E.S.Haldane and G.R.T.Ross，Cambridge：Cambridge university press，1969，p.94.

② Ibid.，p.102.

③ *Oeuvres de Descartes*，vol.10，Publiée par C. Adam & P. Tannery，Paris：J. Vrin，1964，p.3.

识外物而不重视认识自己的时尚，笛卡尔写道："要这么多的人去潜心研究人的习惯、植物的功效、星体的运行、金属的变形和科学的诸如此类的许多对象，而同时又没有人去思考这种良好的理智或普遍的智慧本身，对此，我的确觉得十分奇怪"①。

基于这些认识，笛卡尔决心打破过去的哲学只注重外部认识而不注重自我认识的局面，主张哲学不但要以自我为主体，而且要以自我为客体，从而实现主客体的统一。由于作为认识对象的认识主体的确立，笛卡尔进一步拓展了哲学思维的空间，调整了哲学发展的走向，从此哲学担负了认识外部世界与认识自我的双重任务。新的任务带来了新的方法，新的方法产生了新的理论。近代哲学就是在这样的"连锁反应"中发展起来的。笛卡尔的自我意识理论的提出无疑加速了这种"连锁反应"的进程。

三、自我意识与近代哲学

笛卡尔通过对自我概念的规定使自我从天上回到了人间，从幻想回到了现实，从信仰的奴仆变成了独立的人格。把思维作为自我的本质是笛卡尔顺应时代潮流对理性的礼赞与讴歌，把自我看成实体则表现了以笛卡尔为代表的新兴资产阶级在哲学上对自由的向往与追求。综观人类认识史，我们不难发现，从笛卡尔开始自我才真正成为哲学思考的对象。近代哲学，尤其是德国古典哲学的许多争论都是围绕自我问题展开的。仅就自觉提出自我和自我意识问题而言，笛卡尔就足以成为近代哲学的开创者。

近代哲学以人的自我反省为特征。这种反省是哲学家静观自然、透视历史、洞察社会的一面镜子。在这里，我们看到了人对自己的尊

---

① *Oeuvres de Descartes*，vol.10，Publiée par C. Adam & P. Tannery，Paris：J. Vrin，1964，p.2.

崇，看到了人的自身价值的提高。一开始是笛卡尔所倡导的理性主义的温和的启蒙，它使人意识到自己的自由的天性，意识到自己在旧的制度和旧的文化氛围之下的屈辱地位。与之并行的是经验主义对人的现实性的强调，它使人由经院哲学的空洞玄想的世界回到了现实的感觉世界。随后法国启蒙思想家把笛卡尔对自我自由的冷静思索变成了呼唤自由的热烈激情，与此相应，他们需要更多地强调自我的感性方面，而力避对自我作过分抽象的思辨。追求行动自由的热情在德国哲学家那里冷却了，他们恢复了笛卡尔对主体的冷静思考。在这种总的哲学背景之下，我们会发现，由笛卡尔肇始的自我意识理论的发展基本上体现了主体性地位在近代哲学中的上升过程。在这一过程中，由笛卡尔提出的自我概念的含义在不断改变，自我意识的规定在不断丰富。

自笛卡尔提出“自我意识”概念之后，洛克提出了“反省”概念，并认为反省是获得知识的重要途径。虽然洛克不同意笛卡尔的天赋观念论，也不同意把自我看成脱离物质的精神实体，但他有关反省的思想与笛卡尔的自我意识理论有不谋而合之处。像笛卡尔一样，洛克认为“观念是思维的对象”①，并声称人的每一种精神状态都伴随着对这种状态的反省。诚如洛克本人所说，“人心在反观内照、思维自己的行为时，最初就发现有思维”②。通过反省活动，我们把从外部世界得来的观念变为自己思考的对象，从而使粗糙的观念材料上升为抽象的理论知识。由此看来，洛克发扬而不是削弱了笛卡尔关于自我的能动性的思想。

莱布尼茨批评了洛克对反省的某些看法，他认为，洛克的反省观点导致了无限的循环。因为按洛克的观点，自我意识也应伴随对这种

① 洛克：《人类理解论》上册，关文运译，商务印书馆 1981 年版，第 68 页。
② 同上书，第 196 页。

自我意识的意识，这样就势必有意识的意识的意识……如此，我们就会永远停留在一种意识上。在《人类理智新论》中，他写道："我们要我们的一切思想明确地进行反省是不可能的；否则心灵就得对每一反省又进行反省以至无穷，而永不能过渡到一个新的思想"①。显然，笛卡尔的自我意识理论也在批评之列。不过，莱布尼茨几乎原原本本地接受了笛卡尔所说的自我意识是外部意识的必要条件的思想。在他看来，反省意识不是洛克所说的那种经验意识。而是像笛卡尔所说的那样借真理的抽象概念和必然知识所进行的理性活动。反省活动"使我们想到所谓'我'，使我们观察这个和那个在'我们'之内；而由于我们思想本身，我们也就思想到现在、实体、单纯物或复合物、非物质的实体和上帝"②。在此，莱布尼茨突出了自我意识的优先性，对他来说，不论是从时间上看还是从逻辑上看，思想自我总是思想上帝的前提条件。从这种意义上说，莱布尼茨对反省或自我意识的看法并没有违背笛卡尔提出自我意识问题的初衷，相反，进一步贯彻了笛卡尔的宗旨，即把认识自我推到了认识论的前台。

笛卡尔提出的自我和自我意识概念在康德那里获得了新的内容。在康德看来，笛卡尔和洛克对自我意识的解释都是经验的，因为它没有普遍性与必然性，而他本人则主张先验的自我意识理论。这种理论认为，自我并不是笛卡尔所说的那种实体，自我意识也不是洛克所说的那种"内感觉"，而是超时空的纯形式。这种纯形式以直观材料为前提，因此，笛卡尔的"我思"离不开对外部对象的认识。基于这一点，康德声称，笛卡尔的"我"仍然是经验的"我"、个别的"我"，而他本人所说的"我"是先验的"我"、普遍的"我"。他把笛卡尔所说的主体对自身的感知、思维和想象的意识称为"经验的自我意识"，

---

① 莱布尼茨：《人类理智新论》上卷，陈修斋译，商务印书馆1982年版，第90页。

② 莱布尼茨：《单子论》，见《16–18世纪西欧各国哲学》北京大学哲学系外国哲学教研室编译，商务印书馆1975年版，第488页。

把他本人所说的自我意识称为“先验的自我意识”，这种自我意识是经验意识的先验构架和逻辑前提，是经验自我意识所以可能的条件。这样一来，康德就比笛卡尔更为明确地强调了自我的综合构造功能，从而更加突出了自我的能动性。

与笛卡尔不同的是，康德并不认为自我意识可以脱离外部意识而独立存在，恰恰相反，他坚持认为自我意识和外部意识相互依存。一方面，对于我的内在经验以对外部对象的意识为前提；另一方面，关于我存在的意识同时也就是对我之外的他物的存在的直接意识。“我并不是通过意识我思维而认识我自身”①，而是通过认识外部对象或“我的直观”来认识我自身。笛卡尔认为，“我思”与“我在”是直接同一的，前者与后者不存在孰先孰后的问题，也就是说，“我思”中的“我”永远离不开思维，“我”就存在于一切思维中。康德对此表示赞同，但康德不同意笛卡尔把“我”作为实体。对他来说，“我”只是一种状态、一种活动、一种可能性。笛卡尔指出，哪里有对象意识，哪里就有自我意识，康德吸收了这一思想。但他认为，“我”本身是什么，我们不可能知道，因为我永远离不开我对于对象的意识。既然如此，我们就可以合乎逻辑地得出这样的结论：笛卡尔关于认识心灵（我）比认识形体更容易的思想在康德哲学中难以立足。

继康德之后，费希特把笛卡尔的“自我”改造为创生一切而又限制自身的无条件主体，从而消除了笛卡尔二元论制造的自我和外界的明显对立，他抛弃了康德把先验自我看成经验意识的纯形式的观点，恢复并发挥了笛卡尔关于自我是一个能动实体的思想。如果说笛卡尔的自我学说是在为自我的独立与自由作论证，那么，费希特的自我学说则进一步要为自我的创造性作论证。在《知识学引论》中，费希特

---

① 康德：《纯粹理性批判》，蓝公武译，三联书店1957年版，第272页。这里据Smith英译本改译。

肯定了笛卡尔早就提出的哲学应以自我为对象的观点，并把它作为哲学的第一要求。他写道："注意你自己，把你的目光从周围收回来，回到你的内心，这是哲学对它的学徒所做的第一个要求。哲学所要谈的不是在你外面的东西，而只是你自己"①。他还说，自我是在树立对立面的活动中，即在设定非我的过程中才获得了自己的现实性。由于费希特的非我不过是自我的产物，自我与非我的对立不过是自我之内的对立，因而，笛卡尔那里的外部世界就被作为自我的产物而消融于费希特的"自我"之内。这样一来，笛卡尔的"自我"就被费希特赋予了世界本原的意义，因而自我也便由个别的主体上升为普遍的主体，换言之，自我由小我变成了大我。

笛卡尔的"自我"概念经费希特的发挥而在谢林哲学中被恶性膨胀起来。像笛卡尔和费希特一样，谢林也认为自我是哲学的主题。他写了一篇题为《论自我是哲学的根本》的著名论文。但是，在谢林那里，自我不仅仅指笛卡尔所说的个别的意识，而是指包摄了个别意识在其内的普遍意识。自我意识再也不是单纯的个别的东西，而是与个别意识同时展开的必然的东西。狭义的自我是所有主观东西的总体，而广义的自我是贯穿于万事万物中的普遍精神。以此而论，主观的东西和客观的东西在自我这里达到了统一。就自我是主观的东西而言，"自我意识是一种活动"，"自我只存在于这一活动之内，只有通过自我关于它自身的知识，自我本身方才产生出来"②；就自我是客观的东西而言，"它是一切实在性的本原"③，"是赋予一切事物以存在的东西"④。由此可见，谢林一方面继承了笛卡尔关于自我离不开自我意识

① 费希特：《知识学引论》，载《十八世纪末—十九世纪初德国哲学》北京大学哲学系外国哲学史教研室编，商务印书馆 1975 年版，第 183 页。
② 谢林：《先验唯心论体系》，梁志学、石泉译，商务印书馆 1976 年版，第 34 页。
③ 同上书，第 40 页。
④ 同上书，第 41 页。

活动的思想，同时发挥了笛卡尔关于自我的创造性、主动性的观点。在笛卡尔那里，自我还只是与物质世界相并列的独立的思想实体，是纯粹的个体性，而不是本原性的东西。在谢林那里，个别的自我（个人意识）是从普遍自我（绝对同一）中分化出来的。普遍的自我是思维和存在的原始同一性，是万物的本原、目的与归宿。因此，谢林顺理成章地把笛卡尔的我思同化到普遍的自我中去，从而把自我提高到了造物主的地位。

笛卡尔的“自我”在黑格尔哲学中呈现出新的面貌：自我意识被实体化了；自我被夸大为神化了的绝对；在绝对精神的辩证发展中，自我被扬弃和升华，最后实现了向自身的回归；自我是浓缩了的绝对精神，绝对精神则是展开了的自我，或者说，绝对精神具有自我的性格，自我则成了绝对精神的化身；笛卡尔第一次使主体成了真正的客体，黑格尔却不仅要使主体变成客体，而且要使客体变成主体；笛卡尔把自我看作思维和存在的直接统一，黑格尔同意这一点，但他把笛卡尔的“思维”普遍化，然后把这种普遍化了的思维看作世界的本质与灵魂、根源与动力，从而把自我的能动性的思想发展到了极致。

像笛卡尔一样，黑格尔把自我意识看作人的本质特征，看作人之所以区别于动物的根本标志；但他把自我意识作为绝对精神的一个环节，并且指出了个体自我意识的发展与人类自我意识的发展的一致性：从个体意识看，认识是先外而后内；从人类意识看，认识是先自然而后自我；从意识的总体看，它“一方面是关于对象的意识，另一方面是关于它自己的意识”①；从个体意识的过程看，自我意识是外部意识的必然结果，是外部意识的扬弃。笛卡尔曾认为自我意识是外部意识的条件，与此相反，黑格尔把外部意识看作自我意识的前提和基

① 黑格尔：《精神现象学》上卷，贺麟、王玖兴译，商务印书馆1979年版，第59页。

础，自我意识是外部意识的真理与根据。笛卡尔把自我意识看作自我与生俱来的特性，黑格尔则认为自我意识是认识外部对象和以劳动改造外部对象的结果，因此，自我意识是一个长期发展过程，这个过程是认识与实践相统一的过程，是主体性的提高过程，是自由意识的发展过程。

透过纷繁复杂的近代哲学，我们不难发现，自我问题是各派哲学争论的焦点。如果说德国古典哲学的嬗变以自我问题为轴心，以自我意识为主线，那么，建立这个轴心和主线的功劳应当归于笛卡尔，因为正是他首倡哲学要面向自我，并且把自我问题确立为认识论的核心。笛卡尔对近代哲学的重大贡献就在于他提出了问题，从而给哲学提供了新的视角。虽然他的观点不乏混乱与矛盾，但正是这些矛盾使笛卡尔对各派哲学发生了广泛的影响。诚如罗素所说："自圆其说也许让他仅仅成为一派新经院哲学的始祖，而自相矛盾倒把他造就为两个重要而背驰的哲学流派的源泉。"①

① 罗素：《西方哲学史》下卷，何兆武、李约瑟译，商务印书馆1982年版，第92页。

“我思故我在”新探[①]

“我思故我在”是西方哲学中争论最多的命题之一。这一命题蕴含着近代哲学的开端，并在很大程度上推动了现象学运动的发展。

本文试图通过对这一命题的详细分析，揭示“我思故我在”的基本内涵，阐明它的理论意义。[②]

一、“我思故我在”是一个推论吗？

有一种观点认为，“我思故我在”是一个主观唯心主义命题，其理由是，“我思故我在”是从思维推出存在。

从表面上看，“我思故我在”似乎是个推论，因为笛卡尔在“我思”（Cogito）和“我在”（Sum）之间用了“所以”（ergo）一词。而且，在有些地方，笛卡尔也常常喜欢用推理形式来谈论“我存在”。例如，在《致科尔维厄斯的信》中，他说，“从一个人在怀疑这一事实推出这个人存在，这本质上是十分清楚明白的事情”[③]。在《方法谈》中，笛卡尔也说：“从我在想着怀疑他物的真理性这一事实可以

---

① 本文载于《学术月刊》1989 年第 6 期。——编者注

② 因限于篇幅，本文只讨论这一命题与知觉现象学的关系。关于它的认识论意义，见拙作：《论笛卡尔的自我概念》，《中国社会科学》1988 年第 5 期。

③ *Oeuvres de Descartes*，tome 3，Publiée par C. Adam & P. Tannery，Paris：J. Vrin，1964，p.237. See，tome 3，p.248.

非常清楚、非常确实地推出‘我存在’”①。于是，许多人据此断定，笛卡尔的“我在”是从“我思”中推论出来的，即认为，“我思故我在”是一个推论。

“我思故我在”真是一个推论吗？还是让我们来看看笛卡尔本人对这个问题的回答。在《对诘难的第二个答复》中，笛卡尔明确指出：

> 当我们注意到我们是思维的东西时（这是首要的概念），我们不是从三段论中把它推论出来的，因为当有人说“我思维，所以有我或我存在”时，他并不是通过三段论从思维中演绎出存在的，而是把它看成对心灵的简单直觉，就好像它是一个本来已知的东西。显而易见，它是基于这样一个事实：如果他是通过三段论把它演绎出来的，那么，他就必须事先知道“凡思维的东西都存在”这样一个大前提。然而，他是从自身的经验中了解到他思维而不存在是不可能的。②

显然，笛卡尔在这段话中已经否认了“我思故我在”需要一个大前提，否认了“我思故我在”是“所有S都是P，M是S，所以M是P”这种形式的推论。诚如费尔巴哈所说：“‘我思故我在’这个命题不是推理，因为推论要求一个Terminus Medius（中项），即把大前提联结起来的第三者，中间者，……但是，在本质和存在之间没有第三者；它们是通过自身同一的，即直接同一的。”③

---

① *The philosophical Works of Descartes*, vol.1, Trans. and ed. E.S.Haldane and G.R.T.Ross, Cambridge: Cambridge university press, 1969, p.101.

② *Oeuvres de Descartes*, tome 3, Publiée par C. Adam & P. Tannery, Paris: J. Vrin, 1964, p.237. See, tome 7, p.140.

③ 《费尔巴哈哲学史著作选》第1卷，涂纪亮译，商务印书馆1978年版，第174–175页。

“我思故我在”是否其他形式的推论呢？从上述引证的那段文字中，可以发现这种可能性是不存在的，因为笛卡尔把它看成本来已知的东西，看成心灵简单直觉的结果。笛卡尔认为，“他存在，他思维”这类命题是通过直觉而不是通过推理提出来的。“我思故我在”作为第一原理是由直觉提供的。所谓直觉，并不是逻辑推理，而是心灵对对象的直接认识，在一瞬间完整地把握一个对象。凡是被直觉把握的东西都是最简单、最确实的东西，同时也是最清楚明白的东西。它不需要别的东西给它提供证明，因为它提供的仅仅是关于存在的不证自明的知识，它自身即是自身的证明和依据。笛卡尔指出，获得必然的知识有两条途径，一是直觉，一是演绎，演绎依赖直觉，直觉并不依赖演绎。一切先天的真理和自明的公理作为推论的前提都是由直觉发现的。

在《哲学原理》中，笛卡尔甚至认为“我思故我在”表达了一种永恒真理，具有严格的必然性，而有严格必然性的永恒真理是不能靠推论得出来的。推论本身不能保证真理的必然性和普遍性，正确的推理充其量不过是保证推论过程不犯错误，而不能保证推论的结果一定正确。

说“我思故我在”中有一个前提，实际上否定了它是笛卡尔哲学的第一原理。按照笛卡尔的观点，第一原理本身是没有提的。在《谈谈方法》中，笛卡尔指出，“‘我思故我在’这条真理这样真实可靠以至怀疑派的任何一种最狂妄的假设都不能动摇它，于是我立即断定，我可以毫不犹豫地接受它，把它作为我所研求的哲学的第一原理”①。笛卡尔说，作为首要的最确实的知识的第一原理必然满足两个基本要求：第一，必然是清楚明白的无可怀疑的真理；第二，必须是没有前

① *The philosophical Works of Descartes*，vol.1，Trans. and ed. E.S.Haldane and G.R.T.Ross，Cambridge：Cambridge university press，1969，p.101.

提的，它不依赖其他知识，其他知识则完全依赖它，以至于我们可以离开其他知识单独理解这个原理，而离开了这个原理我们则无从理解其他知识。这两个条件相辅相成，缺一不可。既然“我思故我在”是笛卡尔哲学的第一原理，那么，它必然是没有前提的前提，必须是其他知识赖以产生的基础和根据。说“我思故我在”有一个前提，显然不符合作为第一原理的第二个要求。

再者，说“我思故我在”是一个命题，同时又是一个推论，那是自相矛盾的。既是命题，它就不可能同时也是推论；既是公理，它就不是靠推论得出来的，它必须不证自明，否则就不成其为公理。

由上可见，“我思故我在”既然不是推论，也就不能说笛卡尔是从思维推出存在，因而而断言“我思故我在”是一个主观唯心主义命题缺乏逻辑依据。

二、“我思故我在”的基本含义

“我思故我在”是一个简单明了的命题，但包含着深刻的思想内容，它蕴含着近代哲学的开端。那么，究竟如何理解“我思故我在”的命题呢？“我思”与“我在”是什么关系呢？

首先，应该了解，这一命题是笛卡尔十余年苦苦思索的结果。1628年，他在写他的第一部哲学著作《指导心灵的规则》时，仅仅提出了“他思想”、“他存在”的命题，而且，把“他存在”放在“他思想”之前，中间未加任何联结词。时隔九年，《谈谈方法》问世时，这两个用第三人称表示的独立命题才改成“我思故我在”这个命题。笛卡尔为了突出主体的地位，强调自我的能动性，把“他”改为“我”，把“我思”放在“我在”之前。

同时，在形成这一命题的过程中，笛卡尔明显受到了奥古斯丁的影响。在《上帝之城》第11卷第26章里，奥古斯丁提出了“如果我受骗，那么我存在”(“Si fallor，ergo Sum”)的命题。从形式上看，这一命题与笛卡尔的“我思故我在”（Cogito ergo sum）极为相似。笛卡尔曾用我怀疑、我受骗这类事实来说明我存在，这在奥古斯丁的《论自由意志》中同样可以找到，笛卡尔直言不讳地承认，“我非常高兴地发现自己与奥古斯丁相一致”，因为奥古斯丁也认为，“在我们身上有某种类似三位一体的东西，即，我们存在，我们知道我们存在，我们爱这个存在和我们所具有的知识”①。笛卡尔还承认，他之所以提出这个命题，并不是为了效仿奥古斯丁以人的智慧来论证神的智慧，而是为了重新确立理性的地位，高扬思维的能动性，表明思维与存在的同一，揭示我思维与我存在之间的直接联系。黑格尔认为，Cogito（我思）和 Sum（我在）之间的 ergo（所以）一词就是在这种意义上使用的。用黑格尔本人的话说：“这里的‘所以’不是推论的‘所以’，这只是思维与存在之间的直接联系”②。

早在《指导心灵的规则》中，笛卡尔就指出，在自我中思维与存在之间存在着直接的联系，只不过在日常生活中那些缺乏反省的人往往不会意识到这种联系，他们注意的要么是产生者与被产生者之间的联系，要么是外在的线性因果关系。但是，“我思故我在”中的思维与存在的关系恰恰不能理解为产生者与被产生者之间的关系。如果说在“我思故我在”里思维产生出存在（我），那实际上是说有一个不存在的产生者。思维只是一种活动，活动必有主体；思维只是属性，属性必有依托。没有主体，没有依托，思维是不可能存在的。因此，说没有依托的思维会产生出存在（我），实质上是说不存在的东西会产生存在③。

---

① *Oeuvres de Descartes*，tome 3，Publiée par C. Adam & P. Tannery，Paris：J. Vrin，1964，p.248.

② 黑格尔：《哲学史讲演录》第 4 卷，贺麟、王太庆译，商务印书馆 1978 年版，第 71 页。

③ René Descartes，*Principles of Philosophy*. Trans. Valentine Rodger Miller and Reese P. Miller，Dordrecht：D. Reidel Publishing Company，1982，pp.6–7.

“我思故我在”中的思维与存在的关系应当理解为双向的因果关系。也就是说，“我思”是“我在”的原因，反过来，“我在”也是“我思”的原因。但对笛卡尔所说的后一方面，人们是忽视的。实际上，笛卡尔至少有两处提到我不存在就不可能思想了。例如，笛卡尔在《谈谈方法》中说：“我发现在‘我思故我在’这个命题里并没有别的东西使我确信我说的是真理，而是我非常清楚地见到必须存在才能思想”。① 在《哲学原理》中笛卡尔还宣称“不存在就不可能思想”是一个真理。② 由此可见，笛卡尔并未把思想看作游离存在的东西，主张思维先于存在。所以，我思维与我存在之间并不存在时间的先后关系，也不存在逻辑的先后关系，两者在时间上和逻辑上都是同在的。

对我思维与我存在之间的这种同一性，笛卡尔在不少地方都作过论述。在《形而上学的沉思》中笛卡尔写道：“我思想多久我就存在多久……如果我完全停止思想，我也就完全停止存在”③。在《真理的探求》中也有类似的说法：“只有思想具有这样的特性：我不能把它与我相分离。……如果我一时停止了思想，我同时也可能停止存在”。④ 因此，按照笛卡尔的观点，我们可以得出这样的结论，我思维与我存在是直接同一的。关于这一点，黑格尔和费尔巴哈都做过详细说明。黑格尔认为，在“我思故我在”里，“作为主体的思维就是思维者，这就是‘我’”，“存在只是与纯粹的思维同一，不管内容如何；我就等于思维”⑤。费尔巴哈也指出，“不可能设想我的思维和存在之间存在着区别；我的思维就是我的存在，两者是完全同一的”⑥。

---

①③ *The philosophical Works of Descartes*，vol.1，Trans. and ed. E.S.Haldane and G.R.T.Ross，Cambridge：Cambridge university press，1969，p.102.

② René Descartes，*Principles of Philosophy*. Trans. Valentine Rodger Miller and Reese P. Miller，Dordrecht：D. Reidel Publishing Company，1982，pp.6—7.

④ *The philosophical Works of Descartes*，vol.1，Trans. and ed. E.S.Haldane and G.R.T.Ross，Cambridge：Cambridge university press，1969，p.151.

⑤ 黑格尔：《哲学史讲演录》第 4 卷，贺麟、王太庆译，商务印书馆 1978 年版，第 72 页。

⑥ 《费尔巴哈哲学史著作选》第 1 卷，涂纪亮译，商务印书馆 1978 年版，第 170 页。

这一方面，我必须存在才能思维，我的存在离不开思维。因为我不仅通过思维发现了我，而且通过这种发现我证实了我在思维。如果说我存在是因为我思维，那么，我思维同样是因为我存在。因此，我就是活生生的我思过程本身，而不像辛提加（Hintikka）所说的那样，应当把“我在”看作“我思”过程的结果①。另一方面，我思维着我就存在着，我停止了思维我就不再存在。如果我存在却不思维，我就不成其为我，而与动物无异。我和动物的最大区别就在于我是思维的东西，在于我能意识到自己的思想和行动。因此，我是以思维为本质的东西，思维就是我的生命。笛卡尔说，“我思故我在”中的“我”是一个思维的实体，这里所说的“思”不仅指理性思考，而且包括感觉、记忆、想象、意志、情感等心理活动。正是通过这些心理活动，我获得了我的现实性，我也正是在这种现实性中展开我的思维。比如，在怀疑中——在笛卡尔看来即是在思维中——我否定了外部世界以及肉体的实在性，然而这种否定正好是对自身存在的肯定，是自身存在的确证，因为只要我在怀疑，就说明我是存在的。

正因如此，笛卡尔认为，我的非思想性的行为，如“我呼吸”、“我走路”都不能成为我存在的证据，因为我是不同于肉体的东西，呼吸、走路都不过是动物也具有的肉体的活动，它们是不确实的，因而不能成为我存在的标志。“我必须先意识到我在呼吸，这就是说，思维在这里仍然比呼吸更基本，因为我的思维不能成为我呼吸的内容，而我的呼吸可以成为我思维的内容。在这种意义上，说‘我呼吸，所以我存在’，不过是说‘我思维所以我存在’”。②

由上看来，我思维与我存在的确是直接同一的，思之在在于在之

① W. Doney（ed.），*Descartes*：*A Collection of Critical Essays*，London：Macmillan，1968.

② *Oeuvres de Descartes*，tome 2，Publiée par C. Adam & P. Tannery，Paris：J. Vrin，1964，p.37.

思，在之思证明了思之在。在并非思的逻辑演绎，而是思之体现；思并非在的某一属性，而是在之本质，在之确证，以致是在之大全或在本身。就这样，笛卡尔自以为保证了我思的绝对确实性，从而为哲学找到了一个新的可靠的基地。然而，事实可能正如海德格尔指出的那样，笛卡尔仅仅通过“思”并未将“我”这个能思之物规定清楚，或者说，“我在”的存在意义仍然没有被揭示出来。仅从这一点出发，我们就不难发现“我思故我在”这一命题在现象学运动中的命运。

三、“我思故我在”与知觉现象学

胡塞尔曾经指出，“法国伟大的思想家笛卡尔以他的《沉思录》给现象学以新的推动，这完全起到了对发展着的现象学转变成新的先验哲学的作用。因此，人们几乎可以把先验现象学称为新笛卡尔主义”①。

现象学之所以被称为新笛卡尔主义，在很大程度上是因为它是在改造笛卡尔的“我思”的基础上发展起来的，“我思故我在”这一命题也因此成了现象学家批评和争论的焦点。法国现象学的著名代表、知觉现象学的开创者梅洛–庞蒂试图对笛卡尔的“我思”概念进行重新审查，重建“我思”与“我在”的关系。他不再把“我思”与“我在”等同起来，主张“我思”源于前反省的意识。基于这种理解，他试图诉诸原始的素朴知觉，重新解释客观思想和各种行动的相互联系。他写道：“不是我思非凡地包含‘我在’，不是我的存在归结为我所具有的意识，相反，倒是我思把我在这一超验的运动重新结合在一起，或者说意识把存在重新结合在一起。”② 显然，梅洛–庞蒂力图打破笛卡尔制造的我思与我在的直接同一的格局，而把我思作为联结存在

① Edmund Husserl, *Cartesian Meditations, An Introduction to Phenomenology*, Trans. Dorion Cairns, The Hague: Martinus Nijhoff, 1960, p.1.

② Maurice Merleau-Ponty, *Phénoménologie de la perception*, Paris: Gallimard, 1945, p.439.

的意识活动；他也力图消除笛卡尔制造的我思与世界的二元分裂，把“我”作为世界的投影，把世界作为投射我的世界。

梅洛-庞蒂认为，“我思故我在”实质上是把我还原为思，而且仅仅是当下的思，是无时间性的思。这个思证明了我的在，并且是我在的唯一确证。但这个我是孤独的个体，它像原子一样外在于世界的其他个体。因此，当独立的自我突入世界时，世界并没有被同化。梅洛-庞蒂则要使我成为现象世界的支撑点，通过我之在来证明世界之在。为此，他首先得确定我与世界的连续性，或者说要使我之世界和世界之我融为一体。从这种意义上说，我并不是构造着的思，“我思”并不是“我在”，除非我能通过思与世界的具体丰富性等量齐观，并且重新把主体性变为主体间性（intersubjectivity）。在梅洛-庞蒂眼里，我通过我思而发现和认识的东西不是心理学上的内在性，也不是感觉与其自身的盲目结合，更不是思想对其自身的单纯占有，而是我的存在深处的超验因素，是与我自身、与世界存在的同时性接触。

梅洛-庞蒂指出，笛卡尔的“我思”永远是封闭性的而不是开放性的，不能逻辑地推演出思着的我之外是否有他者（他人或他物）的存在。如此，“我思故我在”的命题对笛卡尔哲学也就失去了第一原理的意义。梅洛-庞蒂断言，当笛卡尔告诉我们可见物的存在是可疑的，而我的视觉本身是不可怀疑的，他的观点是站不住脚的。因为对看的思维有两种意义：第一，可以理解为看的印象，它包含真正的视觉经验；第二，看的思维不过是用心灵的眼睛在看。没有看，也就没有看的思，所以，看的思“实质上是对我的构造力的意识”。

基于以上的认识，梅洛-庞蒂认为，在“我思故我在”这个命题中，“我思”与“我在”是等值的，否则就不会有“我思”。然而，“我在”并不预先包含在“我思”中，“我思”并不引起我对“我在”的意识。相反，“我思”被综合到“我在”的超验过程中，意识被综合到存在中。出于这种考虑，梅洛-庞蒂反复强调，笛卡尔的怀疑不是实在的怀疑，而是对怀疑本身的纯粹思想。梅洛-庞蒂把“我思故我在”纳入了纯粹意识的领域，在纯粹意识领域里意识就是对象本身。

梅洛-庞蒂在对笛卡尔的“我思故我在”进行语言分析时指出，“我在”的确是因为“我思”，但这仅仅是语言中的“我思”，因为我只有通过语言中介才能把握我的思想和存在。因此梅洛-庞蒂认为，“我思”的真正公式应当是“他思故他在”。语言加速了对语言的遗忘。当我们的眼睛扫过眼前几行字的时候，对这些字的意义的把握就意味着字本身的消失。这一得意妄言的事实告诉我们，通过阅读笛卡尔的著作而获得的“我思”是言说出来的“我思”，它被置入语言框架并通过语言框架体现出来。从这种意义上讲，“我思”和“我在”具有经验和统计的意义。语言包裹着我们，领着我们前行。因此，如果被言说出的“我思”不在我心中与沉默的我思相遇，笛卡尔的“我思”永远难以理解。梅洛-庞蒂甚至认为笛卡尔的我思预先假定存在着一种自己与沉默的我思的前反省的接触。实际上，沉默的我思是没有的，当我思着的时候，我已经沉浸在言语之中了①。

总之，梅洛-庞蒂力图在改造笛卡尔“我思”概念的基础上重新认识我与世界的关系。他承认“我思”是原始的真理，但我们必须理解我既属于我自身又属于世界，因为内与外是不可分离的，“世界完全内在于我自身，我又完全处于我自身之外”。正是在这里，我们发现了梅洛-庞蒂与笛卡尔的分歧：笛卡尔强调我就是我，我与外界有实在的区别；心灵就是心灵，它与外物是分离的。梅洛-庞蒂则认为我只有通过我的外物才是我，外物也始终是进入意识领域的外物。笛卡尔强调我的独立性，梅洛-庞蒂则强调我与外物的不可分离性。如果说笛卡尔在“我思故我在”里力图通过思来保证我的同一性，那么，梅洛-庞蒂则要通过我与他者的连续性或整体性来保证我的同一性。

---

① 参见 Maurice Merleau-Ponty，*Le visible et l'invisible,* Paris：Gallimard，1964，导言。

四、德法哲学相互接受史研究

回归自我之路：从笛卡尔的怀疑到现象学的还原①

探求知识的确实性的绝对基础是笛卡尔和胡塞尔的共同目标。正是这一目标把胡塞尔的现象学与笛卡尔的形而上学沟通起来。为实现这一目标胡塞尔几乎倾注了自己毕生的心血，笛卡尔则以他的怀疑考察方式为现象学的还原法提供了历史参照。尽管这两种方法在具体内容上有着不容忽视的重大差别，但其终极目标和基本思路是一致的，即使哲学从骛外转向内求，从不确定的东西转向确定的东西，从可疑的东西转向无可置疑的东西。如果对笛卡尔的怀疑法和现象学还原法进行细致的考察，我们就会发现，不理解前者，就不能透彻地理解后者；不理解“怀疑、悬置与还原”，就不可能从根本上理解笛卡尔与胡塞尔的主体性理论，因为“怀疑、悬置与还原”是回归主体的根本途径。

一、笛卡尔怀疑的实质

笛卡尔的怀疑不仅是一种方法，而且是一种态度，一种对外部世界、对人的身体及其感官，对一切历史的成见和个人的信念所表现出来的根本态度。这种态度是对不确实性的不信任态度。它基于“只有

---

① 本文是汪堂家先生的博士论文《自我的觉悟——论笛卡尔与胡塞尔的自我学说》（复旦大学出版社 1995 年版）的第二章。——编者注

排除可疑的东西才能获得知识的确实性”这样一个不言而喻的真理。由于笛卡尔的怀疑是以寻求知识的绝对基础为目标，这种怀疑也就自然具有最终的肯定意义而不是否定意义，正是这种肯定意义把笛卡尔的怀疑与一切怀疑论者的怀疑区别开来，也正是这种意义使笛卡尔拒绝了一切相对主义的基本立场和一切怀疑论者关于世界上不存在确实性的哲学假设。

首先，我们绝不能对笛卡尔的怀疑作孤立的理解，而应当把它与笛卡尔的普遍科学的理想联系起来，把它与确实性的理想联系起来。只有这样，我们才能真正了解笛卡尔怀疑的根本动机。

在为《哲学原理》的法文版所写的导言中，笛卡尔提出了普遍科学的设想。在他看来，科学是一个演绎的体系，它应能根据基本的可度量性质和简单的规律来说明一切现象，形而上学则与科学有着本质上的关联。其突出表现是，形而上学要为科学提供可靠的基础，它应成为科学之树的树根。《哲学原理》的结构基本上体现了笛卡尔的这一思想，比如，笛卡尔把形而上学部分放在科学部分之前，把一般原理放在个别理论之前，并试图在其中找出某种演绎关系来，尽管这种尝试并不成功。在 1641 年 1 月 28 日致梅森（Mersenne）的信中，笛卡尔明确指出，“这六个沉思（指《形而上学沉思集》——引者）包含着我的物理学的全部基础”①。在其他著作（如《谈谈方法》）中，笛卡尔同样认为，既然世界是一个有秩序的连续的系统，那么，科学也应当成为与这一系统相适应的，具有普遍必然性并能因此预见未来事件的理论体系。但科学本身并不是完全自足的，因为科学的根本前提的确实性需要科学之外的东西来保证，这个科学之外的东西就是人们通常所说的形而上学。

① *Descartes Philosophical Letters*. Trans. and ed. Anthony Kenny，Oxford：Clarendon Press，1970，p.94.

正如本文的上一章所言，形而上学应为科学提供绝对可靠的基础，因为它的确实性是最高的确实性。如果形而上学本身也成了问题，科学的大厦总有一天会完全倒塌。既然形而上学的对象是无限的对象，它包括心灵、世界和上帝，而上帝又是支配心灵和世界的最高实体，因而关于上帝的知识应当具有优先地位。正是在这种意义上，笛卡尔声称“一切其他东西的确实性完全取决于上帝的知识，以致没有这种知识就不可能完全地认识任何东西”①。我们不必追问上帝本身是什么（这种追问本身已将上帝有限化了），我们只需要知道上帝是形而上学的最高对象，关于上帝的知识是无限的知识，是普遍的知识，是本质的知识，因而是能为其他知识提供前提的知识，是最为确实的知识。

然而，根据笛卡尔的逻辑，上帝的知识先天地潜存在人的内心里，因而人要认识上帝首先得返回人的内心，开发人的内心，认识人的内心。从这一点上看，认识人的内心反而成了认识上帝的前提。与传统哲学强调知物而后知人，知人而后知天的观点相反，笛卡尔强调知心而后知身，知人而后知物，知物而后知天（上帝）。在笛卡尔那里，心灵之所以比身体更容易认识，只是因为心灵是直观的第一对象，是最为确实，最不能怀疑的东西，同时也是最为自明、最少纷乱的东西。既然要认识外物必须先认识人心，那么，以认识人心为对象的形而上学必定先于以认识外物为对象的科学。

在对人心进行形而上学的反思之后，笛卡尔发现，人心也并未成为绝对纯洁的圣地，因为其中充斥着各种错误的信念和历史的偏见。如果不清除这些偏见，我们就难以建立健全的形而上学，因而也难以为科学提供一个可靠的合理的基础。在“第一沉思”的开头，笛卡尔

① *Oeuvres de Descartes*，tome 7，Publiées par C. Adam & P. Tannery，Paris：J. Vrin，1964，p.69.

就直言不讳地写道："许多年过去了，我注意到我在年轻时把多少错误的东西作为真的东西加以接受，我后来建立于其上的一切多么可疑，因此，假如我想在科学中建立起稳固而经久的东西，我在有生之日就应该有一次把一切东西推翻，并且完全从头做起。"①

把一切东西彻底推翻并且从头做起是否意味着一切东西都是虚假的呢？对过去的一切信念保持怀疑的态度是否意味着这些信念一无是处，因而毫无利用的价值呢？从字面上看，笛卡尔似乎过于偏激了，如果我们不拘泥于字面意思，而是仔细地体味笛卡尔的普遍怀疑的深刻用意并把它与笛卡尔对确实性的追求联系起来考虑，很快会发现，笛卡尔的怀疑本质上是一种排错法，是一种从非确实性中筛选确实性的方法，在最终意义上是一种探求无可置疑的确实性的手段。用笛卡尔本人的话说，"……这样做并不是模仿那些为怀疑而怀疑并且装着永远犹豫不决的怀疑派，因为正好相反，我的整个计划只是要为自己寻找确信的理由，把浮土和沙子去掉，以便找出岩石和黏土来。"这段话再清楚不过地说明了笛卡尔的普遍怀疑的根本动机，即寻找知识的确实可靠的基础，所以，笛卡尔的理论必然是从怀疑开始而以不怀疑结束。

但问题的关键是，笛卡尔为什么要对过去的一切信念均抱怀疑的态度呢？

要回答这个问题，我们必须考察笛卡尔对这些信念所持的立场。在他眼里，过去的信念是一个真伪互杂的系统，因为人的知识与信念是累积起来的，以后的知识和信念是以从前获得的知识和信念为基础的，不管人们是否意识到这些信念的存在，它们都在我们以后的生活和思想中发挥着作用，这些作用既有消极的方面，又有积极的方面。

---

① *Oeuvres de Descartes*，tome 7，Publiées par C. Adam & P. Tannery，Paris：J. Vrin，1964，p.17.

但是，对这些作用的了解意味着人的自我反思，意味着人的自觉。一个放心外逐者既没有时间和精力反观自己，也没有兴趣去进行此类工作，于是，他只能不辨真伪地把以后的意见或信念继续建立在以前的意见或信念的基础上，从而导致错上加错，或离真理的方向越来越远。即便他以前接受的意见或信念是正确的，由于他未能及时排除他以后接受的信以为真的错误意见，他的思想肯定是鱼龙混杂，并且缺乏内在的一贯性。既然现有的信念是以从前的信念为基础的，而他以前认为是真的信念往往被证明是不可靠的，甚至可能是错误的，因而放弃以前的信念和现有的信念是确立科学的合理基础的基本前提。但是，放弃以前的和现有的信念并不意味着它们完全错误，而只是说它们尚不确定。笛卡尔一开始也并不认为，所有的信念都是可疑的，而只是说建立在童年时获得的错误信念基础上的一切都不够可靠，因而不能作为知识的合理基础，因为作为基础的东西必须是绝对可靠，绝对稳固的东西，哪怕有一点点疑问都不行。

因此，要实现知识的确实性的理想，先得排除一切成见，排除过去和现有的一切意见和信念，而排除这些意见或信念实际上意味着对它们保持不信任的态度，保持不置可否的态度。所以，笛卡尔的一个普遍怀疑的根本意义就是对既有的信念和思想不下判断或不予信任。这已在某种程度上接近后来胡塞尔所说的 epoché（悬置或存疑）了。将普遍怀疑理解为对一切信念和思想不下判断，绝对不是我个人将自己的想法强加给笛卡尔，而实在是笛卡尔本人的意思。在“第一沉思”中笛卡尔明确表述了这一观点：“如果我想在科学上找到什么经久的，无可置疑的东西，我今后就必须对这些思想不下判断，跟我对一眼就看出是错误的东西不下判断一样，不对它们加以更多的信任。”①

① *Oeuvres de Descartes*，tome 7，Publiées par C. Adam & P. Tannery，Paris：J. Vrin，1964，pp.18–19.

看了这段话，我们应该十分明了笛卡尔为什么要排除一切既有的信念。接下去的问题是，笛卡尔怎样排除这些信念呢？按理说，要排除既有的信念就应当对这些信念逐一加以检讨和审查，但笛卡尔认为没有这个必要，因为那将是一件没完没了的工作。实质上，只要我们摧毁既有信念赖以确立的基础，就足以排除这些信念，因为“如果基础被掏空了，建立于其上的一切东西都会自行崩溃。”① 那么，既有信念的基础又是什么呢？笛卡尔认为是感觉。所有信念都是从感觉中或通过感觉而产生的。但感觉有时是骗人的。笛卡尔甚至承认他以前认为是真的东西没有一件不能加以怀疑。其根本原因是，从感觉中产生的东西没有绝对的确实性。梦的经验进一步说明了感觉本身的不完全可靠性。不仅根据感觉到的东西，我们难以把清醒与梦境区分开来，而且一些非常明显的基于感觉的信念中也有不确实的因素，除了简单性质和普遍性质（如广延、形状、绵延等）之外，一切实际的存在几乎都是不确实的，对它们的感觉以及建立于其上的信念也是不确实的。与此相应，以简单性质和普遍性质为对象的算术、几何以及其他科学，都含有确实无疑的东西，物理学、天文学、医学以及研究各种复合事物的其他科学由于与感觉的密切联系而被断言是可疑的。②

不过，笛卡尔对从感觉中获得的信念保持普遍的怀疑态度并不等于说他完全否认感觉的作用，也不意味着他认为一切来自感觉的东西都是虚假的。笛卡尔之所以要对感觉的东西加以普遍的怀疑，仅仅是因为感觉不具备必然性，因为不能作为知识的确实性的绝对基础。当并且仅当笛卡尔寻求知识的确实性的基础时，他才认为感觉的东西是无效的，应予怀疑的东西。

基于这种认识，我不能同意施皮格尔伯格（Spiegelberg）在《现

---

① *Oeuvres de Descartes*，tome 7，Publiées par C. Adam & P. Tannery，Paris：J. Vrin，1964，p.19.

② Ibid.，p.20.

象学运动》中对笛卡尔的怀疑所作的解释。他正确地指出不应把现象学的还原解释成笛卡尔的怀疑，但他认为它否定了被还原之物或被怀疑之物的存在。实际上不问是笛卡尔还是胡塞尔都从不否认被还原之物或被怀疑之物的存在，而只是说它们没有根本的确实性，因而不能成为知识的绝对基础。笛卡尔的原文可以为我们提供强有力的支持：

> 虽然感官有时在非常微小和离我们很远的东西上欺骗我们，但也许有许多别的东西丝毫不能加以怀疑，尽管它们来自感官的认识，比如，我在这里，坐在炉火旁，穿着室内便服，双手拿着这张纸以及诸如此类的东西。我们怎么能否认这双手本身的存在，以及这整个身体的存在呢？①

笛卡尔在如何对待感觉的问题上似乎表现出某种令人捉摸不定的摇摆态度。作为一个科学家，笛卡尔无疑懂得感觉经验的重要性，因而认为不能对它采取完全否定的态度；作为一个形而上学家，笛卡尔则主张对感觉采取普遍的怀疑态度，因为他深知感觉有产生错误的可能性，因而不具备绝对有效性和严格的必然性。然而，笛卡尔对待感觉的摇摆不定的态度只是表面现象，因为他是站在不同的层次上考虑问题的。在他那里，怀疑一个东西绝不等于否定一个东西，而只是说这个东西不够确定。即使他公开宣布怀疑一切，他也只是“假定它们都不存在，而决不认为它们自身不存在”②。假定一切东西都不存在实际上相当于对这些东西存而不论，这在基本精神上与胡塞尔后来所说的对一切外在的东西或超然的东西“加括号”已相去不远。在此，我们再一次看到笛卡尔的怀疑法与现象学的还原法的某种一致性。

---

① *Oeuvres de Descartes*，tome 7，Publiées par C. Adam & P. Tannery，Paris：J. Vrin，1964，p.18.

② Ibid.，p.12.

不仅如此，笛卡尔的怀疑法也是笛卡尔革命的内在要求和突出表现。他把普遍怀疑作为克服经院哲学的各种弊端的有效手段。在《第一哲学沉思集》的内容提要里，笛卡尔指出："尽管普遍怀疑的好处一开始并不明显，但是，由于它可以让我们摆脱各种各样的偏见，为我们准备了一条使我们的心灵习惯于脱离感官的简捷途径，并且最后让我们对后来发现是真的东西绝不可能有任何的怀疑，因此，它的好处还是非常大的。"①

从这段话中，我们可以非常清楚地看出，笛卡尔的普遍怀疑至少有三大功能：（1）清除各种偏见；（2）使我们的心灵习惯于过一种脱离感官的精神生活；（3）保证我们的知识具有无可置疑的确实性。为此，必须让人从外界回溯到自我的主体性并获得知识的绝对基础。关于第一种功能，我们非常易于理解。如果说扫除一切偏见是笛卡尔全部工作的基本前提，那么，旨在清除这些偏见的普遍怀疑就为笛卡尔的哲学体系的建立开辟了道路。

关于普遍怀疑的第二种功能，我们有理由认为，它不仅具有知识论的意义，而且具有存在论的意义。既然根据普遍的怀疑"感官的一切证据都应被看作不确定的，甚至要被看作错误的"②，那么，我们在寻求确实无疑的知识时就应该排除感官对心灵的干扰，特别是要避免将感性的知识作为确实无疑的真理本身。

从知识论的角度看，笛卡尔的普遍怀疑反映了一种理性主义精神。很多人错误地以为感官所提供的直接证据就足以形成知识。针对这种观点，笛卡尔提出知识的内在根据不在感觉而在理性，因为唯有理性能发现秩序，发现必然性，唯有理性能带来知识的确实性，而感觉总是不确实的、偶然的，甚至给人报道错误的信息。因此，笛卡尔

---

①② *Oeuvres de Descartes*，tome 7，Publiées par C. Adam & P. Tannery，Paris：J. Vrin，1964，p.350.

主张对感觉采取普遍的怀疑态度，其目的在于劝导人不要为感觉所囿，更不要受感觉的欺骗。在笛卡尔看来，感觉的东西虽然丰富，但不能给人心以内在的依持；感觉的东西虽然可以成为知识的素材，但不能给知识以普遍的必然性；感觉的东西虽然是常新的，但不能给心灵以最高满足。

笛卡尔强调，不能把形而上学意义上的怀疑与实际生活中的怀疑等同起来，在实际生活中，我们天天都要接触那些不够确定的、或然的东西，但我们从不对它们表示怀疑，也没有必要进行怀疑。而在形而上学中，一切或然的东西，不确定的东西都应成为我们怀疑的对象。实际生活中的怀疑必须关心一个东西的存在与否，形而上学的怀疑则只关心一个东西是否具有实在性。存在的东西并不等于实在的东西，在实际生活中，一个理智健全的人决不会怀疑外在世界及他的身体是否存在；而在形而上学中，我们可以暂时假定没有天、没有地，没有外在的东西，甚至可以假定没有我们的身体，就像我们中国人常说的，为了入静，可以暂时闭目塞听，甚至想象连自己的身体都不存在一样。

笛卡尔不止一次地说过，他的怀疑“仅限于真理的沉思”①，而不是否定实际生活中的感性事物的存在。《第一哲学沉思集》的一个总的指导思想就是，人要真正进入形而上学的沉思就必须暂时忘却感性事物的存在，也就是说，人必须暂时脱离对感性事物的依赖关系，防止外在的“杂多”对人心的纷扰。只有这样，人才能忘身于思想，沉浸于思想，陶醉于思想；只有这样，人才能潜入内心，并知道内心之丰富丝毫不下于外在的世界。这就意味着，人要过一种丰富的内心生活，就必须在一定程度上淡忘外在的世界，至少不要使人心过分受外

① *Oeuvres de Descartes*，tome 7，Publiées par C. Adam & P. Tannery，Paris：J. Vrin，1964，tome 8（1），p.5.

物之牵累。真正的思想家的生活多半是一种超拔于感性事物的生活，因而必定是一种为了沉思而暂时“关闭”感官的生活。笛卡尔之所以那么强调“使我们的心灵习惯于脱离感官”，正是因为他切身体会到形而上学的沉思必须以暂时脱离感官为前提。他本人之所以特别喜欢隐居生活（他在荷兰居住期间为防别人打扰迁居达二十四次，换过十三个城市）也正是出于这个原因，从某种程度上讲，笛卡尔的普遍怀疑多少能培养人不滞于事，不碍于物的精神，其中也暗含着人对外在世界所采取的静观态度。

关于普遍怀疑的第三种功能，我们同样有理由说，它对笛卡尔的整个体系具有至关重要的意义，因为笛卡尔全部工作的根本目标就是要追求知识的无可置疑的确实性，其他工作都要为实现这一总的目标服务。但是，要求得知识的确实性，就必须回溯到这种确实性的根源。我们到哪里去寻找这种确实性的根源呢？外在的感性世界变动不居，我们通过感官而认识到的东西常常是模糊的，不确实的，因而建立于其上的知识也肯定没有绝对的可靠性。所以，笛卡尔主张对它们打上可疑的标志，把它们的存在及其有效性搁置起来。然而，当我宣布一切都值得怀疑时，我总是把怀疑本身排除在怀疑的领域之外，因为如果我说怀疑本身也值得怀疑，我就会陷入不可克服的悖论之中。这就是说，当我断言一切都可疑时，我做出“一切都可疑”这种判断本身却是无可置疑的。在一切怀疑的情形中，我在这样怀疑着是无可置疑的。任何思维过程都是如此。“无论我知觉、想象、判断、推理，无论这些行为具有可靠性还是不具有可靠性，无论这些行为具有对象还是不具有对象，就知觉来说，我知觉这些或那些，这一点是绝对明晰和肯定的；就判断来说，我对这或那作判断，这一点是绝对明晰和肯定的，如此等等。”①

---

① 胡塞尔：《现象学的观念》，倪梁康译，上海译文出版社1986年版，第29页。

在确认怀疑本身的无可置疑性之后，笛卡尔进一步认为，怀疑必定有怀疑者，这个怀疑者就是通常所说的“我”。因此，我可以怀疑其他一切东西，唯独不能怀疑这个正在进行怀疑的我，我可以设想一切东西都不存在，唯独不能设想怀疑着的我不存在。这样一来，我在对一切采取怀疑态度之后就可以作出这样一个结论，并把它看成确实可靠的真理，即，“有我”或“我存在”这个命题，每次当我说出来，或者在我心里想到它的时候，这个命题必然是真的。“我”是普遍怀疑的最终结果，是排除一切不确实的东西后剩的唯一确实的东西，是笛卡尔苦苦寻求的阿基米德点，只有找到了这个阿基米德点，笛卡尔的形而上学才有可能，知识的确实性才有可能，漂荡无定的心灵才第一次找到了自己的落脚点，否则，笛卡尔就只能躺在皮浪（Pyrrho）的小舟中任怀疑主义的波涛自涌自息而无望踏上坚实的陆地。

在通达“自我”这个阿基米德点的过程中，普遍怀疑显然只是手段而不是目的。它不但树立了心灵的自我确信，而且间接地划定了确实性与非确实性的界限；它不但告诉我们怎样明辨真假，而且告诉我们不要混淆物我；它不但使人心远离外物的纷乱，而且使自我显现出来；它不但改变了人心跟着感觉走的习惯，而且启明了中世纪哲学对自我的遗忘。因此，我们有充分理由相信，笛卡尔所倡导的普遍怀疑在否定的意义中蕴含着肯定的意义。唯其如此，笛卡尔的怀疑考察方法被胡塞尔加以改造和利用，从而为现象学的还原法提供了有益的借鉴。

二、笛卡尔的怀疑法对现象学的意义

笛卡尔的普遍怀疑经常受到人们的误解并由此引起了一些批评和指责。即便有人对他的怀疑考察方式表示肯定，他们也仅限于肯定这种考察方式在破除历史成见方面所起的作用。唯独胡塞尔对这种普遍怀疑做过全面而公正的评价，并把它与现象学的还原法联系起来，从而不仅揭示了它的否定意义，而且展现了它的富有建设性的成果。胡塞尔在《现象学的观念》以及《欧洲科学的危机与先验现象学》中均用了较大篇幅对笛卡尔的普遍怀疑进行说明和阐发，并一再重申这种说明不是重复笛卡尔所说过的东西，而是揭示其思想的潜在意义，并把笛卡尔所意识到的东西与被他掩盖的东西或被他偷运进来的东西区分开来。

笛卡尔的普遍怀疑的一个根本宗旨就是要将哲学知识建立在绝对可靠的基础上，这个作为基础的知识必须是直接的必真的知识，它具有排除一切怀疑的自明性。胡塞尔认为，笛卡尔的普遍怀疑的重大意义首先在于，它是一种认识批判史的开端，特别是对客观知识进行彻底批判的历史开端。在此，一切以感觉经验为基础的意义和确实性第一次成了或然的东西，并遭到无情的质疑。在这个起始于笛卡尔的普遍怀疑的认识批判的开端，物理和心理的自然，人自身的自我，以及与所有这些对象相关的科学都被打上了可疑的标记，它们的存在及其有效性都要被悬置起来。然而，认识批判并不是要否定一切，而只是要给我们揭示一般认识如何可能，特别要揭示无可置疑的认识如何可能，因为无论怎样怀疑一切东西的实在性，我们终归不能怀疑"怀疑"本身。用胡塞尔本人的话说，"一般认识是'可疑的'，并不表明否定一般认识存在（这会导致悖论），而是说，认识包含着某种问题"[①]。例如，我可以怀疑某种认识是否可能，但如果我能指出这种怀疑是没有对象的怀疑，是无缘无故的怀疑，我的怀疑就会自行消失。因此，胡塞尔指出，下述论证是一种表面的虚假的论证，因而根本不能用来驳斥笛卡尔的普遍怀疑：

由于认识论将一般认识看作是可疑的，因此，认识论如何得以开始呢？因为任何开端的认识在普遍怀疑中都是可疑的；如果所有认识

---

① 胡塞尔：《现象学的观念》，倪梁康译，上海译文出版社 1986 年版，第 33 页。

对于认识论来说都是一个谜，那么认识论自己用以开端的第一认识也是一个谜。

从表面上看，认识批判的确把一般认识的可能性都设定为问题，因而一切认识似乎都是可疑的。只要认识批判开始进行，对它来说，任何认识都不能作为被给予的认识，它不能从任何前科学的认识领域中接受任何东西。笛卡尔极其正确地表明，在认识论的开端我们不能将任何现成的知识不加审察，不假思索地作为确实无误的知识。但是，没有被给予的认识作为开端，认识批判根本就不可能进行，关于认识批判的科学也不可能存在，有鉴于此，胡塞尔指出，笛卡尔的普遍怀疑实际上已经提出了这样一个问题：认识批评如何能够自己确立自己？尽管笛卡尔主张对所有知识进行质疑，从而标志着认识批判的开端，但他并不是虚无主义者，因为他清楚地看到，既然认识批判不能把任何东西作为预定的前提，那么，它就必须提出某种认识，这种认识不是不加考察地从别处拿来的，而是自我给予的。它自己将这种认识设定为第一性的认识。这种第一性的认识必须是直接的认识，而不是经过逻辑论证和推导得到的知识，它还必须是不包含任何模糊性和可疑性的知识，否则，它就会使整个认识具有神秘和可疑的性质，从而最终陷入怀疑主义的混乱与困境，以至于我们只能说，一般认识是一个问题，是一个不可理解的，需要澄清的，根据它的要求来说令人怀疑的东西。由此观之，笛卡尔的普遍怀疑已经给认识批判提供了一个可靠的基地，至少这种普遍怀疑已经暗含了这种怀疑本身不会触及的确实性前提。

那么，笛卡尔的普遍怀疑对现象学的意义究竟何在呢？如上所述，既然普遍怀疑是认识批判的开端，而认识批判又是使现象学这门最终的存在科学得以可能的基本条件，因而，普遍怀疑的实行就为现象学的产生铺平了道路。虽然胡塞尔通常是站在现象学的立场上把笛卡尔的普遍怀疑解释成现象学的悬置（epoché），并且作了许多发挥，但他还是抓住了这种普遍怀疑的精神实质，至少他从中发现了不少可以利用的因素。

从认识批判的角度看，普遍怀疑对自然事实，对感觉经验世界，对既有知识所采取的不信任态度，客观上促使人对意识之我漠不关心。反过来说，普遍怀疑使意识第一次真正回到了自身，并由此清理自身中出现的混乱。而这恰恰是揭示认识的本质，解答认识何以可能的先决条件。现象学作为最终的存在科学首先是一门认识科学，它的根本目的就是要使认识获得本质的明晰性。起始于普遍怀疑的认识批判恰恰是想"揭示、澄清、阐明认识的本质和所属的关于有效性的合理要求；换言之，使它们成为直接的自身被给予性"①。

笛卡尔的普遍怀疑对现象学的意义不仅仅体现在认识批判上，而且体现在它暗中对内在领域与超越领域作了区分，从而为现象学的还原准备了条件。尽管笛卡尔没有采用"内在"与"超越"这样的概念，但他实际上已经划定了它们的界限，因为他认为要加以怀疑的领域恰恰就是胡塞尔所说的超越领域，而不能加以怀疑的那个意识领域就是胡塞尔所说的实在的内在领域。正因如此，胡塞尔指出，"笛卡尔的怀疑考察方式为我们提供了起点：在体验的过程中和对体验的素朴反思中，思维（Cogitatio）和体验的存在是无可怀疑的；直观地把握和获得思维就已经是一种认识，诸思维（Cogitationes）是最初的绝对被给予性"②。

笛卡尔对意识领域的认识当然没有达到胡塞尔那样的深度，但他已经进行最初的认识论的反思，并且提出了这样的问题：为什么超出了意识框架的东西会存在怀疑的可能性？为什么在诸思维中这些怀疑和困难就不存在？胡塞尔认为，思维的直观认识是内在的认识，一切

---

① 胡塞尔：《现象学的观念》，倪梁康译，上海译文出版社 1986 年版，第 31 页。
② 同上书，第 8 页。

客观科学、自然科学和精神科学，甚至还有数学都是超越的认识，内在的认识在胡塞尔看来是无可置疑的东西，因而我们可以利用；超越之物则是我们在寻求知识的绝对基础时不能利用的东西，对它要进行现象学的还原。可是，现象学的还原是指什么呢？胡塞尔说，所谓现象学还原就是要对所有超越之物（即纯粹意识之外的东西）打上无效的标志，即它们的存在，它们的有效性不能作为存在和有效性本身，至多只能作为有效性现象。这样一来，笛卡尔的普遍怀疑的彻底精神就在现象学的还原中得到了全面的贯彻，因为胡塞尔像笛卡尔一样主张把过去的一切认识，包括感觉经验的世界都看作可以置疑的东西，而不把它们作为确实有效的真理体系的开端或前提，甚至不能作为假说。大致说来，胡塞尔要加以还原的领域就是笛卡尔要加以怀疑的领域。现象学还原的根本目的就在于把握绝对被给予性的意义，把握绝对明晰性的意义，把握绝对直观的明证性的意义，“在某种程度上，笛卡尔怀疑考察的历史意义就在于发现这种明证性。但是发现和放弃在笛卡尔那里是一回事”①。所以，胡塞尔一直认为，笛卡尔通过普遍怀疑而发现的东西并没有被笛卡尔本人所把握，只有在现象学中这些发现的意义才真正显现出来。

笛卡尔的普遍怀疑对现象学的意义还表现在它打通了通向我思的道路，并试图为真正的哲学思考找到第一个坚实的基点。就此而言，现象学的还原与笛卡尔的普遍怀疑的目标是一致的。与笛卡尔不同的是，胡塞尔力图把自己的研究领域限制在纯思的范围内，他的现象学还原就是回溯到这个“纯思”领域的具体步骤，或者说，是回到“自我”这个知识的确实性的发源地的必要准备，笛卡尔则不愿把自己的研究限制在纯思的范围内。他的研究是双向的：一方面，为了寻求知识的绝对基础，他通过普遍怀疑而回到了我思的领域；另一

① 胡塞尔：《现象学的观念》，倪梁康译，上海译文出版社 1986 年版，第 14 页。

方面，在确定“我思”这个无可置疑的东西之后，笛卡尔又匆匆忙忙地从“自我”推出“物质”然后再推出“上帝”，并试图以此为基础建筑普遍科学的大厦。也许是由于笛卡尔考虑到一个人必须在一生中有一次研究形而上学的经历并且只能有一次这样的经历，他在常常进行内求的工作之后就迫不及待地干起外推的工作来。结果，他所找到的那个知识的基础，即自我，并未真正起到基础的作用，因为他本人并没有搞清楚自我的内在结构，也没有揭示自我的直接知识的确实性如何才能保证其他间接知识的确实性，更没有像他自己所设想的那样从自我的知识中逻辑地推演出其他知识。笛卡尔始终要面对内心与外界，心灵与肉体，直接知识与间接知识，或然性与确实性的矛盾。

胡塞尔显然并不急于像笛卡尔那样进行外推工作，因为他认为现象学的根本任务就是要为科学的大厦打好地基，如果地基尚不牢固就草率地在上面建立起高大的建筑物，其后果将不堪设想。因为他只对笛卡尔通过怀疑而进行的内求工作感兴趣，只对经过笛卡尔怀疑而剩下的那个无可置疑的自我感兴趣，只对纯粹意识的本质与结构感兴趣。胡塞尔最为关心的是笛卡尔的这样一个根本动机：“通过走出一个不可避免的，准怀疑的悬置（qunscskeptical epoche）的地狱而进入绝对的理性哲学的天堂、并在以后系统地建立这种哲学。”①

然而，问题的关键并不在于能否走出那个准怀疑的悬置的地狱，而在于怎样走出这座地狱。笛卡尔追问我们如何能进行这种怀疑？胡塞尔则追问我们如何进行这种悬置？如果我们一下子把一切知识悬置起来从而使我们失去了对世界存在的把握，那个直接的必真的自明性的基础如何才能显示出来呢？胡塞尔的回答是，如果我们采取中立的

① Edmund Husserl，*The crisis of European sciences and transcendental phenomenology*：*an introduction to phenomenological philosophy*. Trans. David Carr，Evanston：Northwestern University Press，1970，p.77.

立场，如果我们不对世界的存在或非存在表态，如果我们不对世界的存在下判断，我们就可以避免怀疑主义的悖论，我们就可以了解在普遍怀疑之后毕竟还有不可怀疑的东西，那个自明的必真的基础也因此显示出来。“我，这个进行悬置的自我，并不包括在悬置的对象范围内，不如说，——如果我真正彻底地和普遍地执行悬置的话——在原则上我必须被排除在外，我必然作为悬置的执行者。”① 在此，我发现了我所寻求的必真的基础，即绝对排除一切怀疑的基础。不管我怎样广泛地进行怀疑，有一点是自明的：我作为一个怀疑者和否定一切者毕竟是存在的。普遍的怀疑扬弃它自己。因此，在普遍地执行悬置时，我并不对“我存在”进行悬置，而是把它作为无可置疑的自明的东西。但是，说“我存在”就意味着我是一个思想者，作为一个思想者，我拥有所思的对象。这里的思包括一切意识活动，世界以及其他一切超越的东西作为所思的对象，当然实实在在地存在着。但我作为一个沉思者却应远离这种自然的态度，而要采取超脱它们的悬置态度。尽管我的经验、思想、估价等活动被保留下来，并且继续发挥作用，但在那些活动中呈现出来的东西仅仅被当作“现象”。所以，通过悬置，世界本身及其规定都转变成了我的思想内容，成为我的思想活动的不可分割的部分，而我也由此获得了自我的存在领域这个绝对必真的前提。

胡塞尔像笛卡尔一样认为，一旦我回溯到了自我这个绝对的基地，其他一切虚假的可能性就会自然而然地消除。一切科学知识的确实性也应该由此得到保证。然而，胡塞尔认为，笛卡尔的普遍怀疑还很不彻底，因为他实际上并没有对他的一切先入之见，对世界的各个方面进行悬置，他也没有掌握“自我”的最终意义，更没有“在这个

① Edmund Husserl, *The crisis of European sciences and transcendental phenomenology: an introduction to phenomenological philosophy*. Trans. David Carr, Evanston: Northwestern University Press, 1970, p.78.

自我方面开拓哲学的奇迹”。虽然笛卡尔的怀疑导致了思想史上的一个最具有创造性和广泛影响的发现——自我的发现，虽然笛卡尔曾经问过“我是什么”“我是否是人”，是否是日常生活中直观到的人，虽然笛卡尔把人的肉体也排除在自我之外，但是他把这个自我或作为灵魂，或作为心灵，或作为理智。而“灵魂”在胡塞尔看来不过是经院哲学的残余和成见。是纯粹物体世界的抽象的剩余物，至少表面上是物体世界的补充，因而是应予悬置的东西。可是，一个纯粹灵魂在悬置中是毫无意义的，除非把它仅仅作为“现象”。

不仅如此，笛卡尔的普遍怀疑在胡塞尔眼里还只是一种没有兑现的口头承诺，因为他虽然宣称不需要任何预定的假设，但他实际上已经事先认定有一个我们可以把一切知识建立于其上的坚实的基地，这样，笛卡尔的彻底精神就遭到了破坏，并且丧失了思想的一贯性。更令人遗憾的是，笛卡尔在进行形而上学沉思时接受了伽利略的一个基本信念，即相信一个普遍的、绝对纯粹的物体世界，在这个世界上只存在感觉经验的对象与数学所处理的那种纯粹思维对象的区别。感觉被认为要指向自在的存在，只是它有可能欺骗我们，因此，必定存在揭穿这种欺骗的理性的途径，而数学就是足以弥补那些缺陷的途径。但所有这一切都是应予悬置的东西，而笛卡尔却没能把它们真正排除在普遍怀疑的对象之外，其不彻底性由此可见一斑。

笛卡尔似乎通过怀疑找到了胡塞尔所说的任何真正哲学的“阿基米德点”，尽管笛卡尔对他的发现作了曲解，并因此使他的发现失去了实际价值，但他把回到自我的新的动机带入了历史，把到主体性中去寻求知识的确实性的最终根据作为哲学研究的新的目标，从而预示着新的哲学思考方式的到来。在本章下一节中，我们将会看到，笛卡尔的方向也就是胡塞尔的方向，笛卡尔的怀疑考察方式不仅激发了胡塞尔回到自我的兴趣，而且为现象学的还原提供了“索引”。

三、现象学的悬置与还原

悬置与还原是现象学的基本方法，这一方法就像笛卡尔的普遍怀疑方法一样是导向自我这个认识主体的必要步骤，是回溯到知识确实性的最终根据的重要方式。没有这种方式，现象学既不可能把自身与形形色色的心理主义区分开来，又不能确定自身研究的主题，也不能厘定现象学研究的范围和领域，因而难以完成为知识正本清源以及重建哲学的重大任务。

“悬置”一词的原文是 epoché，它来自希腊文 *ἐποχή*，意指中止、存疑、审察等活动。“还原”一词的原文是 Reduktion，它来自拉丁文的 reducere，意指回归、溯源、缩小范围等。很多人认为，“悬置”与“还原”在胡塞尔那里是同一个意思，它们在现象学中起着相同的作用；也有人认为悬置与还原是两种不同的活动，在现象学中起着不同的作用；还有人认为它们是同一过程的两个方面。我比较倾向于后一种观点。从广义上说，胡塞尔的确把“悬置”直接称为“还原”。比如，在《笛卡尔式的沉思》中，胡塞尔写道：“先验悬置这种现象学的方法由于回溯到这个领域（指先验存在领域——引者）而被称为先验现象学的还原。”① 在《欧洲科学的危机与先验现象学》中，胡塞尔则明确指出：“悬置使真正的先验还原成为可能。”② 在此，胡塞尔显然没有把悬置与还原等同起来，而是把悬置看成还原的前提，或者说只是把悬置看成还原的一个环节和阶段。那么，我们如何理解胡塞尔对悬置与还原所做的这种似乎矛盾的解释呢？

---

① Edmund Husserl，*Cartesian Meditations*，*An Introduction to Phenomenology*，Trans. Dorion Cairns，The Hague：Martinus Nijhoff，1960，p.21.

② Edmund Husserl，*The crisis of European sciences and transcendental phenomenology*：*an introduction to phenomenological philosophy*，Trans. David Carr，Evanston：Northwestern University Press，1970，p.151.

应当承认，在现象学的范围内，悬置与还原在本质上是一致的。说它们不一致只是指具体步骤方面的不一致，说它们一致是指它们有共同的出发点和最终目标，这一目标用一句话来概括，就是确立现象学的研究领域并找到知识的绝对基础。从字面上看，悬置与还原的确是两码事情，前者是指把某个东西撇在一边，不予考虑，用一个比喻性的说法就是把它加上括号，不加讨论，不下判断，所以有人又把它译作“中止判断”；还原则仅仅是指“回到起源”，在现象学的意义上说就是回到知识的源头，回到纯粹意识而不是指把一切东西都归结为意识。然而，还原的进行必须以悬置为前提，因为回到源头就意味着不断放弃来自源头的“河水”，回到自我就意味着将非我的东西排除在外，回到纯粹意识就意味着暂时将意识之外的东西搁置起来，摆脱它们对人心的干扰，使我能将注意力由外界转向内心，由驳杂转向单纯，由间接性转向直接性，同时也使人放弃自然的思维态度而采取哲学的思维态度，放弃超越的存在领域而进入实在的内在性领域。在这里，悬置起到了排除超越的存在而使实在的内在性领域，使纯粹意识的领域凸显出来的作用。

人心一向为外物所占据而无暇反观内照，即使有人愿意反观内照，他们也只是以对待外物的方式来对待人心。心理主义就是这种方式的典型。胡塞尔的一个首要目标就是剔除心理主义的成见，中止我们到目前为止所接受的一切信念，包括一切科学，使哲学从头开始。这里所说的“中止”并不是指“抛弃”，而仅仅是指“搁置”和“存放”，悬置的必要性也恰恰体现在这里。悬置一个东西并不是要否定一个东西，而是对它不予理睬，不进行表态，也就是说，既不肯定它，也不否定它，而是对它采取一种中立的立场，因此，对历史上的一切，对外界的一切，对进入意识领域的“不纯净”的东西进行悬置，并不等于否定它们的存在，而是把它们从我的视野中排除，不让它们“出场”，不让它们分散我的注意力，不让它们左右我们的思想。

心如明镜，思如清流。历史的成见和外在的东西塞满了本来就十分拥挤的思维空间，这使理智之光根本无法照进内心深处。即使心光能够内照，但由于纯净之心（纯粹意识）被外物所掩盖，被偏见所遮蔽，被纷然杂陈的东西所淹没和侵蚀，它很难认清自己真正的形相。所以，我要想了解纯净之心的本来面貌，就必须使自己超拔于万有，使自己从中解脱出来，不为物累，不为情牵，不为世事所迷惑。

但外在的一切总是“在我手边”，在我眼前，我们何以能够解脱呢？为此，我们不得不求助于悬置，即在思想中把一切东西都加上括号，不置可否，在某种意义上，这就是对万物视而不见，听而不闻，此即所谓“置一切于不顾”。悬置的一个重要作用就是让所有的东西从我的视野中暂时消隐，从而使纯粹意识得以彰显出来并进而成为沉思的对象。从这种意义上说，现象学就是一种“显学”。由于现象学以纯粹意识为主题，因而它又是一种“心学”。心学的根本目的就是要“现心”。要观心就得明心，要明心就得清心，要清心就得净累去蔽。所谓净累去蔽就是让心游离万物，让心退回心中，过一种内心的“隐居”生活，用现象学的语言说，就是要对既有的观点，对这个客观世界暂时采取一种“静观”态度，采取“漠不关心”的态度。因为只有这样，外界的东西才不会在纯净之心审视自身时发挥作用并因此产生干扰。正因如此，将既有观点、将外界的一切悬置，在客观上使自我回到本心、回到纯粹意识成为可能，因而也使现象学成为可能。

如果我们稍加思考，这一点应当非常易于理解。如，当我们聚精会神地沉思冥想时，我们必须排除一切干扰，必须打消各种念头，必须对外界的个别事物“闭上眼睛”，否则，我们就难以进入沉思之境。然而，打消各种念头，对个别事物闭上眼睛，并不表明这些念头、这些个别事物就不存在，而只是表明我们不再想到它们，不再为它们操心，不对它们下判断，一句话，我们只是对它们采取了“中立的立场”。几乎基于同样的理由，胡塞尔大力主张进行普遍的悬置，也正是这一点把悬置与笛卡尔的普遍怀疑区分开来，因为如本章第一节所述，尽管笛卡尔已明确指出过普遍怀疑就是对一切东西不下判断，但他在大多数场合仍然主张一切东西都是可疑的，而说“一切东西是可疑的”本身就是在下判断。现象学的悬置则避免了这种悖论，至少在形式上是如此。虽然胡塞尔所说的悬置究竟在多大程度上体现了现象学的中立立场非常值得怀疑，但有一点是很清楚的：现象学的悬置并不否认外部世界的存在，而只是对它不感兴趣而已，并且，这种对外界不感兴趣的做法完全是出于无奈，因为如果对外界感兴趣我们就无法在同时进入纯粹意识的领域，如果让既有的观念和外物占据内心，纯粹意识也就不成其为纯粹意识，现象学也就无从谈起。一个心智正常的人，包括笛卡尔和胡塞尔，绝不会愚蠢到公然否认外物存在的地步。为避免人们对笛卡尔的“普遍怀疑”的误解以及“普遍怀疑”所引起的悖论，胡塞尔以“现象学的悬置”这个术语说出了笛卡尔想说而未能恰当地说出的东西。所以，胡塞尔在《观念Ⅰ》中指出：“我们现在要以普遍的悬置……代替笛卡尔的普遍怀疑的企图，我们的目的就是发现新的科学领域，这个领域要通过加括号的方法来获得。”①

但是，胡塞尔对“普遍的悬置”作了限定，这种限定可这样来表示：

> 我们终止属于自然态度的本质的一般设定，我们将那种设定所包含的关于存在物的一切东西加上括号；因而我们要将继续为我们而存在的，“在手边的”并根据意识而作为“现实性”永远存在着的整个自然界加上括号。……
>
> 如果我那么做——我可以完全自由地那么做，那么，我并不

① Edmund Husserl, *Ideas Pertaining to a Pure Phenomenology and to a Phenomenological Philosophy. First Book*, *General Introduction to a Pure Phenomenology*, Trans. Fred Kersten, The Hague: M. Nijhoff, 1982, p.60.

> 是在否认这个“世界”，好像我是个诡辩家似的，我也不是怀疑它的实际存在，好像我是个怀疑论者似的；相反，我是在进行“现象学的悬置”，这种悬置使我完全不对时空性的实际存在下任何判断。①

这两段话大致反映了胡塞尔对现象学的基本看法。不过，要全面了解悬置对现象学的重要性，我们还得考察悬置的具体步骤和方式。在《观念Ⅲ》第 13 节里，胡塞尔认为悬置实际上厘定了现象学研究的领域，它使我们能够站立在先验现象学的基地上，因为它给我们指明了先验的意识领域的存在。在这种先验的意识中，通常被理解为真实存在物的一切超越的东西都被悬置起来，被加上括号，唯一剩下的东西就是意识本身。在这里，代替那些超越之物的是意指超越之物的东西，是各种各样的相关物（correlate），是意向内容（noemata）本身。而意识及其意向内容恰恰是先验现象学的对象，这个对象只有经过对超越之物的悬置才有可能获得。因此，胡塞尔说，悬置可以有两个方向：一方面它指向超越之物，即把本身并非意识过程及其相关物的一切东西加上括号；另一方面它使意识能自我反思，能把注意力转向自我的活生生的过程，并由此观照意识状态、意识主体和意识过程（当然这里也要进行还原）②。在第二个方向上，悬置本身即是还原。但在多数情况下，胡塞尔并不把悬置与还原完全等同起来，而是把前者作为实现后者的手段，确切些说，悬置仅仅是给超越之物加上括号。而给超越之物加上括号，就使意识对象越来越少，以致最终只剩下意识自身。这一过程表明，悬置的范围每扩大一次，意识所面对

---

① Edmund Husserl，*Ideas Pertaining to a Pure Phenomenology and to a Phenomenological Philosophy. First Book*，*General Introduction to a Pure Phenomenology*，Trans. Fred Kersten，The Hague：M. Nijhoff，1982，p.61.

② Ibid.，p.65.

的领域就缩小一次，我们就向知识的源头，即纯粹意识逼近了一步。

具体地说，悬置意味着什么呢？根据胡塞尔在《笛卡尔式的沉思》中所作的解释，通过现象学的悬置，我把我的自然人的自我和我的精神生活——我的心理学的自我体验的领域还原为我的先验现象学的自我，还原为先验现象学的自我体验的领域。这个客观世界，这个现在为我而存在，过去一直为我而存在并且在将来仍将为我而存在的世界，这个可能为我而存在的唯一的世界——这个世界及其所有的对象，都是从我自身，以作为先验自我的我，从只有通过先验现象学的悬置而实现出来的自我，获得它的全部意义及其存在地位[①]。在这方面，笛卡尔的工作给胡塞尔很大启发。胡塞尔认为，尽管笛卡尔并不了解他向无可置疑性进行还原的真正意义，尽管“他不了解他的先验悬置和向纯粹自我还原的真正意义”，但他已经提出了先验的自我研究如何可能的问题。

然而，通向先验自我之路是漫长的。我们要从客观世界退回到或还原到纯粹意识的领域，就必须采取许多步骤，其中的每一步骤都具有悬置的特征。在这一过程中，悬置起到了排除非意识因素的作用，起到了防止自我放心外逐的作用，起到了让自我收心内敛的作用。用个不甚恰当的比喻说，“悬置”就像一道围墙把我们暂时不该关心的领域，把我们已经熟习的领域圈在里边，让我们不去过问它，以免分散心神，以免自我因依附外物而遗忘了自己。

胡塞尔在对先验悬置进行分析时指出，为了获得先验现象学的研究领域，我们首先必须对客观科学进行悬置，而对客观科学进行悬置不仅意味着我们要暂时脱离它们，而且意味着不介入任何客观科学的认识，不对任何客观知识的真假表态（position-taking），甚至不对任

---

① Edmund Husserl，*Cartesian Meditations*，*An Introduction to Phenomenology*，Trans. Dorion Cairns，The Hague：Martinus Nijhoff，1960，p.26.

何客观知识的指导观念表态，简言之，我们要中止一切客观的理论兴趣，要中止旨在获得关于外在世界的知识的各种活动。自然地，我们不再把外在的自然界作为研究的主题，而是把它排除在意识的领域之外。这一点把现象学与实证科学区分开来。正如胡塞尔在《笛卡尔式的沉思》的结尾所说，“实证科学是一门沉迷于世界的科学。我必须通过悬置丢掉这个世界，以便通过普遍的自我审查而重新获得它”。然而，在这种悬置中，科学以及作为其对象的世界并未消失，它们继续像以前一样存在着，只是它们不再在现象学家的沉思中起作用。如果我不再当一名现象学家，我可以随时回到这个世界中来。在经过现象学的初步悬置之后，自我本身发生了分裂，现象学的自我就把自身凌驾于素朴的对客观世界发生兴趣的自我之上。并把自身确立为对客观世界的漠不关心的旁观者。

不过，对客观科学和客观世界进行悬置还仅仅是改变了我们对待外部世界的自然态度。要达到先验现象学的要求，我们还必须向前迈进，即进一步将我们对待意识自身的自然态度悬置起来。对意识自身的自然态度实质上就是经验心理学的态度，它与对待外部世界的自然态度毫无二致。只要这种态度仍在起作用，意识就不可能具有纯粹性，因为这种态度不过是以一种经验方式、以对待外在事物的方式来对待意识本身。因此，在将客观科学和客观世界悬置起来之后，我们还得将意识中的经验因素悬置起来，将这些因素排除在我们的视野之外。胡塞尔把这种悬置称为先验的悬置。

胡塞尔在把悬置描述为自然态度的“解脱”时指出，“世界本身与世界意识之间的、普遍的绝对自我封闭和绝对自足的关系的发现是在这种解脱中并通过这种解脱而被给予的”①，悬置使我们能注意到这

① Edmund Husserl，*The crisis of European sciences and transcendental phenomenology: an introduction to phenomenological philosophy*，Trans. David Carr，Evanston: Northwestern University Press，1970，p.151.

种关系，出现在我们面前的世界成了“先验的现象”。但从世界回溯到主观的先验现象并不意味着要把世界看成意识的内在要素。世界只是在观念中内在于意识，它是意识的内在的客观意义。这样一来，我们就可以将注意力转向客观意义与构造这种意义的绝对主体性之间的绝对关系。胡塞尔特别指出，通过这种悬置，哲学家们获得了新的经验方式，思维方式和理论化方式。在此，他凌驾于他的自然存在和自然界之上，但他丝毫没有丧失它们的存在意义和客观真理，他也丝毫没有丧失他的世界生活的精神收获和整个历史的共同体生活的精神收获。他仅仅是作为一个哲学家而禁止自己提出那些以手边的世界为基础的问题，比如存在问题、价值问题、实践问题等等。经过先验的悬置，一切自然兴趣都不起作用。但这个世界并没有消失，它仍作为我的世界、我们的世界而拥有各种主观方面的有效性[①]。经过先验的悬置，世界成了给这个世界赋予存在意义的主体性的相关物，而这个“我”也相应地成了先验的自我，成了先验的主体性。

正因如此，我们有充分的理由认为，正是先验的悬置使胡塞尔的先验现象学迈出了决定性的一步，因为“真正的先验悬置使‘先验还原’成为可能”[②]。尽管从狭义上说悬置并不等于还原，因为将纯粹意识之外的东西悬置起来并不等于获得了纯粹意识，但悬置在胡塞尔那里多少具有筛选的作用，它能使我们知道在经过悬置之后还剩下什么东西不能进行悬置。从这种意义上说，悬置过程本身就是还原过程，是回到那个不能进行还原的先验自我的过程。为说明这一点，让我们再从还原的角度进行一些分析。

在本节的开头我就指出，“还原”在现象学中实有追根溯源之意，

---

① Edmund Husserl，*The crisis of European sciences and transcendental phenomenology: an introduction to phenomenological philosophy*，Trans. David Carr，Evanston: Northwestern University Press，1970，p.152.

② Ibid.，p.151.

其主旨就是要找到我们的知识和信念的最终基础。像笛卡尔一样，胡塞尔认为这些基础与我们对认识主体及其意识的理解不可分割地联系在一起。因此，先验现象学的还原归根到底就是要把我们带到认识主体及其意识的跟前，使我们的意识能够重新定向，说白了，就是使我们能直面自我并进行深刻的现象学的反思。这一过程显然是从客观世界回溯到先验的现象世界的过程，是从肉身的人回溯到现象的人的过程，是从现象世界回溯到先验的主体性及其意识生活的过程。胡塞尔把这一过程大致分为三步：第一步被称为“心理学的还原”或“现象学的心理学还原”；第二步被称为“先验的还原”（胡塞尔有时也用这个词泛指所有的还原）；第三步被称为“本质的还原”。

第一步：心理学的还原。它旨在使我们摆脱对客观世界的“自然态度”，使我们把注意力从一向占据着我们的意识的外在事物转向意识本身。这一过程显然是“对我们的自我及其精神生活进行心理学的反思”①过程，在这种反思中，整个世界以及我们在日常生活中所面对的一切对象统统从我的视野中消失了。而自然态度恰恰是要确认自然界的存在，确认我们所意指的对象就是自然界的个别事物，确认我们自身以及我们的经验也是自然界的一部分并与其他东西发生因果关系。笛卡尔哲学的一个主要目的就是要通过对自然态度的质疑而寻求知识的绝对基础，因此它也理所当然地放弃了自然态度所依据的那些前提。胡塞尔完全继承了笛卡尔的这一思想。他要求将笛卡尔怀疑过的那些前提都加上括号，而给它们加上括号就是要拒绝使用它们，或者说将它们都悬置起来。于是，对自然界的信念、对个别事物的信念以及一切自然科学理论，都被驱逐出了现象学的研究领域。

对自然界进行悬置使我们能将目光从自然界的个别事物转向我们

① Edmund Husserl，*Ideas Pertaining to a Pure Phenomenology and to a Phenomenological Philosophy. First Book*，*General Introduction to a Pure Phenomenology*，Trans. Fred Kersten，The Hague：M. Nijhoff，1982，p.67.

的自然态度所依据的意识主体及其行为。像笛卡尔一样，胡塞尔相信，不管自然界是否存在，意识主体或自我的存在都是无可置疑的，自我的经验也是无可置疑的。对自然界进行悬置的一个重要结果，就是把哲学的研究领域从整个世界缩小到意识活动以及进行这种活动的自我。

但是，仅仅还原到这一步还不能将现象学与心理学区别开来，因为心理学也是以人的意识活动为对象，它们不去过问外在的自然界。不过问题的症结主要在于，在心理学的还原中，我们还只是悬置了对自然对象的自然态度，而没有悬置我们对我们的意识及其行为过程所采取的自然态度。我们仍在继续把我们自身作为一种自然的人格，把我们的意识过程作为一种自然事件。因此，第一种还原的确与心理学的反思没有多大差别。在胡塞尔眼里，笛卡尔之所以没能实现先验的转折，最根本的原因就在于他还停留在心理学的还原阶段。尽管他为自己确立了寻找知识的绝对基础的宏伟目标，但他本人无法实现这一目标，因为他仍在以自然主义的方式对待自我及其行为，即使他认为自我是完全不同于物理的东西的精神实体，他最终也不得不承认自我与外界有某种因果关系。况且，他在解释自我时仍然采取了一些自然态度的前提。因此，胡塞尔主张，在不丧失笛卡尔为我们确定的宏伟目标的前提下将笛卡尔的还原再向前推进一步，即对自我及其意向行为再进行一次还原。这就是先验的还原。

第二步：先验的还原。它是对心理学还原的结果再进行一次还原①，其目的是排除我们对意识及其行为所采取的自然态度，排除自我中的经验因素。经过这一步骤之后，我们不再把自我作为心理学的

① 胡塞尔在《欧洲科学的危机与先验现象学》§43 批评自己在《观念Ⅰ》中对还原作了简单化的理解。他认为，《观念Ⅰ》中的“还原”有一个重大缺陷，即它没有经过预备阶段就一下子跳到了先验自我，这使自我成了空无内容的东西。

实在，不再把自我作为经验的自我，也不再把自我的行为作为心理学实在的构成因素。相反，我们放弃了所有的自然态度，我们仅仅使自身处于纯粹意识的内在生活中。由于意识中的经验因素被悬置起来，自我就成了纯粹的自我或先验的自我，自我的行为也就成了纯粹的行为或先验的行为，回到先验自我及其行为的过程就是胡塞尔所说的先验还原过程，对被还原之后的先验意识因素进行反思被称为纯粹的反思或先验的反思。

先验还原对现象学有着至关重要的意义，它不仅确定了现象学的研究领域，揭示了作为现象学主题的纯粹意识的基本结构，而且培养了一种全新的思维方式，即现象学的思维方式，以及对待意识的先验态度。同时，先验还原的实行还改变了传统的哲学观并使重新认识哲学和自然科学的关系成为可能，因为先验还原把哲学限制在纯粹意识的范围内，这样，哲学就不再像过去的人们所相信的那样是建立在自然科学的基础上的世界观。

胡塞尔认为，我们之所以一直抱着“哲学即世界观”的想法去面对哲学的贫困，正是因为我们不了解这样的道理：哲学所关注的东西不应当是自然科学的对象，而应当是比自然本身更为根本并不断给自然赋予意义和价值的东西——先验的纯粹意识。先验的悬置向我们表明，的确存在不掺杂自然因素或远离客观事实的领域，以这个领域为对象的现象学完全可以独立于以客观世界为对象的自然科学。用胡塞尔自己的话说，“对意识的先验研究不可能表示对自然的研究，也不可能以自然的研究为前提，因为自然作为具有本质必然性的事实在先验的态度中被加了括号”①。自然科学并不能为我们提供对自然最终的说明和知识，“因为它丝毫不是在使现在的真实存在得以显示其存在

① Edmund Husserl，*Ideas Pertaining to a Pure Phenomenology and to a Phenomenological Philosophy. First Book*，*General Introduction to a Pure Phenomenology*，Trans. Fred Kersten，The Hague：M. Nijhoff，1982，p.115.

意义的绝对框架中研究自然的"①，因而它就不可能彻底地把握自然的终极意义。站在先验还原的结果，即先验自我的角度看，尽管自然界可以毫无疑问地独立于我们的意识而存在，但我们眼里的自然总是不断向纯粹意识显现着的自然，是通过纯粹意识才能展示其意义的自然，是在先验自我这个绝对存在领域中"建构"出来的自然，因此，自然知识的明晰性的最终依据就在纯粹意识中。从这种意义上讲，以纯粹意识为对象的现象学先于以自然为对象的自然科学，并能为它们提供最终说明和根据。

既然先验还原使我们第一次回到了纯粹意识的领域或先验主体性的领域。我们的哲学研究就有可能重新开始，因为纯粹意识或先验的主体性不仅是一切知识的明晰性的最终尺度，而且是一切存在意义的源头，回溯到这个源头就意味着哲学有了牢固的基地，意味着所有知识有了最终的确实性。但胡塞尔认为，先验还原还不够彻底，因为经过这种还原所剩下的纯粹意识或者纯粹自我，或多或少还具有"个人的风格"和各种各样的特殊性，现象学所要把握的恰恰不是自我的这种特殊性，而是我的普遍性，是适用于所有主体或所有我的本质特征。为了把握这种本质特征，我们必须排除自我的非本质因素。这一过程就是胡塞尔所说的本质还原。

第三步：本质还原，它旨在把我们的注意焦点从意识里的具体的东西转向抽象的东西，从特殊性转向本质。这里所说的本质（eidos）是指"观念的种类"（ideal species），而不是指人们通常所说的外在事物的形式、结构或必然性。外在事物及其本质，早在本质还原开始之前就被悬置起来，以外在事物的本质为对象的本质科学（如数学、逻辑）也被悬置起来。现象学并不是一般意义上的本质科学，而是关于

① Edmund Husserl，*The crisis of European sciences and transcendental phenomenology: an introduction to phenomenological philosophy*，Trans. David Carr，Evanston：Northwestern University Press，1970，p.189.

纯粹意识这一特殊领域的本质科学。在《观念Ⅰ》中，胡塞尔明确指出："我们的目的恰恰是把现象学本身建成一门本质科学，建成被先验地净化的意识的本质理论。"①

本质还原是现象学还原的最后一步，它使我们能对先验还原所剩下的东西进行本质研究。这种研究不同于对经验自我的研究，因为它旨在揭示一切可能的自我及其行为的本质特征。问题在于，我们如何才能揭示这些本质特征？

胡塞尔认为，尽管意识的本质的确要通过意识的特殊性体现出来，但这些特殊性并不等于普遍性，我们把握意识的本质时恰恰要忽略那些特殊的方面，要把它们悬置起来，但在悬置之后我们就得到了"现象学的剩余"（phenomenological residum），这种"剩余"是一个具有绝对必然性的意识领域，无论我们怎样排除它，它都不会从自我中消失。它是确实的而不是或然的；是先天的而不是经验的；是必然的而不是偶然的。得到这种现象学剩余的过程在某种程度上是一个抽象过程，但这种抽象过程不同于经验归纳，因为它并不观察现实的情况，而只是对可能的情况进行自由的想象。如果你竭力想象个别自我或意识所经历的各种可能的变化，你一定会从中发现某些不会改变的性质，这些不会改变的性质就是你所要把握的意识的本质。胡塞尔把这一步骤称为"本质的变通"（eidetic variation），把经过还原而实现的自我本质的把握称为"本质洞察"或"本质直观"。

通过本质的还原，胡塞尔发现，意识的根本特性就是它的意向性，意识及其行为本身就是一种意向性结构，探讨这种结构及其内在机制是现象学的首要任务。因此，作为本质科学的现象学首先就是一种意向性理论。

---

① Edmund Husserl，*Ideas Pertaining to a Pure Phenomenology and to a Phenomenological Philosophy. First Book*，*General Introduction to a Pure Phenomenology*，Trans. Fred Kersten，The Hague：M. Nijhoff，1982，p.137.

对海德格尔和列维纳斯死亡概念的比较分析[①]

对威胁到生命和生活世界之死亡的经验和理解是我们了解、解释生命和生活世界的重要要素，甚至是决定性的要素。死既是对生的抵抗，也是生命中即刻出现的紧迫之事，或者正如列维纳斯所言，死亡是“复原与无能”(healing and impotence)。这也是为什么自苏格拉底以来的许多哲学家都重点关注“死亡之谜”，以便我们可以使死亡的思想与思想的死亡相一致。当我们的思想通过死亡的刺激超出了生命体本身，对死亡的理解就意味着通过思想而来的生存之光显示了其自身的意义。

在20世纪众多哲学家之中，有两位哲学家由于其对死亡问题引发的富有洞见的哲学思考已经引起了，并且也值得引起我们的注意。其中一位是马丁·海德格尔，另一位则是伊曼纽尔·列维纳斯，尽管列维纳斯从海德格尔处得到了不少灵感但他却期望并且也实现了从海德格尔的一种转向。

一、对死亡的生存论—本体论分析

在《存在与时间》和其他论文中，海德格尔指出死亡首先是本体论的现象，并且详细解释了对死亡的生存论分析如何与对死亡这种现

① 本文载于《江苏行政学院学报》2007年第3期。——编者注

象的其他可能的解释——例如生理学、医学和心理学上的解释——相区别。海德格尔认为对死亡的生存论分析是所有其他解释之所以可能的条件。甚至，当我们说到类似“身后”“另一个世界”“天堂”“地狱”这些日常生活中熟悉的话题时，我们依然没有回答死亡的本质是否就是存在的对立面或虚无这样一个问题。

因为死亡被认为是此在存在的一种方式，所以，对死亡的存在论分析，最后可以回到对此在的结构性分析。自然，海德格尔并不否认死亡在一种宽泛的意义上——生的经验也是死的经验——是一种生命现象。对海德格尔来说，现代医学和心理学所研究的垂死经验只是提供了关于“垂死者”生的信息而不是死亡本身。① 由此，在《存在与时间》中我们可以看到他对死亡概念全面和清楚的表述：“作为此在的终结，死亡是最确定无疑之事，是此在之不确定和无法超越的可能性。死亡作为此在的终结，存在于这一存在者向其终结的存在之中。” ②

根据上面的界定，死亡被解释成此在的终结，通过死亡，此在完成了自身。此在的终结意味着此在的不再在世，不再在“此”。在这个意义上，死亡是一个原初的向度（拉丁语里的“dimettere”）即是此在从未完成到完成的一个过程。从这点看，我们可以得出结论，死亡不是我们平时所说的那种阳否阴述（apophantical usage）意义上的完成，因为它终结了此在连续不断的完成过程。

根据上面的界定，死亡无法在时间视域内被确定，它是一个不断提醒和唤醒人什么是源初时间意识的活生生的过程。从本体论上看，此在被界定成“向死而在”，同时死亡也被描述成一种“尚未”和一种确定的可能性。事实上，在海德格尔的理论框架中，“尚未”是此

---

① Martin Heidegger，*Sein und Zeit*，Tuebingen：Max Niemeyer Verlag，1986，p.24.

② Ibid.，pp.258–259.

在绽放和超越的本体论之源。死亡不是现成在手之物，却在生命过程中使此在保持活力。“生命之旅”这个说法自身就精确、恰当地表述了此在的过程。海德格尔有时也将死亡作为完成比作水果的成熟，并且断言生命的存在也是死亡。在《形而上学导论》中，海德格尔写道：“每一出生的东西，始于生也始入死，趋于亡，而死同时就是生。”①在《存在与时间》中，我们也可以读到相同的意思，“死是一种此在刚一存在就承担起来的去存在的方式。‘刚一降生，人就立刻老得足以死’”②。

根据上面的界定，海德格尔强调死亡是此在最本己的可能性，通常这也被称作不可能的可能性，因为死亡是不可替代的。甚至当我们为别人弃绝自己的生命时，我们也根本不能代替他人死亡。在大多数情况下，我们所能做的不过是延迟他人的死亡。死亡是既飘渺又确定的可能性，因为死亡是人类不得不面对的经验事实，但死亡却总是要降临到我们头上，正如此在不知道死亡将于何时以及以何种方式出现。正是由于这个原因，海德格尔有时也依据“悬临”解释死亡。如果我们再想到日常生活中人们谈到死亡时的模糊和逃避，我们就能更清楚地明白以上这点。因此，海德格尔说：“常人不让畏死的勇气出现”③。

在此处，我们可以质疑为什么海德格尔断定死亡是一种不可能的可能性而不是一种绝对的必然性。我们只有在如下这一点上理解了死亡的意义，才能对这个问题有所把握，即此在永远不能经验自身的死亡，因为死亡总是与生命相反对。如果一个人死了，那么他就永远不

① Martin Heidegger, *Einfuehrung in die Metaphysik*, Tuebingen: Max Niemeyer Verlag, 1976, p.100.

② Martin Heidegger, *Sein und Zeit*, Tuebingen: Max Niemeyer Verlag, 1986, p.245.

③ Ibid., p.254.

能告诉我们死亡对他而言意味着什么以及它是如何发生的；如果一个人还没有死，那么他告诉我们的就不是关于死亡的信息，而只能是关于生的信息。因此，死亡始终是一种可能性。然而，在海德格尔讨论我们是否有可能经验他人的死亡时，他主张我们是不可能真正地经验到他人的死亡。我们所能做的只是旁观。据此，海德格尔得出结论：死亡导致孤立。在此，我们为这种独特的论点找到了更进一步的证据：死亡的我属性和不可替代性。

但是，海德格尔并没有忘记从死亡的存在论分析进入对日常的经验死亡的说明。前者被认为是真正的向死而生，而后者被认为是非本真意义上的向死而在，因为死亡的真正意义在这种非本真的向死而在中被掩盖了。

事实上，死亡与烦密切联系。对海德格尔来说，烦是人从死亡迫近的恐惧中逃脱出来的一种方式。尽管已死之人不再存在，但他依然可以活在其他人的印象和记忆之中，并且他依然可以成为其他人关涉和关注的对象，这乃是因为人的肉体死亡只是一个物理事件，它只是“在手事物的开端”（the beginning of the things at hand）。尽管其他人似乎不喜欢，乃至恐惧尸体，但他们或多或少仍然会对它表示尊重，因为尸体并不仅仅是一个不能活动的对象，它也是经过花圈和丧仪修饰过后，供我们哀悼的对象，是与作为此在的我们共存的对象。

自然，海德格尔对死亡的存在论的分析是复杂的，其中包括很多关于死亡与存在之共属性的深刻洞见，这些洞见不仅为列维纳斯提供了灵感的来源，也为他提供了超越和批判的可能性。列维纳斯通过对海德格尔死亡概念的再解释，重新定义了他自己的死亡概念。

二、死亡概念的再定位

在《超越性的合理性》一书中，西奥多·德·波尔写道，“海德格尔与列维纳斯的显著区别就在于他们对死亡的讨论。列维纳斯并没有依据‘向终而在’来处理死亡现象，而是从人们对谋杀的经验开始解决死亡问题”①。

如果我们真正理解了威廉·詹姆士的命题——哲学是对生命的回应——的内在含义，我们就能够赞同列维纳斯从谋杀开始讨论他的死亡概念。我们有充分的理由相信，列维纳斯认为人生命中最悲惨的经验就是在第二次世界大战中产生的将杀戮的经验作为最极端的死亡事例的倾向，在其中，人的生命被残暴和有意识地剥夺。这也是为什么列维纳斯比海德格尔更加强调讨论死亡问题的重要性。事实上，列维纳斯的大部分著作就或多或少与死亡相关。列维纳斯自己就是奥斯威辛集中营和大屠杀的活见证。他的双亲和兄弟都是被在东欧的纳粹帮凶残忍杀害的。当列维纳斯自己被纳粹抓住并强迫做苦力的时候，他的妻子和女儿也不得不在巴黎到处避难。死亡与他如影随形，甚至在他内心深处造成了严重打击。

然而，在列维纳斯眼中，问题的关键不仅仅是被谋杀的人数量之众，更重要的是纳粹进行屠杀的手段和对待死亡的方式。在那时，被屠杀之人的尸体就像树木一样被装在卡车上运走。它们被说成是垃圾，就像它们根本不是人类的身体。所以，屠杀乃是出于对人生命的轻蔑而不仅仅是出于仇恨。②

值得注意的是，这种悲惨的经验导致了人们把死亡不仅仅当作生命的终结的同义词这一观念。谋杀和自然死亡之间的区别就在于死亡的方式和处理尸体的方式。死亡不是虚无，因为死亡涉及与他人的关系。究其实质，谋杀是将人的死亡等同于动物的死亡，即将死亡等同

① Theodore de Boer, *The Rationality of Transcendence*, JC. Gieben Publisher, Amsterdam, 1997. p.143.

② Raoul Mortley, *French Philosophers in Converation*, London and New York: Routledge, 1991, p.15.

于虚无。就这一点来看，列维纳斯与海德格尔相一致，但是列维纳斯更加强调死亡对于死亡者曾经生活于其中的生者的意义。正如雅克·德里达在讨论列维纳斯对死亡的解释时恰当地指出的那样："对列维纳斯而言，死亡首先不是消灭，不是不存在或虚无，而是一种对生者无法回应这一特定的经验。"①

在《总体性与无限性》一书中，列维纳斯批评了传统哲学和宗教对死亡的解释，因为它们把死亡作为一段虚无或者是某种其他类型的存在。事实上，当人们想杀死别人的时候，这些杀人者总是将死亡等同于虚无。他们的激情自发地并且有意地指向消亡。这一点对于该隐（Cain）和纳粹疯狂的杀人欲都是真实的。正是出于这个原因，列维纳斯断言："将死亡等同于虚无适用于在谋杀中他者的死亡。与此同时，这种虚无自身表现为一种不可能性。因为他者不可能将自身呈现在我的意识之外，并且他的形象表达了我的消亡的不可能性。这种禁止并不一定等同于纯粹和简单的不可能性，它恰恰预示了它所禁止之事的可能性，但事实上，禁止已经存在于这种可能性之中而不单单是预示它。"②

列维纳斯对死亡的说明揭示了存在与虚无之间的辩证法。列维纳斯回应了海德格尔哲学中存在与虚无是等同抑或并列的问题。他论证了对死亡的恐惧是一种原始的存在恐惧。我们的意识通常被"存在"（being）和"有"（es gibt）所占据，以致我们无法接受迫近的死亡和虚无。结果，我们就不得不停留在对我们自身消亡所引起的恐惧和战栗中，而它恰恰是我们用来衡量我们在多大程度上在世的规则。生存在其深处包含和呈现了悲剧的因素。

很明显，列维纳斯更加关心对生存处境和生命观念的人类学观

---

① Jacques Derrida, *Adieu to E. Levinas*, Stanford: Stanford University Press, 1999, p.6.

② Emmanuel Levinas, *Totalite et infini*, The Hague: Nijhoff, 1961, pp.232–233.

察，这其中包含了原始部落对待死亡的态度。在有些地方，海德格尔也提到初民对生命的经验。相反，列维纳斯认为这种经验是人类生存基本经验的根源。

海德格尔看起来是否认了永恒性。与此相反，列维纳斯坚持永恒性可以凭借总体性和无限性揭示自身的方式得到体现。相应地，爱、欲望和死亡都可以以相似的生存论方式和结构——有时被理解为通过有限超越有限——证明自身。对列维纳斯而言，这些都是对个体主义特征和断语的超越。死亡意味着进入自由和否定之境这一双重可能性。我们对死亡的恐惧则意味着对存在阴影的恐惧。我们害怕伴随着尸体而来的幽灵远甚于尸体本身。这也是为什么我们害怕黑夜，因为人们总是认为幽灵会在黑夜中出现。在日常状态的存在中，死亡与晚上相连，因为人们认为晚上是幽灵出现的时间。

列维纳斯甚至告诉我们尽管死亡可能与虚无相关联，但这种意义上的虚无有一种积极的意义。因为，通过虚无，存在呈现了自身的轮廓，死亡驱使我们去实现我们自身的目的和理想。因此，列维纳斯用黑格尔的有—无辩证法的特征来解释存在和死亡的关系。在这个意义上，他从黑格尔的视角来解释海德格尔，这可以在《从生存到生存者》一书第六章和《上帝、死亡与时间》一书第一部分很清楚地看到。

正如以上所提到的，海德格尔将死亡定义为一种不可能的可能性。与此相反，列维纳斯将死亡界定为“可能性的不可能性”。文字表述上的翻转暗示了两人理论上的重大差别。海德格尔给“不可能性”以优先性。对他来说，作为此在的我们面对的死亡是一种无法超越的可能性。我们也可以说，海德格尔从死亡的角度观察生命。而列维纳斯则是将死亡与生命的观点一起考虑，因为他觉得只有生命才能为我们打开可能性。从生命的视角看，死亡是所有可能性的终结，即不可能性。正如上面所提到的，海德格尔认为死亡造成了孤立。与此相反，列维纳斯断言："死亡突破了孤独"①，因为死亡意味着与他人的联系。从生物学上看，死亡是一种分解：它是没有任何的回应。事实上，列维纳斯认为无论他将死亡界定为"没有回应"②或者是主张"他者的死亡是第一死亡"③，他都断定他者的存在。但是，他者的死亡意味着那些使其成为鲜活生命的、具有表现力时刻的消失。而这些时刻都是回应。死亡将首先触及以上这些内容或者那些能够包括人们形象的、富有表现力的时刻。在这个意义上，列维纳斯得出结论：我们面对他者的时候才会遭遇死亡。然而，与他者死亡的关系既不是关于他者死亡的知识，也不是作为存在物消亡方式的死之经验。

死亡与他者的关系根植于现实的生活。沿着黑格尔在《精神现象学》中的思想道路，列维纳斯清楚地解释了死亡使人们回到家庭，因为死亡使生者和死者立即要么建立要么终结了他们与家庭之间的关联。对生者而言，同类中一员的死亡不是永远的虚无，而只是远离了此岸世界。因此，当提到死亡时，《圣经》认为死亡就是与祖先长眠于一起。相似地，我们中国人有时也会说"那个人去见他祖先了"在中国社会中，祭礼对一个家族来说是最重要的。通过祭礼，家族的每一个成员都表达了对死者的自尊和对死者的尊重。生者将死者转变成一种鲜活的记忆。在"除–外"(ex-ception)一词中，列维纳斯清楚地指出了通过祭礼所建立起来的生者与死者的关系。

从这一点产生了对他者死亡之责任这一议题，因而死亡也相应地变成了伦理学课题。列维纳斯指出："道德绝不是我的死亡，而是他者的死亡。但这不仅是缺陷，因为，与此同时，这个表面上的缺陷——这种道德——也同时是一种命令：不要孤独地把我留下。相应

---

① Emmanuel Levinas, *Le temps et l'autre*, Montpellier: Fata Morgana, 1979, p.63.

② Emmanuel Levinas, *Dieu, la mort et le temps*, Paris: Grassert, 1993, p.20.

③ Ibid., p.54.

地，这也是一种绝对命令，但绝不是一种从我的意志而来的普遍的绝对命令，与此相反，这个表面上要求我不要将他人孤独地抛下的命令表达了如下的意思：这是我对他者的责任。”①

在死亡涉及我自己这一点上，我对他人负有责任。这也体现在下面这个更容易被接受的命题之中：“因为他人是有死的，所以我对他者负有责任。”②

“责任”在列维纳斯的伦理学中是一个核心概念。正如我们所知，对列维纳斯而言，伦理学是第一哲学。这也是列维纳斯哲学区别于海德格尔哲学的一个特征，即将死亡的问题纳入作为第一哲学的伦理学进行讨论。

在列维纳斯眼中，对他者的责任最终存在于对待死亡的方式中。“责任的本质就在于你对其负有责任之他者的独特性”③。从根本上说，对死者的责任根植于他者的独特性。也许，对死者的责任存在着多元性，例如实现死者的愿望，保护死者的荣誉和尊严免受任何可能的玷污。但是，埋葬死者是对死者最基本的责任。因为这种责任是没有回报的，因而它更能表现出高贵和圣洁的特征。尽管对他者死亡的责任可以从我的死亡中推出来，即，我可以期望我将来或者我有理由相信他者的死亡是我自身死亡的预演。然而，他者的死亡不是对我自身死亡预期的投射，而是我预想了我在社会整体中对他者死亡的责任。

最后，列维纳斯和海德格尔采取了不同的哲学立场处理死亡和时间之间的关系问题。海德格尔关注于对与时间相关联的死亡的基本意义进行解释，而列维纳斯则强调与死亡相关联的时间的含义，同时，

---

① Raoul *Mortley*，*French Philosophers in Converation*，London and New York：Routledge，1991，p.15.

② Emmanuel Levinas，*Dieu*，*la mort et le temps*，Paris：Grasset，1993，p.54.

③ Raoul *Mortley*，*French Philosophers in Converation*，London and New York：Routledge，1991，p.16.

列维纳斯还重新诠释了海德格尔的观点。对列维纳斯而言，我们可以说他是从时间的视角把握死亡，而海德格尔则是从死亡的角度来理解时间。

从死亡的视角出发来把握时间是海德格尔在《存在与时间》一书中采取的思想方法。正如人所共知的，海德格尔区分了源初的时间和日常的时间。日常的时间是以线性时间作为标志，它总是表现为从一点开始向前和向后延展出过去和未来。与此相反，有其终结的源初时间并不表现为现在的连续。现在和过去都是从未来中产生的，而未来则取决于如下这个事实：此在对作为终结之可能性的死亡的等待以及此在对未来的恐惧。

根据列维纳斯的观点，日常的时间是从与死相关联的源初时间中派生的。死亡是终结的现象，并且同时是现象的终结。更进一步说，死亡与作为可能性的可能性相关。只要死亡被看作是“无”，它就暗含了将来的观念。

然而，列维纳斯并不认为死亡是生存最终的可能性，而只是一种摧毁了所有可能性的相异力量。对他来说，对死亡的有效解释不可能不与时间相关联，因为时间意味着生命过程的可能性。与海德格尔有很大不同的是，列维纳斯把死亡定义为“对时间的忍耐”。它意味着对任何东西的希望、意志和欲望之可能性的消失。时间的篡夺和希望的破灭构成了死亡自身的过程。

五、现象学研究

从先验现象学到知觉现象学①

一

现象学是什么？梅洛-庞蒂指出，现象学是对本质的研究，在这种研究中，最关键的是找出对本质（如对知觉的本质和意识的本质等）的定义。然而，现象学又是一种从本质回溯到存在的学问。无论是从逻辑关系看，还是从历史事实看，存在问题在现象学运动中始终具有优先地位。既然世界在我们的反省开始之前就已存在着，那么，现象学的一切努力都旨在重新达到与世界的直接沟通。胡塞尔声称，现象学试图使自身成为严密科学的哲学，它要提供对空间、时间和我们生活的世界的说明。他在晚期著作《笛卡尔的沉思录》中曾提到"发生现象学"和"建构现象学"。梅洛-庞蒂接过胡塞尔的论题，强调现象学是对我们的经验的直接描述，而不考虑它的心理起源和因果说明。

自我与他人的关系问题是现象学的基本问题。在这个问题上，梅洛-庞蒂以知觉理论为基础来考察自我与他人的联结及其方式。在胡塞尔那里，经现象学还原之后，仍有一种先验主体，即先验的自我，这种自我与个别的经验主体相区别，因为它是剥离了经验成分的纯粹

① 本文载于《时代与思潮（4）——文化传统寻绎》，学林出版社1990年版。——编者注

意识，是一种绝对实在的本质。能吃、能喝、能感知、能行动的自我只是一种经验的自我，它是先验自我的表面现象。

在知觉现象学里，本质不再是现象世界的支撑点，而只是通过人所创造的语言强加于人的暂时稳定的东西。因此，自我并不是脱离人的知、情、意的“内在的人”(innerman）或独立的实体。既然纯粹意识不过是人的幻想，那么，把“自我”归为“纯思”显然是站不住脚的。在人身上，感知的东西与思维的东西并不是完全分离的。人首先是通过知觉与世界打交道，与他人相照面和沟通。在梅洛-庞蒂看来，人身上是无偶然性可言的，因为人的各个方面构成了紧密相联的整体，这种整体无需特殊的本质来支撑，虽然人是因意识而高于其他的，但是这种意识只有通过身体的作用才可能存在并发挥其功能。因此，如果说有自我的话，这种自我就一定是一种身体性的主体。

我要通过我与世界的关系来规定，要通过身体的中介性来规定。我并不是决定我的肉体和心灵结构的无数动因的结果和交汇点，我不能把自己设想为萨特意义上的无（即意识），而要设想为世界的一分子，设想为生物学、心理学或社会学研究的纯粹对象。

梅洛-庞蒂声称，我并不是一个“生物”，甚至不是一个“人”，也不是具有动物学、社会解剖学和归纳心理学所认识的那些特征的意识。我是绝对的源泉，我的存在并不来源于我的生理的或社会的环境，相反，我趋向于这些环境并且维持这些环境，因为我只是把我所选择的传统纳入我的自为存在。

作为自为存在，我的基本特征是我的主体性。梅洛-庞蒂认为，意识并不能完全代表主体性，因为人除了有意识之外还有前意识。从前意识的角度看，意识是模糊不清的。仅有反省的意识我们仍然不能把握我们的存在，因为我的意识是以知觉为基础的，如果我们懂得了我们是通过知觉来理解存在的行为，那么我们所涉及的问题都可归结为知觉问题。知觉有知觉的主体，这个主体被称为前主体。它通过自身而存在，并通过身体而指向外物。从这种意义上讲，身体是意识与世界联系的中介。

不过，梅洛-庞蒂所说的身体并不是笛卡尔意义上的单纯的物，而是融入了精神的有机整体。他常用一个综合性的概念 ego-body（自我-身体）或 body-subject（身体-主体）来称呼它。梅洛-庞蒂使用这个概念的用意是要避免身心的分离。这一点与他强调哲学和科学必须回到感知领域是十分吻合的。既然他所说的身体并非纯粹生理学意义上的身体，而是同时具有生理-心理特征的主体，那么我们就有理由相信，身体本身是显示主体性的方式。它的独特地位在于，万事万物都通过它而获得意义，就像食物只有为有机体吸收才成为食物一样，个别事物只有进入我与它们的关系才具有意义。因此，身体-主体与外界形成了意义的整体。这个整体不仅把我与物纳入了流动着的感知经验的领域，而且规定了知识的确定性程度。如果说现象的身体不再是自在的对象，而是主体性得以在外界显现的途径，那么，我对身体的经验就是自在存在与自为存在的真正融合。

在意义整体中，我不但与他物相融而且与他人相遇。当意识相互确认时，自我与他人的辩证法表现为主体与对象不断互换位置。在胡塞尔那里始终存在他人问题（Probleme d'autre），因为胡塞尔认为：我只能达到我自身，我把自己规定为对自身存在的思想，并且我只有在思想时才会存在。因此，对胡塞尔来说，“他我”（Alter Ego）是一个十分矛盾的概念。梅洛-庞蒂说，他人并不是一个空洞的词，我的存在不能还原为我对存在的纯粹意识，但是我应该意识到我具有某种自然的形式并且包含着历史过程的可能性。“我思”必定把我呈现于某种环境。只有在这种条件下，胡塞尔所说的先验的主观性才是主体间性（intersubjectivity）。

承认主体间性意味着承认“他我”的存在，承认自我与他人的相互沟通。所谓主体间性即是主体与主体间的经验或意识的交流。主张这一点有利于避免唯我论，因而有利于确认自由的相对意义。按梅洛–庞蒂的看法，自我与他人在这个世界里是统一的。如果他人的确是对于他自己才存在的话，如果我们是为大家而不是为上帝而存在的话，我们就必定具有某种共生的现象。比如，我和他人都有身体的外观。我对自我的看法，和他人对我的看法；我对他人的看法，他人对他人的看法必定具有某种一致的方面。在这里，两种看法自然不是简单的并列关系。我必定是我呈现给他人的外在性，他人的身体必定是他人本身。只有自我和“他我”要通过他们的环境来加以确定时，自我和他人的矛盾和辩证法才有可能出现。

在谈到一个人处于主动的地位把另一个人作为自己的对象，亦即作为自在的存在时，梅洛–庞蒂说，这个人是把另一个人作为被动的存在来看待的，在这种情况下，另一个就被置于奴仆的地位。那么，耻辱与傲慢便获得了自我与他人的辩证法，这种辩证法是主人和奴隶的辩证法。既然我有肉体，那么在另一个人的注视之下，我就被归于对象的地位。对他来说，我再也不是作为人而存在的，否则，我就成了他的主人并且轮到我来看守他，但这种支配又是自我落败，因为正当我的欲望通过别人而被认识到时，他再也不是我希望由他来认识我的人，而是一个神魂颠倒的、被剥夺了自由的存在。因而，在我的眼里，他再也不是一个人，由此可见，梅洛–庞蒂不过是用黑格尔来修正胡塞尔。胡塞尔的先验主体是指向对象的纯粹意识，仅凭他的本质直观，自我与“他我”的关联和交流是无法进行的，因为它们之间缺乏中介。梅洛–庞蒂觉得，作为主体的自我把他人知觉为物，或当作自在的存在，从而确立了自己的主体地位。同样，对别人来说，我也不过是一个自在的东西，别人也会像我一样，把我作为对象而把自己上升为主人。这正是主体之为主体所要求的。

二

胡塞尔在阐述意向性理论时曾经这样写道:“每一思想都要求思想的对象,在认识活动中这个对象同纯粹的‘我’有一种关系。在每一活动中我们发现了明显的极向性(Polarity),一方是自我极,另一方是对象极,两极之中的每一个各有自己的特性。但是,这两极的特性及这些特性的起源是截然不同的。”① 这段话集中反映了胡塞尔的基本思想,同时也蕴含着胡塞尔的先验现象学自身难以克服的内在矛盾。

首先,既然胡塞尔承认没有无对象的思想,那么,就不存在纯粹的自我极,因为根据他的逻辑,我与纯粹的意识是同一的,但纯粹的意识是不可能存在的。

其次,胡塞尔把意识活动看作人的初始活动,而这种活动又以反省为基本特征的,既如此,胡塞尔就自然要把人的前意识排斥在外,但是,他在上段话中无意识地承认了意识活动本身亦有起源,也就是说,他承认了前意识的存在。

最后,胡塞尔强行区分自我极与对象极,这与他的意向性理论是不相容的,因为他认为一切意向都有意向的对象,并且这个对象一开始就处于我们的意识关系中。

梅洛-庞蒂作为胡塞尔的后继者当然不会全盘抛弃胡塞尔的意向性理论,但是他发现了胡塞尔先验现象学的上述矛盾,为了克服这些矛盾,他引入了前意识的概念,并由此出发把现象学改建在知觉经验的基础上。在晚期著作,特别是在《欧洲科学的危机和先验现象学》中,胡塞尔曾经意识到对知觉世界(相当于梅洛-庞蒂所说的前意识领域)的忽视如何导致了现代科学的危机。这一点预示着梅洛-庞蒂

---

① Edmund Husserl, *Husserliana*, vol.4, Martinus Nijhoff, 1952, p.l05.

的知觉现象学出现的逻辑必然性。

梅洛-庞蒂认为，人的生活一开始就与知觉世界共命运、人的意识活动并不是从虚无中产生的，而是来源于前意识的知觉领域。他指出，主体作为个别的“世界上的存在”（in-der-welt-sein）是不能按传统的二元论的模式来说明的，因为二元论把知觉经验看作是外在于现象的物理原因作用于心灵的结果，与此相反，知觉现象学力图克服物质与心灵的对立，它使世界与主体在知觉中统一起来，因为知觉肯定了二者的连续性。同时，梅洛-庞蒂也相信，对世界的概念性认识必须求助于原始的知觉环境，人们不能通过从意识的意向结构中抽引出来的人为的单位重新构造出我们对这个世界的经验。正因如此，意向性首先属于前意识领域而不是属于反省领域。比如，我们在观察活动中，对象呈现给我们的方式就取决于我们的意向性，一个生物学家对树的观察不同于一个儿童对树的观察，树呈现给前者的内容远远多于呈现给后者的内容。这一点表明，主体的意向性很大程度上决定了现象显现的内容。

在胡塞尔的先验现象学中，信仰或意识的对象并不是外部世界的对象或事态，而是内在于信仰或意识的东西，用他本人的话说，是意向对象。在此，个人意识具有优先性，因为不论是具体的东西还是抽象的东西，就其作为现象来说都是直接给予的，是意识为自己构造出来的。梅洛-庞蒂当然承认意识领域所表现出的意向性，在这一点上他和胡塞尔没有多大分歧。然而，梅洛-庞蒂不能容忍现象学对前意识的知觉领域熟视无睹，在他的心目中，阐明前意识领域的意向性恰恰是现象学的主题。

前意识领域的意向性体现了主体与客体的本体论关系而不只是认识论关系。在这里，主体只有处于由知觉活动所造成的知觉环境中才有意义。对知觉者来说，主客体关系不再是对象的呈现被主体构成的认识关系，而是一种存在关系，主体是他的身体，他的世界，他的情境，在某种意义上，是与它们的相互关系。梅洛-庞蒂说，知觉当然是对某东西的知觉，信仰总是对某东西的信仰。就个人来说，他人是我的知觉的意向对象，而我本人此时决不是自己的意向对象。

梅洛-庞蒂把意向性规定为超越意识和前意识主体的活动，它是不断的倾向，是主体所追求的对象的不断更新与回复。在意向活动中，每个意识向着真理，向着实在，基于这一点，梅洛-庞蒂说意识不是“我思”，而是“我能”。每个人和每个物自然各有自己的独立性，因为它们每一个对于他人和他物来说总是一种内在性，因而它们彼此外在。但一旦进入知觉领域，意向性就把它们沟通起来，意向性是原始的标尺，这根标尺把我们与世界联系在一起。至于意向性本身，那是难以把握的，因为它不是凝固的东西，当你把握了它的时候，它就再也不是意向性了，正是这种无形的意向性造成了人的存在与意识的超越性的浑然一体。梅洛-庞蒂说，他最初在知觉中发现了这种意向性。知觉是一切现象存在的根源和生命。意识在不断的自我追求与自我占有中，发现自己与存在的各种关系不过是知觉的各种表现形式。本质上说，科学的对象就是知觉的对象。它是后于知觉而出现的。在这种意义上说，康德和拉普拉斯的星云说不是出现在我们之前，而是出现在我们之后。为了摆脱唯我论的困境，梅洛-庞蒂宣称，知觉现象学不是从传统的本体论意义上来谈论科学的对象和知觉的关系的。它并不否认自在对于人，对于人类意识的第一性。一方面，知觉现象学像胡塞尔现象学一样，要“回到事情本身”，而“回到事情本身”就是回到世界。这个世界先于知识，知识也永远要谈论它。“对于这个世界的每一种规定都是抽象的、象征性的，具有依赖性的”①。另一方面，知觉现象学力图向人们表明，科学或文化世界总是被知觉

① Maurice Merleau-Ponty, *phenomenology of perception*, translated by Colin Smith, Routledge, 1962, p.240.

化了的世界。当自在进入意识关系时，它就被意识俘虏了，并且被改造为现象学的存在物，这个存在物正是科学的对象。可是，这个对象已经被意识占有了，被意识扭曲或变形了。它的存在方式总是伴随着主观性的变化。虽然我们无法断定科学是否与自在相一致，但我们可以肯定科学是与知觉世界一致的。

显而易见，在意向性问题上，梅洛-庞蒂的知觉现象学尽管与胡塞尔的先验现象学有这样或那样的分歧，但它们本质上是相同的，因为梅洛-庞蒂和胡塞尔都是从主观性出发去建立自己的现象学体系。不同的是，梅洛-庞蒂是用经验的主观性代替胡塞尔的先验的主观性，用经验的我代替胡塞尔的先验的我，用感性知觉去代替胡塞尔的本质直观。在胡塞尔那里，“还原不仅是离开自然界，而且是指向某种东西，这一运动的目标不过是先验的主观性”①，在梅洛-庞蒂这里，根本不存在胡塞尔意义上的还原，因为根本就没有胡塞尔所说的先验本质。知觉现象学实质上只是从经验的主观性出发，然后又返回到经验的主观性。换句话说，是由主观向客观的过渡以及由客观向主观的过渡。

梅洛-庞蒂和胡塞尔似乎都想要把人从现象中解放出来，但是现象世界是他们所创造的唯一可能的世界。梅洛-庞蒂力图消除现象学的“世界性”（mondanité，weltlichkeit）概念的不确定性，但自己又陷入了新的不确定之中，人不是超验的我，而是经验的我，他不仅是现象世界的观众，而且是现象世界的演员。世界在人的知觉中显露出来，然而这种显露本身却意味着人和物的共存。由于“我是绝对的源泉”②，由于我和世界永远都是不完全的，由于作为现象世界的支撑点

① Herbert Spiegelberg，*The Phenomenological Movement*，Vol.1，Kluwer Academic Publishers，1960，p.137.

② Maurice Merleau-Ponty，*phenomenology of perception*，translated by Colin Smith，Routledge，1962，p.11.

的知觉总是处于不断的流动中，因而，与之伴随的“世界性”也是变动不居的，所以是不确定的。

与此相联系，梅洛-庞蒂一贯主张现象与可说的东西相联系，它不是作为清一色的东西，而是作为精神和物质的混合物而存在着，“物质、生命、精神一定不是同等地参与形式自然的，它们必定表现为不同程度的结合”①。在这一点上，他不过是步胡塞尔的后尘。胡塞尔曾说，现象是“必须对自身进行单纯的表达的模糊的经验”。梅洛-庞蒂反复引用胡塞尔的这句话，他处处强调物质和精神的相互作用，而不愿回答它们何者为第一性的问题。由于梅洛-庞蒂总是把物质的东西和精神的东西糅合在一起，他的知觉现象学在西方素有“模糊哲学”之称。既然经验是模糊的，那么，它只能显现而不能描述。这种显现过程是述说（discourse）的过程。人们在述说中，一边坚持经验，一边又不再造经验。知觉现象学通过述说，通过与对象“交往”，把“我思”建立在知觉（梅洛-庞蒂常用“我感知”来代替）的基础上。而梅洛-庞蒂的“知觉”和可见世界的关系，与胡塞尔的“生活世界”又是一致的。因此，利奥塔对胡塞尔的“生活世界”的评论也同样适用于梅格-庞蒂的知觉世界：“就这种创造生活的世界是反表达的而言，一切表达，一切述说无疑包含它，然而又远离它。确切些说，对于它什么也不能说。……胡塞尔的描述是一种为获得创造性的语言而与自身进行的斗争，在这种斗争中既然创造性一经描述出来就再也不是创造性，那么，这已经确定了这个哲学家，这个逻各斯的失败。”②

---

① Maurice Merleau-Ponty，*The Structure of Behavior*，Translated by Alden L. Fisher，Beacon Press，1967，p.143.

② Jean-François Lyotard，*La phenomenologie*，PUF，1954，pp.40–41.

城市建筑如何唤回亲和性[①]

——基于审美经验的现象学

建筑是人性的表达。不管我们是从实用的角度，还是从单纯审美的角度，抑或是从两者结合的角度看，建筑都是人的第二自然。它不仅是我们生活稳靠性的保证，而且是我们家园意识的必要条件，因而也是人的根据意识和归属感的必要条件。然而，对于关心人的尊严、关心人的自由的提高、关心人性的合理表现的我们来说，建筑的意义远远超出了上述的内容。在建筑材料越来越先进，建筑技术越来越高超，建筑速度越来越迅速的当今社会，我们更关心作为现代性产物的现代建筑和所谓的“后现代建筑”，乃至人们有时谈到的“解构式建筑”，是否能使我们在掌握新技术时防止工具性思维，以及人的工具化过程摧毁人性的美好方面？

带着这个问题，我八年前试图与美国著名艺术评论家、耶鲁大学教授哈里斯（Karsten Harris）先生进行讨论并希望得到某种答案。他也在思考同样的问题，以“艺术何用？”一文并续写“艺术终结了吗？”一文来进一步回答我的问题。他这样写道：“上海的各式建筑表明，当今，启蒙运动的遗产不仅属于西方世界，而且属于全世界。例如，由科恩·彼得森·福克斯等人设计、顶端为独特矩孔的举世瞩目的环球金融中心将于2008年竣工，它可望成为矗立在世界上所有大

① 本文载于《探索与争鸣》2013年第4期。——编者注

都市中的最大雕塑。这一雕塑的物质是固定的，而它的精神是流动的。当我们面对这一跨国界文化融合的杰作时，会发现技术进步、审美品位及全球经济就在此汇合”[①]。不过，他话锋一转以反问的语气坦率地说，他对这种文化的前景并不感到愉快。因为在新技术帮助下实现的天堂之梦与实现它所需要的资源的日益匮乏相冲突——这是当今人类面临的共同问题。他希望能在中国这个世界最大工地和建筑试验场找到某种解决的线索。但是，我不敢肯定他是否找到了线索，我自己跑了许多大城市也没有找到这种线索，相反更加剧了对本文一开始提出的问题的担忧：在当今的中国城市，建筑的亲和性如何可能？在当今的中国城市，该如何摆正个人和人的尊严在建筑中的地位？

一

在今天的城市建筑里，个人处于什么地位呢？我在此谈的不是社会地位、政治地位或经济地位，而是个人相对于城市建筑而言的时空感受和角色意识。在当今建筑艺术里就像在文学和其他艺术形式中一样，科学思维占据了核心地位，这种思维虽然并不必然导致个人地位的降低，但是，如果它与“人”的概念的缺失同时并存，那么，个人在相对于建筑而言的主体地位就不会得到重视，个人在面对一栋建筑时可能出现的时空感受也很可能会被漠视。然而，建筑艺术本质上是为人而存在的，它像文学或其他艺术形式一样“要求维持人的概念并且它们服务于特别的个人的事业”[②]。也就是说，建筑艺术应当并且能够展现建筑如何作为人的所属物，表现和满足人的本质性要求，特别是人的实用要求和审美要求的统一。建筑与人的生活世界的根本关联

---

① 卡斯腾·哈里斯：《艺术终结了吗？》，曾誉铭译，《现代外国哲学》第2辑，人民出版社2011年版，第406–435页。

② Mikel Dufrenne. *Main Trends in Aesthetics and the Sciences of Art*，New York/London：Holmes & Meir Publishers INC，1979，p.348.

成就了建筑对于人的这种归属性。建筑越是缺乏对人的这种归属性，它与生活世界的距离就越远，人对这种建筑的亲近感就越低。

在今天的城市里，我们身边的建筑能给我们这种亲近感吗？或者用学术的语言说，今天的城市建筑具有亲和性吗？对这个问题，我们自然无法笼统地进行回答。这是因为，有些建筑可能给人以压迫感，有些建筑可能给人以新奇感或亲切感，有些建筑给人以阻塞感，有些建筑给人以舒朗感，有些建筑给人以疏离感或陌生感，还有些建筑可能给人以恐惧感或敬畏感。很显然，给人压迫感、恐惧感或敬畏感的建筑往往不会令人产生亲近感。相反，它常常会让人产生逃离的想法，甚至产生厌恶感。一个无可否认的事实是，由于某些城市规划和建设的不合理性，给人以阻塞感、压迫感、恐惧感的建筑占了太大的比例，城市建筑严重脱离“供人们美好的生活”这一根本目标。千篇一律的大楼，缺乏公共空间、缺乏文化个性、缺乏自然野趣、缺乏对历史传统的尊重、缺乏供人们悠闲散步的街道，是我国城市建设的通病。将高架路引入城市中心是20世纪世界城市建设的最大败笔，我国的一些城市也受到这种潮流的伤害。我个人认为，改变这一局面的有效办法是渐渐拆除高架道路，打破地铁只运人、不运货物的传统思路，在有条件的地方把地上的运能渐渐放到地下去。发展货运地铁或传送带就是一种思路，这样可以有效减轻城市中心区的污染和拥挤状况。将高架路引入城市中心，不仅严重影响了高架道路两边居民的生活安宁和身体健康，而且把城市建筑的美感彻底破坏了，同时加剧了城市的局部污染，也使一座城市不再有亲和性。如果说过去建设高架道路对于解决交通堵塞问题具有一定的合理性，那么，随着控制污染的任务日趋紧迫、替代方案的增多、某些建筑技术成本的降低、合理的城市规划的执行得以可能，逐步拆除高架路，限制私人汽车进入城市中心，并以公共交通系统取而代之，越来越显得十分必要。今天，当城市越来越大，建筑越来越高，马路越来越宽，能供行人悠闲走动的街道却少之又少，个人在其中显得越来越渺小，并且难有悠闲自适的感觉也就不难理解了。①

不过，生活在日益单调的水泥丛林的人，生活在日益没有建筑个性和文化个性的城市的人，仍然有充分的理由对建筑的审美效果保持真切的期待，也有理由对于与我们的生活世界息息相关的建筑与我们的审美经验保持深刻的体察。虽然在今天精雕细刻的建筑少之又少，但建筑作为审美对象的价值并未因此降低。相反，随着建筑样式的增多，可供选择的建筑材料种类的增多，以及建筑技术的日趋精密化，富有想象力的建筑师依然具有过去的时代所没有的优势来实现建筑美学的理想和文化的理想。这种理想存在于建筑与生活世界的本质性关系中，存在于建筑的人性因素中。

建筑是向世界敞开的生活相关物。人的生活是围绕建筑而展开的，即便是看上去与生活没有直接联系的建筑，也都曲折地反映了它与生活的联系。建筑是能给人以安全感和温馨感的东西，也是能给人带来限制的东西，还是能给人以自由的东西。建筑是人的作品，但又是服务于特定生活目的的作品。作为生活世界的基础和核心，建筑除了服务于人的日常生活，服务于人的衣食住行和生老病死，还服务于人的政治、经济、军事、文化和其他社会生活。

在一个建筑出现之前，一个建筑师可能有各种设计方案，满足同一种要求。但如何选择方案往往不是由建筑师决定的。建筑师与作品呈现一种意向关系。他的意向只有在符合采用者要求时才能实现。这时，委托设计者和建筑师的意向的一致性，就决定了建筑作品在多大程度上符合双方的共同意向。这种意向可称为复合意向或重叠意向。这种意向的实现就是体现某种意义的建筑作品的完成并等待别人去观

---

① 本段选用了我的《找回城市的亲和性》一文的部分资料，详见《文汇读书周报》2013 年 3 月 1 日。

看、理解和感受。

建筑与人性的本质性关联不仅反映在建筑与当今的人的实用要求和审美要求中，而且体现在当今的人与具有历史意义的建筑的深刻联系中。历史建筑（比如，长城和故宫）会让你处于历史与现实的连接中，这类建筑会使你进入自己的传统，它是活在当今的历史，或者说，是帮助我们认识自己文化身份的历史遗留物。这个遗留物展示的不单单是过去的人的建筑技艺，也不单单是帝王将相展示政治意志的场所和具有其他历史意义的象征物，它还是实用意义渐渐消隐，审美意义渐渐涌现的审美对象。它在将过去的生活经验传递到今天的同时，也作为审美对象将它在过去时代的使用价值之上的审美价值发挥出来。而一个东西越是作为审美对象，它越是在审美经验里成为凸显人的审美主体地位的东西。

然而，今天我们不仅经历着建筑的建造者和使用者的分离，而且经历着建筑的设计者与建造者的分离，以及建筑构件的提供者与建筑过程的分离。这些分离无疑使建筑的精细化分工成为可能，并因此提高了建筑的效率，缩短了建筑工程完成的时间。据说，远大集团甚至想用两三个月的时间在长沙建两百层高的大楼！但是，这也使建筑师的理念与建筑的实际效果的距离越来越大。建筑作为艺术作品的意义，越来越受到多重因素的决定。市场化过程甚至使人们对建筑能否作为艺术品产生了越来越大的怀疑。建筑的审美效应非但没有随着建筑市场的扩大而扩大，相反恰恰由于这种市场化的扩大以及招标方对成本的考虑，可能压倒了对其他一切因素的考虑，人们对建筑的审美期待大大降低了。因此，有些人自然怀疑把建筑与审美因素联系起来是否还有必要。

二

建筑是一门综合的艺术。米开朗基罗甚至说，画家或雕刻家首先应当是建筑家。但好的建筑家不仅需要数学、力学和材料科学的知识，或者营造的技法，而且需要艺术家的想象力和对精微事物的敏感，需要有对自然事物和人性本身的深刻理解。在学术界，建筑常被视为空间的艺术，音乐则被视为时间的艺术。尽管人们也常常将建筑比喻为凝固的音乐，但这种比喻严格来说是不恰当的，因为音乐之所以为音乐恰恰在于它的流动性。而建筑的价值主要是通过它不同于流动性的那些静态特征，以及它与环境的对比效应和关联效应来规定的。所有建筑的特性是在空间中展开的，并最大限度地显示空间对于生活和审美的意义。建筑对于人的价值并不在于它的流动性，而在于它能为流动的生活提供不流动的稳靠性。有了稳靠性，人才有了安全感，才有了安居的可能性。当然，这并不是说，建筑可以无视流动的东西或者事物的动感，但它主要是以静态的方式，或是以动静对比的方式来呈现动态的美感。哪怕建筑不是直接服务于安居的生活，而是做其他用途，如厂房、道路、涵洞、瞭望塔和发射塔，等等，它们最终仍归属于以人的安居为条件的生活世界，间接地服务于人的物质生活和精神生活的目的。简言之，服务于人的安居本性的自我展开。

建筑是生活的直接现实，也是让人得以安立、让生活得以安定和稳固的人为设施。即便一些人有了可移动的房屋（如，一些美国人拥有用汽车拉着走的房屋，海洋石油公司拥有海上浮动的钻井平台），这也丝毫不能证明建筑的价值要到其流动性中去证明，因为拥有拉着走的房屋（这里不是指房车）的人，要么已经有了相对固定的住所，要么需要那栋可移动的房屋安居下来。正因如此，建筑便与周围的环境有了相对稳定的整体关联。建筑在空间上的定位有赖于这种关联；建筑对生活的意义有赖于这种关联；建筑对审美的意义也有赖于这种关联。

首先，建筑通过分割空间而与周围的事物重构了原有事物之间的关系。建筑对于空间的分隔和建筑本身的布局，使建筑本身仿佛成为空间形态的道具。空间则通过建筑显示了自身的可塑性。在建筑里，时间的流动性和连续性在空间的外展中凝固下来。由于人的主要社会活动和家庭活动是在建筑中展开的，人也主要通过建筑而获得了内外的观念或里外的观念，人际关系中的远近亲疏常以“里、外”的形式来表达（比如，“外人”“内人”“里外不是人”以空间关系来表达社会关系）就是例证。建筑以及人离开建筑的活动范围使区分空间上的远近成为必要，远近的意义也主要是通过建筑来彰显的。建筑标画了空间的层次性，也集中体现了空间的变化属性。物理空间上的内外和远近是以人的活动为源点的。而“人相近，心已远”或“心远地自偏”的说法，则证明了现象学区分自在的空间或物理的空间与心灵的空间或意识的空间的必要性和重要性。就像山川、河流、岩石、树木一样，建筑既存在于空间里，又证明和显示着空间的空间性。

其次，建筑在人与外在的自然之间建立了一个中间地带，并由此将人与自然相对地隔离开来。除防波堤、水渠、桥梁、道路和园林建筑之外，大部分建筑都像一道围栏，把人圈养在一个相对封闭的空间里。于是，人需要通过门窗、天井、院落、回廊、花园、水池和喷泉等与自然相通相接。西方的花园和中国的园林建筑当然体现了人与自然相通相接和相亲相和的努力，也可以说体现了人重建自身与自然的本质联系的努力。它们以审美的方式营造出微缩的自然，这个自然以浅近隐幽远，以片枝寓高林，以小流引天水，以叠石表危崖。但我认为，在中国园林中，建筑始终是核心，景的聚散需要透过建筑才会充分显出美的意境。没有亭台楼阁，即便有四季飞花、丝丝垂柳、老树寒鸦、枯荷落雨，那些景致仍然是散景。亭台楼阁不仅起着聚景的作用，而且以不同的空间形态和错落有致的方式让不同景物显出层次。更重要的是，亭台楼阁为观赏者提供不同视角，景致的切换和收放在这里成为可能。从这种意义上讲，建筑是园林的天眼。

但毕竟，目前的园林在生活里只是我们偶尔光顾的地方。我们缺乏把整个城市作为一个大的园林来建设和经营的意识。实际上，园林建筑是以人工的小巧再现自然的博大。它体现了人对自然的留恋和向往，也体现了人对过分人工化的环境的一种反抗。建筑绝不只是帮人抵御风霜雨雪、抵御寒冷与炎热，它还从根本上改变了人与自然的直接依赖关系。它是人依赖自然又独立于自然的开始，也是人与自然相依相宜的象征。现在生活在大城市的人们很难看到日落日出的情景，很难感受湖光山色带来的美感，更难体会到自然界的鸟兽虫鱼带来的无限生机，其原因就在于我们的城市建设忽视了人与自然的本源性关系。城市里的人之所以渴望花园、大片绿地或者园林，恰恰是因为通常意义上的建筑把人久困在自身内，把人与自然隔绝了，人日益生活在自己创造的人工产品的世界里，与自然缺乏生息相通的渠道。

再次，建筑是一种综合的艺术，它包含装饰物，同时起着装饰环境的作用。从高空看，建筑是大地的点缀，建筑本身做何用途似乎变得无关紧要。这时，立体的东西被平面化了，建筑的特殊构型成为人们的审美对象。它就像花布上的图案一下子映入人的眼帘，成为大地的饰品。从地上看，建筑物凸显在人们的眼前，其立体性是通过与周围的东西的空间关系显示出来的。它既将自身与其他东西相区隔，又把自身镶入远景里。高低不同、错落有致和形状各异的建筑群之所以给人美感，既是因为它在空间上的相对和谐的关系和美的形态，也是因为它对于背景的点缀价值。观赏建筑之所以需要适度的距离并需要不同的角度，也恰恰是因为它在整体背景下的装饰效果。但建筑在人的审美经验中把其他东西聚拢在自身的周围，并构成了以自身为核心的整体结构。在这个整体中，其他有生命的事物因为建筑而被赋予人的生活的真正意义，所有事物仿佛以建筑为核心而放出光芒。最后，与许多东西不同，建筑在审美经验中从来就不是私人事物，而是进入社会共同体视域的审美对象。即便你为自己建造一栋房子，你也会发现这栋房子会进入他人的视野并与他人的生活世界相关联。更重要的是，建筑总是与其环境成为一个整体，不管这个整体看上去多么不协调。实质上，审美对象在我们的审美经验中的审美效果，既取决于审美对象各个部分之间的协调，也取决于它与环境的整体关系。局部之美只有通过与之相关的整体才能显示其深层的审美价值。浅美与深美的区别，小美与大美的区别，不仅通过互不相同的建筑群来体现，而且通过建筑与周围事物的多层次的联系来体现。对审美经验中的这种整体性的重视，甚至要求我们在保护古建筑时不仅要重视保护建筑整体本身，还要重视这一建筑与环境的协调。因此，保护一栋好的古建筑意味着不应当孤零零地保护那栋建筑。即便那栋老建筑周围的建筑因为一些特别的原因要拆除，我们在保护那栋建筑时要顺带地将它置于一种与之协调的环境中。对建筑和其他大型文物实行就地保护的原则，可以在审美对象与环境的相互关系中得到有效的辩护。比如，你在西安的博物馆里看兵马俑，与你把它单独拿出来放在北京或上海的某个地方欣赏是很不一样的。原因是单个的兵马俑并不足以显示其独特性，以及它与其他兵马俑放在一起时所具有的那种气势。同样，安徽徽州西递或宏村的某栋古民居如果单独被移到北京或上海的广场，你会觉得不伦不类，再也没有原来的美感，因为那里 的建筑是与那里的山形水势以及田野池塘相得益彰的，它们作为一个和谐的整体而成为我们的审美对象。

一方面，一个人在看到一栋建筑时通常不是把它与周围的景物隔离开来的，而是把它与环境放在一起纳入自己的审美视域。换言之，一个审美对象自身是作为一个整体一下子出现在我们的视野里，并且是在环境的映衬下出现在我们的视野里。建筑的环境凸显建筑的整体意义，以及它对于我们的审美效果。环境既是建筑的背景，又是建筑的界限，但这个界限是能够凸显建筑特征的界限。它的功 能是区别、显示、烘托和隐映。计成在《园冶》卷二中说，“夫借景，园林之最要者也。如远借、邻借、仰借、俯借，应时而借。然物情所逗，目寄心期，似意在笔先”①。这实际上道出了建筑与环境互借众美的最高旨趣。城市规划和建设的最高境界就是，把城市建筑作为园林来对待和经营。

另一方面，整个建筑又是环境的一部分，即便单个的建筑也能诉说什么，因为它本身就是一种语言，是一种以个性化的方式说出的时代的语言。一栋建筑或建筑群与其他建筑的协调和相称，就像一个个音符构成的曲调。建筑与环境的关系就像雕塑与环境的关系。大家知道，把一个雕塑作品放在一个污物满地的垃圾场里无论如何是不会产生审美效果的，除非你单独把那个雕塑与环境分隔开来进行欣赏。这是由人的视觉的统合功能决定的，也是个人的审美经验决定的。这种经验并不是一点点的累积，也不是以分散的形式存在，但又能在人的审美意象里成为一个整体。它是审美主体将个人的整体审美意象，以及由此决定的审美兴趣对审美对象中的特性进行综合的结果。只不过这种综合不是慢慢进行的，而是像直观那样一下子完成的。这就像我们扫视一下对象就觉得对象是美的，而不必将对象拿来一部分一部分地分析再断定哪个对象是美的一 样。审美经验的完整性要求考虑审美对象的完整性，即便对象本身是有欠缺的（所谓残缺的美），这个对象也是通过想象与整体的美的意象勾连起来成为一个整体出现在我们面前的。

三

建筑对人的适切性和合意性构成了建筑的亲和性。这种亲和性让人对某栋建筑产生稳靠感、亲近感和温馨感，甚至产生生活中的任何美好事物所能产生的那种吸引力。这种亲和性总是包含自然的要素、

---

① 计成：《园冶》卷二，转引自陈望衡：《中国古典美学二十一讲》，湖南教育出版社2007年版，第365页。

文化的要素和人的现实生活要素。当我们能从一栋建筑物中找到与这些方面相同的任何单一的因素或多重因素的复合时，这栋建筑都能给我们以亲和的力量。即便一栋建筑不为现实的物质生产或物质生活服务，它也会服务于人的精神生活的某个方面。作为艺术品的建筑自然需要满足人的审美需要，也需要为寄托人的梦想、承载人的理念、安顿人的心灵服务。庙宇、道观、佛塔、教堂以及与之相配套的其他建筑物，虽然是为神灵而存在的，但最终仍然是为人安顿心灵而存在的，因为它们是为人的信仰生活服务的，是为人与神灵的沟通服务的。对一个旅游者而言，它们则是一种审美的对象和文化的承载者。这个承载者本身就是一种灵动的语言，以艺术的方式向人们传递着历史和文化的信息。从现象学的角度看，每个这样的建筑物都是一个意义的世界，这个世界是通过人们的意识而显示出来的。当人们关注一个建筑物的文化意义和审美意义时，建筑的实用功能就被暂时悬置起来，并且我们恰恰是通过悬置那些实用功能，那个建筑物的审美价值才真正向我们呈现。虽然从建筑的使用者和观赏者的角度看，许多建筑既有使用价值，也有附着于使用价值之上的审美价值，但并不是所有建筑都有审美价值。虽然只有具备审美价值的建筑才有资格成为建筑艺术作品，但建筑的审美价值很少是单独存在的。

建筑的亲和性主要表现在四个方面：体现人与自然的相通性，体现人与自身文化传统的本源关系，体现人性的基本要求，体现实用型与审美性的统一。

第一，建筑需要让人体会到人与自然的本源性关系。这种关系体现得越充分，建筑给人的亲和感越强。这是因为人从根本上讲就是自然的产物，自然是生命的最终根源，也是活动的终极舞台和从事所有工作的最终背景。不管人能造出多么美妙的器具，也不管人能在多大程度上驯服自然，人仍然是在以顺应自然的方式利用自然。建筑作为空间艺术一开始是为人抵御自然界的破坏性力量而建设的，它为人提供庇护，提供休养生息之所，也为人利用自然力以及从事文化和技术的各种创造性活动创造可靠条件。对我们中国人来说，自然还是生命、活力和美的最终源泉。所有这些决定了人在建筑活动中将那些自然的因素引入自己的作品之中，或者受自然的恩赐，利用自然的材料；或者受自然的启迪，综合自然界的各种因素进行再创造。正如伽达默尔所言，每个建筑师都不得不做两种顺应，一是顺应人们的生活目的，二是顺应自然和建筑的条件。作为艺术品的建筑从来都要顺应环境的要求并与环境相协调。这样，一个建筑就不仅能满足生活的需要，而且能满足审美的需要，同时通过满足这两种需要而成为一件艺术品。中国的园林建筑之所以备受人们的推崇，恰恰在于它体现了天人合一的古老哲学思想，体现了建筑与自然条件的相宜性，因而也体现自然与人的和谐。这种相宜性，用明代著名建筑家计成的话讲就是“虽由人作，宛自天开”。这里遵循的是朱良志先生所概括的那种“天饰原则”。“中国的园林建筑就是‘巧夺天工’园林的最高原则是‘天工’体现大自然的节奏，反映大自然的精神。园林家如同一个冶炼的高手，以心灵的熔炉熔冶大自然。”①

第二，建筑需要让人认出自己与自己生活的文化传统之间的活生生的联系。建筑的文化特性体现得越充分，它给人的亲和感越强烈。但每种文化都是以历史性的方式表现出来的，建筑本身是历史遗产的一部分，但它是从属于今天的生活世界的。它比任何其他东西更能表明我们今天的生活如何与历史文化相关。这一点也决定了，任何有历史意义的建筑既给我们培养一种历史意识，也保留了一种历史理解的可能性。它与其说呈现了过去的生活经验，还不如说呈现了过去与今天生活的联系。恰恰是今天的生活与过去的某种相通性（如审美的相同性），使一栋历史的建筑变得可以理解。因此，保护具有历史意义

① 朱良志：《中国美学十五讲》，北京大学出版社2006年版，第263页。

的建筑是对自身的历史根据的无声赞美。但历史的因素最直接地体现在与人的生活息息相关的建筑中，人越是在建筑中认出自己的历史，人越是从自身周遭的建筑风格及其起装饰作用的事物中看出自己的文化特性，人越是能够确立自己的文化根基和文化归属感，人与文化的认同感越是能够得到强化。所以，建筑的文化底蕴问题决不是一个小问题，而是关系到能否给人以真正的家园之感的大问题。基于此，我们有充分理由说，建筑师的文化自觉乃是一个时代的文化自觉的表现，或者说，建筑师是时代的文化自觉的人格化代表，也是文化自觉的代言人。伽达默尔在《真理与方法》中则从另一个角度表达了这种想法："建筑艺术作品并不是静止地耸立于历史生活潮流的岸边，而是一同受历史潮流的冲击。即使富有历史感的时代试图恢复古老时代的建筑风貌，它们也不能使历史的车轮倒转，而是必须在过去和现在之间从自身方面造就一种新的更好的中介关系。甚至古代纪念物的修复者或保管者也总是其时代的艺术家。"①

第三，建筑需要体现人性的要求。个人与建筑在当今的社会里处于多重的本源性关系中。建筑因人而在，因人而显示它的意义和价值；建筑是人的活动的源点，也是人的归宿。假如建筑里长期无人活动，那座建筑只能是死气沉沉的东西，所有废弃的建筑就因为它与人的关系的中断而成为无意义的东西。建筑也是人性的深刻反映，人通过给建筑赋予生气，而曲折地表现自身的生命力和生命的意识。实际上，人不仅通过让建筑体现人的意志而赋予建筑以人的因素，灌注人的特性，而且通过建筑将个人的审美经验上升为集体经验。一个建筑越是能体现人性的美好方面，它给人的亲和感越强烈。一个建筑师不是从自己的要求出发而设计建筑的，而是从他人的可能的需要来设计

---

① 伽达默尔:《真理与方法》上卷，洪汉鼎译，上海译文出版社 1999 年版，第 205 页。

建筑。因此，他对人的需要和人的行为的透彻理解就显得特别重要。比如，人本质上都追求有安全感的生活和便利的生活，追求有尊严的生活和自由的生活。作为社会化的动物和政治的动物，人还要有公共的生活。但是公共生活和私人生活的分离是现代文明发展的重要标志，也是人的安全感的必要保证。对安全感的需要是人的第一需要。因此，我们的公共建筑设计和私人住宅的设计和建设，都需要充分考虑人们的这一合理要求。从人类的历史看，建筑首先是为人的安全而存在的，起保护作用是建筑的第一种功能。这就决定了建筑结构的合理布局、任何建筑材料的选择、用于保障人身安全的基础设施的建设、道路、桥梁、电站和人行道的建设，要把保护功能放在第一位。对人性的深刻理解，帮助我们设计和建设适合于人生活和审美的建筑，也只有照顾到人的人性要求的建筑才能给人以亲和性。

第四，建筑越是能体现实用性与审美性的统一，就越能呈现其亲和性。建筑的审美价值当然首先是通过其形式来体现的，所以建筑的美观历来为人们所重视。美的建筑能激起人的美感，有赖于其形态、色彩、线条、构型以及它与周围环境的关系。同时，建筑的历史与文化意义会加强建筑的美感。之所以如此，是因为其历史与文化内涵会将人的想象与建筑本身勾连起来并将想象的内容引向更多的方面，正是想象增加了它的色彩和光环，赋予一个静态的建筑以生活的丰富性与生动性。这时，固化的东西一下子有了流动性、软润感和温暖感。比如，看到一般的草房子，你也许不会产生太大的美感。但如果看到杜甫草堂，你会立即把它作为你的审美对象，它会给你带来诗情画意的享受，因为它此时是你进入诗人的生活、诗人的画意和诗的境界的索引。借用杜夫海纳的术语说，它是“辉煌地呈现的感性”。就人的审美经验而言[①]，

① 关于审美经验的现象学的一般阐释，参见杜夫海纳：《审美经验的现象学》，韩树站译，文化艺术出版社 1996 年版。

城市建筑给人的美感无疑是城市建筑具备亲和性的重要方面。但具体而论，一座建筑是否包含人们熟悉和亲近的自然因素和人们所熟悉的生活元素，对建筑的亲和性也是不可缺少的。最值得注意的是，不顾实用要求的建筑也是很难给人以亲和感的。比如，人本质上有走捷径的习惯，我们在设计道路、铺设花圃和草坪时就应尽量尊重人的这一习惯。不过，在城市建筑里，最影响城市亲和性的建筑无疑是公共建筑，如道路、桥梁、车站、机场和码头，等等。即便那些建筑外表看上去很美观，如果它的内部设计不照顾人的实用需要（如，不考虑人的方便、不考虑对使用者的细致入微的体贴），那种建筑也不会给我们以亲和感。因此，影响建筑的亲和性的首要方面仍然是其实用性。如果这种实用性被附加审美价值，它无疑达到了亲和性的理想。

六、德里达和后结构主义研究

后结构主义概观[①]

后结构主义出现于本世纪60年代中期。这时，结构主义风潮正席卷法国，列维-斯特劳斯、福柯、拉康、巴特等人的思想已经影响到法国精神生活的各个方面。但是，结构主义的内在矛盾随着它的影响的扩大而不断暴露出来。正如德里达所说，结构主义坚执于每一整体在自身水平上的一贯性与完整性，而拒绝考虑不完全的东西；它把一切都戴上了必然性的锁链，而拒绝把不能理解为理想类型的东西归于偶然性；它把拒斥目的论作为一种规则、一种方法论标准，但读者的主体性消失得无影无踪。虽然作为一个结构主义者首先要注意意义的结构、自动的平衡和每一因素的完整性，但是“结构主义生活于、并且继续生活于诺言与实践的差别之内”[②]。换句话说，结构主义始终期不能实现自己的诺言，因为它总是用想象的稳定模式去规范不稳定的文化现象，它试图用“断裂”“认识型”和“人的死亡”概念去代替进步、发展和历史的意义概念，但它也因此抹煞了个体生存的意义和个人活动的自由，它试图解释现象世界中各结构因素的相互依存关系，但它不能说明一种结构向另一种结构的转化机制；它注重结构的共时性，但忽略了结构的历时性；它强调关系，但忽略了关系项，因

---

① 本文载于《现代外国哲学》第11辑，人民出版社1988年版。——编者注

② Jacques Derrida，*Writing and Difference*，translated by Alan Bass，London：Routledge，1978，p.28.

此它所强调的关系是一种缺乏坚实基础的共疏浮泛的关系。按照巴特的定义，“结构主义既不是一个学派、一个运动，也不是一个语汇，而是由一系列精神操作所组成的超越哲学的活动，这种精神操作旨在再造对象，以便显示它起作用的规则。”① 然而，巴特本人的理论活动表明，结构主义一贯坚持的能指与所指、语言和言语、共时与历时的二重区分已经严重阻碍着思维空间的进一步拓展，尤其是妨碍批评家们对本文问题做更为深入细致的探讨，同时，结构主义的诗学、写作和阅读理论根据语言结构来进行类推的方法也受到了严重挑战。基于这些原因，《S/Z》中的巴特一改以前的面孔，俨然以批评传统结构主义观点的姿态出现，其他较年轻的哲学家和文学理论家也遥相呼应，甚至在巴特之前就有不少人（如德里达、德勒兹等）早就表现出类似的倾向。这种倾向的出现标志着结构主义时代的结束和后结构主义的兴起。

与结构主义相比，后结构主义具有一定程度的组织性。大致说来，后结构主义有两个集团，一是 1970 年代出现的“新哲学家”，二是太凯尔（Tel Quel）团体。

“新哲学家”由一些思想比较激进的中青年人组成。其中比较有名的有格鲁克斯曼（Andre G1ucksman）、伯诺瓦（Jean Mare Benoist）和列维（Benard-Henri Lévy）。这些人大多是列维-斯特劳斯、福柯和拉康的学生，他们不愿将哲学置于书斋中而要求介入现实的政治生活。本着这样的精神，他们怀着满腔的热情积极投身政治活动。“五月风暴”前，他们是马克思主义的信奉者，“五月风暴”后他们对马克思主义发生了怀疑，随即变成了坚决的反马克思主义者。这些人以虚无主义态度去看待历史，主张和一切文化传统进行彻底决裂，宣称一切从头做起。至于马克思主义，他们认为也应当受到我们的批判，

① Roland Barthes，*Essais Critiques*，Paris：Seuil，1964，p.213.

因为马克思主义倡导在批判旧世界中发现新世界，那么它也要把批判的矛头对准自身。他们甚至效仿尼采对待上帝的态度，高喊“马克思死了”。伯诺瓦于 1970 年发表的《马克思死了》集中表现了他们的政治观点。他们的确看到了中国“文化大革命”的不少弊端，但是他们借题发挥，恣意攻击马克思主义和社会主义，有些人则由激进的“毛主义分子”一下变成了反毛泽东思想的急先锋。他们认为，马克思主义在中国和苏联人手里变成了新的宗教，社会主义则成了贫穷和灾难的根源，而贫穷和灾难又往往导致崇拜、压迫与野蛮。现在，我们之所以称这些人为后结构主义者，主要因为他们常借用一些结构主义的术语，企图把本来不具有多少政治色彩的结构主义赋予政治色彩，他们把结构主义所发动的“结构革命”由语言世界推向整个社会生活的世界。此外，他们的讨论方法也是结构主义的回声。但他们并不全然满足结构主义的观点。尽管他们也像列维-斯特劳斯和福柯一样强调历史的非连续性，但他们不满意福柯等人所说的“人的死亡”，而声称要重新捍卫人的自由和主体性。

但是，令人遗憾的是，这些人并没有多高的理论修养，也不大愿意从事踏踏实实的理论研究。他们的著作严格说来不是什么哲学著作，而是一些高喊政治口号的造反宣言。在哲学上，他们的观点也很空洞贫乏，因此没有详加论列的必要。

后结构主义的另一个团体是由一些文学家和哲学家组成的，名为“太凯尔”。它成立于 1960 年，随后主办了《太凯尔》杂志，并出版了丛书。法国著名文学理论家索勒（So1lers）和他的妻子克莉斯特娃（Kristeva）是这一团体的创立者和组织者。巴特也一度是这个团体的领袖人物。德里达、德勒兹（Deleuze）和加塔里（Guattari）的工作也包括在内。值得一提的是，老一代结构主义者福柯对这个团体也做出过贡献。福柯在《太凯尔》杂志上发表过两篇重要论文《关于小说的争论》和《关于诗歌的争论》。他的论罗伯-格里耶的著作《超越起源》也作为“整体理论”于1968年再版。毫无疑问，福柯对太凯尔团体产生过积极的影响。据悉，现在与德里达齐名的后结构主义哲学家德勒兹教授正准备写一本论福柯的著作，在这本著作中，德勒兹打算回击人们对福柯的责难。后结构主义与福柯之间的密切联系在此可见一斑。

“太凯尔”团体原是一个先锋派文学组织，其成员大多是左翼中青年知识分子。他们所倡导的文学批评又称“新新批评”。“新新批评”是作为英美“新批评”的对立面而出现的。它具有典型的形式主义倾向。在内容与形式的关系上，他们注重作品的语言方面，而不是作品的实在内容，过去人们普遍认为内容决定形式，现在他们关注的是形式如何创造内容。由于放弃了对作品的确定意义和真实性的追求，他们试图把读者从旧的文学理论框架中解放出来：作品不再被看作现实的再现和摹写，而是有待读者去充实意思的活动的空框；读者不再是消极被动的接受者，而是作品意义的积极创造者；作者不再处于作品的中心位置，相反，他消失在他所制作的本文与其他本文的关系中；语言不再只是表达和交流思想的手段，而是具有广泛能产性的独立系统；写作不再只是为了表达作者的感受或意图，而是要建立借以释放意义的网络，用德里达的话说，就是要提供一组发现意义的“痕迹”，从而给语言开辟无限的可能性。

在哲学上，以“太凯尔”为中心的思想家们大多受到过马克思、弗洛伊德和尼采的影响。如，克莉斯特娃就以辩证唯物主义者自居，主张用矛盾发展的眼光去看待作品，从而发现能指系统的“矛盾逻辑”。后期巴特十分重视无意识概念和实践概念。德勒兹和德里达都是阐释尼采哲学的权威。德勒兹所著《尼采与哲学》被认为是后结构主义哲学的起点，并且因他的思想与尼采有亲缘关系而获得了“新尼采哲学”之称。德里达对哲学的看法，对意义和价值的理解与尼采的观点颇为接近。克莉斯特娃的主要著作有《过程中的主体》《符号学》

《诗学语言的革命》。她的丈夫索勒则著有《数》《逻辑》《书写和界限的经验》。以《S/Z》的发表为标志，巴特由结构主义者变成了后结构主义者，1971 年和 1973 年，他的后期的两部重要著作《萨德、傅立叶，罗耀拉》和《文之悦》相继问世。德勒兹和德里达是当代法国最有声望的哲学家。德勒兹的著作除了《尼采与哲学》外，还有《经验论与主观性》《康德的批判哲学》《意义的逻辑》《差异与重复》。另外，他还与卡达里合著了《反俄狄浦斯》。德里达著作宏富，1967 年，他的三部著作《论书写语言学》《言语与现象》《书写和区别》的面世奠定了他在法国哲学界的地位，并且使他赢得了国际性的声誉。此后，他又发表了《散布》《哲学的边缘》《立场》《尼采的风格》《绘画真实》等著作。

后结构主义是结构主义的继续，也是结构主义的反叛。之所以说它是结构主义的继续是因为后结构主义是从结构主义内部来攻击结构主义的，结构主义提出的一些问题，比如，能指与所指问题、共时性与历时性问题、时间与空间问题、意义与符号问题、语言与无意识问题、价值与解释问题都被吸收到后结构主义的争论中去了，虽然这种争论的基础并不像结构主义那样稳固。另外，结构生义的个别理论前提和方法已经深深扎根于后结构主义者的头脑中。后结构主义者都爱使用一些结构主义的术语，尽管这些术语的含义已在不同程度上发生了变化。结构主义的思维方式，如透过表面结构去洞观深层结构等，也被不同程度地内化到各个后结构主义者的理论构想里，不过结构概念在后结构主义者那里渐渐降格了、淡化了。

结构主义者都要求弃绝古老的中心概念，这一点已在原则上被后结构主义所接受。1966 年 10 月 21 日，德里达在霍普金斯大学召开的“批判语言和人文科学国际座谈会”上发表了题为“人文科学话语中的结构、符号和游戏”的著名讲演。在这篇讲演中，他再次肯定了结构主义对中心概念批评的合理性：人们一直以为，中心本质上是唯一的，它在一定结构内构成某物，中心支配着结构，同时又逃避结构性。正是由于这一点，传统结构观认为中心既在结构之内，又在结构之外。然而，中心既然不属于总体性，那么，总体性的中心就在别处，这样，中心也就不成为中心了。所以，承认有中心的结构会使我们陷于两难境地。结构主义排除了中心概念实际上把我们从这种两难境地中解放出来。从这种观点出发，结构主义和后结构主义都认为没有必要考虑中心，更不能按此在（Dasein）的方式来思考中心。中心没有自然的基地，它也不是一个固定的场所。如果说结构主义和后结构主义承认有中心的话，那么这个中心只是一种功能，一种无场所可言的东西。

结构主义者都要求把主体消融掉。如，列维-斯特劳斯就认为，主体是个令人讨厌的东西，它占据哲学的舞台太久了，现在要把它抛弃。福柯甚至说："人是不需要的，人终将消失"①。后结构主义要求给主体一定的自由，但他们也没有使主体从世界的关系网络中独立出来。如果说结构主义取消了主体或者说把主体套上了必然性的枷锁，那么也可以说后结构主义没有为主体打开这种枷锁，而仅仅是给主体提供了在枷锁内活动的自由。因为后结构主义虽然重新认识了主体性，但是这种主体性不是个别的主体性，而是具有集体性的主体间性。现在，作者在本文中的支配地位已不复存在，他的创造意识也无足轻重，相反，读者的地位提高了，他的创造性阅读成了本文性的不可或缺的因素。不过。读者的创造意识也仅仅是作为一个因素而存在的，它并不能从各种关系的网络中游离出来，毋宁说，它只有在与其他因素的关系中才能存在，并且在结构的变化与功能的更新中实现与其他因素的重叠与组合。这样一来，主体也进入了信码的世界，人也因此被投入了网络的深渊。

---

① Michel Foucault, *Les Mots et les choses*, Paris: Gallimard, 1966, p.396.

但是，“结构主义的意识是灾难的意识”①。它毁灭他物，毁灭自己，毁灭人，毁灭上帝，毁灭历史。如果不能说它是灾难的根源，至少也是灾难的因素。当内在的危险使我们的眼光集中于世俗的基础时，许多人被结构主义的威胁所惊醒。人们发现，虽然每个时代的文学批评在本质上和目的上都具有结构主义的性质，虽然“我们都从结构主义那里吸收养料”，虽然结构主义的方法有不少行之有效的东西，但是，结构主义“再造了存在的焦虑与诱惑”，这种焦虑与诱惑只给结构主义者“以技巧自由的幻觉”，结构主义通过内在的意向忽略了曾经昭示过结构主义可能性的古代思想史。因之，结构主义就有退回到“无历史主义的危险，有退回到形而上学的历史的决定因素的危险”②。比如，列维–斯特劳斯在《马塞尔·莫斯著作导言》中就把间断性概念发挥到了极致，他声称，“无论在动物的水平上，也无论出现的时间和环境是什么，语言只是突然出现的，事物不可能连续地获得意义”。片面强调间断性使结构主义走到了尽头，它只能以灾变的模式来说明新结构的起源，自然系列在结构主义者那里彻底中断了。

后结构生义者们重新找回了历史生成的概念，它与结构主义的最大分歧首先在于它力图把结构的共时性概念和历时性概念结合起来，把空间上的并存与时间上的进展融为一体。德里达的“缓别”（Différance）概念和德勒兹的“重复”概念就充分体现了这一点。

德里达指出，时间的真理并不是时间的。结构主义固守着同一性概念。其实，他们的“同时性是总体阅读和描述的神话”③。真正的同时性是空间与时间的交叉，共存与绵延的统一。因此，每种结构说明

① Jacques Derrida，*Writing and Difference*，translated by Alan Bass，London：Routledge，1978，p.4.

② Ibid.，p.368.

③ Ibid.，p.29.

的关键就在于它必须对同时存在的东西作历时性的说明。为了阐述这个问题，德里达首先讨论了差别概念。他认为差别是一个过程，它不仅是三维的，而且是一维的，因为“差别是空间与时间的联结”。德里达强调，一切东西都有差别，差别不是自我封闭的实体性的东西，而是一种永远不能完成的功能，任何东西都处于差别作用中，并且不断再生出差别。在德里达这里，差别只能想象为超越了形而上学的差别，它趋向于海德格尔所说的那种多重性的差别，后面这种差别既显示真实性又掩盖真实性。它分有着虚无，从而实现了不同东西的相互过渡，所以，差别是延缓的要素。德里达的这种观点与结构主义以至整个西方形而上学传统相对立。因为过去人们总把差别看作空间上的分立，这种分立不过是一种相互外在性，而在德里达这里，差别消逝在时间的流程里，它的取向是单一的，也就是说，是不可逆的，一次性的。因此，差别现在是外与内的交织，总体性与无限性的浇铸，空间网络与时间流程的融冶。

“缓别”就是潜沉于时间流程里的差别。德里达用这个概念摧毁了结构主义所制造的同时性的神话。因为结构主义有关同时性的观点表明结构的各种要素是同时出现的，否则，结构就不可能突然出现。而在德里达这里，任何差别都是缓别，也就是说，任何差别都是延缓中的差别，因此，构成一定结构的不同要素就不可能同时出现，而只能相继出现，因为不同要素的差别性是在时间延缓中显现出来的。“缓别”这个词的原文是 Différance，它与 différence（差别）发音相同，德里达生造这个词就是要说明差别与延缓不可分离。这个词来源于法文的 différer，据德里达说“在字面上，缓别既不是一个词也不是一个概念”[①]，它集“延缓”与“差别”两种意思于一体。既然“缓别”是

① Jacques Derrida, *Margins of Philosophy*, Brighton: The Harvester Press, 1982, p.3.

两种意思的统一，那么，延缓就是差别中的延缓，差别则是延缓中的差别。差别表示空间并存，延缓则表示时间先后。所以“缓别”体现了空间与时间的统一。德里达在谈到语言时指出，“语言保持着差别，差别保持着语言”①，然而设想无缓别的语言就像设想无书面语的言语一样荒唐。“无限的缓别是有限的，现在人们再也不能在有限与无限的对立中，在缺失和显现的对立中，在肯定和否定的对立中设想这种缓别”②。

德勒兹表述了与德里达相近的思想。他认为，我们要在差别中看重复，又要在重复中看差别。差别无处不在。因为“存在就是差别”③，但差别不同于多样性（diversité），多样性是给予的，“而给予只有通过差别才能被给予”④。德勒兹严格区分了差别的概念和概念的差别。他认为前者不仅使我们思考同一性内的差别成为可能，而且使我们思考同一性与非同一性的差别成为可能。概念的差别是以同一性为中心的差别，这种差别是结构主义坚持的差别，然而这种差别只是思想的差别而不是真正的差别。真正的差别不是概念的差别，而是迫使思想把差别引入同一性，把特殊性引入它的一般表象，把精确性引入它的概念的差别。这种真正的差别存在于概念与直觉之间、理性与感性之间、逻辑与审美之间。

真正的差别与重复联系在一起。为了说明这一点，德勒兹借用了尼采的“永恒轮回”概念。他认为，尼采的“永恒轮回”并不是指绝对同一物的重复，而是一物在差别中的重复。由于差别与重复不可分割，差别也就不仅仅指的是不同的东西在空间上的相互外在性，而且还包括不同因素在空间上显现出来的前后相继的关系。从结构分析的

① Jacques Derrida，*La Voix et le Phénomène*，Paris：PUF，p.13.

② Gilles Deleuze，*Différence et répétition*，Paris：PUF，1968，p.114.

③ Ibid.，p.19.

④ Ibid.，p.286.

观点看，差别与重复的统一体现了共时性与历时性的统一。为了说明这种统一，德勒兹引入了生成的概念。对他来说，正是生成运动造成了事物的差别，这种差别是无同一性的差别，德勒兹称之为“纯差别”。纯差别在重复中产生，并通过重复表现出来。同时，重复也总是具有差别的重复，而不是同一物的再现。如果是同一物的再现，那么，世界在每个人眼里只不过是清一色的天空，这样的世界一定是死气沉沉的寂灭的世界，这个世界的人也不过是一尊尊丧失了个性的木偶。通过对差别和重复概念的精微分析，德勒兹力图表明，轮回是具有差别的重复，是不断的上升运动，或者说，它是差别的再生，而不是同一物的回复。很明显，德勒兹的上述观点本质上是对结构主义抹煞个性的抗议，也是对结构主义割裂共时性与历时性的修正。

在结构观上，后结构主义对结构主义有继承的一面，但更有批判的一面。在此，我们只要看看德里达和巴特的观点就够了。

结构主义者列维-斯特劳斯在研究神话时指出，神话学的目的就是要找出潜藏于纷繁复杂的神话传说之后的内在结构，一切都得从结构、组织或关系开始，无中心结构的话语本身不可能有绝对的主体和源泉，神话本身就是无中心的结构。对此，后结构主义者德里达深表赞同。德里达指出，结构概念就像认识型（épistémè）一样古老，即像西方科学和西方哲学一样古老但它们深深扎根于日常语言的土壤中。那么，结构是什么呢？德里达说，所谓结构“乃是形式和意义的形式上的统一性”①。在结构内部不仅有形式构造，而且有相互依赖性和具体的总体性。以作品而论，我们可以说它是多层面的结构，没有深层的东西，表层的东西不过是毫无生气的僵尸，而深层的东西作为生命乃是属于心理的东西，也就是说，是读者灌注和调整的心理的和

① Jacques Derrida，*Writing and Difference*，translated by Alan Bass，London：Routledge，1978，p.4.

外界的关系结构。就此而论，德里达的观点与结构主义的看法基本上是一致的，因为他们都认为结构与人的心理活动密切相关。

但是，德里达提醒我们，结构主义滥用结构概念已经潜伏了某种危机。因为严格说来结构概念只涉及几何学或形态学的空间、形式和秩序。使用结构概念意味着承认集合物的内在统一性，承认一种构架、一种整体、一种占统治地位的原则的存在。然而，只要我们承认了整体性，我就随时会用目的论和等级制的观点去看待结构关系，并且把结构看作封闭的自足的整体。另外，结构主义在使用结构概念时过分注重形式的统一性，而忽视了差异性以及由此产生的内容的多样性。更为严重的是，结构主义的结构观严格区分了共时性与历时性。在那里，结构被看作共时关系，这就意味着结构的各种因素是同时出现的。德里达认为，共时性和历时性的区分暗含着逻各斯中心论的前提。结构主义一方面要排除中心，另一方面又假定了一个中心。要把结构主义消除中心的视点贯彻到底就必须取消对共时性与历时性的严格划分，要使它们消融到同一过程中去。有鉴如此，德里达倾向于用“意指链”（la chaîne de signification）概念来代替结构概念，因为“意指链”把历时性和共时性统一起来了，它可以防止我们走入极端的形式主义和目的论。

巴特有时也使用结构概念，但他已意识到过去使用的结构概念所造成的不良后果。因为结构概念往往会导致我们忽视作品的开放性与流动性，所以在大多数情况下他宁肯使用游戏和实践概念。因为这两个概念可以避免将文学本文看成一种静态的封闭的结构，避免人们将文学看作现实的简单模仿，避免人们用单一的模式去规范创作活动，因此，巴特力求以此为基础建立一种具有内在动力的类型学，从而使作品或本文保持一定的张力，这样做无疑会导致静态的、自足的结构、系统和模式的破裂。现在，本文作为一个一个的透视点而展现在我们面前，通过这个透视点，我们可以窥见其他本文的面貌，听到其他本文的声音。

至于本文，后结构主义者一致强调它是一个动态的生成过程，从而改变了过去的结构主义诗学把本文作为一种结构或结构摹本的看法。克莉斯特娃在《符号学》和《诗学语言的革命》中指出，本文作为一个能指系统并不受一个固定模式的支配，因为在本文里，主体与语言始终有一种紧张关系，用她本人惯用的术语说，有一种实践关系。这一点决定了本文的历史性。但我们不仅要看到本文的历史性，而且要看到历史的本文性。历史就是一系列的本文。由于社会革命和语言革命之间具有一定程度的对应性，本文就像社会关系一样处于不断生成的过程中。揭示本文生成的逻辑就是符号学研究的重要任务。为了说明本文逻辑的辩证性，克莉斯特娃提出了三个重要概念：本文间性、现象本文、生成本文（intertextualité，phéno-texte，géno-texte）。所谓本文间性指的是一种本文与另一种本文的相互交织关系，而不是指一个具体的本文实体。对这种相互交织关系我们不仅要做同时性的理解，而且要做历时性的理解。也就是说，本文间性既是此处的本文与彼处的本文间的空间上的横向联系，又是此时的本文与彼时的本文在时间上的纵向联系。因此，本文间性体现了本文在空间和时间性的统一、共时性与历时性的统一。所谓现象本文是指与一定的词法、句法和修辞有关的语言外观，它给我们提供的仅仅是本文的表面意思。而生成本文是异时的现象本文的织体，它是能指系统的生成过程。它潜藏于现象本文之中并且构造着现象本文，使本文不断获得新的意义。

与克莉斯特娃相似，晚期巴特也极力主张本文不是一个静态的封闭的结构和模式，而是动态的开放的游戏与实践。正因如此，在巴特眼里，本文再也不像过去人们所说的那样只是读者的消费品，而是需要读者积极参与创造的运动过程。这一过程不会产生稳定的结果，而只提供读者加以选择的信码。读者在阅读本文时按照自己的需要来选择信码，这些信码叫作阅读单位。信码根据其作用可分为五种：释义信码、语义信码、象征信码、行动信码、文化信码。这五种信码贯穿成一种网络，本文就是网络的贯穿过程。既然本文是一个过程，那么，最终的确定的本文是不存在的。从这种意义上说，写作不是为了现在，而是为了将来，因为只有在将来，作品才会敞开无穷的可能性。阅读的自由正是包含在这种无穷的可能性中。巴特认为，读者在阅读过程中总带着自己的欲望和情感，每一次阅读也因此获得了新的快乐。于是，“本文便成了快乐的纯粹对象”①。不过，这种本文的快乐也包含着“作者温顺的回归”。

德里达比克莉斯特娃和巴特更强调本文的不稳定性。在他的笔下，本文是一切又是虚无，之所以说它是一切是因为它蕴含着解释的无限可能性；之所以说它是虚无是因为它不过是单纯的记号，是想象的真空，是空虚邈远的意义之渊。唯其如此，德里达认为，每一种本文都以其他本文作为自己的参照系，写作的主体被淹没在本文的相互参照中。只有在追溯作为本文例示的“痕迹”时主体才能以说话者的姿态出现。在本文中存在着“缓别”这种内在的力量，它借其他本文来显现自身，但这种显现总是不完全的。通俗些说，一种本文与别的本文相关，同时又不同于其他本文，意义是在这种由不同因素构成的本文相关域中获得的。但是，本文相关域（context）不仅是指本文间的横向系，而且指本文间的纵向联系。德里达十分重视后者，因为本文期待着新的本文，期待着意义的充实或补充（supplément），正是从这种意义上说，本文是一系列的“痕迹”，它预示着意义的未来。

与注重本文的生成过程相适应，后结构主义者把意义看作过程的一部分，认为它处于不断的流动中，因此，追求最终的稳定意义是徒劳的。这样，读者也不必囿于作者的原意，因为作品的意义总是多于

① Roland Barthes，*Sade*，*Fourier*，*Loyola*，Paris：Seuil，1971，p.7.

作者的意谓（vouloir-dire），甚至在很多场合作者也不知道自己说了些什么。在后结构主义者那里，静态的固定的结构和模式消失了，代之而来的是生生不息的信码参照系列，与之相应的意义再也不是单一的、一成不变的，而是多重的不稳定的东西，因为本文与本文间的关系是无限多样的，它们互为前提，互相参照，并且随着阅读过程的进行，本文被拆解了，那些被拆解了的东西将与其他本文相汇合。

为了表明意义的不稳定性和多重性，德里达使用了许多具有歧义的概念。比如，“缓别”既表示延缓又表示区别，“替补”（supplément）既表示替换又表示补充。这些具有歧义的概念对于德里达来说是必不可少的，因为它们是本文意义多样性的明证。基于对意义的这一理解，德里达和巴特一致认为阅读是步步追溯，这种步步追溯的最终目的不是像结构主义所主张的那样旨在对多种因素进行组合和配置，而是对本文进行拆解和破译（decodé），使之像星星一样散布开来，从而发现意义的多重性以及对本文意义的无限多样的解释。德里达的著作《散布》和巴特的《S/Z》分别阐述了这一观点。

德里达和巴特都认为，意义不是隐藏于本文后的某种坚实的东西，而是从能指到所指的运动。所指不限于某个对象，因而意义始终处于不断的趋向中。意义也不先于书写，而是本文活动本身。所以，德里达说，“意义不在行动之前，也不在行动之后”，而是在行动之中。这种意义观与胡塞尔和梅洛-庞蒂的意义观有一定区别，尽管从来源上说，前者受到过后者很大的推动。对胡塞尔来说，意义之为意义就在于它能说出来，对梅洛-庞蒂来说，“文学沟通就作者来说并不是单纯诉诸意义，这种意义乃是心灵先验性的一部分”①。而对后结构主义者德里达和巴特来说，意义并不等于某个所指，而是处于本文的

① Maurice Merleau-Ponty，“Un inédit ”，*Revue de métaphysique et de morale*，1962：4。着重号系作者所加。

交互作用中，本文的意义多样性就是由此产生的。

出于对本文和意义的上述认识，后结构主义创立了全新的写作理论。索勒认为，写作就是制造本文，一旦本文从作者的笔端下出现，它就独立于作者，作为写作主体的作者此时就从本文中消失了。作者从此无权来支配自己的作品，无权将自己的意志强加于读者，因为本文脱离作者就意味着它与其他本文发生关系，产生新的组合的可能性。

巴特则认为，写作相当于对话。在写作过程中，作者一方面与自己对话，另一方面与本文对话。但后一种对话与前一种对话大相径庭：在前一种对话中，作者仍然是作者；在后一种对话中作者是以读者的姿态出现的，他再也不能从自己的对方中找到自己，因为他的意谓已经被吸收到本文中去了。在写作时作者并不能解答自己提出的问题，他所做的无非为旧问题的解答和新问题的出现提供可能性。他让读者、让本文自身去实现这种可能性，而不是对本文中的一切包揽无余，从而让读者完全屈从于自己的主观意向。换句话说，写作再也不像过去的批评家所想象的那样仅在于表现作者的意图、情感或体验。进而言之，写作不在于反映或模仿现实，而在于意指实践，并通过这种实践为读者提供发挥自身的创造性的场所，从而使自己从作品的束缚下解放出来，使读者也“领略到写作的乐趣”①。

德里达的写作理论不像索勒和巴特那样具有说教气，他不仅创立了新的写作学，而且力图把这种写作学的基本思想贯彻到自己的写作实践中去。他的哲学著作颇有尼采的风格，到处都是富有诗意的比喻。这种写作技巧与他对待本文和写作的态度是一致的。在德里达看来，写作并不等于作者意图的复观，写出来的东西与作者想说的东西大有出入。因此，我们在阅读本文时不必受字面意思的束缚，也不必

---

① Roland Barthes，*S/Z*，Paris：Seuil，1970，p.4.

为把握不了作者的意图而苦恼。我们应当去寻求本文自身的逻辑，去追踪语言本身所造成的效果。表面上看，哲学本文似乎不像文学本文那样含混不清，实质上，哲学语言与文学语言并没有绝对分明的界限，它们同气连枝，即使有区别，那也不过是透明度上的区别。因为在写作活动中，它们都不过是作为人们可以进行无穷拆解的“痕迹”而出现的，写作就是制造痕迹的活动。但是，人们往往觉得阅读哲学著作更能直接领会原文的含义。之所以出现这种现象，那是因为哲学写作一般是让语言的能指淹没在“痕迹”网络里而让所指更多地显露出来。

德里达把写作比喻为沙漠中的旅行。在沙漠既可说到处都有路，也可说到处都没有路。面对无穷的歧路，我们茫然四顾：“路在哪里？路有待寻找。一张白纸充满了道路……在同一条路上我们走上千百遍”。作者在写作中发现一座不可见的迷宫，在沙漠中建筑一个城市。当我们从沙漠中走过时，我们便留下了自己的足迹。通过足迹的提示，读者可以追溯作者远去的背影，去搜寻茫茫沙漠中的意义之城，去趋近遥遥在望的价值绿洲。因此，阅读就是由沙漠转向城市，这个城市是写作的唯一处所。但是，作者在这里消失了，“因为写作就是撤退”。当然，不是退回到作者的帐篷中去，而是从写作中撤退。一个诗人就要练就这样的本领，即离开言语，让言语独自说话，只有写作才能离开言语，因为通过写作，本文远离了作者的言语，并由此而获得自由与新生。

像巴特一样，德里达也把写作看作一种对话。在写作时，人们一边在写，一边在说，一边在问，一边在答。但是，过去的人总爱把写作看作心灵的剖白和思想的记录，对写作的这种理解仍然常有消极的性质。实质上，写作是一种创造，它给我们提供了绝对的言语自由，它把业已存在的东西作为预言自由的符号。既然写作不是通过简单地记录言语而获得意义，既然书写的符号不只是语言的外观，既然铭文

（inscription）也不是通过记录言语将意义从自然的困境中解放出来，那么我们就应当相信，写作决不是简单的“有声的绘画”，恰恰相反，我们应该看到写作具有无限的转换能力，它能实现由一种存在向另一种存在的转化，由能指向所指的过渡。在这种意义上说，写作是纯粹历史性的起源，是一切传统性的旨归，是写作历史的目标。

但是，严格说来，写作并不是绝对的起源，也不是绝对的旨归，更不是绝对的目标。因为，它没有给我们规定绝对确定的方向。写作是一种欲望。欲望并没有特定的方向，因而是不能满足的，能满足就再也不是欲望。写作意志和意图都不是写作欲望，因为它不是情感问题，而是自由与责任问题。在与存在相关时，它把自身看作情感的唯一出路。情感是有限的，而写作可以达到无限、达到存在。

从上述的分析中，我们看到不论是克莉斯特娃、巴特还是德里达都普遍强调本文的开放性，意义的不稳定性，以及阅读的创造性，写作的非复现性。鉴于这一点，他们一致重视想象在创造和阅读中的作用。在这个问题上德里达的观点也许最有代表性。

德里达同意罗塞（Rousset）关于语言与意义一体的观点，也同意皮孔（G. Picon）关于“对现代艺术来说，作品不是表达，而是创造”的看法。在他的心目中，意义与语词的对立消解了，普遍与特殊的争斗停息了。现在，作品适应读者，而不是作者适应作品，因为作品只给我们提供了一种“意指链”，或者说，提供了我们借以追寻意义的一系列“痕迹”（trace），这些痕迹可以以无限多样的方式构成一定网络，阅凑就是对本文进行不断的拆解（décontruction），并进行新的组合。由于这个缘故，本文的意义是多重的，这就要求我们发挥自己的想象力，以便自由地让作品显露出自身的意义。按照康德和罗塞的观点，想象乃是一种艺术，它本不能区别真与善。德里达对康德和罗塞的观点作了引申。他认为，想象是没有概念的构造。在美的世界里，理智服从想象，想象并不服从理智，想象作为一种创造性的认识能力不但造成了作品的开放性。而且为读者的再创作留下广阔的空间。当作者的想象世界通过作品再现出来时，它便成了作者不能支配读者的想象世界。从此，想象才真正成为“第二自然”，正是在作品的隐显藏露之间生发了本文的自由组合的构造。

德里达指出，为了把握创造性想象的作用，我们应把目光转向诗歌自由的不可见的底层，以使自己与自己相分离，从而在幽暗中与作品盲目的开端重新融为一体。这种皈依和转化的经验乃是文学作品的写作和阅读过程。在本文里，人们通过想象与自身分离了，这种自我分离也是人与世界的分离，是人在世界中的形成方式。虽然本文并不直接显示经验。而只是通过作为想象结果的隐喻把经验加以幻想。但是，当我们经过想象世界而离开现实世界时，我们既没有走入虚无的境地，也没有步入彼岸世界，而是创造了一个附着于现实世界的世界，这个世界只是把超越了每一物的东西和必要的虚无结合起来，只有在虚无的基地之上，每一物才能在语言中出现与再生。

后结构主义者也不再满足于结构主义对现象的宏观解释，他们要求更多地关注语言和心理这些微观现象，有的移至试图“把心理因素变成更小的语言单位”。在能指与所指的关系上，他们再也不像结构主义那样固守它们的对立，而是力图消解它们的对立，揭示它们的相互推移；在言语和语言的关系上，他们不赞同结构主义者关于言语先于语言和语言是言语的复现的观点，而主张语言是独立的开放系统，有自己独特的功能和特点。德里达的“缓别”概念清楚表明语言并非言语的复现，因为“缓别”（différance）和“差别”（diíférence）在法文里发音相同，只通过听我们无法将这个词区别开来，唯有书写（语言）能显示两者的差异。

后结构主义把语言研究提高到符号学水平，并把符号问题与历史问题联系起来。后期巴特和克莉斯特娃的主要兴趣一直在符号学，德里达的《言语与现象》也是一部符号学著作（主要讨论胡塞尔的符号学思想），他宣称，对符号的解释是一切解释学的第一要素和必要条件。因此，他把历史首先看成符号的历史。可是，历史在结构主义者那里变成了不连续的断片。当列维-斯特劳斯宣布客观的历史只是一种幻觉与假象，当早期巴特认为历史性寓于“可理解性”之中。后结构主义者试图重新认识历史概念，他们发现“历史是生成的统一性”（德里达），“历史是历史的轮回”，“是意义的变化”（德勒兹）。这样，结构主义的历史断裂概念就被后结构主义的历史生成概念取代了。诚然，历史结构不容否定，但它是历史的总体性，是总体的历史谋划。文献中的历史不过是符号的历史，我们只有透过符号才能理解它的所指和了解它的总体历史行程，了解它的历史意义，了解它的历史性。哲学家是不能逃避历史的，这种历史是逃避总体性的历史，是作为超越运动的历史。历史不是末世学、形而上学和言语超越的总体性，它是超越性本身。如果言语是形而上学超越的运动，那么它就是历史性本身。

后结构主义透过符号洞观历史，其目的是在微观领域和宏观领域之间架设桥梁。也正是出于这样的动机，他们把语言批判引向了对形而上学的批判。德勒兹和德里达就是对形而上学历史进行批判的突出代表。在《尼采与哲学》中德勒兹强调哲学的批判功能，他认为只有通过批判，哲学才能成为消除神秘化的事业。这里的批判不仅指哲学对别人的批判而且指哲学的自我批判。但在形而上学的历史上批判哲学家是不多的，过去的大多数哲学家总喜欢给事物安排秩序，给世界确定等级，他们苦心孤诣地寻求第一原理，他们把一切真理都召唤到哲学理性的法庭面前，自以为哲学理性是至高无上的。他们也常常申述一对于多的优先性，他们给自身设定一个框架，建立一个标准，而且把这种框架和标准强加给现实。卢克莱修、斯宾诺莎、康德和尼采可以说是历史上最大的批判哲学家。但是前三人未能实现真正的批判，因为他们并没有按价值来提出批判问题。康德首次把批判理解为全面的肯定的批判，但他并不懂得批判意味着价值观念的重估。他的批判仍然是证明和辩解，他是从相信批判的对象开始的。在德勒兹的笔下，只有尼采是真正的批判哲学家，因为他敢于做别人不敢做的事：扼杀上帝，砸烂偶像，扫除流行的价值观念。在尼采那里“批判是作为欢乐的毁灭，是创造者的进击”。哲学家就应当像尼采那样善于利用“铁锤”，因为哲学本质上是系谱学，它是起源的价值，又是价值的起源，它与绝对的价值格格不入。如果哲学满足于为常识做辩解，为现实做说明，那么，不管我们如何批判虚伪的道德和自欺欺人的宗教，我们仍然是可怜的哲学家，批判的伪君子，因为我们并没有把批判的矛头指向道德和价值这两个和平的乐土和安宁的圣地。

现在，这块乐土和圣地成了“游牧”的战场，因为哲学的本质就是批判。意志的自由和解放是哲学批判的第一要义。在自由的“意志哲学”（德勒兹把哲学分为两种，一是存在哲学，一是意志哲学）里，价值与真理已不复旧观，展现在我们面前的是这样一幅哲学的远景：哲学是无时间性的，或者说它总是属于未来的，它要在批判现存世界里发现新世界，它也只有在批判现存世界里才能发现新世界。没有永恒的哲学，也没有永恒的真理，哲学要批判别人，同时要接受别人的批判。唯其如此，哲学使人哀伤，使人烦恼，不使人哀伤，不使人烦恼的哲学是不存在的。但是，德勒兹要我们在对哲学的否定性认识中看到哲学的肯定方面：哲学是能动的思维，是积极的创造，是思想本身的非常事件，是自由意志的训练，是意义的发掘和价值的重估。

德里达对传统形而上学的批判与德勒兹的批判相映成趣，前者的批判已经深入语言这个微观的领域，后者则注重道德和价值这两个宏观的层面，而后一点往往是结构主义逃难的场所。德里达用富有诗意的语言指出哲学是在最接近疯狂时对防止成为疯狂的确信，哲学是诗歌创作的反思，是力的折光，是观念和偶像的早晨。由于哲学家常常是在虚构的语言或语言的虚构中活动着，哲学只是用纯属自己的语言来保持自己，并由此与现实保持一定的距离，因为只有这样，哲学家才能抵制现实的疯狂。从这种意义上说，哲学家是非常清醒的。但是，一方面，哲学是巨大的忏悔，它通过进入历史而安抚自身，防止疯狂另一方面，哲学也常常背叛自身。哲学活动也正是在背叛和忘却的危机和恐怖中进行的。

德里达声称，自黑格尔、马克思、尼采和海德格尔以来，哲学一直在追寻着死亡的意义。在这一过程中，哲学本身死亡过。可是，当它知道自己行将从现实中消逝时，它也曾感到无端的烦恼，并因为这种烦恼，它把自己与非哲学对立起来从而开创了历史。但是“没有哲学史，一般的历史性是不可能的”。哲学要超越死亡，它就应像尼采所说的那样把自身变成“快乐的科学”，变成解释和评估的艺术，因为思想有着未来，未来又有未来。与此相应，哲学问题是永恒的、不可解决的。问题要由问题的回答来确定，可是对问题的回答仍然是个问题。因此，哲学的生命和死亡都意味着哲学问题的无穷可能性。哲学在对问题的不断追忆中思考自身，反观自身，追寻自身，超越自身。

超越就是欲望。欲望的形而上学就是无限分离的形而上学。但是“欲望并不苦恼，它是开放与自由”①。然而，在历史上，哲学的开端往往是伦理或哲学的命令，哲学在一定程度上具有强加的性质，因而具有暴力的性质。哲学经过一番迂回之后最终又回到了权力。从这种观点看，哲学成了意识形态。基于对哲学的这种理解，我们就应该把对意识形态的批判首先看成对哲学的批判。在哲学史上，对哲学的批判从来都是在哲学之内进行的。所以，德里达说，哲学话语不能彻底超越哲学话语，一种哲学也不能彻底破坏另一种哲学。因为我们行进在哲学的边缘地带，亦即整个西方形而上学的边缘地带，关于这个

① Jacques Derrida, *Writing and Difference*, translated by Alan Bass, London: Routledge, 1978, p.115.

边缘地带的思想本身是不可思想的。这一点可以从海德格尔对本体论神学的批判中得到说明。德里达指责海德格尔的批判不够彻底，因为海德格尔的批判建立在哲学考古学概念的基础之上，但哲学考古学概念仍然是一种形而上学概念，因而海德格尔的批判不过是用一种形而上学来反对另一种形而上学。海德格尔主张建立一种本体论，但这种本体论仍然没有摆脱专制与独断，没有摆脱唯我论：《存在与时间》不过论证了存在与对存在的理解不可分离，论证了存在要诉诸主体性，论证了存在对于在者的优先性。但是，“当理论把自身作为本体论，作为独断论，作为同一的自发性而加以批判时，形而上学便开始了”[①]。那么，我们怎样才能打破这种形而上学循环呢?

德里达认为，要打破这种循环，最根本的是要取消“起源”概念，放弃追本溯源的企图，停止对最终目标的追求。从根本上说，就是要使形而上学的可能性变成语言的可能性，使形而上学的责任变成语言的责任。这样，德里达又从形而上学的批判回到了语言的批判。

语言是形而上学历史的根源。因为在语言之前无思想，在语言之外无思想。正是在语言中，哲学使自身向问题开放。哲学的这种开放性取决于哲学是一种设问活动。语言不仅是设问的手段，甚至是设问的主体。因此，哲学活动本质上是一种语言活动。然而，自柏拉图以来，整个西方哲学都把语言作为一种传达思想的工具，并且认为这种工具受到思想内容的制约，也就是说，思想内容总是处于第一位的，而语言形式始终处于从属地位。这种观点忽视了语言自身的能产性，抹煞了形式可以创造内容这一语言史上的事实。德里达发现，整个西方哲学传统所倡导的理性与感性的对立，内容与形式的对立实质上都立足于“词义中心论”的基础之上，因为人们通常认为意义（内容）是在先的，而语言仅仅是

---

① Jacques Derrida, *Writing and Difference*, translated by Alan Bass, London: Routledge, 1978, pp.119–120.

我们发现意义、交流思想的媒介。索绪尔把这种颠倒了的看法重新颠倒过来，他多次申述语言的优先地位，而认为意义不过是语言活动的结果。

但是，索绪尔的观点也不彻底，如果不小心，我们仍然有滑向传统形而上学的危险，因为索绪尔明确把语言区分为言语与书面语。虽然他曾说过言语与书面语相互关联就好像是一张纸的两面，但索绪尔倾向于认为，在言语与书面语的关系上，言语具有优先性。因为“从历史上看，言语的事实总是在前的，……语言既是言语的工具，又是言语的产物”[①]。德里达称这种重言语而轻书写的做法是“语音中心论”。语音中心论最终导致了语言等级制的确立，这种等级制通常把言语看作一级能指，而把书面语看作二级能指，即把书写语言看作言语的记录或复现。德里达指出，语音中心论一般都假定了言语是说话者意图的直接表达，这实际上与“词义中心论”殊途同归，因为它们都把思想内容看作外在于语言的东西，从而导致了语言与思想的分裂，形而上学就寄生于这种分裂之中。

综上所述，后结构主义重新审视了结构主义赖以存在的基础，纠正了结构主义的反历史主义倾向，揭示了结构主义与传统形而上学的联系，并进而在结构观、哲学观、本文理论、意义理论、写作理论和阅读理论等方面对结构主义进行了全面修止。然而，后结构主义并没有像结构主义那样成为在法国占绝对统治地位的思潮，它仅仅表示当今法国一批文学家和哲学家的共同的思想倾向。承认那些哲学家和文学家的共同的思想倾向并不意味着否定他们思想的差别。在提倡多元化的今天，我们也难以把某个人的思想归为某个主义。加之，这几年法国哲学相对说来处于低潮，哲学和文学都在寻找着新的出路，因此，法国哲学实际上已经进入了无主义的阶段。今年大家一窝蜂地要重新发现康德和费希特就是明证。

---

① 索绪尔:《普通语言学教程》，高名凯译，商务印书馆 1982 年版，第 41 页。

“解构”策略的制定[①]

德里达的名字总是与他创造的“解构”（déconstruction）一词联系在一起。今天，这个词不仅进入了广泛的学术领域并被一些媒体经常使用，而且随着被命名为解构式风格的建筑、装饰、时装、戏剧和公园的出现而进入了人们的日常生活（中央电视台的新大楼可以作为解构式建筑的范例）。英语和法语词典也已收入这个词。比如，1989年出版的《牛津英语辞典》（*Oxford English Dictionary*）就收入了此词并有两条释义，第一条把“解构”解释为破坏事物结构的行为，第二条把它作为哲学与文学术语，并认为它“是与法国哲学家德里达相联系的批判性分析的策略，旨在揭示哲学和文学语言中未经质疑的形而上学假设和内在矛盾”。近二十年来，论述德里达思想的著作多如牛毛，但都几乎无一例外地把“解构”作为最重要的论题。

有些人觉得解构在德里达那里意味着对传统的彻底否定并由此断定德里达是一个历史虚无主义者。这的确是一个严重的误解。虽然大部分人把德里达的哲学称为解构理论，但德里达本人总是拒绝这种标签式的提法。他甚至提醒我们，解构本质上是个可有可无的术语。如果说有“解构”，最好用复数去表示，因为解构活动无处不

---

① 本文系《汪堂家讲德里达》（汪堂家著，北京大学出版社2008年版）第二章。——编者注

在，无时不有。就像德里达的许多书名用复数形式表示（如《多重立场》《多义的记忆》《马克思的幽灵们》等等）一样，他的一些不用复数形式表示的书名也要从多种意义上去理解。比如，《论精神，海德格尔与问题》中的“精神”就要从多种意义上理解，而 *Du Droit à la philosophie* 这个书名既可理解为“从权利到哲学”，也可理解为“论哲学的权利”，《论文字学》中的“文字”则要从古典意义上理解，即，既把它理解为刻画痕迹的活动又把它理解为刻画下来的痕迹。《书写与差异》中的“书写”（l’écriture）既指“写”，又指“写下的东西”；而“差异”一词的原文（différence）既可表示“差异”又可表示“显示差异的活动”，即，我们通常所说的区分。了解这一点对我们理解德里达的一些关键术语是很有帮助的。从这里可以看出德里达创造“解构”一词的基本意图。对“解构”一词本身我们同样要从多种意义上理解。德里达反复强调，最好不要把解构理解为某种特殊的方法和技巧，而要理解为一种阅读方式和写作方式，最好理解为一种策略。当然，我们不仅要听德里达本人怎么说，而且要看他怎么做。解构无疑是德里达的早期著作常常使用的术语之一。尽管 20 世纪 90 年代以后这个词被用得越来越少，但它体现的基本精神一直没有消失。因此，我们的讨论不能不由此开始。

一

德里达的“解构”源于胡塞尔和海德格尔的“拆解”概念。胡塞尔在《经验与判断》中首次使用了“拆解”一词（Destruktion），海德格尔借用这一术语来批判传统形而上学，《存在与时间》的第二部分甚至将“拆解”形而上学作为自己的基本任务。在不少地方，海德格尔还用过与 Destruktion 意义相近的另一个德文词 Abbau 来描述他批评形而上学的活动。通过对康德《纯粹理性批判》中提出的“纯粹知性概念图式论”的解释，他试图表明，“拆解形而上学对他来说也有建设性的方面”①。他将这种建设性的方面具体地表述为以康德式的方式去克服形而上学弊端，在肯定的意义上去批判它，挖掘或揭示形而上学的根据，指出它的范围与限度，把它的基本因素暴露出来。因此，海德格尔实际上给“拆解”一词赋予了“打破”“揭示”“暴露”之类的意义。不仅如此，海德格尔的目的不在追问形而上学体系的根据，而是通过分析让它的各种因素和内容自由地展现。从这种意义上说，海德格尔的“拆解”本身就具有肯定的因素，或者说包含建设性的要求。按海德格尔本人的说法，“我们把这一任务理解为以存在问题为主线而对古代本体论流传下来的内容进行拆解，将它们分解为一些原始经验，而这些原始经验乃是产生最初的，后来起主导作用的存在规定的根据”②。用我们今天的话讲，拆解在某种意义上首先就是追根索源，然后是考析或分解，从而使原始的经验自行向我们涌现出来，这样方有真理的澄明和朗现。

德里达在继承和发展海德格尔的“拆解”观念的基础上提出了自己的“解构”策略。对这一策略，德里达在不同地方作了不同描述。正如德里达常常强调解构就是要打破同一、显示差异，因而不能用统一的定义去描述某个概念一样（德里达甚至还说“解构”不是概念），对“解构”本身也要采取解构的方式去对待，换言之，我们不应也不能给“解构”下一个统一的定义。但是，我们可以明确的一点是，作为一种策略，解构是一种带有谱系学性质的解读活动。在这种活动中，某种概念的源起、更替、变迁、衍生过程通通在我们面前展现出来。甚至与该概念相邻的东西也被清理出来。这一点是德里达从尼采那里学来的。如果人们听过上一代人向下一代人讲述自己的家世，特别是背诵或翻阅家谱（至今在非洲和南太平洋岛国的一些地方，有些

① Heine Kimmerle, *Jacques Derrida zu Einfuehung*, Hamburg: Junius, 1997, S.47.

② Martin Heidegger, *Sein und Zeit*, Tuebingen: Niemeiyer, 1963, S.22.

目不识丁的人甚至可以口头讲述几十代家谱），就不难理解谱系学方法的一些特点。德里达把解构比喻为谱系学的思考方式，比较贴切地道出了“解构”的总体特点。他在接受隆塞采访时指出：“‘解构’哲学，就要通过最忠实和最内在的方式思考哲学概念的结构谱系学，同时又要从哲学不能规定或者不能命名的某个外部来规定这一历史可能掩饰或禁止的东西，因为这一历史是通过某个外部的压抑而成为历史的。”①德里达的大部分工作是解构历史上不同的哲学文本，在他看来，这些文本构成了所谓哲学的历史。但哲学的历史又被自身压抑着，外在的东西也总是掩盖它、禁止它，把它封闭在某个固定的界限里，因为人们害怕它越界。而通过解构这些文本，原来的封闭性就被打破了，文本的界限也被打破了。

在《论文字学》中，“解构”一词一开始便与“拆解”和“清淤”（la desédimentation）一同出现，这或多或少显示了这几个术语之间的联系。德里达指出，“‘理性’支配着被大大推广和极端化的文字，它不再源于逻各斯——也许正因如此，它应当被抛弃。它开始拆解所有源于逻各斯的意义的意义，但不是毁坏，而是清淤和解构”②。这段话已明确点出了“解构”与“毁坏”的区别，也暗示了解构理论与虚无主义的区别（德里达在一次接受采访时说他一辈子都在反对怀疑主义、相对主义和虚无主义）。德里达的写作实践进一步说明了这种区别。他并不试图由文本回到它的作者，也不想追问某个概念或话语的原意是什么。解构要以肯定的精神干否定的事业，这种事业就是打开语词空间、意义空间，把文本变成游戏的对象。但是，解构并不绝对地否定某个东西、取消某个东西。相反，经过解构的东西非但不会消失，反而会显示更多的内容和更多的可能性，从这种意义上说，解构

---

① 德里达:《多重立场》，佘碧平译，生活·读书·新知三联书店 2004 年版，第 7 页。

② 德里达:《论文字学》，汪堂家译，上海译文出版社 2005 年版，第 13 页。

不仅不是毁掉原有的东西，而且是一种意义增殖活动。因此，德里达一直拒绝承认自己是什么虚无主义者。他虽然对传统概念、传统的思想体系和传统的思维方式进行不遗余力的质疑，但他根本没有想到要抛弃传统、否定传统的价值，否则我们就很难解释他为何要花那样多的精力去解读古代经典。他恰恰要通过对这些经典的解构告诉我们，传统并不只有一种意义，我们其实有更多的思考同一问题的方式，也有更多的解释同一概念的方式，包括对解释进行解释的方式。

解构既是“破”又是“立”，既是“拆散”又是相对的“建设”。它的特殊性在于“视角的不断变换”。它首先要解开传统思想的纽结，把一些传统概念在历史中形成的意义统统展示出来，排除其中心意义。这一过程就是上面所说的“清淤”。我们之所以要清淤，是因为在漫长的历史过程中一个概念或语词的意义通过各种隐喻和非隐喻的方式不断演变和丰富并被我们的文化累积起来，最近的意义往往掩盖着过去获得的其他意义并成为我们阅读和思考问题的中心。如果我们对此没有充分的自觉并保持足够的警惕，我们就很容易以单一的观点和封闭的心态去对待文本，从而导致思想的僵化和独断并最终妨碍思想和行动的自由。清淤可以使那些被掩盖的意义进入我们的视野并参与到我们思想的自由转换中来，因为它让我们意识到我们其实面对着多种意义和多种理解的可能性。清淤决不是将所有意义还原为单一的意义，它的目的仅仅是暴露和展示。而这种暴露和展示对于克服独断的思维具有重要意义，因为它们本身就是思想解放的姿态。所以，我们不能把德里达所说的“清淤”简单化地理解为对某些意义的清除，它所做的工作不是消极的，而是积极的。它将隐而未显的意义一一呈现给我们，因此，它的一个重要价值是使语言的意义透明起来，而不是让语言污染思想。

通过对传统形而上学的解构，德里达发现整个西方文化传统实质上受逻各斯中心主义（logocentrisme）的思维模式的支配。关于形而上学，德里达从海德格尔那里继承了一些思想，但他认为海德格尔还很不彻底。原因是，海德格尔是用传统形而上学概念来批判形而上学，并且他的思想中还存在着逻各斯中心主义的残余。在《论文字学》中，德里达这样写道："逻各斯中心主义支持将在者的存在规定为在场。由于海德格尔的思想并未完全摆脱这种逻各斯中心主义，它也许会使这种思想停留于存在–神学的时代，停留于在场哲学中，亦即停留于哲学本身。"① 此外，海德格尔思想中还有严重的语音中心主义倾向，而语音中心主义（phonocentrisme）恰恰是逻各斯中心主义的特殊形式。语音中心主义的最大特点是把声音与文字对立并赋予声音以特权。比如，海德格尔常常用声音隐喻来解释各种艺术形式，为此，他特别强调倾听的重要性。他不仅宣称要将诗歌从文学中解放出来，而且赋予诗歌和歌曲这两种与话语和声音相关的文艺形式以优先性。他还试图把建筑和雕塑放在说话和语词的空间中加以解释并认为建筑和雕塑是由话语和语词支配和主导的。显而易见的是，他还在用"言"与"文"、"音"与"型"的二元对立模式来解释艺术作品的本源和真理。而使用这种二元对立的模式并认为一方优于另一方乃是柏拉图以来的西方形而上学的基本特征。德里达用逻各斯中心主义来描述这种特征。

那么，什么是逻各斯中心主义呢？要回答这个问题，我们先得了解逻各斯在这里究竟指什么。对古希腊哲学有所了解的读者都知道，"逻各斯"一词是希腊文 logos 的音译，它有许多含义，其中最基本的意义有"言说""道路""理性""法则""规律""比例""分寸"等等。从字面上讲，逻各斯中心主义既意味着语音中心主义，又意味着理性中心主义，也意味着法则中心主义。但是，德里达用这个词时赋予了其特别的意义。它主要指贯穿于西方传统形而上学乃至整个西方文化

① 德里达：《论文字学》，汪堂家译，上海译文出版社 2005 年版，第 16 页。

的一种思维模式。这种思维模式设置了各种各样的二元对立，如主体与客体、言语与文字、必然与偶然、能指与所指、同一与差异等等对立。但这些对立的双方不是平等的关系而是从属关系，第一项每每居支配地位和中心地位，第二项仅仅是对第一项的限制和否定。“解构”工作需要清除这些僵硬的对立。为此，它一方面要颠倒那些对立双方的等级关系，另一方面，需要打破原有系统的封闭状态，从内部把原有的构架拆解开来，使它的各种因素显示出来，暴露出来，然后，让这些因素随视角的不断变化而自由组合。德里达说我们这个时代接受了解构的主题，也把解构作为自身的特征。它呼唤多样性。因此，让铁板一块般的东西分解或脱节并将分解的因素与其他东西对接也成了解构活动的一个方面。可以说，解构是一门让各种对立因素“和解”的艺术，是一门解放精神的艺术。

但是，解构与系统相关，也与结构相关。有些人以为德里达反对结构主义也意味着要抛弃传统的结构概念，这其实是一种误解。德里达并不笼统地反对使用结构概念，他自己甚至在不同地方也使用这一概念。他所反对的是将结构理解为绝对稳定的有单一中心的封闭体。比如，他在讨论分延或延异（la différance）概念时就特别指出，分延是一个结构性的概念。但分延又是比结构更原始的东西，没有分延就没有结构，分延是所有二元对立的本根，结构不过是分延的暂时结果而已，从这种意义上讲分延就是结构本身的最一般结构。这个最一般结构恰恰是比较松散的、动态的、排除中心（décentrer）的散漫的力量。因此，德里达认为我们无须因为结构主义者们滥用这一概念而干脆抛弃它，实际上我们根本无法抛弃这一概念。我们只需从内部去改变它、改造它、置换它，这有点相当于我们所说的旧瓶装新酒。所以，德里达十分明确地指出：“解构活动并不触及外部结构。只有居住在这种结构中，解构活动才是可能的，有效的；也只有居住在这种结构中，解构活动才能有的放矢。之所以说在一定程度上居住在这种结构中，是因为我们始终都在居住，甚至在我们没有料到此事时仍然如此。由于必须从内部入手，由于要从整体结构上借用它们，也就是说，不能把各个因素各个原子孤立起来，解构工作始终在一定程度上成了它自身劳动的牺牲品。”①

讲到这里，有些人也许仍然觉得德里达使用的这个术语有些玄乎，甚至让人摸不着头脑。德里达素有晦涩哲人之称，由于他生造了一些术语并且给一些看似平常的术语赋予了异乎寻常的意义，加之他采用了不能为一般人所接受的语言风格，他的一些著作被人视为“天书”也就不难理解了。实际上，如果我们耐心地读一两本他的著作，仔细琢磨一下他的表达方式，特别是把他的观点与他的解构实践结合起来考虑，我们仍可以把握其思想的脉络，至少一些术语不如许多人想象得那样难以理解。“解构”就是如此。

“解构”不是传统意义上的概念，也不是传统意义上的怀疑与批评方法，它甚至不是由一种语境过渡到另一种语境的技术性程序。它首先是一种分析性、开放性的阅读方式。何为开放性的阅读方式呢？按我的理解，这种阅读方式不把文本看作固定不变的实体，也不认为它有一个值得读者去紧追不放的本源性意义，更不认为其中隐藏着作者的绝对权威，相反，它要我们取消文本的绝对界限，使文本成为向我们无限开放的东西，向其他文本不断开放的东西。在解构性阅读中呈现出来的是具有多样性和可变性的意义之网，即使我们看到一个我们千百次使用的具有固定意义的语词，我们也应把这个词的现有词义掏空，看它能向我们展现出多少种不同的意义，看它在另一种可能的语境中有什么新意义。因此，解构性阅读仿佛是一种复杂的体验，各种因素在这里汇合起来，发生不断重复的错位。读者在此处面对的文本是广义的，它可以是一段历史，一个事件，一幢建筑，一道风景，

① 德里达：《论文字学》，汪堂家译，上海译文出版社2005年版，第32页。

一些典籍，也可以是一个梦境，一种情绪，一道手势，一部电影，一场戏剧。拿海湾战争来说吧，既有人把它解读为野蛮的入侵，又有人把它解读为对国际法理念的捍卫，也有人把它解读为两种不相容的文明的冲突，还有人把它解读为一些国家对未来的可能性所做的试探性反映。是什么使人们做这样的解读呢？战争本身显然没有告诉我们应当如何解读，而是与战争相关的其他因素组成的系统决定了我们的解读方式。解构性的解读试图展示这些可能性并追溯它们的根据，如果可能，它还要揭示解读如何代表了不同的视角，这些视角如何相关联并形成新的视角。解构是视角的不断更新。

鉴于此，德里达认为，解构不是简单的对某种结构进行分解，更不是取消和消灭那种结构。它触及根基与构成根基的各种因素的关系，触及结构的封闭性与开放性，用他自己的话说，“解构首先与系统相关。这并不意味着解构击垮了系统，而是敞开了排列和集合的可能性，如果你喜欢，也可以说是凝聚起来的可能性”[①]。虽然“解构”这个词有时被德里达说成是对胡塞尔和海德格尔常常使用的“Abbau”（即“拆掉”）的置换。虽然德里达始终都在批判西方形而上学，并声称解构不仅仅是对话语、哲学陈述做语义学的分析，而必须向制度，向社会、政治结构，向最顽固的传统挑战，但德里达始终把解构看成一种建设性的工作，而不是对一切价值的摧毁。为此，他自嘲地把自己称为没有建筑师资格的建筑师。他在回答卡昂（Didier Cahen）的提问时说的一段话更能说明“解构”的肯定意义：

> 我当然要强调这样一个事实，即：解构的运动首先是肯定性的运动，不是确定性的，而是肯定性的。让我们再说一遍，

① 德里达：《一种疯狂守护着思想：德里达访谈录》，何佩群译，上海人民出版社 1997 年版，第 19 页。

> 解构不是拆毁或者破坏，我不知道解构是否是某种东西，但如果它是某种东西，那它也是对于存在的一种思考，是对于形而上学的一种思考，因而表现为一种对存在的权威或本质的权威的讨论，而这样一种讨论或解释不可能简单地是一种否定性的破坏。认为解构就是否定，其实是在内在形而上学过程中简单地重新铭写。关键不在于把人们从这个过程移开，而在于赋予解构以思考的可能性。①

解构不仅是一种开放性的阅读方式，而且是一种隐退性的写作方式。所谓隐退性的写作方式就是使作者不再显得是作品的中心，而是作者和原意都不出场。德里达的大部分著作都是这种解构式写作的实践。它的特点是把写作视为对被掩盖着的历史起源的反思。在这里，每个关键性语词都是通达其他语词的“索引”，语词、句子和整个文本是制造出来的“痕迹”。在场与缺席、生与死、肯定与否定的力量同时显示在文本中，解构把文字的意义展示出来，或者说使意义像种子一样撒播开来。为此，德里达常常在同一段话甚至在同一句话中故意使用同一个词的不同意义。比如，在《论文字学》中，德里达通过对列维-斯特劳斯的《忧郁的热带》《亲族的基本结构》和卢梭的《语言起源论》的分析，揭示了文字是一种差别系统的事实，说明了文字的各种可能性，指出了列维-斯特劳斯和卢梭的思想中隐含的逻各斯中心主义、语音中心主义和人种中心主义倾向。德里达大大扩展了文字概念，并追求词义的丰富性。于是，隐喻成了维护文字色彩和开放性的工具。《论文字学》成了多种风格并存的混合体：其文风时而轻松活泼，时而凝重滞涩；句子时而洗练无比，时而冗长不堪；用词时

---

① 德里达：《一种疯狂守护着思想：德里达访谈录》，何佩群译，上海人民出版社1997年版，第18页。

而生僻古奥，时而明白浅显；表面上，引文杂乱无章，实质上条分缕析。总之，它是策略的展览也是策略的运用。通过解构活动体现出来的文本的不确定性在这本书中可谓淋漓尽致，过去与现在、历史与将来在这里交错。德里达以文字的跳跃性来显示思想的发散性。他的文字探险也是写作风格的探险。

二

解构作为策略是针对文本的。通过解构，我们可以对文本作不同的解释，并且通过不同的解释，文本的内容和意义得以显示。这就阻止了意义的自我封闭。它把文本的内在差异暴露出来，让它的意义涌现出来，由此保证了文本随着阅读而常新。文本在德里达那里是一个广义的概念，所有痕迹性的东西的总体都可以成为文本。比如，舞蹈、绘画、音乐、书本固然是文本，弗洛伊德所说的“梦境”或无意识也是文本，一个时代、一个社会、一种生活都是文本，甚至大自然的图案也是文本。他不仅断定文本之外无一物，而且断定语境之外无意义。用德里达本人的话说：“在语境之外无法确定意义，但语境不会达到饱和状态。”① 简单地说，语境是不断变化的，开放的，这一点决定了意义的非单一性和文本的开放性。不过，德里达对语境的解释也很特别。他说，语境可以是生活、世界、实在、历史、言语，甚至是集体精神体验和符号化的自然。

随着语境概念的引入，德里达发现我们不能根据传统的语言学模式来理解文本，相反，我们要超出语言来理解文本，换言之，我们要考虑语言的他者。语境便是语言的他者，记号和符号也是语言的他者。1994 年，德里达在接受费拉利斯（M. Ferraris）的采访时指

① Jacques Derrida，“*Living On*”，in：Herold Bloom et al.，*Deconstruction and Criticism*，New York：Seabury Press，1979，p.81.

出："引入痕迹概念或文本概念是为了标明语言学转折的界限。这就是……我宁愿谈论记号而不是语言的原因。首先，记号不是人类学的，而是前语言学的。它是语言的可能性，凡存在与他物的关系或与他者的关系的地方就存在记号。对这种关系而言，记号不需要语言"①。由于使用记号也是动物界的天性，如果我们放弃对文字的特权并以广义上的文字来包括记号的功能，人类就可以重建与动物的关系，并丰富我们对世界的理解，因为从广泛的范围看，人类与其他动物分享着呈现出记号关系的同一个世界，世界上的万物仿佛是些记号，它们构成了引导我们探索无穷秘密的文本。德里达甚至由此断言，人并非唯一的政治动物。

事实表明，德里达虽然也继续使用文本概念，但他已改变了文本概念的内涵，至少可以说，他大大拓展了文本概念的外延。在他看来，文本不是什么意义的容器，不是意义的载体；文本也不是作者的见证，而是作者的隐退，是签名者的隐退。文本虽然是某物，但是一种不同于物体、不同于有机体的东西，甚至是某种残存物。这种残存物有些像我们留下的痕迹，有些像动物留下的痕迹（不单单是踪迹），甚至像天体运行留下的轨迹。痕迹仅仅显示不在场的东西，但是单一的痕迹并不足以成为一种文本，只有痕迹构成的系统才能成为文本。因此德里达有时说文本是一种织体。在此，德里达所说的痕迹很像我国古人所说"文"。通过对柏拉图、胡塞尔、卢梭和列维-斯特劳斯的文本的解读，德里达指出了对文字的贬低并不能帮助他们确立语音优先的原则。他本人不仅用一种广义上的文字概念来置换传统意义上的文字概念，而且常常用痕迹概念来置换文字概念。他承认文字有中介化的作用，但他认为这种作用并非文字的弱点，而恰恰是文字

① Derrida and Ferraris, *A Taste for the Secret*, Cambridge, Uk: Polity, 2001, p.76.

的优点。此外，我们也不能由此认定言语贴近思想，而文字就远离思想。实质上，言语并非思想的再现，文字并非言语的再现，因此不是再现的再现。言语与思想始终是有差异的，说出的东西要么比想的东西多些，要么比想的东西少些，说与想之间不是绝对相等的关系。同样，文字也并非作者思想的等价物，它只是作者的痕迹，是思想的痕迹而已。“被逻各斯中心主义 / 语音中心主义传统认为是一种因文字的中介化而导致的污染的东西乃是一种原初条件。所有语言都以中介化和能指的解释性游戏为特点，而这种游戏被认为仅仅限于文字。为了表明这种中介化条件的本原性，德里达引入了‘原初文字’(archi-écriture)这个概念。他把原初文字作为语言（包括言语）的可能性的条件。”① 由此可见，德里达在这里所说的原初文字并非指人类说话之前事实上就存在一种特殊的文字，而仅仅指语言本身所具有的那种中介化力量，这种力量对于语言本身是原初性的。对德里达来说，所有语言都是一种文字，从痕迹的意义上讲，言语也是特殊的“文字”，即声音痕迹。在《声音与现象》中，德里达甚至将原初文字叫做“分延”(différance)的别名（在后面，我们将单独解释这个词）。他所要强调的无非原初文字其实是指弥漫于语言中的起区分作用的力量。

谈文本就不能不谈书本，因为在大多数情况下，人们所说的文本就是指书本。德里达承认“书本”无疑是重要的文本，但他怀疑有单一的书本，也怀疑有作为完满整体的书本，更怀疑传统的“作者”概念。书本并没有受固定的理性次序支配的固定结构。德里达区分了文本与书本，他认为文本是隐而不显的，是无法感知的，而书本却有可见的外在形式。他还大量引证伽利略、笛卡尔、休谟、舒伯特和卢梭的例子说明他们如何将大自然也看作广义上的书本。书本不过是文本

① James, K. S. Smith, *Jacques Derrida*: *Live Theory*, New York and London: Continuum, 2005, p.43.

的某种包装。在《论文字学》中，德里达就说过，“如果我们将文本与书本区别开来，我们可以说，就像现在各个领域出现的那样，书本的拆毁意味着剥去文本的外衣。这种必要的暴力是对于一种不必要的暴力的回应”。[①] 这种书本在他看来不是封闭的没有开口的实体，否则我们就没法阅读，也不会有误解的问题。书能被误解和理解本身就说明书本不是绝对完满并具有单一意义的东西。书本的开放性通过阅读、理解和误解而得到证明。书本的开放性同样表明书本始终是尚未完成的东西，书本不是由传统意义上的作者界定，而在相当大的程度上由读者界定。由于每个时代的读者有不同的阅读方式，所以书本是常新的。

德里达还把书本的作者形容为制造痕迹的人。他明确地指出，“文本不再是一本完成了的文集，不是包含在一本书或它的边缘的某种内容，而是起区分作用的网络，是一种痕迹的织体，这种织体不断地指称某种不同于自身的东西，指称其他的起区分作用的痕迹。因此，文本超越迄今加诸它的所有限制（不是将它们淹没在一种未分化的同一性中，而是使它们成为更复杂的，起划分作用和增殖作用的笔画和线条）——超越了所有的限制，超越了相对于文字（言语、生活、世界、实在、历史，等等）而确立的一切，超越了每个指称领域（涉及肉体或心灵，意识或无意识，政治和经济，等等）”[②]。总之，正如罗依勒（Nicholas Royle）概括的那样，德里达所说的文本是指一切记号系统、痕迹系统和指称系统。[③] 人类使用的所有指称物，不管其物质材料是什么，都带有文本的性质。文本服从起区分作用的网络

① 德里达：《论文字学》，汪堂家译，上海译文出版社 2005 年版，第 24 页。

② Jacques Derrida, "Living On", In H. Bloom et al., *Deconstruction and Criticism*, p.84.

③ Nicholas Royle, *Jacques Derrida*, London and New York: Routledge, 2004, p.65.

逻辑。文本并不是一种在场者，但又能作为不在场者的提示者；在一些重要方面它始终是不可感知的，它具有幽灵般的力量，它能标划界限，但自身没有界限。文本没有绝对开端，也没有绝对的终结。它的内容并不能以线性推论的形式呈现出来。即便我们眼里的完整书本也不过是些残篇断简而已，因为它只是由此出发通达其他文本的线索。

文本遵循一种替补逻辑，即，既补充又替代。这里所说的“替补”对应于法文的supplément。在法文中，supplément源于动词suppléer，意指“补充缺少的东西，提供必要的剩余，代替和代理”，德里达巧妙地将这些意义综合在一起，但他主要同时用这个词的两种意义，即，给原来的东西增加额外的东西，以及作为整体代替原来的东西。这很像树的年轮，外面的每一圈都是对前一圈的增补，但看上去又代替了前一圈，并且掩盖了前一圈，包含着前一圈。正如Royle正确地理解的那样，替补既是剩余物，是丰富另一种充分性的充分性，又弥补缺乏的东西，仿佛有虚空要填充。① 替补既非在场也非缺席，既非内在也非外在，但它同时既是内在又是外在。在《论文字学》中，替补（supplément）是德里达的一个非常重要的概念，他借解读卢梭著作的机会用了整整两章的篇幅来讨论替补问题。他不但需要用这一概念对卢梭和列维-斯特劳斯的著作进行精心的解构，而且需要这一概念说明文字与言语、文化与自然、教育与自然、译文与原文、文明与原始等等方面的关系。对他来说，替补留下的缝隙给解构提供了可能性。文本在某种意义上说就是一种替补之链。比如说，教育是对天性的替补，文化是对自然的替补，译文是对原文的替补。

“替补”一词在卢梭的《忏悔录》中出现最多并且被卢梭用来说明手淫与性爱（手淫被称为对性爱的危险替补）、符号与言语（文字

① Nicholas Royle，*Jacques Derrida*，London and New York：Routledge，2004，pp.48–49.

是言语的替补，而符号则是对一般文字的替补）、奶妈与母亲（奶妈是对母亲的替补，而情人又是对母亲的替补）的关系。德里达之所以喜欢这个词，还因为这个词很能说明解构的下述特点：解构是用一种文本来补充另一种文本，用一种意义来补充另一种意义，但与此同时，它也是用一种意义代替另一种意义，用一种文本来代替另一种文本，这就使得文本的界限不断地扩展，不断地推移。为此，德里达常常借用别人的标题作为自己文章的标题，他也很关注书的边缘、旁注、题记或跋的作用，有时还关注文字之间的空白或省略号的作用，他甚至写过一篇题为 Et Cetera ...（在拉丁文中表示“等等……”）的文章，因为它们显示了某种替补功能。他有时用一个作者的话补充另一个作者的话，有时也用自己的话去补充别人的话，甚至用同一个作者的某个文本补充另一个文本。正因如此，如果我们不了解德里达解读过的其他作者的文本并把德里达的话与其他人的话精心对比，我们肯定会将它们混为一谈，这也是我们解读德里达的著作时要特别留意的地方。下面我们就来看看德里达是如何具体讨论替补的。

德里达在讨论卢梭的经历与其文字理论的关系时将替补作为一切概念的核心并在此基础上去理解文化的退化和社会共同体的分裂。卢梭的替补概念给人这样一种印象：替补是危险的。德里达则借题发挥，力图把卢梭所说的替补的两重意义统一起来并认为它们同时出现在某种机制中，而不是像卢梭那样让它们交替出现，孤立地发挥作用。如果卢梭使用的符号概念和文字概念强调其摹写功能，德里达则强调摹写功能本身是由替补决定的。在他看来，替补的两重意义的并存虽然有些奇怪，但这是必然存在的现象。

一方面，替补可以补充自身，它是剩余物，是在场的完整呈现。“它将在场堆积起来，积累起来。正因如此，艺术、技艺、摹写、描述、习惯等等，都是自然的替补并且具有一切累积功能。这种替补性在某种程度上决定着所有的概念对立，卢梭将自然概念铭刻在这种对立中，因为它应该是自足的”①。

另一方面，替补在补充的同时进行代替。“它介入或潜入替代性（a-la-place-de）：它在填补时仿佛在填补真空。它通过在场的原始欠缺进行描述和临摹。替补既是补充又是替代，它是一种附属物，是进行替代的从属例证。作为替代物，它不对在场的积极因素进行单纯的补充，它并不进行烘托，表示空无的符号已经确定它在这一结构中的地位。在某种程度上讲，某物只有通过让符号和指代者填满自身才能自动填满自身和完成自身。符号始终是物本身的替代物”②。不过，德里达非常强调“替补”的两重意义的不可分割性。替代物与它所替代的东西不是同质的，而是异质的，因为它是外在的增加并且与前面的东西不同。所以，绝对的复制是不可能的。所谓“太阳底下无新事”不过是比喻性的说法，莱布尼茨所说的“世界上找不到两片相同的树叶”才真正道出了真理。卢梭曾经用文本的注释来说明替补的作用，因为它增加原著的内容，但又不同于原著。它通过差异来丰富自身。替补体现了显与隐的辩证法，也体现了分延的特点。因此，德里达说，“替补介入缺席与完全在场之间。替代活动填补特定的空白并标志着这种空白”③。

德里达使用替补概念还有批判在场形而上学的作用。这一点首先表现在，他认为替补既不是在场，也不是缺席，传统的本体论无法思考它；其次表现在它不将传统形而上学的对立看作固定的对立，而是把那些对立双方看作外在补充的关系、替代的关系。这样就避免了把能指与所指、文字与言语、指代者与被指代者等等对立看作一方优于另一方的关系。此外，德里达的替补概念在很大程度上是反中心主义和非本质主义的。之所以说它是反中心主义的，是因为替补是对起

①② 德里达：《论文字学》，汪堂家译，上海译文出版社 2005 年版，第 211 页。
③ 同上书，第 230 页。

源的替补，因而也代替起源，而在过去起源总是被作为思考的中心；之所以说它是非本质主义的，是因为德里达认为替补是没有本质的，“没有本质恰恰是替补的奇特本质”①。

从写作与阅读的关系看，阅读在一定的意义上也是对写作的补充。文章一经写出来，就不能由作者来决定应当对它做何解释。他也不过是一个读者而已。“意谓”总是个人的，但一经说出来、写出来就成了他无法支配的东西。我们常常追问作者的原意是什么，不过是要他徒劳无功地说他的“意思”。实际上，我们已经为作者做了回答，我们已经对它进行了“替补”，我们已把自己的视角、把他的视角看作文本的一种因素。就此而言，解构具有诠释学的特征。

① 德里达：《论文字学》，汪堂家译，上海译文出版社2005年版，第457页。

翻译及其抵制[①]

许多哲学家非常关注翻译问题，这不仅是因为翻译是思想的桥梁，而且是因为翻译涉及解释，涉及意义的转换，涉及不同文化传统的相互交流和相互影响，同时也涉及生活经验和生活世界的相互显示、相互重叠和相互敞开。就像许多对语言问题保持高度敏感的其他哲学家一样，德里达非常重视翻译问题，他甚至认为他在写作时就已经想到翻译的可能性与不可能性问题。这不仅仅是因为他的文本和言语的特殊境遇——在他的讲座上，他的外国听众常比国内听众多，他的文本在国外尤其在英美受欢迎的程度远远超过在国内受欢迎的程度，而且是因为他一辈子都在质疑的语言霸权和语义的确定性问题可以通过对翻译的思考而得到意想不到的全面揭示。

从学理上讲，他的解构哲学因为关注语言的多样性而必然涉及翻译问题，因为从一种语言过渡到另一种语言本身就意味着广义的翻译，他把它称为外部翻译；与此相对的是内部翻译，如将古英语译为现代英语，将一种方言译成另一种方言。他曾对“解构”作过一个临时性的描述，即，解构就是关注一种以上的语言。或者说，哪里涉及一种以上的语言，哪里就有解构。德里达讨论翻译的地方很多，他的翻译理论散见于许多著作和访谈中，讨论翻译的长文至少有两篇。一篇是在加拿大多

① 本文系《汪堂家讲德里达》第六章。——编者注

伦多大学召开的“文学翻译的符号学”会议上作的报告，题为《翻译的神学》(*Theologie de traduction*)，另一篇也是在该校作的报告，但是最初是用德文发表的，题为《假如有翻译的地位》①。这两篇文章后来都以法文形式被收入《论哲学的权力》(*Du droit à la philosophie*，德里达故意使用这个含混的标题，因为这个书名也可理解为“从权力到哲学”）一书。德里达关注翻译问题的个人动机十分明显地反映在他的下述表白中：

> 所以，在我的工作中所发生的知识背景的变化，就是我越来越多地想到外国读者，甚至是外国听众。如您注意到的那样，在我的讲座中，外国人要比法国人多。我必须注意这种进行中的广义的翻译工作（那不只是语言的翻译，也包括文化与传统的翻译），而这对我的思想与写作方式大概产生过某种影响。它使我在写作中十分注重法语习语的同时（我酷爱法语，而且几乎总是以不可翻译的方式、一种向法语借债的方式写作），无论怎样还是不断想到翻译问题：有时预先做些准备，有时则无法预备。比如，我会看到译成英文或德文的困难是什么：当我用法文写作时我已想到翻译的问题。显然，我无法设想中文或其他语言的翻译。但我相信这种对非法语阅读目的的关注正是我这四十年来哲学工作背景变化的最重要特征之一。②

一

正如德里达在许多场合所说，翻译是一个语言问题，但并不仅仅

① “Wenn Uebersetzen Statt Rat”. Translated by S. Ludermann, in: *Diskursanalysen Z*; *Institution Universitaet*, Opladen: Westdeutscher Verlag, 1987.

② 德里达：《书写与差异》，张宁译，生活·读书·新知三联书店2001年版，第6页。

是语言问题。如果说语言与思想不可分离，那么，翻译也是一个思想问题。思想是要通过语言来表达的。如果一种语言无法成功地翻译为另一种语言中的概念，那也意味着一种思想无法被转换成另一种语言系统中的活的因素。德里达所说的思想是广义的：思想可以是哲学的，也可以是非哲学的。哲学并不等于全部的思想，超出哲学的思想是完全可能存在的。哲学属于希腊传统，它具有特殊的根源，但也具有追求普遍性的品格。当我们问什么是思想时，当我们问“什么是……”时，我们已经在思想并且已经在进行非哲学的思想。思想形诸语言，一种语言也代表一种思想，一个栖居于某种语言的人可能没有哲学，但不会没有思想。思想始终是表示人的某种高贵性的东西。语言可以为思想提供资源，但语言也限制思想。

语言的差异性与多样性显出思想的差异性与多样性。也正是这一点决定了翻译的必要性与完全翻译的不可能性。保护语言就是在某种程度上保护思想。思想是不可替代的，就像语言是不可替代的一样。当一个人接受了某种语言，他也接受了这种语言所承载的生活经验和思考事物的方式，同时也接受了这种语言对思想的限制。所以，从语言与思想的关系看，翻译所要实现的目标既是它自身无法完全达到的，又是它不得不去面对的任务。这个任务不仅为译者而且为读者和听者规定了知识的场域。翻译激起我们了解别人，接近“他者”的欲望，这种欲望反过来促使我们去进行翻译。思想与语言是有差异的，德里达关注的不单纯是它的差异，他也关注这种差异本身所显示的同一性。因为这种同一性不但是我们从事翻译的先决条件，而且是规定和显示延缓着的差异的方式。但总体而言，德里达更多地关注的是翻译所暴露出的种种问题，尤其是语言的界限，思想的界限，文化的界限问题。翻译似乎将“意义”从一种语言转换成了另一种语言，但它永远会遗漏什么，增加什么。因此，翻译能让我们强烈地体会到语言的局限性与差异性。在翻译时我们要特别注意保护语言的多样性。德里达举了许多的例子来提醒我们注意保持语言的这种多样性对于人、对于思想、对于文明的重要性。实际上，这恰恰是他的解构哲学始终不变的使命。“翻译”之所以在解构哲学中占有重要地位，正是因为它集中体现了解构哲学对语言的多样性与思想的多样性的关切。也正是在这种意义上，德里达才说，“从一开始，翻译对我来说，对一般的解构来说就不是各种问题中的一个：它就是问题本身”①。

那么，翻译究竟向我们提出了哪些问题呢？概括起来，德里达在不同文本中大体指出了翻译所引出的下述问题：

“翻译”让我们意识到今天的世界对于语言霸权的屈服与反抗这一双重运动。从翻译中可以看出一种语言的过分强势地位如何会危及文化的多样性和语言的多样性。为了防止语言的多样性遭到威胁，我们必须千方百计预防语言的死亡。在20世纪，随着经济的全球化或世界化，国际交流以前所未有的速度、广度与深度进行着，文化的边界正在消失，这自然促进了处于不同文化背景下的人们之间的沟通、理解与融合。但是，这一过程是在市场的推动下出现的。因此，它一开始就隐含一种在物质欲望的驱使下宰制话语的危险。当一种话语霸权借冠冕堂皇的理由被广泛认可而不是遭到抑制时，它会迅速瓦解其他语言以及这种语言所形成的文化传统。现在世界上一共有六千多门语言，但在最近的几十年里，已有许多语言消失了，还有一些语言正处于濒危状态，因为有些语言只有几十个人或几个人使用，甚至还有只有一个人能说的语言。教育的标准化过程以及城市化过程的加速使某些少数民族语言难以受到年轻人的充分尊重，结果某些少数民族语言成了老人们使用的语言，或者干脆说它们就是“老人语言”。德里达把这一过程称为“贫困化过程”。这一语言的贫困化过程也导致了

① 德里达：《书写与差异》，张宁译，生活·读书·新知三联书店2001年版，第22页。

思想的单一化和贫困化，因而也必然造成文化的单一化和贫困化。所以，德里达不断呼吁要保护语言，拯救语言。而保护和拯救语言并不是把它放到博物馆中，而是要让它活在我们的生活世界里。

德里达把英语在世界上的广泛使用看做因经济、政治和其他原因而导致的新型语言霸权。这种霸权是文化霸权的一部分。这首先表现为以英语形式出版的出版物（报纸、杂志、书籍）在全球出版物中所占比例最大，而以英语为母语的人却不代表世界上的多数人口，同时，世界上相当多的国家也是以英语为第一外语。其次，英语如今几乎成了国际商务活动和许多文化活动的通用语言，此外，以英语形式出现的电影、电视所占的比例最大，被翻译的电视节目和电影作品也最多。

在不同语言的交流和翻译活动越来越频繁的时代，我们最需要的与其说是学习欣赏另一种文化中与自身文化相同的东西，不如说是学习欣赏自身文化中所没有的东西，这种东西既包括语言自身，也包括这种语言所代表的文化态度、思维方式和生活经验。因为有翻译，我们得以有机会把握外来的、陌生的东西，我们的思想与生活也因为有这种陌生的东西而增长了丰富性。如果世界上只有一种语言，这个世界会是什么样子呢?

德里达不断提醒我们要思考语言的霸权并质疑这种霸权，在今天的世界上我们要质疑的是英语的霸权，我们还要抑制这种霸权。也正是因为德里达反对语言的霸权，他不相信笛卡尔、莱布尼茨早就设想的通用语言，他不相信世界语能有多大的市场，如果世界语有市场，拉丁文也就更有市场。他号召人们尊重语言的差异性与独特性，就像他本人一样珍视并热爱自己的母语。但这种珍视与热爱不应理解为把自己的母语放得高高在上并且蔑视和践踏其他语言。恰恰相反，对自己母语的爱也意味着对其他语言的尊重，这是真正的伦理。那种对殖民时代的记忆就是与蔑视和取消殖民地人民的语言联系在一起的。践踏一种语言无异于践踏以这种语言为母语的人的思想与灵魂。取消一种语言也相当于取消一种独特的不可翻译的东西。珍视和热爱一种语言也就是要珍视并热爱那种不可翻译的东西。但是，德里达并不以此为根据去反对文化交流，因为交流比隔绝要好得多。交流是思想与文化的活的源泉。他也不以此为借口去提倡狭隘的民族主义和文化沙文主义，因为狭隘的民族主义和文化沙文主义不仅会破坏公正，而且会导致人对人的暴虐。

可是，如何才能抵制语言的霸权呢？德里达想出了一个妙招：创造或培植本民族语言中的习语，而习语往往是抵制翻译的，至少是最难以翻译的，因为习语最能体现一种语言的绝对特殊性。他本人也不断创造一些新词或在一些词前面加上前缀“dé”（在法语中表示“去掉”“离开”等否定性的意思），或将历史上的古词赋予新义，或故意将一个词的古义、今义并列使用，或像海德格尔和列维纳斯那样以反常的方式去使用一些日常语词。他最喜欢使用多义词、同音异义词、意义最不确定的词，尤其是喜欢使用那些包含相互矛盾的意义的词。由于在德文中这类词汇很多，所以他在论著中干脆将那些词不加翻译地照搬过来。这样做在他看来至少有两个好处：

一方面，它保留了原始词的独特性，做到了对原始词的尊重，防止人们以本民族的语言为尺度去阉割其他语言的语词意义，这样可以激起人们学习外语的欲望、了解原词词义的欲望，而不是靠译文过日子，因为那些词是抵制翻译的，起码人们在读他的书时需要有不同语言的知识，不是每个人都有兴趣、时间和精力去学习那么多的外语，但他有意制造的语言“障碍”可以让人想想查字典的必要性与重要性。

另一方面，它丰富了法语的表达方式和词汇，并且能以抵制翻译的方式激起翻译的欲望。在历史上，英语从古法语中借用了大量词汇，那些词汇如今成了英语的元素，尽管今天很多人都没有意识到这一点。而法语从其他语言中借用词汇和表达方式也是很正常的事情，重要的是借用那些抵制翻译的东西，而不是用一种语言的词去取代法语中的词。使用意义相互矛盾的词是德里达工作的一个特征。德里达认为这样做可以发挥解构的效力，摆脱语言的霸权，让自己从固定的意义中解放出来。对于文学和哲学来说，这样做是必要的，也是可能的。德里达之所以喜欢黑格尔和海德格尔，这就是一个重要原因。他常常提到黑格尔用过的一个德文词“扬弃”（aufheben，die Aufhebung，兼有“保留”和“抛弃”两种相反的意义），他还在《柏拉图的药》一文中大量讨论希腊文 pharmakon（英语中的 pharmacy 就源于这个词）和 hymen，前者既可指“毒药”又可指“解药”，后者既可指“结婚”又可指“贞节”或“保护贞洁”。至于他在《多重立场》中对 supplément 的双重意义（既指“替代”又指“补充”或“增添”）的解释以及在不同场合对他自造的 différance（既表示“差异”又表示“延迟”）的说明，均表明了他对翻译的抵制，并进而表明了他对语言霸权的质疑，因为这些意义相互矛盾的词往往是很难翻译的，甚至根本不能翻译。

德里达十分留意外来语与母语的“嫁接”现象，他本人也不断进行这种尝试。这一点既体现在他常用一些古希腊语和拉丁词来解释某些观念，也体现在他对某些重视语言多样性的作家抱有特殊兴趣。乔伊斯、布朗肖、阿尔托、巴塔耶、马拉美、塞兰都是他特别关注的作家。我们可以把这些作家看作作家中的作家或作家的作家。要知道，真正的作家对语言都是高度敏感的，他们对书面语的丰富和发展贡献殊伟。但德里达更关心他们的作品中那些最个性化的东西，那些最不易翻译和不能翻译的东西。他特别提到乔伊斯如何将英文词与德文词拼接在一起以显示语言的多样性。比如，乔伊斯将英文的“他”字（he）与德文系动词的过去式“是”（war）放在一起，生造了 he war 这样的句子。而 war 在英文中又有“战争”的意思。所以，这句话既可按英文理解为“他战争”这种不太通畅的句子，也可按英文和德文把它综合地看成“他是”(或“他在”)。显而易见，使用任何一种单一的语言都难以把这句话准确地翻译出来。解构哲学的精髓就是解放语言，解放意义，这就意味着打破语词的封闭状态，让词义具备自我衍生的可能性，这与乔伊斯这样的作家所要做的事情在精神上是吻合的。所以，德里达在这类作家那里找到了知音，他们的作品是对解构精神的共鸣。

那么，为何说以抵制翻译的方式去抵制语言的霸权恰恰会唤起翻译的欲望呢？仅从逆反心理是无法解释这一现象的。这要从翻译的历史和问题中去寻找答案，也要从翻译的本性中去寻找答案。按德里达的理路，翻译是一种边缘性现象，也是一种超越性现象，因为它既可发生在同一种语言的内部（它被称为内部翻译），也发生在不同的语言之间，不同文化传统之间。仅从起始语言无法恰当地谈论翻译，仅从目标语言也无法恰当地谈论翻译。只有超出两种语言的局限才能谈论真正意义上的翻译。对德里达而言，对欧洲中心主义的质疑，对民族国家的单一概念的质疑使他不可避免地碰到了翻译问题。尽管他总是以抵制翻译的方式去从事写作，但矛盾的是，“正是那种抗拒翻译的东西在召唤翻译。也就是说译者是在他发现了某种限制的地方，在他发现了翻译之困难的地方，才会产生翻译的欲望，就像是‘文本’‘欲求’被翻译一样，同时他还必须为了翻译而对他自己的语言进行转化。翻译可以说是一种对接受语言的转化”①。

对德里达来说，翻译是一个近代概念，这当然是就欧洲而言的，因为在欧洲，翻译的历史与问题是与《圣经》相关的。欧洲的自然语言是通过《圣经》的翻译而被固定下来的。近代翻译理论和实践可以

① 德里达:《书写与差异》，张宁译，生活·读书·新知三联书店2001年版，第24页。

追溯到马丁·路德。虽然有其他一些因素影响到欧洲的翻译理论和实践，但是，翻译活动受《圣经》传播的推动是显而易见的。正如本雅明在《译者的任务》一文中指出的那样，逐行翻译的《圣经》是翻译的原型（Urbild）和范例。歌德则在论及翻译时强调翻译本身的历史性。

就像在讨论许多问题时所表现的那样，德里达在论述翻译时时常借别人之口来表明自己的多重立场。在他看来，“翻译”概念本身也是抵制翻译的，因为不同民族的语言所使用的“翻译”一词的意义多半带有隐喻色彩，并且在不同的意义上使用。尽管我们大多数人皆能明白它们的相似方面。而对“翻译”一词在不同语言中所表示的意义的差异我们就只能在不同语言系统及其情境中去体会了，其中有不少方面是只可意会不可言传的，即使能言传也只是带有片面性地言传。比如，法文的 la traduction（“翻译”“说明”“送”“表达”）只是德文 Uebersetzung 的勉强翻译，而中文的“翻译”一词无论是古义还是今义均与法文中的 traduction 和德文的 Uebersetzung 大异其趣。翻译只能让人想到相同的方面，而容易使人忽略相异的方面。如果有什么好的翻译，那种翻译就是以尽可能多的“同”来显示尽可能多的“异”。所以，只有更好的翻译而没有最好的翻译。德里达一贯反对纯粹的“翻译”概念，就像他一贯反对有什么纯粹的“哲学”、纯粹的“宗教”概念一样。脱离翻译的历史来谈翻译就像脱离翻译的实践来说翻译一样荒谬。因此，一个本身从不翻译的人是无法谈论翻译的。

翻译都是具体的。在人工语言中不存在严格意义上的翻译问题。翻译问题主要存在于不同的自然语言之间，存在于自然语言与人工语言之间，当然也存在于任何一种自然语言的内部。德里达在解读谢林的著作时将数学语言作为人工语言的范例，将哲学与诗歌作为自然语言的典型，并断定“基本的可翻译性这一概念在诗歌方面与自然语言相联系并且抵制翻译”①。

毫无疑问，德里达是部分同情谢林的，因为谢林认为哲学本质上就是充满诗意的并且应当是充满诗意的。诗性内在于哲学，诗是哲学的核心，“哲学是知识的灵魂与生命，因为它具有自在的目的”（sa fin en lui-même）②。德里达解释说，诗歌创作与自然语言具有密切的联系，它扎根于自然语言的特殊性，或者说它需要想象而又超越想象，它甚至浓缩着瞬时的体验。而这种体验的表达方式是很难翻译的。哲学虽然未必时时有赖于这类体验，但哲学作为活生生的思想可以唤起一种艺术冲动。谢林曾言，就像存在诗意的 Kunsttrieb（艺术冲动或艺术天性）一样，也存在哲学的 Kunsttrieb。德里达认为这里的“像”表达了哲学与诗的类似性，表达了象征性的亲缘性和翻译的“过渡性”。谢林不将哲学的内容与其表达方式分开就是出于这种原因。新哲学的产生往往与形式上的新颖性，与诗意的原创性相对应，与对翻译的挑战和蔑视相对应。

通常说来，具有原创性的东西都是难以翻译的，当原创性的东西逐渐被人们了解、理解、领会和模仿时，换言之，当它们变成熟悉的、不再陌生的东西时，翻译的可能性与现实性便自动向我们敞开。谢林思想的新颖性在于，他肯定了哲学能够有并且应该有自身的原创性。即便是形式上的原创性也是重要的。艺术品、诗歌乃至哲学都从这种原创性中获得生命。

康德曾将纯粹数学与纯粹哲学分开，谢林则致力于寻找它们的相似性并认为正是这种相似性保证了它们之间的可互译性，理智的直观在本原的知识（Urwissen）中与其对象融为一体。在谢林那里，数学与哲学相似，它们的直观不是直接的，而仅仅是反思性的

---

① Jacques Derrida，*Du droit à la philosophie*，Paris：Galilée，1990，p.378.

② Ibid.，p.37.

（reflektierte）。它们属于被反思的形象的世界并且只有通过反思才能显示本原性知识的绝对同一性。表面上看，哲学与数学涉及的似乎是两个世界，但它们实际上属于同一个世界，而两个世界的转换（traduction）要靠象征、符号来实现。为了说明这一点，谢林引入了“想象力”（Einbildung）这一概念。在数学中，我们似乎主要靠理智，但它本质上并没有弃绝想象力。如果想象力就是理性，那是因为绝对的内在本质、本原性知识的内在本质就处于想象力中。

与谢林强调哲学与数学的相似性不同，德里达特别强调两者的差异。按他的理解，哲学中始终存在不可翻译的东西，而数学中则不存在这样的东西。数学本质上是对翻译的直接解决或取消。但哲学家与数学家也有共同之处，虽然前者扎根于自然语言，后者扎根于人工语言，但他们都会与普遍性发生关系。他们都在学问方面联合起来，他们的原创性在于他们都有能力进行形式上的转换，这种转换就是所谓的“翻译”（tra-duction 或 Ueber-setzung）。不过，这里似乎有些矛盾。表面上看，他一方面认为数学取消翻译，人工语言也取消翻译，另一方面，他又说数学可实现形式上的转换。实质上，德里达有意使用了“翻译”一词的不同意义，这与他的一贯做法相吻合：在同一篇文章，甚至同一段文章中有意展示同一个词的不同意义，这是解构策略发挥作用的标志，我们在解读德里达的文本时也需要这种策略。所以，在德里达那里追求词义统一性和一贯性的尝试注定是不能成功的，也是有违他“本人”的精神的（我姑且用这种在德里达看来不太恰当的表述方式）。

那么，德里达本人又在哪些意义上使用“翻译”（traduction）一词呢？除了我们通常所说的意义，即用一种语言来转达另一种语言的意义外，“traduction”可在“表达”“颠倒”“移送”“说明”“换位”“改造”“转运”等意义上使用。翻译体现了中介性、过渡性。翻译也是一种东西的不同表达，这一点也表明了文本的非封闭性或开放性。

当德里达说谢林否认有两个世界并认为每个人都在以自身的方式提供同一个世界的 traduction 时，他显然是在“表现”的意义上使用 traduction 一词的。当德里达说康德应把两个世界的原始统一性视为同一个文本，这个文本有待按原文的两个 traduction 来破解其内容时，他显然在“转变”的意义上使用 traduction 一词；当德里达说语言的二元性是“反思的”（reflexion）的结果，是“transposition traduisante”的结果时，他又是在“转运”、“传送”的意义上使用 traduction 这个词①。德里达对“翻译”的解释集中体现了他的解构策略，即，使同一个词的不同意义充分地展示出来。为此，他有时不加翻译地用 Uebertragung、Uebersetzung 这两个德文词以及 trans-position（颠倒、换位）、objectivation（对象化、客观化）这两个英文词来表示“翻译”的不同用法。前两个德文词虽然都可用来表示我们所说的“翻译”，但它们本质上都是隐喻用法，它们在字面上都包含“转运”、“转移”这类行为。德里达指出：“人们可以用 traduction 来翻译‘对象化’。同一种意义可用另一个习语 se transpose（被换位）或 se transporte（被搬运）来表示。但完全的翻译，确保哲学在总体上的真正客观性的翻译本身是什么呢？是艺术。‘只有艺术才是哲学在总体上的真正客观性’。因此，这种艺术就像这个大学本身一样乃是一种普遍化的 traduction（表现）艺术。”② 从德里达在上述分析中对 traduction 一词的不同用法可以看出，没有一个外文词能完全对等地表示 traduction 这个词的所有意义。从这种意义上说，traduction（翻译）一词是抵制翻译的。

对德里达来说，翻译意味着替补（supplément）。按他对这个词的独特用法，替补既表示替代，也表示补充。当一个不懂原文的人去读

① Jacques Derrida，*Du droit à la philosophie*，Paris：Galilée，1990，p.387.

② Ibid.，p.384.

译文时，他只能从译文里去领会原文的意象或观念。虽然这里有某种遗憾，但也有某种幸运，因为他可以按自己母语的习惯去阅读和理解原文。在这样做时他已经将自己的文化经验（不管是集体经验还是个人经验）融入自己的理解中了。这样，原文的生命和内容实际上得到了延伸和扩展。对一个既能读原文又能读译文的读者来说，译文肯定会遗漏一些东西，但也相应地能让他想到一些原文不会让他想到的东西。这就是对原文的补充和扩展。所以，德里达在《巴别塔》一文中指出，译文和原文“不管多么不同，都互相结合、互相补充，从而在生成过程中构成了一个更大的语言，也改变了它们自身。正如我们所看到的那样，译者的母语也相应改变了。——本雅明说得很清楚，原文在译文中扩展了，它扩大自身而不是使自身增殖。我还要加上一句：它就像孩子一样，它无疑是自己的孩子，但有自己独立说话的权利。这样，孩子就不是服从繁殖法则的一个产品”①。

如果说译文既是对原文的补充又是对原文的解放，我们还有理由说原文是译文的种子，译文是激起我们阅读原文的欲望的引子。当我们发现译文中尚有某处意思不经核对原文就不足以明白时尤其如此。一种语言的空间通过翻译而得以扩大，因此翻译不仅证明这种语言的再生能力，而且巩固这种能力。我们且不说一种语言不仅通过译文而丰富自己的词汇，增加或改变自己的句式，而且丰富自己的观念与思想。即便我们的生活中充满了译文，只要我们读的是母语，我们就不用担心我们的语文会失去灵魂。“由于翻译，即，由于这种语言的互补性，一种语言可以给予另一种语言所缺乏的东西，而且是和谐地给予。语言间的这种交叉保证了语言的成长，甚至是保证神圣语言的成

① 德里达：《巴别塔》，载郭军、曹雷雨编：《论瓦尔特·本雅明：现代性、寓言和语言的种子》，吉林人民出版社 2003 年版，第 68 页；Jacques Derrida，Des Tours de Babel，in：Jacques Derrida，*Acts of Religion*，New York and London：Routledge，2002，pp.104–133，译文稍有改动。

长，直到历史的最终得救。所有这些都是在翻译过程中宣告实现的，是通过语言的无限再生宣告实现的”①。

从严格的意义上讲，绝对对等的文本翻译只是一种理想，而不是现实。即便是由专名和系动词构成的简单句子在某些情况下，尤其是在隐喻的使用中，也会在两种不同的语境中引起不同的理解。比如，“标枪”对于狩猎的民族来说是狩猎的工具，而对许多体育爱好者来说则意味着运动器材。“希特勒”虽是一个专名，但对一个原始部落的人来说这个“专名”与我们心目中的“希特勒”具有截然不同的含义。德里达在此谈论的文本通常是指哲学文本与文学文本。作为替补的翻译既是对原文的替代又是对原文的补充，因为它进入新的语言系统之后与新的经验、新的意义之网相关，并向另一种文化开放。所以，经过翻译的文本已经不是原来的那个文本，而是遗漏了某些东西又增添了某些内容的文本。按德里达的看法，即便是最忠实于原著的翻译也是无限区别于原著，无限地远离原著的。翻译不但是语言的对接，而且是语体的转化。原文的内容并非一个封闭的实体，不是一个坚实的硬核。原文不过借某种语言获得一种外形而已。当一个文本被翻译成另一种语言时，它也随之获得了另一种表达，这种表达与原文的表达是有差异的，这种差异恰恰提示着翻译的重要性。从某种意义上讲，由于译文是原有内容的转型，它是“原文”的延伸，它是“原文”的另一种存在方式。有时德里达甚至怀疑有没有真正意义上的“原文”。在哲学与文学里，翻译无法为透明的交流负责。翻译绝不只是把原文的某种内容转移到了另一个地方，翻译也改变目标语言。由于目标语言与原文的语言或初始语言在词义、句法、风格、意象等方

---

① 德里达：《巴别塔》，载郭军、曹雷雨编：《论瓦尔特·本雅明：现代性、寓言和语言的种子》，吉林人民出版社 2003 年版，第 79 页；Jacques Derrida, “Des Tours de Babel”, in Jacques Derrida, *Acts of Religion*, New York and London: Routledge, 2002, pp.102–124。

面的非对等性和不对称性，翻译便不得不迁就两种语言，而过分的迁就必然导致削足适履的后果。对这一后果的自觉是尝试做更好的翻译的先决条件。

德里达并不是说我们可以随意翻译，他甚至常常提到要忠实于原作，要尊重原作。他本人在翻译费希特、谢林、胡塞尔、海德格尔等许多德国哲学家的论著的某些段落时甚至希望达到形与义的统一。因此，当他批评海德格尔著作的法文译本将 das Handwerk（手艺）译为 le métier 时，明确指出这种翻译并不足取，因为它忽略了海德格尔特别强调的“手艺”与“手”（Hand）在字面上的联系①，而这种联系对于理解海德格尔绝不是可有可无的，而是异常重要的，因为对海德格尔来说，不是思想决定手，而是手决定思想，手承载着人类的悠久历史，也预示着人类的长远命运。手改变着我们的世界。手的退化既标志着人的本质的改变，也在很大程度上标志着人的退化。尼采是第一个拥有打字机的哲学家，但是他不愿使用，因为他害怕手被机器化；海德格尔也拥有打字机，但是他同样不愿使用，因为他从中看到了一个时代的颓废，看到了人的本质被掏空的过程。所以，海德格尔很注意保养自己的手。德里达注意到这一现象并专门收集海德格尔的手的照片，还以“海德格尔之手”为题做了照片展览。由此，我们可以明白德里达为何强调对海德格尔的 das Handwerk（手艺）一词的翻译不能草率行事，而要从根基处，从广阔的背景“入手”。翻译的困难和翻译的命运在这里被赋予了深远的意义。

二

德里达还提出了如何保护原文的问题。原文的意义和风格都应得

---

① C. f. Jacques Derrida，“La Main de Heidegger”，in *Heidegger et la question*，Paris：Flammarion，1990，pp.173–222.

到保护。这就需要我们注意翻译的局限。习语和方言通常很难翻译，“习语的多样性实际上所限制的不仅是‘真正的’翻译，一种透明的、适当的相互表达，而且是一种结构上的顺序，一种建构上的一贯性”①。这段话就出自德里达讨论翻译的一篇文章，该文的标题“Des Tours de Babel”就是无法翻译的，因为德里达赋予这个标题多种意义，比如，它可以指“论 Tours de Babel”，也可以指“来自 Tours de Babel”，又可以指“关于 Tours de Babel”。Tours 在他那里既可以指“塔”，又可以指“扭结”，也可以指“骗局”，还可以指“转折”。他故意让你无法翻译。德里达还通过保留某些“抵制”翻译的德文词来“保护”原文的那些无法翻译的东西。他害怕译文会“吃掉”原文，会同化原文，会像筛子那样筛掉许多东西。他自然懂得翻译的历史性，即，以另一种保留古义的词去翻译原文中包含古义的词。在不能硬译的地方作一些注释。在解构文本时，将古义与今义并列是德里达的一大特点。没有对语源的基本了解，要理解德里达的某些作品肯定是十分困难的。鉴于翻译不同时期的作品有不同的语言风格，德里达并没有以主观想象来代替某些关键词在历史上的意义变迁，而是试图为语义的河流“清淤”，因为词典上的释义总会遗漏掉一些东西，特别是那些不确定的，尚不定型的语词用法。词典释义的顺序肯定要遵守某种逻辑；比如，它要么遵循词义出现的频率的高低来编排释义的顺序，要么根据词义的历史演变来编排这种顺序，要么在两种顺序都难以确定时两种方法交替使用或混合使用，因为再好的语言学家也无法穷尽一个词在过去的各种用法，也无法确定某个词在历史的某个时期流行的范围和程度。更为重要的是，在文字媒介并不普及的时代，语词的使用不仅有地区差异而且有人群差异。有些词典在释义

① Jacques Derrida，“Des Tours de Babel”，in Jacques Derrida，*Acts of Religion*，New York：Routledge，2002，pp.104–133.

时喜欢以某个作家的某部作品的句子作为释义的例句，也就难免将个别的东西当做普遍的东西，更何况不少作家都强调自己的独特的语言风格。在文学中，历史上的作品所使用的大量语词的意义其实是不确定的。尽管我们可以根据已经确定的词义去猜测那不够确定的词义，但我们仍需要发挥我们的想象力。当然，这种想象不是凭空想象，而是以已有的东西为依据的，比如，我们总得尽量避免将历史上没有的词义说成是历史上早就存在的意义。须知有些词语的古义与今义大相径庭，它们在历史上的用法与今天的用法甚至刚好相反。在我们中文中，“政治”“经济”这类词语就是如此。假如我们将今人的用法强加给古人，那就是典型的文字暴虐。所以，在翻译历史作品时我们需要有历史的意识和知识。这就是翻译中的史识问题。德里达本人是很重视这个问题的。这不仅表现在他对柏拉图的解读中，而且表现在对笛卡尔的解读中，更表现在关于海德格尔对希腊哲学的解读之解读中。德里达在解读卢梭时不时提到《罗伯特法语大辞典》的释义，也从一个侧面说明了翻译的历史性的基本依据。

然而，强调翻译的历史性并不等于说翻译就是对原文的复制，德里达在不同的地方都提到译文是一种不同于原文的另一种文本。在哲学和文学文本中，翻译在某种意义上是一种再造，是对原文的再造，这种再造不是舍弃原文的再造，而是尊重原文的再造。由于德里达已经声明要忠实于原作，要尊重作者，读者也就不用担心德里达会倡导和鼓励随心所欲的乱译。不少读者的误解多半源于他们没有注意到德里达也强调尊重原作、忠实于原作这一基本事实。因为德里达把尊重原作看作毋需多谈的常识，看作翻译得以进行的基本条件，所以他的侧重点在于强调翻译是再造、是改写，是写不同于原作的另一种文本，这个文本进入了新的语言，新的情境，新的前景，新的视域，总之，进入了新的“生活世界”。它被新的文化和另一种传统所接纳、吸收，它会重新获得生命，获得自己的历史与未来。它的命运是作者无法支配的，甚至是无法预知的。它等待新的因素的介入、渗透与组合，也等待着新的解释。就像“翻译”一词所表明的那样，翻译本身就是解释，只不过这种解释有着自身的限度并受总体性的逻辑所制约。德里达强调解构策略的运用的重要目标是扩展解释的空间。就此而言，解构与解释具有不可分割的联系。翻译至少为解释开辟了更多的可能性。

翻译是对话的艺术，是两种语言对话的艺术，是译者借文本而隐身的艺术。翻译体现了语词的经济性原则。不管译文多么糟糕，译者肯定都不愿把翻译变成单纯的注解，因为他不得不受制于语言的结构。由于人都喜欢用自己的母语说话，他在翻译时会有意无意地用母语的尺度去衡量原作。为了显示原文中那些抗拒翻译的东西，译者就不得不进行有意识的撤退，即，意识到母语的强大的吸收能力很可能妨碍自己传达原文的内容。这里显示了两种语言之间的张力。觉察到这种张力对于翻译实践和翻译理论无疑是重要的，因为它引导我们在两种语言之间恰当地进退。为了说明我们在翻译中遇到的这种张力，德里达通过解读笛卡尔的《谈谈方法》重点讨论了母语、国家语言、方言中的哲学问题。

众所周知，《谈谈方法》是用法语写成的，在拉丁文在学术界占统治地位的时代，这是一个重要的挑战，也是法语史上的划时代事件。笛卡尔说：“如果我用法语，用我国的语言写作，而不是用拉丁文，用我的老师们的语言写作，那是因为我希望仅仅使用纯粹的自然理性的人比仅仅相信古书的人能更好地对我的意见作出判断”。① 德里达从这段话中看到的不仅是表示愿望的语句（le constatif，述愿语）与表示行为的语句（即所谓的“述行语”，le performatif）的差异，而

① Descartes，*Oeuvres et Lettres*，Textes presentes par A. Bridoux. Paris：Gallimard. 1953，p.179.

且看到了语言的霸权是如何遭到挑战的，看到语言的特权如何遭到侵蚀以及今天的法语作为国家语言与当年的拉丁文如何面临相似的问题，看到翻译又如何成了维护语言权威的一种手段。也就是说，德里达从中看到的是一种语言的政治，因为在他看来语言里面有政治，语言绝不只是交流的工具，语言还是权力和权利的象征，也是控制与反控制角力的场所。当一个民族的语言成为国家语言，这个民族的总体地位得到了确认，并通过国家权威来保证它的合法性，而那些方言构成了某种异质性的力量。在某种程度上，方言是对抗“内部翻译”的方式，也是保护某种独特性的方式，它是一种风俗和地方生活的隔离带。一个民族的方言也许服从某种国家权威，但它维持着民间生活对于国家语言的相对独立性，这里蕴涵了抗拒同质性的力量，深埋着分离的种子，或者至少构成了异质的因素，这种因素对于丰富多彩的民间生活，对于多元政治力量的孕育都是必不可少的。因为这种方言“构成了弥散力，构成了离心力，构成了脱节的冒险，亦即颠覆的力量”①。也正因为如此，所有征服者、殖民者都力图改造被征服者使用的语言，或者干脆将自己的语言作为免于翻译的语言，至少作为官方语言（行政与司法语言）强加给被征服者。英国殖民者、法国殖民者是这样，希特勒政权是这样，日本侵略者也是这样。当一种外来的语言堂而皇之地变成了本民族的语言，甚至代替本民族的语言时，这个民族的民族性就在某种程度上被削弱了，甚至被改造了。因此，我们可以说，在这种语言里铭刻着一个民族的屈辱与痛苦，翻译在这里提示着这种记忆。试想，当一个民族在外来者的强制下被迫取消自己的语言而接受另一种语言时，这个民族何其痛苦呢？

翻译在某些情况下至少还标志着使用两种语言的人们在形式上的平等，通过取消一种语言来取消翻译的可能性也就等于取消了这种形

① Jacques Derrida，*Du droit à la philosophie*，Paris：Galilée，1990，p.289.

式上的平等。尊重民族的平等权利首先意味着尊重不同民族自主运用自己语言的权利，意味着尊重承载在这种语言和习俗中的文化传统。从这种意义上讲，承认翻译的正当性也就相当于给两种语言以正当存在的平等权利。基于这样的原因，1982 年法国工业与研究部部长发表声明说，如果在法国举行的会议不保证法语的地位（至少配置同声翻译），政府就不会给会议拨款。这位部长还说，法语应该继续成为或重新成为思想的优先媒介和科技的优先媒介。对这一声明，德里达表示同情性的理解并认为这是对抗英语霸权的方式。但他认为这种语言政策中也包含自笛卡尔时代起就一直存在的矛盾。即人们一方面将民族的语言与民族的方言对立起来，另一方面又将国家的唯一语言，将占统治地位的民族语言与已成为文化交流的优先媒介的其他自然语言对立起来（在笛卡尔之前是拉丁文，在今天是英语）。

通过对法语史的回顾，德里达力图说明翻译问题是与语言的地位问题紧密联系在一起的。法语的进步与对法语的抵制在 16 世纪同时并存。写历史的人并非绝对中立的，他们的解释系统往往带有某种哲学和政治色彩。写法语史和翻译史的人也不例外，因为他们的解释系统总在运用某种语言并且在特定时间参加语言的“战争”，而这种“战争”涉及的因素很多，比如，修辞手法，论证方式，不同学科之间的关系，合法化技巧，等等。法语成为国家语言的过程离不开政治人物的推动，离不开学者们，尤其是文学家和哲学家们的努力。但在近代早期这种努力曾受到教会的强大抵制，因为不仅《圣经》用的是拉丁文，而且宗教活动用的是拉丁文，学术语言也是拉丁文。法语被视为不登大雅之堂的平民语言。这种语言的生命力在民众的生活中。强大的教会一开始不允许将《圣经》译为法语，害怕这样做会影响《圣经》的权威性，影响教会的解释权。1539 年是改变法语地位的关键一年。这一年，弗朗索瓦一世（François 1er）发布诏书（被称为 Villers-Cotterets 诏书），规定在诉讼与判决中推广法语，尽管弗朗索瓦一世创立的法兰西学院当时只能使用拉丁文、希腊文、希伯来文。将近一个世纪之后，笛卡尔用法语写《谈谈方法》，使哲学获得了使用法语的机会。所以，德里达深有感触地把这个世纪称为给哲学以权利的世纪①。

宗教改革使法国教会的自主思想得以传播。两种法文版本《新约》分别问世于1523年（Lefevre d'Elaples版）和1535年（被称为Olivetan版），但其使用仍大受限制。1541年法国新教神学家加尔文（Calvin）重新用法语编写了一本《基督宗教的机构》。1549年杜伯雷（Du Bellay）写了《对法语的捍卫和说明》（*La défense et illustration de la langue française*），使法语的地位进一步得以巩固。布鲁诺（Ferdinand Brunot）写的《语言史·法语》（1947）以翔实的资料证明，语言的命运如何与民族的命运息息相关。

语言、翻译与政治在最终意义上是密不可分的，从近代法语的发展史看是如此，更不用说海外殖民史了。一个值得注意的现象是，国家语言的强制接受带有明显的征服目的和疆域的行政管理目的。为此，政治家往往与作家、哲学家、语言学家和其他学者一道去催生一种话语形式。在法国，从路易十二到亨利三世，为推广法语方言，政治人物与各种学者合作密切。从众多的学者给弗朗索瓦一世、亨利二世、查理九世、亨利三世等人写信，歌颂他们对法语的推广所做的贡献这个事实，我们不难得出政治权力在语言地位的确立方面所起的作用，也可以看出政治权力如何借文字权力来强化自身的统治。在法国，甚至有笑话说"法语"（Français）是从弗朗索瓦（François）的名字而来。德里达注意到，法国王室历来重视法语的地位，不注意他们的语言政策几乎难以理解法国文学史，这一政策也直接影响法国的出版、翻译乃至整个文化事业。弗朗索瓦一世后来还在法兰西学院任命

---

① Jacques Derrida，*Du droit à la philosophie*，Paris：Galilée，1990，p.290.

了法语教授从而进一步改变了法国的教育制度与学术制度。在这种情况下，法语似乎成了文化先锋，它为普通人打开了通向希腊哲学、拉丁哲学的大门，为文化的普及开辟了道路，也为后来的启蒙事业奠定了基础。随着法语成为国家语言，真正意义上的法国文学、法国哲学才开始出现。与此相应的必然是翻译事业的发展。比如路易十二的顾问塞瑟（Seyssel）就为他翻译了大量希腊文献和拉丁文献，16世纪中期，翻译甚至成了一个小小的职业。同样是这个塞瑟建议进一步扩大法语的使用范围，他认为推广法语是在本国和外国确立法国王权的有效手段。他本人还亲赴意大利考察，在旅途中明白了罗马人为何同时采用语言、军事、政治三种手段进行征服，他觉得自己有机会为法国做同样的事情。①

总之，德里达提示我们，翻译问题并不只是语言问题。它不仅与人的理解和解释能力相关，而且与广泛的文化现象相关，与政治和宗教相关。只有从深层、从文化、从生活本身去理解翻译，我们才能了解翻译的意义并使我们的翻译成为一种远远超出技巧的崇高事业。在现在这样一个全球化的时代，我们面临着保护文化的多样性、思维方式的多样性和生活方式的多样性的紧迫任务，翻译为我们有效地承担这一任务提供了可能性。一个国家拥有大量的翻译作品会开阔人们的视野，改善文化生态和精神的营养不良状况，因此拥有德里达大量的翻译作品并不是一件丢脸的事，而是文化繁荣和文化自信的标志。

---

① Jacques Derrida，*Du droit à la philosophie*，Paris：Galilée，1990，pp.291–297.

七、建构主义研究

建构主义哲学的缘起与发展[①]

建构主义（Constructivism，Konstruktivismus）在国际学术界是一个已经得到广泛使用的概念，其涵义和使用范围在不同哲学家那里不尽相同。此处所说的建构主义诞生于20世纪60年代后期，它试图以"建构""重构""根据"等概念为基础，依据"超越主体性原则"，采用博弈论和新语义学工具改造传统哲学、伦理学、政治学、科学史和有关科学基础的理论，并把它推广到语言学、社会学、文艺理论、文化哲学、教育学等领域。今天，我们已广泛使用和谈论"政治博弈"的概念并把政治选举和其他社会竞争行为称为博弈行为，这在很大程度上要归功于爱尔兰根学派对博弈论在社会政治和伦理领域的创造性运用。

建构主义分爱尔兰根学派和康斯坦茨学派两个阶段。爱尔兰根学派由历史学家、哲学家和音乐家卡姆拉（W. Kamlah）和数学家、逻辑学家、哲学家洛伦岑（ P. Lorenzen）于60年代共同创立，因他们都工作于德国的爱尔兰根大学，提出并实施了所谓的"爱尔兰根纲领"而得名。尽管人们通常将1964年作为方法论的建构主义产生的年份，但1967年才是建构主义哲学纲领得以全面制定的年份。实际

① 本文是汪堂家先生为他完成于2008年的教育部人文社科项目《建构主义研究——从爱尔兰根学派到康斯坦茨学派》所撰写的序言。——编者注

上，建构主义的两位创始人的合作早在 1962 年就已经开始。他们的工作集中在逻辑学、伦理学、语言哲学、哲学人类学、自然科学的哲学，尤其是数学哲学和物理学哲学等领域。在往后的十余年的时间里，他们的学生大部分是沿着他们指引的方向开展研究的。因此，我们首先要介绍一下他们两人的学术工作。

卡姆拉，1905 年 9 月 3 日生于德国的霍芬道夫，早年在哥廷根学习音乐和历史，还随著名神学家布尔特曼（R. Bultmann）学习神学，以研究教会史和音乐学而成名，后随海德格尔学习哲学并在哲学人类学方面多有建树，二战后因不满海德格尔的政治立场和理论上的神秘主义倾向而于 1954 年发表题为《海德格尔与技术》(Martin Heiegger und dieTechnik）的公开信与海德格尔决裂。他通过研究“存在史”和“理性史”对实践哲学、哲学人类学作出的一个独特贡献就是采用了弗雷格（Frege）以来的逻辑与语言分析工具来分析传统哲学概念，强调人的概念的相对性与开放性以及人的所谓本质的建构特征并提倡破除对人的本质的核心部分即理性的神秘化，提倡合理地思考，提倡井井有条的思想和循序渐进的思想。这也促使他思考方法论问题并意识到创造新的逻辑工具的重要性从而为以后创立建构主义的科学理论准备了条件。除四五十年代发表的一些论著，如，《处于世俗状态的人》(Der Mensch in der Profanitaet，1949)、《基督教与自我主张》(Christentum und Selfbehauptung，1940）等，卡姆拉于 1960 年出版《科学、真理与生存》(Wissenschaft，Wahrheit，Existenz)，将逻辑语言分析与存在哲学的思考结合起来。从 1962 年开始，他与洛伦岑密切合作研究逻辑学和哲学基础理论。1967 年，两人合作出版《逻辑初阶》(Logische Propaedeutik)，它旨在为哲学思想铸造现代逻辑工具并提供论证实践的预备训练。该书出版不久就成为德国最畅销的学术著作之一，一年内卖了 45000 册。正是在这部著作中，建构主义的基本纲领，即爱尔兰根纲领得到了比较完整的表述。这部由卡姆拉和洛伦岑合作的著作虽然从表面上看是一部逻辑学著作，但它提出了一个雄心勃勃的计划，按照这个计划，他们不仅力图建设性地解决逻辑学、数学和物理学的基础问题，而且力图为伦理学和政治学寻找可靠的基础。同时，他们还指望为所有学科找到一个普遍有效的描述方法。为所有科学寻找普遍的语言工具的努力使他们感到在哲学领域实现语言学转折是理所当然的事情，而语用学转折被看作这种转折的具体化。

1972年，卡姆拉的《哲学人类学》问世，它体现了爱尔兰根学派为将实践哲学与人类学结合起来所作的努力。在他的人类学中，"行为""遭遇""活动""需要"这类概念无法归结为人的普遍的物质本性，相反，为了使个人经验可以解释，为了使个人意志得到表达，要在分析生活世界的经验因素的基础上引入这些概念①。卡姆拉把哲学作为生活的艺术，认为这门艺术不仅生根于生活世界，而且体现了伦理的智慧。这种智慧既要描述人类实践的基本规范，又要关心个人的需要。他的名言是，"请注意，别人也是像你自己一样有需要并按需要行动的人！"理解别人的需要、尊重别人的需要始终是他的哲学人类学的第一主题。他告诉我们，为协调不同人的需要，我们需要理解人格的同一性和人的道德规范在哲学人类学构架中的作用。对人类学的历史主义理解和自然主义理解之所以要被哲学人类学所代替，就是因为需要和伦理规范之间的关系只有在后者那里才能得到可靠的说明和解释。卡姆拉还提出了"死亡权利"的概念，对自杀、研究的伦理、技术哲学、宗教哲学也作过不少研究（此处从略）。

洛伦岑，1915年3月24日生于德国基尔，早年随著名数学家哈塞（Hasse）在哥廷根大学学习数学，后在波恩大学、剑桥大学、得

① Juergen Mittelstrass, *Enzyklopaedie Philosophie und Wissenschafts-theorie*, Band.2. Hrsg. von Juergen Mittelstrass, Mannheim/Wien/Zuerich: B.I.-Wissenschaftsverlag, 1984, S.340–342.

克萨斯大学、波士顿大学和斯坦福大学教授数学，曾任基尔大学哲学教授，1962 年开始在爱尔兰根大学任教，至 1980 年退休。他一开始研究代数理论，并以无穷公理（不借助可还原性公理）证明了有多个分支的类型逻辑的无矛盾性。这被看作当时元数学领域取得的重要成果。他一直关心数学与逻辑学的基础问题并像希尔伯特那样将通过演算规则具体地运用图形视为数学家的工作特点①。他提出了建构性演算规则的概念并强调逻辑规则的普遍适用性离不开条件性，认为一切逻辑是可以追溯到某种元逻辑的（Protologik）。

洛伦岑还引入了对话的建构性标准，这种标准使得逻辑的对话结构成为可能。他的工作还有助于更精确地说明古典逻辑与效果逻辑之间的关系以及古典完备性理论证明的意义与克里普克语义学的意义。此外，他对定义的建构因素的强调也在一定程度上改变了古典定义理论给人们留下的僵化印象并有利于解释日常语言的更复杂的逻辑关系。同时，他的工作还使人们看到了当代数学的某些部分的漏洞，特别是集合论（如，超穷集合论）的漏洞。当代数学和逻辑的进步是在它们对自身基础的不断考问中成为可能的。20 世纪数学领域中的形式主义、直觉主义和逻辑主义三大数学流派的论争都与数学的基础问题相关。建构主义提供了思考这一问题的新思路，其原因是，洛伦岑发现如果不对经典分析的定理重新表述的话，就会出现理论之间的不相容性。他通过对大量定理的重审指出了重新表述它们的一些可能的途径。为此，他改进了著名数学家魏尔（Weyl）的工作。

在几何学的基础方面，他接受了丁勒（Dingler）定理，但更加强调几何学定理表达同质性原则并且表达了理想性要求。在他看来，几

① *Enzyklopaedie Philosophie und Wissenschaftstheorie*. Band. 2. Hrsg. von J. Mittelstrass, Mannheim/Wien/Zuerich: Wissenschaftsverlag, 1984, S.710–720.

何学不再与运用图形相关，而是与按照一定规则改造自然对象有关，几何学不再属于传统意义上的数学，而是属于元物理学，因为几何学不单单与空间度量相关，而且与时间度量和物质度量有关。1983年，洛伦岑与英赫特维恩（R.Inhetveen）合作提出了建构几何理论，试图重新考虑几何学的基础。在他们看来，欧氏几何与非欧几何（如，罗巴切夫斯基几何与黎曼几何）应当并且能够获得统一的更为稳固的基础。在此，我们关心的不是他们在《建构几何学》中采用的具体概念和定理，而是他们遵循的方法论原则以及这些原则在哲学上的意义。首先，他们发现几何学的基础不像人们通常认为的那样稳固，以几何学为样板的数理主义的思维方式需要改变；其次，传统的图形和形式概念有必要通过元几何学来重新定义，这就等于说，几何学所处理的对象本身并非绝对的东西，对象本身是需要重新认定的东西或者说是需要重构的东西；再次，建构几何学的定理虽然仍可以归为形式理论的范畴，但它们涉及根据建构规则而确定的基本形式的本质。图形作为形式的特殊形式而存在，但其定义是可以随形式的定义变化而变化的。对洛伦岑来说，元几何学可以导出“绝对几何学”的定理，但如果把几何学作为元物理学的一大部分，我们就能以建设性的方式重新表述质量概念和惯性定律，甚至广义相对论和狭义相对论都能以逻辑方式来表述。虽然他的雄心的确太大以致很难实现，但我们不能因此抛弃公理化方法。

洛伦岑的另一个重要目标是从“结构数学”出发走向建构集合论、建构概率论和普通语义学。他的设想虽然难以实现，但他让人们注意到所有学科都存在语言问题。语言不但影响人们的日常实践，而且影响科学结构本身。科学与生活世界的关联不仅体现在科学受到生活经验的推动，而且表现在科学语言系统与日常语言系统的关联，因为科学语言的界定和解释从最终意义上讲仍然离不开日常语言。这自然是因为科学的基本概念并非突然产生的，科学的历史性表明科学的边界是在日常语言中划定的，或者不妨说，科学的初始概念源于生活世界，其含义和界定方式总是受到生活的限制。即便我们使用了一些看上去远离生活的科学概念，它们也被赋予了生活经验的内容。完全脱离日常语言来教科学是不可能的。这就像我们教数学和物理时无法不用日常习见的语词和语句。由于日常语言的不确定性以及模糊性，至少在科学与日常经验的边缘地带解释学或诠释学的一些基本原则具有一定的适用性。但在科学的专门领域，人们追求确定性的信念一直存在并且成为科学进步的动力之一，因此把确定性的领域独立出来加以形式化研究并非不可能，事实上科学的发展已经证明这种研究的有效性与可行性。重要的是，我们在何时、何地将形式化方法予以推广和运用。这就涉及划界问题。对科学的划界问题其实可以落实到语言的划界问题，科学的划界并非绝对固定的，几乎非隔一段时间，它们的边界就要重新划定。之所以要划定边界，是为了定义的方便和制定对话规则的方便。之所以要打破界限，是为了扩大研究的范围和加深科学理解的可能性。

然而，洛伦岑在承认诠释学原则的有效性的同时主张对传统的诠释学理论作些修正。其中，最值得注意并且引起很大反响的自然是他与伽达默尔等人就诠释学循环所进行的讨论。大家知道，伽达默尔在《真理与方法》中采用了一些爱尔兰根学派的观念，但对他们也有不少批评。早在1965年的《循序渐进的思想》中，洛伦岑就指出诠释学的循环是可以避免的。在1967年出版的《逻辑初阶》中，他与卡姆拉一道更是认为诠释学循环可以通过区分不同的语义层次来打破。在他们看来，诠释学循环恰恰说明我们的思想还有缺陷，这一缺陷能够通过改进我们的思维方式去弥补。一旦放在生活世界的层面，文本解释的意义之根就能有效地发掘出来。为此，他把目光转向了实践哲学。他将论证和论辩（Argumentation）概念引进实践哲学。这一概念在他那里之所以重要，是因为他把论辩和论证作为行为的重要准备。合理的论辩可以促进理智的决定和对行为手段的合理选择。洛伦岑进一步将思维分为科学思维和实践思维，认为实践思维与具体情境相关，它旨在决定行为的目的以及对手段进行选择；而科学思维则可以通过对实践思维的循序渐进的改进来发展，它可导致知识、理解与领会。就情境进行论证可以得到有关情境的意见，而经过合理论证可以得到有关情境的知识。就源于某种行为并将改变这种行为的结果进行论证可以产生有关行为结果的意见，而对这种结果进行合理论证可以得到因果知识。就行为服务于哪种目的进行论证可以导致两种结果：第一种是把行为解释为达到某种目的的手段，第二种是把目的解释为达到新的目的的手段。这种合理论证会产生有关行为及其目的的理解。科学思维是理论思维，它包括认知、理解与领会。哲学则要对合理论证的规范，特别是对合理说话的规范进行解释和辩护。此外，它还要关心就意见、设想和判断进行论证的规范。对这些规范可以相应地进行解释与辩护。按洛伦岑的设想，哲学可以分为知识论、理解论与领会论。逻辑与科学理论构成了它们的主干。

在卡姆拉的影响下，洛伦岑也渐渐对人类学问题产生了浓厚兴趣，但他主要关心政治人类学的基本表述并希望用博弈论去解释人的政治行为。他甚至设想将道德原则重构为合理论证的原则，这样可以避免各种让人困扰的冲突和不必要的道德争论。什么是合理的论证呢？他说，这种论证的首要特点就是使用不受个人情绪和主观臆断影响的论据。换言之，我们要超越主体性去进行论证。人文科学在他看来应当成为真正的政治人类学，其任务之一就是教导实践的政治家和一般对政治感兴趣的公民以合理论证的艺术和技巧。这样一来，我们就不得不回到逻辑和语言哲学，包括诠释学。柏拉图早就建议将几何学训练作为合理论证的准备。洛伦岑认为这一思路值得重视和恢复。他的政治人类学力图作这样的尝试。

那么，洛伦岑怎样进行这种尝试呢？他写了《政治人类学》① 来回答这个问题。为了拓宽传统的人类学概念，他从科学技术活动与政治决断、政治意志和政治行为及其规则的关系出发来考察人的规范是如何起作用以及为什么起作用。他开宗明义地说，令东方和西方人感到惊奇的是，在伊斯兰共和国人们似乎已经意识到宗教与政治不可分离的原则。严格地讲，教皇也代表了这一原则。但是在西方教会里人们长期习惯于言行不一以及理论与实践的分离。这种分离实际上导致了人们没有意识到政治与伦理的不可分离原则的重要性，即使有人意识到了这种重要性，也是把它作为一条弱的原则，也就是说作为一种权宜之计。如今，科学仿佛成了我们时代的无限权威，但它对此问题保持沉默。问题出在科学本身想摆脱伦理的限制，它当然不想把伦理学变成科学。因为变成科学的伦理学就更有理由规范科学本身。所以，建立"科学的伦理学"虽然是很多人的愿望，但一直没有科学家去过问。人文学者们虽然想给伦理学一个可靠的基础，但缺乏确立这一基础的手段。这一点导致伦理政治领域的无方向感和不确定感。要让人们有方向感和确定感，我们就不得不以科学的手段去弥补这一欠缺。为了建立科学的伦理学，我们必须定义何为"科学的"、何为"伦理学"。但是，这种定义不是随意的，而要通过论证来保证。在那个时代提出要把伦理学变成科学的确让许多人感到震惊。更让人震惊的是，洛伦岑居然说要使伦理学变得像数学和物理学一样严密。他说，要定义"科学的"这个概念，就需要某种有关科学的理论。如果要把伦理学变成科学，你就得以科学的方式去处理伦理的问题。

1968 年，洛伦岑和他的学生施韦默尔（O.Schwemmer）合作出版了《建构逻辑、伦理学与科学理论》(Konstruktive Logik，Ethik und

① Lorenzen，Politische Anthropologie，in *Vernunft*，*Handlung und Erfahrung*，Hrsg.von O. Schwemmer，Muenchen：Beck，1981，S.104–116.

Wissenschaftstheorie），该书一开始用英文发表时只有短短的70页，后来用德文发表时扩充为200页。这本划时代的文献被认为是建构主义科学理论的重要成果。实际上它也是对建构主义科学理论在其他领域的推广和具体运用。

除卡姆拉和洛伦岑之外，爱尔兰根学派的其他主要成员还有K.洛伦茨（K. Lorenz），米特尔斯特拉斯（J. Mittelstrass），蒂尔（C. Thiel），雅尼西（P. Janich），施韦默尔（O. Schwemmer），卡姆巴特（F. Kambartel），施奈德（H. J.Schneider）等人。他们早年是前两位哲学家的学生和助手。1996年，米特尔斯特拉斯告诉我，他们在爱尔兰根时几乎每周五都在洛伦岑家里聚会，讨论建构主义的相关问题。他们在研究上各有侧重点并在一定程度上有所分工。K.洛伦茨后来成了著名的语言哲学家和逻辑学家，他写的《语言批判原理》是德国研究分析哲学不可多得的经典性著作，他提出的对话逻辑的设想仍在激励新一代的逻辑学家做出努力。米特尔斯特拉斯是后来的领军人物，也是建构主义哲学的一贯捍卫者，著有30余部著作和600多篇论文，是德国著名的科学哲学家、科学史家和教育家。同时，他又是实践哲学的实践者，先后任总理科技政策顾问和许多学术组织和机构的领导人。除两位创始人外，蒂尔是唯一在爱尔兰根大学工作至退休的爱尔兰根学派的成员。他在逻辑学和科学基础理论方面成果丰硕并且是研究弗雷格思想的出色专家。雅尼西长期研究数学、理论物理及其哲学基础问题。早在1969年就出版了《关于时间的元物理学》以及《物理学如何成为经验的？》两部著作，以后出版的十几部著作大都与物理学的哲学理论有关。他提出的关于物理学的描述性科学理论和规范性科学理论在德国学术界发生过较大的影响。施韦默尔早年研究数学和数理逻辑并与洛伦岑合作提出了建构逻辑的基本框架。其理论传到美国之后被发展为博弈语义学。离开爱尔兰根之后，他的兴趣转向了文化哲学研究并在该领域独树一帜，其突出贡献表现在对文化的类型学研究。卡姆巴特是唯一没有在爱尔兰根接受教育的早期建构主义哲学家。他早年在闵斯特（Muenster）大学学习物理、数学和数理逻辑及哲学，洛伦岑当过他的老师。他在1968年写的《经验与结构》中对经验主义与形式主义做了严谨的批评。在以后出版的《伦理学与数学》以及《认识与行为》中，他一直关注伦理学的方法问题。在近代，只有斯宾诺莎曾将伦理学与数学结合在一起，但后来遭到黑格尔的批评。卡姆巴特则不仅发现数学可以用于伦理学的描述，而且发现数学和物理中既有先天因素也有经验因素。物理学也无法独立于经验与历史。他的结论既源于他本人的科学实践也源于他对科学史的研究。建构主义哲学非常强调科学理论的历史向度，显然与卡姆巴特这里表述的思想有关。我们要研究德国实践哲学在20世纪的发展，不能不关注实践哲学与建构主义的科学理论的深刻联系。

70年代初，米特尔斯特拉斯，雅尼西与卡姆巴特先后来到康斯坦茨大学，一起创立了康斯坦茨学派，施奈德在爱尔兰根大学毕业后作为米特尔斯特拉斯的助手来到康斯坦茨大学，后来迈因策尔（K. Mainzer），维默尔（R. Wimmer），沃尔特斯（G. Wolters）和其他一些更年轻的学者加入了他们的行列（迈因策尔是个数学家，但一直关心数学哲学的基础问题；沃尔特斯早年研究进化生物学，后转向哲学研究）。在相当长的时间里，该大学的科学理论中心成了他们活动的阵地。一方面，他们完善并发展了爱尔兰根学派的基本理论，另一方面，不少人有了新的兴趣和方向。他们的导师们制订的纲领并未得到严格的贯彻，但他们也在较大程度上保留了原有的概念框架和理论原则。1974年，雅尼西、卡姆巴特和米特尔斯特拉斯合作出版《作为科学批评的科学理论》，这是康斯坦茨学派的纲领性文献，也可以视为康斯坦茨学派的一份宣言。这本书概画了建构主义哲学所关心的主要问题和领域，这些问题和领域可以概括如下：

与爱尔兰根纲领相比，康斯坦茨学派所描述的研究纲领更加注重科学知识的总体性质，注重社会科学的方法论问题。美学问题，特别是审美经验问题首次进入了建构主义的视野。这与接受美学的影响有关。当时，接受美学的奠基人尧斯（H.R.Jauss）已经在康斯坦茨大学哲学系任教（那里的哲学系包括哲学、文学和历史专业）并且在1967年4月13日就提出了接受美学的基本纲领。长期关注科学经验和科学语言结构的建构主义哲学家卡姆巴特、米特尔斯特拉斯和雅尼西在尧斯那里找到了回响，因为他们从科学史上发现，科学的语言系统也影响读者的接受程度，科学共同体也总是希望找到一种共同的描述框架和解释框架。对这种框架的接受程度受科学家的视域和前理解的因素的影响。作为同事，他们与尧斯经常在一起讨论。后者对中世纪文学史的分析被视为一种典范。尧斯在1970年发表的《作为挑战的文学史》（*Literaturgeschichte als Provokation*，Frankfurt，1970）以及在康斯坦茨大学所做的报告《审美经验的小辩护书》（*Kleine Apologie der aesthetische Erfahrung*，Konstanz，1972）成了建构主义美学观点的直接思想资源。而他在1982年发表的《审美经验与文学诠释学》第二卷中采用的对话逻辑方法显然源于建构主义哲学，包括尧斯的老师伽达默尔在内的一批思想家就是从卡姆拉和洛伦岑那里接受类似观念与方法的（尽管他们在接受时有所拒斥）。

康斯坦茨学派提出了“审美话语”概念，并把它与“示真话语”（apophantischer Rede，这是从修辞学那里借用来的术语，指表面上否定，而实际上暗示它是真的，故暂取此译）概念相对。总体说来，审美话语与真假无关，示真话语则与真假有关，即便它以假的形式出现，它也力图让人想到真的东西，因此，它以指向真为目的。他们认为，凡是激起美感的符号化对象都算“审美话语”，这样，小说、戏剧、舞蹈、电影、电视、时装、绘画、建筑以及其他符号化艺术形式，乃至自然景观，都可归于广义上的审美话语之列。它们承载了丰富的审美经验，这种经验包含某种先天因素，但每一次审美活动都是一定意义上的重构。审美话语的效应与接受能力成正比。接受的过程有规范因素在起作用。这种规范因素就是历史经验，它通过生活、习俗、教育和语言，甚至通过仪式而存在，虽然这种存在发生变形，但它成了审美经验中的相对不变的因素，由此确保审美经验中的某种自明性意义。然而，接受又是与情境联系在一起的。情境帮助我们回忆起包含在审美话语中的历史经验，前者代表着个别性，后者代表着一般性和共同性。人们之所以试图去寻找美学文本的本质，去探寻所谓的美的规律，正是因为他们看到了这种共同性的东西。但是，脱离接受者及其情境来谈美是没有多大意义的。美体现在审美的经验里。可以说，正是审美经验激活了审美话语和审美文本的意义。审美经验不同于美学知识。在审美经验中语言因素并不起主要作用，它旨在描述行为处境和话语情境。只有在需要做情境描述的审美文本中，语言因素才是重要的东西。但即便是在通过语言来编就的审美文本中，接受者的规范性因素仍然在发挥作用。在对审美文本的审美经验里，接受者把历史经验与有关特定情境的知识在一定程度上结合起来。前者可以理论知识的形式出现，也可以非理论知识的形式出现。这就可以解释为何一些人老是要问不懂音乐理论是否可以欣赏音乐？不懂绘画理论为何可以欣赏绘画？但我们可以反过来问，懂乐理的人能更好地欣赏音乐吗？懂绘画理论的人能更好地欣赏绘画吗？对不少人来说答案是肯定的。但为什么如此呢？为进一步回答这类问题，康斯坦茨学派的哲学家们提出了另外一个观点：在理论话语中被解释的东西可以通过审美话语的形式来体现或“被事例化”。比如，伏尔泰的《老实人》就常被视为对启蒙时代的人进行的自嘲性描述；陀思妥耶夫斯基的《卡拉玛苏兄弟》则被视为对俄罗斯贵族的衰落所作的描述。我们之所以说作品中有作品产生的时代，原因就在这里。与对示真话语与审美话语的区分相对应，他们区分了理论知识与事例知识。理论知识与普遍经验或共同性相关，它要涉及事物的根据；事例知识则不必如此，它涉及的是情境。理论知识与事例知识的联系是很清楚的，事例知识可以通过确定的有说服力的关联代替理论知识。而对事例知识的扩展可以唤起对理论知识的回忆[①]。在审美经验里，理论知识可以融合在事例知识里，帮助拓展审美的范围和深度，从而使审美经验丰富起来。因此，懂绘画理论的人比不懂绘画理论的人能更好地发掘审美对象呈现的意义。

上个世纪 80 年代，康斯坦茨学派内部出现了不少理论分歧，如，1984 年至 1986 年，卡姆巴特与米特尔斯特拉斯就理性文化问题进行了公开而友好的辩论，前者于 1984 年在康斯坦茨的一次哲学会议上作了题为《理性的合乎语法的文化》(The Grammatical Culture of Reason ）的报告，对当年的两位创始人洛伦岑和卡姆拉的理性观进行了实质上的批评，也间接对爱尔兰根纲领进行了批评（后来报告的德文题目改为《理性：标准还是文化?》）[②]。次年，米特尔斯特拉斯写了长文《论理性——对卡姆巴特的答复》对他的批评做了回应[③]。至此，康斯坦茨学派内部在一些根本问题上的分歧日趋明显。随着雅尼西、卡姆巴特、希奈德、迈因策尔先后到其他大学执教，严格意义上的康斯坦茨学派到 80 年代末已经解体。尽管他们依然每隔一段时间就在一起讨论各种问题，但不再遵循共同的理论原则和纲领。1998 年 11 月，当我不无惋惜地问米特尔斯特拉斯“你是否在进行孤军奋战，就像希腊神话中的英雄?”，他不无遗憾地说“康斯坦茨学派虽然难复旧观，但在德国、北欧和北美还有些年轻学者继续从事相关工作，希望亚洲将来也有人从事相关工作”。当时，我还有点为老先生的那份期待所感动。

---

① P. Janich，F. Kambartel，J. Mittelstrass，*Wissenschafstheorie als Wissenschtskritik*，Frankfurt am Main：Aspeckte Verlag，1974，S.140.

② *Vernuft*：*Kriterium oder Kultur*?，F. Kambartel，Philosophie der humanen Welt，Abhandlung，Frankfurt，1989，S.27–43.

③ 见 Juergen Mittelstrass，*Der Flug der Eule—von der Vernunft der Wissenschaft und der Aufgabe der Philosophie*，Frankfurt am Main：Surkamp，1989，S.120–141.

的确，通过前后对比，我们不难发现，爱尔兰根学派（Erlangen Schule）和康斯坦茨学派（Konstanz Schule）的理论家都致力于建立方法论哲学和对话哲学，并且注重研究科学的规范基础和伦理定向问题。在某种程度上说，后者是从前者那里分化出来的并且是对前者的细化和补充，但也开辟了新的理论阵地。康斯坦茨学派的哲学家们都承认，两派的理论具有前后继承关系，因此在概念、论题、方法和风格上有着不可否认的思想连续性。然而，由于爱尔兰根纲领太过宏伟，不太切合实际，它就像20世纪的逻辑主义一样虽然不乏理论建树但难以贯彻到底。至少在有限的未来我们看不到其纲领有实现的可能性。康斯坦茨学派的哲学家之间存在不少分歧是很自然的。至少，我们现在没有看到《作为科学批评的科学理论》中列出的美学研究纲领得到了进一步实施。

在卡姆拉的影响下，洛伦岑也渐渐对人类学问题产生了浓厚兴趣，但他主要关心政治人类学的基本表述并希望用博弈论去解释人的政治行为。他甚至设想将道德原则重构为合理论证的原则，这样可以避免各种让人困扰的冲突和不必要的道德争论。什么是合理的论证呢？他说，这种论证的首要特点就是使用不受个人情绪和主观臆断影响的论据。换言之，我们要超越主体性去进行论证。人文科学在他看来应当成为真正的政治人类学，其任务之一就是教导实践的政治家和一般对政治感兴趣的公民以合理论证的艺术和技巧。这样一来，我们就不得不回到逻辑和语言哲学，包括诠释学。柏拉图早就建议将几何学训练作为合理论证的准备。洛伦岑认为这一思路值得重视和恢复。他的政治人类学力图作这样的尝试。

那么，洛伦岑怎样进行这种尝试呢？他写了《政治人类学》[①]来

---

① *Lorenzen*，*Politische Anthropologie*，Vernunft，Handlung und Erfahrung. Hrsg. von O. Schwemmer，Muenchen：Beck，1981，S.104–116.

回答这个问题。为了拓宽传统的人类学概念，他从科学技术活动与政治决断、政治意志和政治行为及其规则的关系出发来考察人的规范是如何起作用以及为什么起作用。他开宗明义地说，令东方和西方人感到惊奇的是，在伊斯兰共和国人们似乎已经意识到宗教与政治不可分离的原则。严格地讲，教皇也代表了这一原则。但是在西方教会里人们长期习惯于言行不一以及理论与实践的分离。这种分离实际上导致了人们没有意识到政治与伦理的不可分离原则的重要性，即使有人意识到了这种重要性，也是把它作为一条弱的原则，也就是说作为一种权宜之计。如今，科学仿佛成了我们时代的无限权威，但它对此问题保持沉默。问题出在科学本身想摆脱伦理的限制，它当然不想把伦理学变成科学。因为变成科学的伦理学就更有理由规范科学本身。所以，建立“科学的伦理学”虽然是很多人的愿望，但一直没有科学家去过问。人文学者们虽然想给伦理学一个可靠的基础，但缺乏确立这一基础的手段。这一点导致伦理政治领域的无方向感和不确定感。要让人们有方向感和确定感，我们就不得不以科学的手段去弥补这一欠缺。为了建立科学的伦理学，我们必须定义何为“科学的”、何为“伦理学”。但是，这种定义不是随意的，而要通过论证来保证。在那个时代提出要把伦理学变成科学的确让许多人感到震惊。更让人震惊的是，洛伦岑居然说要使伦理学变得像数学和物理学一样严密。他说，要定义“科学的”这个概念，就需要某种有关科学的理论。如果要把伦理学变成科学，你就得以科学的方式去处理伦理的问题。

据洛伦岑在他的《建构主义哲学》论文集的英文版序言中的解释，“建构主义是秉承康德的批判精神而又采用现代科学哲学工具的哲学”①。这种哲学坚持康德的基本立场，即，强调实践理性（洛伦岑

① Paul Lorenzen，*Constructive Philosophy*，tr.by Karl Richard Pavlovic，The University of Massachusetts Press，1987，p.IX.

也称之为伦理–政治理性）优先于理论理性（洛伦岑也称技术理性）。爱尔兰根学派提出的有关数学、物理学和逻辑学的基本理论被视为为技术目的服务的工具。此处所说的“建构”相当于拉丁文的“综合”的意思，因而是在与“分析”相对的意义上使用的。洛伦岑坦言，无论是分析哲学还是建构哲学都是在语言学转折之后产生的，它们都是从弗雷格（Frege），罗素（Russell）和早期维特根斯坦（Wittgenstein）的理论发展而来。与分析哲学不同的是，建构哲学也是在皮尔士、丁勒（Dingler）和晚期维特根斯坦哲学的语用学转折之后产生的哲学。在建构哲学中，我们谈论我们正在做的事情，但这种谈论的对象并非必须加以分析的某种既定事物，而是由我们建构出来的某物。建构必须循序渐进地进行，没有空白和循环（ibid）。由于人类的思维和行为离不开语言（广义上的语言），建构活动是从语言开始的。比如，我们在描述某物时，我们已通过语言对事物进行了归类并给事物安上了语言之网。但循序渐进的语言建构开始于前理论的实践并产生支持实践的理论，即，建构哲学纲领。为给技术实践提供理论上的支持，爱尔兰根学派对逻辑、数学和物理学意义上的科学进行了理论上的重构。他们认为，那些狭义上的科学并不能为自身定向。我们需要就其目的本身进行论辩和论证并要寻找实现那些目的的合理方法。由于康德的“实践”概念容易导致误解，所以他们力图澄清康德的实践概念并到前理论的实践中去寻到循序渐进的语言建构的基础。这在一定意义上也在重构康德的实践哲学，即从生活世界出发而不是从纯粹理性出发讨论科学的基础问题。在洛伦岑看来，重构政治理论的实践也是“立法”的实践，即，就法律规范进行论辩的言语实践。洛伦岑自称理论工程师，认为像他这样的工程师首先需要决定为理论研究做些什么，并把理论知识作为做决定的导向。理论本身并不做决定。从事政治实践的政治家在某种理论指导下作决定意味着在理论与实践之间确立了一种对应关系，但这个理论并不等于政治行为规则，也不等于政治的逻辑。政治的逻辑是一种建构逻辑或者说博弈逻辑。它随时根据彼此力量的消长调整行为和实现目的的手段，甚至调整自己的目标和实现这些目标的步骤。所以，在此领域，目标并非固定不变的东西，它是在不同力量的竞争中确定的，在很大程度上它是由不同力量或其组合共同决定的，有时甚至是由相互竞争的势力确定的。从这种意义上说，敌人也参与自己的目标设定。从主观上看，是目的决定手段；从客观上看是手段决定目的。至少现实的人都是根据手段来确定目的。

按照洛伦岑在《建构逻辑、伦理学与科学理论》第二版序言中的看法，建构的科学理论并不打算成为一种“主义”，它旨在从技术实践或伦理-政治实践出发，提供一种支持实践的方法论工具。这种工具首先是带有动态性质的语言工具。建构逻辑被作为这样的工具。与发端于维也纳学派的逻辑经验主义并在50年代获得国际上的广泛接受的分析哲学不同，建构主义虽然也重视形式化方法，但并不限于对语言进行单纯的逻辑分析，也不限于将经验物理学的理论原则和方法应用到所有学科，尤其是社会学。当它将博弈论运用到人文科学和社会科学领域时，它确信只有用动态的方法才能描述动态的对象。形式化方法虽然是必要的，但它依然是静态的方法，因而必须加以改进和补充。

建构主义内容庞杂并且涉及的范围非常宽广，但显示出鲜明的理论特点。比如，它在德国推广使用Wissenschaftstheorie（字面上指科学理论）一词，并把自然科学、社会科学和人文科学看作一个整体；它关注精密科学的基础问题并创立了建构逻辑理论，其中，洛伦岑和洛伦茨提出的对话逻辑理论不仅开创了逻辑学的新领域，而且推动了逻辑学在其他领域的运用；它首倡将博弈论运用于人文科学和社会科学领域并取得了初步的成功；它顺应了20世纪科学哲学的语言学转折和语用学转折并提出了“语言批判原理”，它甚至力图将建构逻辑、伦理学与科学理论统一起来并通过对交叉学科性、多学科性和跨学科性的探讨推动着人文科学和社会科学的方法论研究；它将诠释学的基本理论与方法应用于科学哲学和科学史的研究并在此领域推广了“内史”与“外史”、“根据史”与“效应史”的概念；它不仅致力于捍卫自洪堡特以来的德国古典教育传统并大力推动旨在适应知识社会的教育改革，而且在德国恢复了实践哲学的地位；它重审了启蒙运动的历史及其利弊得失并主张进行“第三次启蒙”。可以说，爱尔兰根学派的科学理论哺育了整整一代德国学者。

需要指出的是，建构主义一开始虽说是建构的科学哲学的别称，但这个名称并非爱尔兰根学派理论家的自诩，而是一些批评家为建构的科学理论取的新名称。比如，施特格米勒（W. Stegmueller），阿佩尔（K.-O. Apel）和弗里德曼（J. Friedmann）等人一方面与爱尔兰根学派对话并吸取他们的某些思想，另一方面对他们的一些基本概念进行了批评，有些批评也可谓切中要害。弗里德曼敏锐地发现爱尔兰根学派的两大方法论问题，即，开端问题和根据问题是相互关联的，前者涉及方法的顺序，后者涉及确实性。因此，只要其中的一个概念受到质疑，另一个概念的合理性就值得怀疑。在《建构主义的理性批判：论爱尔兰根学派的开端问题与根据问题》[①] 中，弗里德曼把它们视为“同一个哲学奖章的两面”并质疑开端的绝对性。施特格米勒则声称，在建构主义的用语中“根据”概念不过是一种没有多大价值的比喻[②]。从各种批评看，人们普遍怀疑寻找最终根据的可能性并担心建构主义者会陷入无穷的倒退，即，被迫寻找根据的根据的根据。实际上，一些批评者忽略了一个事实：洛伦岑早年就发表了《数

① J. Friedmann，*Kritik Konstruktivistischer Vernuft*，*Zum Angangs-und Begruedungs problem bei der Erlanger Schule*，Muenchen，1981，S.25.

② W. Stegmueller，*Rationale Rekonstruktion von Wissenschaft und ihrem Wandel*，Stuttgart，1979，S.10.

学家的基础争论中的道德论证》，强调用实践的根据概念来解决有关数学基础的争论。他认为“建构乃是——行为。这必须通过建构的准则，通过规范来确定。规范必须是完全合理的：人们必须表明遵守规范比不遵守规范好”①。此外，施耐德试图通过进一步区分理论的根据概念和实践的根据概念来回应人们的批评。他认为前者与逻辑公理相关，后者与实践规则相关，但无论哪种根据概念都可避免无穷的倒退②。米特尔斯特拉斯则在《猫头鹰的起飞》中花了较大的篇幅来回答人们在根据问题上对建构主义的批评。对他来说，建构主义的重构（Rekonstruktion）概念可以帮助我们走出有关根据的争论。

毫无疑问，这里所说的建构主义哲学首先是德国版的科学哲学和科学史理论。它与法兰克福学派的社会批判理论相映生辉，并被视为“德国战后的第一次思想运动”（Gethmann）。与法兰克福学派不同，爱尔兰根学派的一些成员还深入研究过自然科学和科学史，有的人（如洛伦岑、洛伦茨、雅尼西）还在科学领域做出过贡献。爱尔兰根学派的创始人之一洛伦岑本身就是著名数学家和逻辑学家，长期在斯坦福大学、波士顿大学和爱尔兰根大学任教，早在专门研究哲学和创立爱尔兰根学派之前已经在纯数学领域研究了 20 多年并在群论、代数、微分几何、多维积分、集合论和拓扑学等领域卓有成就。比如，1951 年他与王浩几乎同时各自独立地发现了通过无穷公理证明具有多个分支的类型论的无矛盾性的途径。爱尔兰根学派的成员对科学研究的内在规律和特点有着切身的体会。这一点决定了他们对科学的认识比法兰克福学派对科学的认识更为深入。客观地讲，他们对科学的

① P. Lorenzen, *Moralische Argumentationen im Grundlagenstreit der Mathematiker*, in: W. Arnorld und H.Zeltner（Eds.）, Tradition und Kritik. Stuttgart-Bad Cannstatt, 1967, S.222.

② H.J. Schneider, *Der theoretische und der praktische Begruendungsbegriff*, in: Praktische Philosophie und konstruktive Wissenschaftstheorie. Hrsg. von F. Kambartel, Frankfurt, 1974, S.212–222.

"内在批评"比法兰克福学派对科学的"外在批评"更令人信服，也更经得起时间的考验。如果说爱尔兰根学派的"内在批评"更多地关注科学基础、科学方法、科学语言、科学的结构、科学的成长规律、各门科学的关系以及科学的伦理定向等问题，那么，法兰克福学派更加关注科学的社会功能和社会效应，特别是负面效应（尽管它不仅仅关注科学问题）。有趣的是，法兰克福学派的阿多诺与爱尔兰根学派的另一位创始人卡姆拉都是音乐家，对科学和生活世界都抱有强烈的伦理关怀和审美意识。前者至少有三分之一的手稿与音乐相关，后者则是舒茨手稿的发现者和最权威的阐释者，也是德国多个乐团的创立者和德国青年音乐运动的领导者并对合唱的技巧和理论的发展做出过贡献。两派的理论在20世纪60年代和70年代都曾盛极一时，它们相互批评并相互借鉴。由于法兰克福学派的一些人物在二战期间逃到了美国并在那里从事研究工作，他们对国际学术界的影响远远大于爱尔兰根学派。但法兰克福学派的第三代和第四代人物在不同程度上受到过爱尔兰根学派和康斯坦茨学派的影响。比如，法兰克福学派第四代代表人物霍耐特（Honneth）早年一直在康斯坦茨大学哲学系任教并受到康斯坦茨学派的理论熏陶。哈贝马斯也曾带着感激的心情谈及爱尔兰根学派对德国思想界的贡献。他在《关于实际对话的两点意见——纪念洛伦岑诞生60周年》一文中评论说："洛伦岑为方法论的哲学奠定了基础，而方法论的哲学从长远观点看也是解决实践哲学基本问题的一种方法。因此，他为实践哲学恢复名誉做出了决定性的贡献。洛伦岑提出的思想，已经跨越一代人的时间，成了当前讨论的议题。当人们谈起他的学生在这个问题上的论证时，光荣是属于导师的。"①

---

① 哈贝马斯:《重建历史唯物主义》，郭官义译，社会科学文献出版社2000年版，第329–337页。

“文化”释义的可能性

——与建构主义对话[①②]

迄今为止，关于文化的定义不下二百六十种。对文化的歧见非但没有妨碍学者对文化释义的热忱，相反引发了关于文化冲突和融合以及文化全球化的争论。文化全球化观念是对伦理全球化和经济全球化观念的呼应，其实质是要在全球建构一种“核心文化”和“边缘文化”。德国著名建构主义哲学家米特尔斯特拉斯（Jürgen Mittelstrass）[③]虽没有直接使用“文化全球化”这样的概念，但他对世

---

① 本文载于《复旦学报》(社会科学版) 1999 年第 3 期。——编者注

② 本文系作者在米特尔斯特拉斯教授指导下完成的论文的一部分。承蒙德国巴符州科学、文化、艺术部，德中友协和康斯坦茨大学的慷慨资助，谨致深切的谢意。

③ 建构主义（Konstruktivismus）是“战后德国第一次思想运动”它试图以“建构”“重构”“根据”等概念为基础，依据“超越主体性原则”，改造传统逻辑学，伦理学，科学史和有关科学基础的理论，并把它推广到语言学，文化哲学，教育学等领域，建构主义分爱尔兰根学派和康斯坦茨学派两个阶段，前者由历史学家卡姆拉（W. Kamlah）和逻辑学家洛伦岑（P. Lorenzen）于 60 年代创立，主要成员有洛伦茨，米特尔斯特拉斯，蒂尔，雅尼西和施韦默尔。七十年代初，米特尔斯特拉斯和雅尼西先后来到康斯坦茨大学，与 F. Kambartel 一起创立了康斯坦茨学派，完善并发展了爱尔兰根学派的基本理论。

米特尔斯特拉斯，1936 年 10 月 11 日生于德国杜塞尔多夫，当代德国著名哲学家，科学史家，教育学家。现任德国哲学协会主席，德国总理科技政策顾问，康斯坦茨大学教授。著有《拯救现象》《近代与启蒙》《列奥那多的世界》《科学的可能性》《不可思想之思想》《不合时宜的大学》等 30 余部著作和 600 余篇论文。

界文化和文化世界的独特理解可以帮助我们实现文化的古义与今释的统一，如果我们以开放的胸怀与建构主义进行建设性的对话，也许，我们可以在彼此认同的文化观念中发现文化释义的另一种可能性。

一

用“文化”去对译culture（英），Kultur（德）或culture（法）是从日本开始的，这种译法只是部分反映了18世纪之前西方学者对culture的看法。19世纪中国学者沿用了日本人的译法，但文化的首要含义反而因彰显科学的地位而削弱了，文化成了不再包含科学而是外在于科学或与科学并列的东西；此外，随着文化的道德含义的削弱，文化似乎不再是人之为人的价值体现，而仅仅沦为人为实现某种物质需要而偶然采用的工具（今天人们常说的“文化搭台、经济唱戏”就是这一趋势的合乎逻辑的结果）。

实际上，中国是最早具备文化自觉的国家之一。虽然把“文”与“化”结合起来只是汉代的事情，但是天之“文”与人之“文”在中国典籍中早就成了相互对待的东西（《易经》说，“小利有攸往，天文也；文明以止，人文也；观乎天文以察时变，观乎人文以化成天下”）。从词源学上讲，“文”是象形字，“文”与“纹”是相通的，可用来表示鸟兽之迹，也可用来表示木头石头的纹理，还可用来表示人体的纹理。《左传·隐公元年》说：“仲子生而有文在其手。”甚至可用来表示在身上刺画图案，即“文身”用现代的术语说，“文”一开始被用来表示自然事物的“痕迹”。人对天之“文”的认识先于对人之“文”的理解。“文”的含义的变化与人创造和运用符号的活动密切相关。由强调天人相感到明白天人相分，“文”字的适用范围不断改变。从用“文”统称天之“迹”和人之“迹”到用“文”表示诗书礼乐（司马光在《传家集》中对“文”作了这样的解说：古之所谓文者，乃诗书礼乐之文；升降进退之容，弦哥雅颂之声，非今之所谓文也——今之所谓文者，古之‘辞’也”)，或用“文”表示非武力的活动（文武对举)，精神的力量被渐渐发现，规范和典章制度的力量被渐渐发现。当刘向正式提出“文化”概念，宣称“文化不改”，并号召“以文德化人”时，“文化”的教化意义已经非常明显。南齐王融也在《曲水诗序》中说，“设神理以量俗，敷文化以柔远”。因此，从时间上说，中国“文化”一词的古义远比同期西文的culture，Kultur丰富。这是“文化”自觉充分发展的结果，按照米特尔斯特拉斯的理解，这种文化的自觉为人的理性本质之开展奠定了不可移易的基础。

然而，刘向时代的“文化”概念与西方18世纪之前的culture，Kultur概念只有部分相合之处。近代西文的culture源于拉丁文的cultura（分词形式是cultum)，原意指保护、耕种、栽培、居住。从已有材料看，“culture”由谁首先使用尚难查考。但可以认定的是，“文化”与农业最早紧密联系在一起，人首先“文化”自然，进而“文化”自身。农业（agricultura）的本义即是对土地的“文化”，教化（cultura animi）的本义乃是对灵魂的“文化”。在这里，“文化”一词首先指“保护”因为在拉丁思维里，保护与开发并存。在“文化”(动词）一物时，如果只有开发而无保护，“文化”不成其为“文化”；但是，只有保护而无开发，保护不仅会失去意义而且会葬送自己。因此，到17世纪时，西方人在使用“文化”概念时，特别强调“文化”是对肉体、灵魂和精神能力的训练（直到今天，法国人仍将体育称为culture physique)，在某些时候也专指道德境界的提升。虽然从时间上看，西方人给“文化”赋予道德含义远远晚于中国人，但我们应该特别留意西方人给“文化”赋予的两种意义，即“保护”与“栽培”直到中世纪晚期，西方人仍然强调这样的观点：正如人只有耕种土地并保护土地才能指望丰收，人只有仔细开发并精心保护自己的自然素质才能完善自己并有所收获。从这种意义上讲，“文化”成了人为追求完美而对自然所作的补充，但在文艺复兴之后，“cultura”

的古义渐渐淡化，cultura 成了人的理性本质之体现，随着 18 世纪西方学者停止用拉丁文写作，在英、法、德、意、西、葡等语言系统中相当于 cultura 的词汇已被学者广泛采用，以诠释人类发展并超越自己的纯粹本性的全部活动及成果。但我们不要忘记西方不同的语言系统对“文化”一词赋予了并不完全相同的意义，考察这些意义乃是比较语言学和文化语言学的任务。就像古代中国人将“人文”与“天文”对举一样，近代西方人常将“文化”与“自然”对置。

到 19 世纪初，近代西文“文化”概念大致有以下意义：1. 耕种，栽培。也指有别于自然活动和状态的人类活动及其状态，这种意义接近中国“人文”一词的早期意义；2. 社会制度或制度化的行为规范。此义较接近《论语·子罕》中的“文”的涵义（《论语·子罕》说“文王既没，文不在兹乎！”在此，“文”显然指礼乐制度）；3. 个人品质或特性，在这一点上，中国“文人”一词的“文”也已包涵西方的“Kultur”（如“文人”在《毛传》中被称为“文德之人”）；4. 个人修养、素养或学问，中国人所说的“文质彬彬，然后君子”“斯文”“文雅”多少与此相合；5. 人的理智状态和人性的高度发展；6. 人的道德价值或以道德规范去敦风化俗；7. 教育或训练；8. 人的技术活动、组织活动。①

上述概括自然不足以反映 19 世纪之前西方“文化”概念的全部发展，但它提示了“文化”的主要进路。从上述“文化”规定中，我们可以发现：1. 西方“文化”概念在相当长的时期里并没有中国“文化”中的“文”字所传达的符号学意义；2. 西方“文化”概念在相当

① Oswald Schwemmer, “Kultur”, in: *Enzyklopadie Philosophie und Wissenschafts-theorie*, Band 2, Hrsg von Jügen Mittelstrass, Mannheim/ wien/ Zurich: BI-Wissenschaft Verlag. Cf. J. Laloap/ J. Nelis, *Culture et civilization. Initiation a l'humanisme historique*, Tournai, 1955; G. Pégand, *Culture et civillization dan L'impasse*, Paris, 1966; C. Kluckholm, *Culture*, *A Critical Review of Concepts and Definition*, Mass 1962.

长的时间里并没有被直接用于表示文字系统或以文字形式出现的精神产品。但在康德和赫尔德之后，西文“文化”概念被赋予了更多的道德含义。康德把文化理解为人的合目的性活动，理解为这种活动所创造的生活世界，人在这一世界中具有自由自决的能力，一旦自律成了人的意愿和行为的可能性，以道德为中坚的文化生活就能将人的外在自然和内在自然发展起来。在这里，自然不再是单纯的手段，它本身即是自由目的之原则（可参见康德《判断力批判》§ 83）。因此，康德把道德观念视为文化的重要因素，而文化则被看作自律行为的条件。

与康德相比，赫尔德对“文化”的分析更为具体。他认为文化有主观规定和客观规定。根据客观规定，文化可以批判性地用于表示社会制度。文化也可用来表示风纪，或表示摆脱专制政府的意志。康德在考察“文化”概念时，时时考虑人的行为的道德根据。赫尔德则通过与自然的比较考察文化概念，认为就像植物有生长、开花、结果和消亡一样，文化也有生灭的过程。中国的《文心雕龙》有“文胜于质”之说，赫尔德则提出了文化高于自然的观点。但他认为文化并非按人类的计划而形成，而是随人性的成长而成长。文化是民众的生活方式，正是通过这种生活方式，以理性和道德公正为经纬的一般人性才能展开自己。

赫尔德的文化规定大大拓展了文化概念的外延并在很大程度上主导了“文化”概念的未来发展。19 世纪关于文化与自然的争论，20 世纪关于精英文化与大众文化的争论，关于文化普遍性与特殊性的争论，几乎都能从赫尔德那里发现它的源头。如今，几乎没有一个概念像“文化”概念那样模糊不清。在许多人眼里，“文化”要么是知识体系，要么是特定地域、特定民族奉行的价值观念的总称，要么是哲学、文学、艺术、历史等人文社会科学部门的总称，要么是受某种宗教、某种价值观和意识形态支配的生活方式，要么是指以图书馆、博物馆、影院、电视台、广播台、出版社、广告公司、影像公司、软件生产商为支柱的“文化”产业，甚至连茶、酒、食后面也加上“文化”二字。但无论在中国还是在西方，绝大部分人仍然把科学与文化对置，而没有把科学视为文化的重要因素，于是才有所谓的“人文”精神与科学精神的对立，对“文化”的历史理解与“文化”的现代意识之间似乎出现了难以调和的矛盾。“文化”世界的四分五裂使得“文化”观念形形色色。米特尔斯特拉斯教授告诉我们，“文化”概念的历史性与现代性可以在对人和世界的理性本质的重新阐释中获得统一。这种统一不但能将“文化”释义的可能性放在深远的背景之下，而且可以重构“文化”的过去。

二

文化不是世界的外在形式，也不是过时的保守的行为方式，更不是昙花一现的前卫作品，文化毋宁是生活世界本身，它包含先人的遗存，更包含新时代的创造，它把世界变成了可居住的世界，把世界变成了人的世界。在文化中，人得以超越他所创造的事物，同时也通过事物获得一种客观性。他在事物中注入了人的主观性反倒使人在“文化”世界中“文化”了自己。

从这种文化本体论出发，我们有必要回到“文化”一词的古义，并将这种古义放在人与世界的新型关系中加以阐发，因为在每个时代，人与世界的关系是不同的，是文化造就了不同的世界。我们这个时代的文化概念的肤浅性就在于没有把历史的演进看成文化的展开，没有把文化的发展看作人的理性本质，特别是人的道德价值的发挥。文化的“耕种”意义在于肯定了人的“发现”与“制作”的重要性。“文化”作为“耕种”是社会存在的先决条件，是“闲暇”，即希腊意义上的“学校”（英文的 school 源于希腊文的 skhole，即闲暇）存在的先决条件，因而也是“科学”亦即“知识”（英文的 science 源于拉丁文的

scire，指“认识”“知识”，今天的德文 Wissenschaft 仍然保留了这一用法）存在的先决条件。作为“耕种”和“培植”的文化始于对世界的发现；作为知识形态的文化始于对心灵力量的发现。人与世界的认识关系是通过符号建立的，因此，人对世界的“文化”过程也是对世界的符号化过程。符号是人的“痕迹”，这种“痕迹”与动物的“痕迹”的不同之处在于，动物的“痕迹”至多只是“记号”并且与满足自己的本能联系在一起。动物能做“记号”（如老虎通过粪便来圈定自己的王国，狗以粪便来引路），但不能制造符号。符号的存在意味着符号所代表的事物的消失，记号则始终与记号所提示的东西一同存在。记号不能把当下与遥远的过去、未来联结起来，符号却可以做到这一点，因而能提供使创造活动得以可能、使文化活动得以可能的想象空间。

从符号的观点去理解文化有助于对文化作完整的理解，这恰恰与中国人对“文”的古义的运用相契合。“文”的意义从鸟兽之“迹”向人之“迹”的过渡，向文字、辞章、德化、社会制度的过渡，正好反映了中国人将符号与记号分离开来并凸显“文化”是以道德为津梁的符号化过程。在我看来，米特尔斯特拉斯对西文“文化”的古义与今义的综合与中国“文化”的古义基本上是一致的。如果了解这一点，他肯定更乐于接受中国的文化诠释——世界即人文（《易经》上的“人”实际上有“人世”“人间”之意）。然而，米特尔斯特拉斯教授在承认文化的符号本性的基础上对世界多重性的认识以及对世界与自然的区分为我们说明文化的统一性并进而回答文化的全球化问题找到了一个基本立足点。在他看来，不管人以什么方式（如哲学的、宗教的、科学的方式）去认识世界，人都有一种世界图景，“这种世界图景是一种建构。这一点不仅适用于我们的生物知识，而且适用于意识过程。”① 但这个世界图景是

① Jürgen Mittelstrass, “Wir müssen nicht töten”, *Bild der Wissenschaft*, 1996, p.9.

什么呢？是人给自然建构的网络，自然因为这个网络而成为世界，这个网络就是符号的网络。如今，这个网络越来越厚重，以至人只能通过符号与世界打交道，用他自己的话说，“我们并不直接认识我们的世界，我们总是通过符号来感受我们的世界。”①

符号是什么呢？符号不是神经系统的结果，也不是神经系统本身，更不是世界本身。符号是人之“迹”，是人之“文”，是人在自己与自然之间设置的一种间接性。它是自然物、人造物和人自身的指代者。因为它的存在，人能在小世界中认识大世界，就像莱布尼茨的单子反映宇宙的面貌一样；因为它的存在，人能在小天地中制作大天地，就像达·芬奇在画室中既描画世界又艺术地设计世界一样。因此，文化首先意味着自然的符号化，世界是属于人并被人罩上符号之网、被人和其他生命共同拥有的世界。当自然被发现之时，世界还只是哥伦布的世界，亦即通过精神力量的发现而打开的世界；当哥伦布的世界被开垦被耕种、被解释，即被文化之时，世界便变成了莱布尼茨的世界；当莱布尼茨的世界不仅被解释，而且被改制、被人理性地、艺术地设置时，它便成了列奥那多的世界（Leonardo-Welt，此处的 Leonardo 是众所周知的达·芬奇的名字）②，成了需要科学家和工程师来设计和制造，需要文学家、艺术家来美化，需要史学家和哲学家来批评和理想化的世界。

列奥那多的世界是人工的世界，是人不断面对自己的作品的世界。此外只有一个日益萎缩的自然界与之对立。这就意味着，科学，这个世界的缔造者，已经深入它自己的世界，人置身于自己的作品中并且成了自己的作品的一部分。因此，人的环境中没有未经触及的

---

① Jürgen Mittelstrass，“Wir müssen nicht töten”，*Bild der Wissenschaft*，1996，p.9.

② Jürgen Mittelstrass，*Leonardo-Welt über Wissenschaft. Forschung und Verantwortung*，Frankfurt am Main：Suhrkamp Verlag，1992，S.11–20.

自然。通过清除、燃烧、打猎、耕作、改变河道、掘地采矿、产生垃圾，简言之，通过消费，改变并代替自然资源，人已把环境变成文化的世界，变成人本身的作品。在列奥那多的世界中，文化乃是生活的内涵。它也是主体的生活方式和理性世界的生活方式。① 通过文化，人不仅过着劳作、生产和诗意创造的生活，而且过着发现者、研究者、发明者和艺术家的生活。但如此理解的有文化的生活在相当大的程度上仍然只是理性文化的理想。现实状况是，文化常被人作为文化部门来理解，作为静态的学科来理解，作为分门别类的艺术、技术、科学、教育、经济、政治、军事来理解。在人们的心目中，文化仿佛要通过回忆而不是通过构造来实现，通过灌输而不是通过教化和改变来实现。文化成了展览出来的实物，而不是承前启后的精神品格。

在如此理解的文化中，书本、博物馆、档案馆和历史意识中被重新捡起的文化反倒成了陌生的东西，成了生活再也无法把握的东西，成了不能走上去而只能静观的另一个世界。从根本上讲，这恰恰不是文化，而是无文化。“文化意味着两样东西：它是人的劳动方式和生活方式的系统，它也是与技术、经济、政治这些领域相区别的这种一般文化的子系统，这与谈论技术文化、经济文化和政治文化并不矛盾。相反，它标志着特殊意义上的文化（包括文化工业）向一般意义上的文化的转变。” ②

文化有三种形式：认识形式、制度形式和道德形式。但无论是哪种形式都要通过符号和解释的中介而存在。遗憾的是，人们不是用一种形式去反对另一种形式就是用一种形式去代替另一种形式，现代的不平衡多半源于对文化的这些形式的偏狭理解。在各种文化形式中，

---

① Jürgen Mittelstrass, “Kommt eine neue Kultur?” *Universitas*, *Zeitschrift für interdisziplinäre Wissenschaft*, 1996, p.51.

② Jürgen Mittelstrass, “Culture and Science”, *European Review*, 1996: 4, pp.293–300.

道德始终是文化的活的灵魂。由于广义的文化世界中始终存在善恶的分别，并且这种分别不但体现在生活的外表，而且深入人的内心，恢复文化的道德意义或教化意义不仅是必要的，而且是可能的。但是，在制度形式的文化和认识形式的文化中，我们的信息化世界越来越陷入这样的危险：由于意见和知识越来越难以区分，媒体占据了人的意识空间，驾驭着人的感觉经验，于是自由的媒体反使人不自由。这是因为人正在分为两类：一类是制造信息的专家，另一类是对信息的真假性缺乏辨别力的消费者。虽然信息社会比以往任何时候更能体现文化的符号特性，但是，一旦这个社会的广大成员缺乏辨别意见与知识的能力，一旦大部分人要在信息世界中听任专家的摆布，那么，专家的邪恶可以导致列奥那多的世界的瘫痪和毁灭，至少对媒体和专家的依赖将使人失去思考的能力，从而使一部分人变得更加愚蠢。

今天，我们无可否认的是，电子信息世界和专家世界在列奥那多的世界中正日益扩大。由于知识本身越来越以电子信息的形式出现，人对电子信息的依赖的日益增加就直接意味着自我掌握的知识的日益减少。当电子信息世界允诺一种无须漫长学习过程的天堂般的知识王国时，我们就不得不从知识的侏儒变成信息巨人。在荧屏和头脑的共生中，信息之传输的意见与知识的界限已显得模糊不清，如果人不能审查通过信息传输的知识的可靠性，他就不得不相信信息，这种审查对制度化的教育，对作为认识形式的文化具有决定意义，因为它决定了以知识为基础的、旧的认识自主性观念是否转向认识的非自主性观念。如前所述，自由的媒体正在改变控制结构，随着人在媒体中以图景世界代替世界图景，我们本想通过图画来控制事物，现在图画反而控制了我们。通过网络而呈现的艺术成了没有艺术家和艺术作品的艺术，知识分子成了没有理解力的知识分子，思想成了没有头脑的思想，心灵成了无主体的心灵——人怎样选择，世界就怎样向你呈现。

也许，有人会说，现在断言人将为媒体所控制有点杞人忧天，但以宏远的心思谨慎地规划文化的未来不仅可以防止新的愚蠢，而且可以为理性地对待理性的产物——由科学支撑的日益技术化的世界——创造一种氛围。只有恢复“文化”的古典意义，只有“以文德化人”，科学才不会丧失它的道德形式。从根本意义上讲，科学与文化并不是相互反对的，相反，科学本质上是文化。科学是文化的直接现实，也是文化所体现的人的理性本质的存在形式。基于这种理解，可以断言，使科学脱离文化本身就是一种无文化现象，受害者将是科学本身。

三

从建构主义观点看，既然我们的世界是列奥那多的世界，是符号之网的世界，是人工产品的世界，那么作为人的本性的逻辑结果，文化可以通过认识形式、制度形式和道德形式来表现它们的统一性。文化的统一性根源于人的理性本质的统一性和列奥那多世界的统一性。

人是流动的文化，“人的转变也是文化的转变”①。人在文化的发展中实现自己的本性，也在文化的发展中走向自由状态。就文化的道德形式而言，无论你属于哪一个民族，属于哪一种宗教，你都与其他“文化共同体”分享了某些共同理念以及维系一个文化共同体所需要的普遍有效的道德规范，如，不要杀人，不要强奸，不要撒谎，忠诚、正直、诚实、守信是几乎所有社会的道德要求。非洲哲学家克瓦西·怀尔杜（Kwasi Wiredu）甚至认为，所有人在生物学上的相似性而不是亲缘关系为不同民族发展相互理解的概念并在多样性中获得普遍性提供了基础。他把这种最普遍的道德规则称 sympathetic impartiality（即同情性的公平），并认为这种有效的规则可以促进不同

① Jürgen Mittelstrass, “Kommt eine neue Kultur?” *Universitas*, *Zeitschrift für interdisziplinäre Wissenschaft*, 1996, p.51.

民族的利益的和谐（Wiredu 把它称为“黄金规则”或“黄金律”）①。因此，文化的某些道德形式本身就具有全球意义。

就文化的认识形式而言，不同民族的哲学、文学、艺术作品虽然千姿百态，但几乎没有一个民族的这类作品完全不能为其他有文字的民族所理解。这一事实表明，真正的哲学、文学、艺术作品自产生之日起就具有全球价值，它们已为自身的全球化提供了可能性。作为文化的重要组成部分的科学与技术无疑是人类共同的认识形式，它已经成为并将继续成为人类共同利益的承担者。今天科学技术的影响无处不在，它充分展示了人类共有的理性能力。正如米特尔斯特拉斯所说，科学不仅是科学家掌握的知识，而且是研究与教育、说明与发现，发明与理解，游戏与解谜，安排与整理，建造与计划，构造与批评，等等。在以科学技术作为生存条件的现代世界上，现代文化渐渐学会了首先通过科学理性继而通过技术理性来确定自己的合理性。正因如此，斯诺才哀叹：“在我们的社会（西方社会）中，我们已经丢掉普通文化的伪装”②。然而，斯诺关于两种文化概念的观点是不能接受的。③在他看来，只有人文科学才叫文化，自然科学不是文化，阅读莎士比亚属于文化，学习热力学第二定律则不算文化。斯诺忽视了自然科学本身不仅是古典文化的历史产物，而且深刻体现了人的认识本性，而这恰恰是“文化”概念的古义之一。今天，一些文化全球化的鼓吹者显然犯了斯诺的错误，由于他们把科学排除在文化之外，本已全球化的科学自然不在文化全球化之列。部分人所谓的文化全球化其实是指作为制度化形式的文化，（如政治、经济制度）的全球化。

---

① Kwasi Wiredu，*Cultural Universals and Particulars*：*An African Perspective*. Boomington and Indianapolis：Indiana University Press，1996，p.29.

② C. P. Snow，*The Two Cultures and a Second Look*，Cambridge：Cambridge University Press，1964，p.60.

③ Jürgen Mittelstrass，*Die Hauser des Wissens*，Frankfurt am Main：Suhrkamp Verlag，1998，S.92–98.

实际上，文化全球化的困难，主要在于制度化形式以及某些道德形式。就认识形式而言，保护文化的多样性比以往任何时候更加迫切。我认为，保护作为认识形式的文化的多样性就像保护动物的多样性一样重要，就像世界上一旦只有“人类”一种动物将预示着人类自身的灭亡一样，世界上一旦只有一种文化，这种文化将离死亡不远矣。今天，不少国家对保护自己的古迹倾注了极大的热情（这当然不错），而对保护那些活生生的少数民族文化则淡然处之；不少人热衷于贩运、展览和赏玩各种各样的古董，而对传播和保护那些即将消失的少数民族文化却无动于衷。这种“寻”死“弃”活的做法不啻舍本逐末之举，它导致了一种历史循环，我把这种循环称为“文化史的妄想”：听任活的东西不断死去，然后费尽心力试图让死去的东西活过来。世界上出现的各种文化复兴运动莫不是这种“文化史妄想”的表现。

因此，保护“文化”的多样性是全球文化建设的急务。“全球化”（globalization）一词是美国两位经济学家于60年代提出的，其主旨本是在全球推广美国自由资本主义的基本规则并在此基础上建立统一的全球市场。今天，当我们热衷于讨论文化全球化、伦理全球化的时候，我们不要忘记“全球化”一词产生的这一历史背景。如果文化的全球化意味着以文化的单一性代替文化的多样性，以一种自以为优越的文化去否定和取代其他文化，我们有朝一日会重新陷入“文化史的妄想”之中，其结果只能是把某种文化的霸权推广到全球生活的各个方面，从而把丰富多彩的世界变成单调乏味的世界，世界文化本身也将因缺乏相互激励，相互竞长的内在因素而失去进一步发展的活力。如果文化的全球化意味着求同存异地发掘不同文化的普遍意义和共同价值，并以一般人性为依归，为多样性的文化交流、沟通与理解提供某些基本原则和指导思想，我们理所当然要欢迎和参与这一全球化进程。

另一方面，我们也面临接续自己文化传统的任务。接续以接受为前提。在世界古老的文化系统中，只有中国文化保持了它的相对连续性，尽管这种连续性也常因这样那样的原因而出现某些方面的短暂间断。文化的展开是精神力量的体现，对智力劳动的尊重为我们接续自己的文化传统开辟了道路。一方面，文化传统活化在我们的语言中，活化在民众的生活方式中，这使我们客观上保留了使古典文化得以存在的土壤。另一方面，作为认识形式和道德形式的文化常因作为制度形式的文化的彻底改变而受到某种程度的损害甚至“断裂”正如米特尔斯特拉斯教授所说，哪里出现文化的停顿，哪里就会出现社会的呆滞，哪里的文化就会成为历史、成为陈列品、成为故纸堆。中国一百多年来的外患与内乱，加上“文革”的动乱的确使作为认识形式和道德形式的文化受到了破坏。因此，弘扬我们的文化传统不得不由此开始。

但是，弘扬首先意味着接续。于是，我们不得不从故纸堆和陈列品开始。各种各样的典籍只有经过学者的重新整理、理解与阐释并成为大众文化的营养，或成为影响大众文化的精神力量，才能成为文明的活的血液，并在一定程度上影响文明的进程。从这种意义上讲，典籍应当成为并且能够成为影响民族精神生活的重要因素，对典籍的研究与阐释虽然是少数学者的工作，但这种工作是在营造一种文化环境，开发文化资源，它传递着文明的薪火，维系着文明的血脉，至少保持着一种作为认识形式的文化的连续性。事实表明，哪里有文化的断裂，哪里就没有文化（指认识形式的文化）。如果文艺复兴时代的学者不从阿拉伯世界那里了解古希腊的典籍并加以进一步发掘与阐释，近现代西方人是没有资格自称希腊文化的传人的。

因此，对文化的历史理解本身就是现代文化的重要组成部分。当我们谈论文化的全球化时，不应忘记我们所生活的这个列奥那多的世界本身就是不同文化史潮流的汇合。

对“进步”概念的哲学重审

——兼评建构主义的“进步”观念[1]

“没有其他概念像进步概念那样表达了现时代的自我画像和殷切希望。无限的不可遏止的进步的观念取代了基督教的历史神学。进步概念尤其打上了启蒙运动的烙印，以下的命题预示着这一概念的出现：理智的自由发展特别是对自然的科学认识的提高或多或少自动导致了日趋人道的社会的出现。就此而论，进步就相当于作为历史过程的启蒙。”[2]这段话无疑描述了一个历史图景，也表达了启蒙运动以来的一个深入人心的观念，这种观念包含着对人的理智力量的确信，也包含着对科学的威力的出自内心的信任。进步的观念像发展的观念那样几乎融入了现代社会的一种意识形态，甚至成了我们的社会的一种不可动摇的信念。

但是，当发展的观念引起人们的盲目乐观并因为这种乐观而导致了许多过去未曾料到的难题时，对这一观念进行重审和修正也就顺理成章了。我们有理由相信，这种重审和修正恰恰体现了以发展的眼光看发展的要求。在此，我们也自然要问，我们是否也要以进步的眼光看进步呢？答案无疑是肯定的。这不仅是因为进步观念与发展的观念是相互关联的，而且是因为它们代表了启蒙运动的两个基本信

---

① 本文载于《复旦学报》(社会科学版)2010 年第 1 期。——编者注

② Arnold Burgen，Peter McLaughlin，Juergen Mittelstrass（ed.），*The Idea of Progress*，Berlin/New York：Walter de Gruyter，1997，p.IX.

条。至少从字面上看，发展会让人联想到量的增多和范围的扩展，进步则让人想到质的提高。它们都源于人对自身理智力量的自信。然而，这种自信并没有必然的保证。近二十年来出现的“可持续发展”（sustainable development）的观念就是因环境危机与资源危机的出现而对传统的发展观念所作的修正，它标志着人们已经意识到发展是可以停滞和中断的，或者说，发展也可能是不可持续的。许多国家对产业政策、环境政策和能源政策的调整就基于这样的认识。

相应地，我们对进步概念进行重审也就是理所当然的事情。在这方面，建构主义哲学家做了不少令人称道的工作。他们不仅组织了多次以进步为主题的会议，而且发表了不少相关的论著来讨论进步概念及其相关问题。其中，《进步的观念》（Mittelstrass，Burgen，Mclaughlin 编），《进步与精英》（J. Mittelstrass，*Fortschritt und Eliten. Analysen zur Rationalitaet Industriegesellschaft*，Konstanz：Konstanzer Universitaetsreden，1984.）和《作为自由文化的任务的科技进步》（J. Mittelstrass）等一系列论著集中反映了建构主义的进步观。

正如米特尔斯特拉斯（Mittelstrass），伯根（Burgen）和麦克劳林（Mclaughlin）指出的那样，进步的观念现在已经失去往日那种令人信服的力量。进步不仅解决问题，而且产生问题。社会的进步在很大程度上被认为是以科学的进步为基础的。但科学的进步也给社会带来了相互矛盾的结果。在近些年来的科学哲学中，知识进步的观念不断受到质疑。其原因是，人们可以提供不同的进步标准，从某些方面衡量，人类是进步的，而从另外的标准看，人类却是退步的。在科学知识和科学合理性的方法论标准方面，人们的分歧也日益明显，以致科学哲学家不得不提出几种合理性的模式，虽然这些模式总体上都倾向于肯定知识特别是科学知识的进步，但对进步的解释和评估却因为采取不同的标准而大相径庭。一个众所周知的例子是，在科学昌明的时代，一些国家的自杀率非但不见减少，反而大大增加；在一些科学发达的国家，人们的幸福感反而不及一些科学落后地区的人的幸福感强烈。虽然有不少人承认进步仍然是科学活动的基本因素，“但进步概念失去了它往日的自明性和表面上的简单性。独立于其历史意义的进步概念现在甚至更多地成为哲学思考和科学思考的主题”。

一、“进步”概念的前史

按建构主义的见解，进步概念像其他许多概念一样经历了建构和重构的过程。实际上，人们对进步的认识也在不断地进步。“现代人的进步观念的起源与现代经验科学和精密科学的起源是同步的。早期一些谈论进步的人本身就是科学的先锋”①从学术史的角度看，现代的进步概念是在文艺复兴之后开始形成的，它的真正确立要到启蒙运动。然而，这并不等于说，现代的进步概念没有早期的萌芽形态。考察这些形态不仅可以帮助我们认识进步概念从何处来，而且可以帮助我们在一定程度上预知进步概念将往何处去。

英文和法文的“进步”一词（progress，progrès）都是从拉丁文Progressus来的。德文的Fortschritt则是它们的翻译。据著名古典学家瓦尔特·伯克特（Walter Burkert）的考证，拉丁文的Progressus是由西塞罗首先使用的。它有两个与其相关的希腊词源，一个是epidosis，另一个是prokopé，但这两个词只是当时的时髦用语，并无特别的学理意义②。它们大体表示个人能力的长进。而据《新约神学辞典》对Prokopé的解释，此词主要用来描述个人品德方面的“进步”③（18世纪

① Georg Henrik von Wright，“Progress：Fact and Fiction”，Arnold Burgen，Peter McLaughlin，Juergen Mittelstrass（ed.），*The Idea of Progress*，Berlin/New York：Walter de Gruyter，1997，pp.1–18.

② Walter Burkert，“Impact and limits of the idea of Progress in Antiquity”，Arnold Burgen，Peter McLaughlin，Juergen Mittelstrass（ed.），*The Idea of Progress*，Berlin/New York：Walter de Gruyter，1997，pp.19–46.

③ *Theologisches Woerterbuch zum Neuen Testament VI*，Sttutgart，1959，S.703–719.

末康德对进步概念的阐释就是沿此路径展开的）。在相当长的历史中，这个词几乎没有被用来描述社会或文明的“进步”。正因为这个原因，伯瑞（J. Bury）在1920年写的《进步的观念》认为古人没有进步的观念。他认为，“传统的古代及随后的时代的智力氛围并非有利于关于进步的学说的诞生。直至16世纪，进步观念出现的障碍才开始无疑地加以超越，而一种有利的氛围也逐渐准备就绪”①。

的确，在西方文化中，就像在中国文化中一样，人们的思想长期受历史循环观念和人类退化观念的支配。赫西俄德的《神谱》首次提到人类经历金、银、铜、铁时代的过程。值得注意的是，他用这些价值依次降低的金属来表示那些时代并以时间系列表明它们逐渐退步的特征。犹太-基督教传统对人类历史的看法同样呈现出一种悲观主义的色彩。《旧约》谈到世界历史的创造，《新约》则谈到基督的再次降临和世界历史的终结。自亚当被逐出伊甸园后，人类的生存状况总体上在不断恶化。在失去的乐园和重新获得的乐园之间，人类的退步成了挥之不去的阴影和社会思想的基调。尽管如此，古代仍有少数勇敢的思想家提出过人类在短时间内并在某些方面能够取得进步的观点。这些观点成了现代“进步”观念的思想资源。

众所周知，被认为开始了西方文明的第一次启蒙的古希腊创造了辉煌灿烂的文化，以致柏拉图在谈到希腊人在工艺上取得的成就时用了epidedokasin（大体相当于“先进”的意思）这样一个词，并认为与他同时代的人相比古代艺术家简直不值一提。西方医学的鼻祖希波克拉底更是以他自身的成就证明今人的医学水平可以高于古人。他在《论古代医学》和《论医学技艺》中都提到了医学技艺不断改进的事实并相信将来会继续改进。智者派哲学家们则前无古人地促进了人的自我认识，他们把人作为价值源泉的思想直到两千多年以后

① 伯瑞：《进步的观念》，范祥涛译，上海三联书店2005年版，第4页。

才得到系统化的表述。这一事实既证明了他们思想的超前性，也证明了他们正试图在世界上确立价值等级和人的优越性的观念，这一观念恰恰是文艺复兴和启蒙运动所激发的乐观主义情绪的最终根源。也正是在智者派那里，教育被视为提高人的理智能力的手段。按伯克特的说法，“老的”或“旧的”一词（archaion）就是在智者派那里渐渐被赋予消极意义的，与此相应，新诗、新音乐、新工艺和新风尚得到了热情的赞扬和肯定。这是对“进步”的反面，亦即“退步”观念所作的首次批判性的反应。作为历史学家的修昔底德在研究城邦时就采纳了类似的思维模式，比如，他认为城邦的繁荣不是靠固守已有的东西来实现，而要靠不断发明新东西来实现。他本人还发明了两个与“进步”一词相近的新词。一个是 epitéchnesis，可以大致翻译为“更新”和“升级”；另一个是 kekainotai，可以大致译为“崭新的”或“现代的”“时髦的”[①]。新东西虽然不一定是好东西，但更好的东西一定是新东西。“进步”只有在新东西超过旧东西时才能实现。因此，从修昔底德的想法和他发明的新词中我们可以发现进步观念的萌芽。

然而，除了斯多葛派哲学家坡西多尼乌斯（Posidonius）和塞涅卡以及卢克莱修之外，直到文艺复兴之前，很少有人对与“进步”相关的问题倾注理论上的热情。按照伯瑞的看法，塞涅卡的确相信“知识的进步并且意识到知识进步的价值，但他给知识进步所赋予的价值并不在于他给人类的普遍群体带来任何优势。他并不认为它会给世界带来任何改进。也许奥古斯丁是为数不多的几个例外之一。[②]但他的基督教哲学的理论前提决定了他只能在非常狭小的范围内讨论这一问

---

① Walter Burkert，Walter Burkert，“*Impact and limits of the idea of Progress in Antiquity*”，in：Arnold Burgen，Peter McLaughlin，Juergen Mittelstrass（ed.），*The Idea of Progress*，Berlin/New York：Walter de Gruyter，1997，pp.19–46.

② Cf. Th. E. Mommsen，“St. Augustine and the Christian Idea of Progress”，*Journal of the History of Idea*，1952：12，p.346.

题。他所说的人的精神能力的提高和改进不过是人类堕落和退化的插曲而已。文艺复兴对于“进步”观的意义则在于，它唤起了人的自觉，也促进了人对自己文明进程的关注。由于进步问题本质上是人的问题，人对自身利益和命运的关切使人不得不思考人是否能选择自己的未来，如果能选择的话人将如何选择更好的未来。

在16—17世纪，西方广泛开展的古今之争为上述问题提供了答案，也为进步观念的确立提供了崭新的机会。在参与争论的人中，我们不能不提几个重要人物，一个是培根，一个是帕斯卡尔。培根在《新大西岛》（*The New Atlantis*）中对科学技术给人和人类社会带来的积极变化所作的描述是对进步所作的预言式讴歌或者说是对立足于科技进步的社会所作的憧憬与展望。如果这种展望成为社会精英们为之奋斗的目标，它就可以成为引领社会潮流的强烈信念，不管这种信念是个人的还是群体的，它都在客观上创造了一种要求发展科学技术的精神氛围。

帕斯卡尔显然不像培根那样乐观。他引入了进步蕴含退步的观念，在某种意义上他也在力图用辩证的观点来看进步。比如，他断言，“通过进步而完善起来的东西也通过进步而消失”①。一方面，他肯定了个人的智慧和能力随着年岁的增长而增长的事实，因为常识告诉他，人在早年是无知的，但教育和学习会让他不断取得进步；另一方面，他明确地提出了人类整体会随科学的进步而取得进步的观念。在《真空论残篇》（*Fragment sur le vide*）中，他几乎是以欢呼的语气说，“不仅每个人在科学上一天天地取得进步，而且整个人类也随宇宙的变老而不断取得进步”。那个在思想上一向带有忧郁气质的帕斯卡尔说出这样的话可谓石破天惊。这在“进步”观念史上也是一个划时代的转折。正因如此，法国非常权威的利特雷法语词典就是采用帕

---

① 帕斯卡尔：《思想录》XXIV，96。

斯卡尔的那段话作为“progrès”(进步)一词的释义[①]。

1668年，德里登(Dryden，亦译德雷顿)在谈到科学的广泛影响时指出，“在适当而普遍地加以培植时，没有什么比科学传播得更快了”[②]。1683年，法国著名科学家封特内尔(Fontenelle)进一步肯定了培根和德里登的见解并明确指出科学技术使人有了掌握和利用自然的手段，人的认识能力、对付自然压迫的能力和获取物质财富的能力会因科学的出现而获得空前的进步。

但按通行的说法，对“进步”这个术语的完整的现代表述要归功于孔多塞(Condorcet)。他写的《人类精神进步史概要》(*Esquisse d'un tableau historique des progrès de l'esprit humain*，直译为：人类精神进步的历史图景概观)首次以进步的眼光系统地考察了人类精神生活的演进。其中，他对科学作用的肯定集中反映在这样一个不断被人引用的句子中：“科学上的所有发现都是人类的幸运”(un bienfait)。这就意味着，科学的发现越多，人类就越幸福，人类社会就越美好。孔多塞的观点在启蒙运动时期获得了普遍的认可。启蒙运动对进步观念的重构表现在：进步被视为独立于个人愿望和主观意志的客观趋势，进步与知识的增长密切相关，基于理性能力的运用和自由天性的发挥的进步会成为人的普遍需要和必然要求。尽管同是启蒙思想家的卢梭在《论科学与艺术》中对科学非但不能敦风化俗反而会败坏道德的前景表示深深的担忧，但启蒙思想的主流最终还是把进步作为一种信条肯定下来并且作为与基督教的末世学和循环史观相对抗的世俗化工具。与此相应，进步概念的使用不再限于知识领域，它被推广到其他诸多领域，以致它越来越成为一种意识形态概念。政治的自由、民主理想的实现和个人权利的获得被纳入进步的框架并作为社会进步的

---

① 见É. Littré，*Dictionnaire de la Langue Française*，Gallimard，pp.130–133.

② A. C. Crombie，*Styles of Scientific Thinking in the European Tradition*，3 vols，London：Duckworth，1994，p.43.

一把标尺。政治上的进步首次以合理化的方式成为对许多人颇有诱惑的基本诉求。

二、“进步”概念的结构与问题

从概念上看，“进步”是与“退步”相对而言的。按通常的理解，进步意味着变好，退步意味着变坏。但无论是变好还是变坏，都需要一种参照物，因为它们都是相对于过去的状态而言的。也就是说，变好或变坏的观念已经包含了特定的时空条件。

在空间上，过去是指那个过去了的东西的过去，是承载了过去的某事、某物的过去，是某个空间中的东西及其相关事态的过去。抽象的过去其实只存在于具体的过去之中，就像我们通常所说的过去实际上是指人的过去或与人相关的东西的过去，至多是指在人所生活的地球上发生的事情的过去，而不是指别的星球和别的星球可能存在的生命的过去。那些星球的过去是天文学的对象，但它反而是以人世的过去为认识背景和认识起点的。人们谈论那些星球的演化，但不曾谈论那些星球的“进步”。也没有人将“进步”二字与那些星球联系在一起。其原因就是，“进步”是人为自己和自己的生活世界所确立的价值校准。

在时间上，传统的进步观念是以线性的时间观为基础的。伯瑞对“进步”概念所作的经典定义就反映了这一点。他说，进步意味着“文明已经、正在并将继续朝有利的方向前进”①。在此，我们暂且撇开进步的未来向度而专谈进步与过去和现在的关联。过去的东西总要留下痕迹，在一定的意义上，现在只是过去的重组。大家知道，抽象的过去是可以无限追溯的，而人对过去的认识其实是有限的，这是因

① A. C. Crombie, *Styles of Scientific Thinking in the European Tradition*, 3 vols, London: Duckworth, 1994, p.1776.

为人的认识工具是有限的、人的认识能力是有限的，人的生命无论是作为个体还是作为类也都是有限的。过去的不可复原性加深了认识过去的困难。就目前的认识所及，猿人的产生也不过几百万年的时间，相对于已存在几十亿年的地球，那不过是短短的一瞬。在地球存在的几十亿年的时间里，生命经历了怎样的演化，现在依然是谜团重重；在类人猿出现之前，有没有比人类更高级的生命存在过，现在也无从得知。所以，我们至多只能说，人们谈论变好或变坏只是就人所知的过去而言的。随着未知的过去变为已知的过去，比较的时间跨度得以延长，比较的空间范围得以扩展。但进步概念的适用范围仍然是非常有限的。从短时段看，进步是一个事实，但从长时段看，进步更多的是一种信念。

不过，进步不单单涉及过去与现在，它在很大程度上还要涉及未来，至少在某些情况下对进步作出评估必须如此。因为在对事物的过去与现在进行比较时，我们已先行地超越了过去与现在，至少我们已在内心里与它们保持着距离。比较只有在进行比较的人与比较的对象保持距离时才有可能。有距离才需要比较，有距离才能进行比较。但比较的尺度每每是作为理想的东西而存在的，事物趋近这个理想的东西的过程就是进步。作为理想的东西自然是可以不断重构的，但它仿佛预悬在我们的前头，烛照着我们，引领着我们，以致它代表着进步的前途本身。所以，著名哲学家、建构主义哲学的长期对话者雷歇（Nicholas Rescher），在《进步与未来》一文中断言，“进步有两个向度：回顾（我们已经走了多远）和前瞻（我们必须走向哪里）。一般的进步观念具有至关重要的未来向度”①。

可是，未来只是我们想象的对象、思考的对象，当未来到来了，

① Nicholas Rescher，“Progress and the Future”，in Arnold Burgen，Peter McLaughlin，Juergen Mittelstrass，(ed.)，*The Idea of Progress*，Berlin/New York：Walter de Gruyter，1997，pp.103–119.

当未来已经为我们所把握，它就不再是未来。未来是与某种预期相联系的。当我们谈论理想、许诺、信念、前途、预见乃至乌托邦时，我们已预想了某个我们所欲奔赴的目标。那个目标如果关联着积极的方面并且优于现有的性质，我们就说趋近这个目标的过程就是进步。从这种意义上讲，未来是可以朝积极的方向塑造的。按雷歇的理解，认识、评价和行动是人的努力的三个主要领域。相应地，人对未来的首要关切与它的可预见性（predicatability）、受欢迎性（welcomability）、可控性（tractability）相关联。可预见性是指未来在何种程度上是可知的以及可知的范围有多大。受欢迎性是指未来在何种程度上预示着好坏，它给人类的利益与关切预示了什么。可控性是指人在何种程度上可以塑造未来，未来在何种程度上是我们所能控制的①。可预见性既与未来的远近相关，也与现有的条件与未来事件的关联程度有关。人所能预见的东西是很有限的，这是因为世界充满了偶然性并且人的生命周期是很短暂的。他所能了解的只是最近的未来。对遥远的未来，他只能做一些假设。因此，人只能在短期范围内谈论未来的进步（比如，我们可以基于现有条件谈论量子通讯或下一代电脑可能是什么，下一代飞船可能是什么）。未来的受欢迎性实际上带有价值评判的因素，未来的好坏程度构成了我们能否作出“进步”判断的尺度。在这方面，悲观主义、乐观主义和中性的立场都会影响我们的评判和预期。前两种态度我们无须多谈，后一种态度则反映了人们对前景的矛盾心情，即，悲观和乐观互杂的预期。悲观的预期会认为事情将向不好的方向前进，乐观的预期会认为事情将向好的方向前进。所以，进步与退步的想法常常在这里交织在一起。可控性取决于人对未来的认识、人的意志和让事情适应自己意志的能力以及外在条件的变化在

---

① Nicholas Rescher，“Progress and the Future”，in Arnold Burgen，Peter McLaughlin，Juergen Mittelstrass，（ed.），*The Idea of Progress*，Berlin/New York：Walter de Gruyter，1997，pp.103–119.

多大程度上容许人的调节能力起作用。预期与控制虽然相互关联，但毕竟不是同一回事情。预期是被动的，你在这里没有影响事物的进程，控制却要影响事物的进程并且要让这种进程体现自己的意志和目标。如果事物的进程符合自己设定的向好的方面转化的目标，我们就说实现了进步。

在此，我们仿效分析哲学的做法对“进步”概念做一下语词分析也许不无益处。既然进步意味着变好，我们当然要问“何为变好”？既然“变好”是“变”和“好”的结合，我们自然要注意“进步”概念中包含的两个基本因素，即事实因素和价值因素：一方面，进步是以变化为前提的，这里涉及事实的方面。因为“变”是一种事态，一种事实，它意味着事物由一种状态过渡到另一种状态。当我们说某物或某人变了时，我们是在对发生的事情进行描述。尽管这种描述可能受到主观认识的影响，但无人可以否认某物或某人所发生的变化，毕竟，这种变化是不难通过观察来验证的。另一方面，“好”是一种评价，它不但与人的经验、知识相关，而且与既定的价值标准有关。在某些情况下它甚至受到人的好恶的影响。即便我们用“好”字去描述某种自然现象，如，诗人说“好雨知时节”，那也是因为它要么被赋予特殊的意义，要么符合人的情趣，要么被作为人的愿望的投射，要么被认为体现了对人的生活世界的价值，这种价值可以是实用价值，也可以是审美价值。一般说来，在情感和审美的领域，“好”的评价比在其他领域更容易受到个人好恶的影响。

然而，进步无疑要看结果，但不限于结果，它体现的是从前一种结果到后一种结果的过程。所以，进步不是一个静态的概念，而是一个动态的概念。对“进步”的断言不同于单纯地断定某物、某事或某人“好”。这里所说的“好”其实是比较级的“好”，即，“比以前更好”。按著名生物学家艾亚拉（Francisco Ayala）在《可以把“进步”定义为生物学概念吗？》一文中的看法，“更好仅仅意味着更有效率，更加丰富，或更加复杂”①。我们暂且不讨论对“更好”作这样的定义是否更好。我只想表明，这一定义旨在将“进步”这个多少带有价值论色彩的概念引向描述科学（descriptive science）或事实科学（factual science）的方向，因为“效率”“丰富”和“复杂”是可以用定量的方法加以衡量的，甚至在许多情况下可以凭感觉经验来确定。

值得注意的是，当我们谈论进步时，我们是把历时性的东西转化为同时性的东西来处理。要而言之，我们所说的进步的主体并非两个事物，而是同一类事物的系列。进步既基于那个事物的系列的同一性，也强化着那个变化了的系列的同一性。时间系列的引入对进步观念的形成具有重要的意义。除了比喻性用法之外，我们不说某物比另一物进步，我们只是说某物比另一物先进或高级。并且，当我们说某某人进步了，我们通常会想到某人在某某方面进步了。对于进步，人们都能接受的一个基本描述是：进步不仅是量的增多，而且是质的提高。当然，量与质的区分在这里不可绝对化，因为好的因素在量上的增加本身就是进步。

进步也意味着向更好的方向转化，向积极的方向转化，因此，进步是或多或少的改进。由于它离不开比较，它已先行地包含了过去而又超越了过去。用大家熟悉的哲学语言讲，进步乃是一种扬弃。断定某某进步需要进行比较，而这种比较是对两种不能同时出现的前后状态的比较，相对于对两个同时存在的事物进行的比较，这种比较要难得多。因为它意味着将不同时空中的东西放在同一时空中加以审视，准确的记忆和记录在此显得特别关键。进步是通过记忆机制而起作用的。假如没有记忆，进步就无从发现，也无从判断，甚至可以说没有意义。对前后状态的比较就是在记忆中进行的，对先前状态的记忆被

---

① Francisco Ayala，“Can‘Progress’be Defined as a Biological Concept?”，Mathew Nitecki，（ed.），*Evolutionary Progress*，Chicago/London：University of Chicago Press，1988，pp.75–96.

置于现有的尺规之上，这就是所谓的评估。评估者需要把自身设定为超越过去与现在的旁观者，对过去与现在的全面了解是这个旁观者的任务，这也是进行准确评估的先决条件。只有把自己放到客观与公正的立场上，评估才可能是准确而有效的。因此，对进步及其程度的判断离不开对事物的前后状态的准确了解和对比。

这样一来，当人们思考进步概念时，有一个问题自然浮现出来：进步有没有客观标准？如果有，它由哪些基本要素构成？这些要素之间又有什么关联呢？在诸多的要素中，哪些要素是最根本的东西？在回答这类问题之前，我们有必要指出人们从未就进步的定义达成一致。实质上，抽象地谈论进步也是无法取得一致意见的。也许，我们会问，为什么一定要取得一致意见呢？进步本来就是多义的，进步概念在运用到不同领域时会有不同意义并且起不同作用。我们关心的是，建构主义哲学家是如何解决这个问题的。

三、“进步”概念的类型学分析

任何概念都需要某种确定性才能将人们的日常经验和科学思想固定下来并为他人所理解，也只有具备一定的确定性才能具有自明性和严格性。但概念一旦凝固化，它又会失去吸纳新经验、表达新发现的能力。所以，概念在一定意义上维持某种弹性反倒延续着概念的生命。“进步”概念也不例外。

建构主义哲学家也承认，进步概念虽然问题多多，但我们又不能不用。哲学最需要做的是澄清这一概念。这样便于我们在该用的地方恰当地使用这一概念，在不该用的地方果断地放弃这一概念。据沃尔特（Wolters）的研究，“进步”一词针对完全不同的对象会呈现很不相同的意义。比如，它可以用于理论、形势、制度、时代、器具、能力、有机体，等等。如果不针对具体情况澄清词义，我们就会误用和误解它们。他把那些东西统称为“现象”。但现象本身无所谓进步，现象只是“涉及至少一种特征，这种特征因某种原因对某人显得积极、有利或更好。进步意味着这种特征或这些特征分别在量上或质上获得增长。同一种现象的其他特征，包括那些有利的特征，可以维持不变，甚至有所减少”。① 也就是说，我们通常所说的进步只是就某物的某个方面或某些方面而言的。比如，理论的进步意味着它在统一的能力、范围或经验的内容方面有所提高或扩大。交通工具的速度提高了也被认为是进步。有时，人们在“进展”的意义上使用“progress”一词。在中文里，“进步”是褒义词，而西文中的“progress”（progrès，Fortschritt）也可以用来描述消极的东西，如，进行性疾病。但本文不在消极意义上使用此词。

沃尔特引进了类型学方法对“进步”概念进行分析，这种分析多少也带有建构主义的特点，因为建构主义总喜欢对一些模糊的东西进行分解，然后，按一定的模式进行重构。在沃尔特看来，一种类型的进步现象构成一个系列。这个系列按两种方式排列。一是按时间，二是按性质的程度或数量排列。在时间上，进步是指越来越好或越来越大的现象。沃尔特把这种系列称为进步类（progress class）。进步类可分为“强进步类”（strong progress class）和“弱进步类”（weak progress class）。强进步类是指连续地、不间断地向更好的目标前进的现象；弱进步类则是指不连续地向好的方面前进的现象。

让我们先来讨论弱进步类。弱进步类之所以被称为进步，是因为它在总体上代表了进步倾向。比如，太阳能汽车就速度而言现在还无法与其他汽油驱动的汽车相比，但没有人可以否认它比其他汽车在技术上更进步。弱进步的概念并不一定考虑在某些情况下事物朝有利的

① Gereon Wolters，“The Idea of Progress in Evolutionary Biology：Philosophical Considerations”，Arnold Burgen，Peter McLaughlin，Juergen Mittelstrass（ed.），*The Idea of Progress*，Berlin/New York：Walter de Gruyter，1997，pp.201–217.

方向发展，它旨在表明进步中有某些退步现象。连续的进步在特定时段内是可能的，但几乎所有事物都不可能永远进步下去。就此而言，我们所说的进步其实是相对的。在现实生活中许多进步属于弱进步类。这类进步类在前进中有时发生倒退，或者在某些方面发生退化。这一点在生物界非常明显。

比如，从地质年代看，有机体无法适应变化的环境导致地球上曾经存在过的生物有百分之九十五都灭绝了。即便是同一个有机体，它在某些方面进化的同时在另一些方面却退化了。蝙蝠和土拨鼠就是最好的例子。相对于他们的哺乳类祖先，它们的视力退化了，但相对于鱼和其他某些爬行类动物它们却进步了。而人除了手更灵活和大脑更复杂之外，其他器官大大地退化了。在近 50 年中，人的眼力和生殖能力在一些国家更是退化得厉害。也就是说，人在某些方面的进步是以另一些方面的退步为代价的。但沃尔特认为，从进化生物学（evolutionary biology）的观点看，“进步”并不是生物演化的普遍特征。

那么，强进步类的特性和结构又怎样反映出“进步项”之间的关系呢？首先，我们要了解这里的“进步项”概念（这是我本人使用的概念）。所谓的“进步项”是指构成进步链条的每个环节。比如说，假定事物由 A、B、C、D 进展到 E 是一个连续的发展过程，其中的 A、B、C、D、E 都是进步项。强进步类涵盖了所有同类的现象，“因此，强进步类是按线性方式排列的集合”。[①] 在这里，后面的进步项相对于前面的进步项而言都是一种提高和改善。如果强进步类的最后一个进步项是界定进步的最终因素，这个进步类就被称为目的进步类

① Gereon Wolters, “The Idea of Progress in Evolutionary Biology: Philosophical Considerations”, Arnold Burgen, Peter McLaughlin, Juergen Mittelstrass (ed.), *The Idea of Progress*, Berlin/New York: Walter de Gruyter, 1997, pp.201–217.

（purposive progress class）。比如说，我们所说的进化论是以人作为生物进化的最终因素的。

按包含的进步项的多少衡量，进步类又可进一步分为普遍的进步类和特殊的进步类。沃尔特说，前者包含某类现象的整个系列，后者则仅仅包含整个现象系列的特殊阶段。既是强进步类又是普遍进步类的例子不多。绝大多数进步类属于特殊进步类。进步并非单子式的述谓关系（比如，说“A 是进步的”“B 是进步的”就属于这种情形）。用形式化的方式说，我们无法简单地断言现象 Pn 是进步的。我们需要区分两种情况，即简单情况和复杂情况。

在简单情况下，现象 Pn 至少与同一进步类中的一种现象 Pm 相关，Pn 与 Pm 具有至少一种相同的“积极”性质 Ci 并且呈现增长趋势。比如，与黑猩猩相比，智人在脑的体积、智能和适应能力方面是一种进步，但在爬树方面，智人显然退步了。在此，把一种因素挑出来作为“积极”的因素难免有主观性并且涉及价值判断。不过，主观性并非任意性。

在复杂情况下，讨论某种进步类的现象需要更为全面的进步概念。它也涉及更为复杂的价值判断。我们不妨假定，现象 Pn 至少与同一进步类的一种现象 Pm 相关，与后者相比，前者在积极性质 Cni 方面是进步的，这种积极性质在价值上超过了这两种现象所共有的消极性质。沃尔特给了一个有趣的例子来说明。我们通常将旅行的速度和舒适程度作为“旅行安逸”这种进步类的两种特征。无论在时间上还是在舒适程度上，乘火车从苏黎世到莫斯科比乘马车到那里都是一种进步。但如果你乘飞机的经济舱就没有乘火车的头等舱那么舒适。这样看来，乘飞机反而不占优势。但是，乘飞机的经济舱毕竟只有短时间的不舒适。所以从总体上看，乘飞机旅行比乘火车旅行在安逸程度上是更为进步的旅行方式。如果我们选一些别的特征进行比较，情况就有些不同。比如，你乘火车比乘飞机可以看更多的风景。①

从上述例子我们可以看到，要评价进步就不能不选择评价标准，选择要评价的特征并且要考虑多重因素。当我们使用“进步”一词时，我们已经在对现象进行归类。在逻辑上讲，“进步”是关系谓词，至少是三阶谓词。当我们说“进步”时，我们首先想到的是“什么”在进步，相对于哪个东西进步了，在哪个方面或哪些方面进步了。对选择的特征进行评价当然与我们选择的角度、选择的方式有关，因此与主观因素有关。但选择绝非任意的安排，因为对选择的项目可以验证并要提供根据。在自然科学领域和社会科学领域，我们不断看到人们试图淡化进步标准的主观色彩并试图把进步归结为可以定量描述的东西。我们可以把这一过程称为主观因素的客观化过程。

在上一节，当我们引述艾亚拉对进步的定义（即，进步意味着比以前更好，而“更好仅仅意味着更有效率，更加丰富，或更加复杂”）时，我们已经看到了这种努力。在自然科学领域，这一努力的方向是值得肯定的。对生物界来说，在许多情况下艾亚拉的定义可能是个不错的定义。但在人的精神生活领域，这个定义未必适用，因为不少人感到，更简单反而让人感到更好。即便在某些物种那里，进步也并不一定意味着变得复杂。比如，马在进化过程中由五个脚趾变为一个脚趾反倒更便于奔跑。因此，其他一些进化生物学家对艾亚拉的进步标准作了修正和补充。如，把生物进化中的进步定义为占支配地位的能力、侵入新环境的能力、在适应中的替代与改进能力、控制环境的能力的提高，以及专门化的增加，一般能量和生命活力的增加、适应环

① Gereon Wolters，“The Idea of Progress in Evolutionary Biology：Philosophical Considerations”，in Arnold Burgen，Peter McLaughlin，Juergen Mittelstrass，(ed.)，*The Idea of Progress*，Berlin/New York：Walter de Gruyter，1997，pp.201–217.

境的范围和种类的增加，等等①。这与其说是进步标准还不如说是对相关特征的现象描述。其目的是尽量降低“进步”概念的价值论色彩。艾亚拉本人也已注意到这些补充和修正并指出了其中的困难。为摆脱对进步的上述定义反而使事情越来越复杂的局面，艾亚拉干脆把进步归结为“获得和处理环境信息的能力的增长”。我以为这个带有还原主义特点的定义是以人作为进步的最高标准并且过于简单化了。获得和处理环境信息只是生物活动的第一步。对人这种高级生物来说尤其如此。所以，他又修正说，进步意味着获取环境信息并相应地作出反应的能力的提高。

作为康斯坦茨学派的哲学家，沃尔特敏锐地发现将“进步”概念引入生物学所面临的问题与困难。他不明白，生物学既然有了进化（evolution）概念，为何还要用一个更加模糊的“进步”（progress，此词后来也被翻译为“生长”或“进化”恰恰是为了向进化论靠拢）概念来说明进化过程。在他看来，将进化过程称为进步过程并不能给生物学提供多少新的知识，相反，只会给生物学带来更多不必要的困扰。从历史上看，将“进步”（progress）这个概念引入生物学的人恰恰不是别人，正是创立进化论的达尔文。他在1859年问世的《进化论》中指出，“由于自然选择只是通过每种存在物的好处并为了其好处而起作用，所有身体和精神方面的能力往往会向完美的方向进步”②。很可能是为了让更多的人接受进化论，达尔文引进了这个在当时已很时髦但也很模糊的词来说明生物现象。这也再次证明了爱尔兰

① Francisco Ayala，“Can ‘Progress’ be Defined as a Biological Concept?”，Mathew Nitecki（ed.），*Evolutionary Progress*，Chicago/ London：University of Chicago Press，1988，pp.75–96.

② “And natural selection works solely by and for the good of each being，all corporeal and mental endowment will tend to progress towards perfection”，Charles Darwin，*On the Origin of Species*：Ernst Mayr（ed.），Cambridge，Mass：Harvard University Press，1964，p.489.

根学派一贯坚持的观点：科学中的许多概念有着日常经验的根源。通过对这些经验的说明和解释，我们不难发现科学概念与生活世界的深刻联系。像沃尔特一样，艾亚拉也已经指出了同样的问题。他甚至说，“如果将‘进步’一词从科学论著中清除出去，我会感到非常高兴。但不大可能出现这种情况。进步概念似乎无可挽回地深深扎根于现代人的思维范畴之中，因此很可能继续存在于生物学中。”①他的这番话表达了他对“进步”概念的矛盾心情——用之麻烦，弃之可惜。正是这种心情促使他做了不少努力来重新定义“进步”概念。

四、余论：进步的两面性

进步是手段还是目的？或者，进步既是手段又是目的吗？对建构主义而言，我们只有从不同角度去提问题，才能对进步概念有一种完整认识；也只有从不同角度提问题我们才能把握进步的广泛意义。人类的进步并非以个体理智能力的总和来衡量。社会的普遍进步是通过制度化的方式来实现的。但进步本身并非人类工作的最终目的。人的进步是以人的自由、尊严与幸福的提高为标志的。进步既是人的信念，也是基于观察和比较而确定的向好的方面过渡的进程。人是唯一既作为进步主体又作为进步对象的存在物。由于建构主义者眼中的对象是通过人建构出来的，所以他们理所当然地认为“进步的对象（至少部分地）源于进步的主体”②。这样一来，对进步的研究最终落实到对人的研究上来。由于人本身的不确定性，我们不得不回到第二节最后一段所提的问题，即，“进步有没有客观标准?”，如果有，我们需要考虑哪些因素？这些因素有什么关联？

---

① Francisco Ayala，“Can ‘Progress’ be Defined as a Biological Concept?”，Mathew Nitecki（ed.），*Evolutionary Progress*，Chicago/ London：University of Chicago Press，1988，pp.75–96.

② J. Mittelstrass，*Leonardo-Welt*，Frankfurt an Main：Suhrkamp，1992，S.18.

一些建构主义哲学家，如卡姆拉（Kamlah）和米特尔斯特拉斯，曾从政治人类学的观点出发来探讨进步问题。在前者看来，人的自由、尊严与幸福不仅体现在生的方面，而且体现在死的方面。只有拥有死的自由与尊严，人的自由与尊严才是真正完整的，也只有拥有死的自由与尊严，人的自由与尊严才能真正实现。为此，他很早就提出了“死亡权利”概念。这一概念被认为是对人的自主性概念和自由概念的重要补充，因为它将人由被动性的等待者变成了主动性的出击者。人的进步在很大程度上表现为人的自我主宰、自我完善和自我改进的能力的提高。但这种能力最终是通过死的能力来检验的。活得好好的人没有必要去死，并且极少有人在这种情况下去死。但在生不如死的情况下，在生命质量极端低下的情况下，死的勇气和死的意志可以守护人的自由和尊严。在近代以前，人们很少关注这个问题。近代以后，人的自由和尊严的提高也被作为人类进步的重要标志。

在米特尔斯特拉斯看来，今天，进步已不再是幻觉，而是现实。“不是进步属于世界，而是世界属于进步”①。但进步不是直线性的，它的表现方式在不同领域是极不相同的。进步在某些领域（如，医学、生产工具的制造）是明显的，在某些领域（如文学）则不那么明显，在另一些领域进步概念甚至根本不适用。因此，重要的是确定这一概念的适用范围。在物质层面，我们比较容易谈论进步，因为我们能相对容易地找到比较的标准。而在精神的层面，我们很难确立这样的标准。其原因在于，“向好的方面转变”在这个领域容易受主观好恶的影响。审美领域就是典型的例子。我们看到现代建筑的技术含量无疑更高，但我们很难说现代建筑比古罗马的神庙更美。但无论如何，人类的认识能力、人类的生产工具和生产能力一直在取得进步确

① J. Mittelstrass, *Die Haeuser des Wissens*, Frankfurt an Main: Suhrkamp, 1998, S.71.

是无法否认的经验事实。即便是在中世纪，欧洲人的技术知识依然在取得进步。如果确认人是进步的主体并把这个主体看作开放的对象，“人”的进步观就与人的自觉或自我理解有关。我们目前谈论的进步是以人的理性能力的提高为基础的。因此，开放的进步观与开放的理性观密切相关。从个体层面看，古希腊人的喜怒哀乐与今天的人没有大的差别，但今天的人的计算能力是古人远远没法相比的。从社会层面看，进步虽然需要一定的条件，但最终取决于有意志的人的理性选择和努力。社会精英成了理性能力的普遍代表。他们浓缩了人类的普遍经验或集体经验并将它们与个人的理性能力结合起来。通过创造性的实践，社会精英们引领时代潮流，集中大家的智慧并发展人的普遍的理性能力。正是凭借这一能力，人类的认识能力和创造能力才取得了长足的进步。

然而，人的理性能力只有在科学技术领域才找到了最大的用武之地。科学的产业化为这一能力的发展提供了实际生活的动力，从而使科学的追求成了社会的需要。使人的理性能力得以发挥的中间环节就是技术和经济①。当技术思想成为科学活动的本质时，人的大脑仿佛得到了扩展，手脚仿佛得到了延伸。所以，从人类学的立场看，科学技术通过提升人的认识能力和控制能力而丰富“人”的内涵，改变“人”的形象并促进人的进步。但米特尔斯特拉斯反对科学研究过分产业化，其原因是他担心过分的产业化会导致急功近利，会使人们放弃那些暂时还看不到应用前景但其价值要很多年以后才显现出来的科学研究。同时，“希望科学进步的人虽然能以一定的方式谋划科学的进步，但他无法强制实现这种进步。希望拥有精英，特别是科技精英的人也必须为使他们发挥作用留下余地。所有这些意味着，科学的产

---

① J. Mittelstrass, *Fortschritt und Eliten*: *Analysen zur Rationalität der Industriegesellschaft*, Konstanz: Konstanzer Universitaetsreden, 1984, S.27ff.

业化如果成为现代科学发展的天命，就不会促进科学的进步，而会阻碍科学的进步”①。

科学技术是人的工具，而进步首先在于人的工具能力的完善，虽然这种能力的提高并不总是伴随道德的完善。从根本上讲，科技的进步无疑表征着人的能力的进步。鉴于科学发展是可以进行衡量的，建构主义哲学家认为，在科学技术领域，进步是有客观标准的。今天，科技进步不仅是一种事实，而且是当代自由文化的任务。科技是现代文化的一部分，甚至是现代文化的本质。没有科学技术，现代社会的自由文化就会丧失自己的理性本质，也会丧失自己的自由本质。

但是，在科学的量的积累和质的转变之间一直很难找到一种固定的对应关系，科学革命实际上已经昭示了知识的质变对进步的意义。科学作为知识的重要存在形式无疑对理解进步具有典型意义。但知识的增长与人控制未来的能力不一定成正比。这是因为知识的增长与知识的运用之间具有相当大的距离。况且，知识的不合理使用非但不会带来进步，相反，会造成对原有东西的破坏，乃至毁灭。所以，包括科学在内的知识的增长只是为社会进步提供了必要的条件。从这里我们看到，进步的后果并不都是好的。随着作为研究者的人与作为研究对象的人之间的距离越来越小，科学进步的悖论正变得日益明显。“科学技术世界的复杂性及其问题是随科学技术的进步而增长的。”②由于进步既解决问题又制造问题，我们就不得不以批判的眼光看待进步。科学的合理性理论表明，只有伦理的定向才能使科学进步的悖论有克服的希望。

---

① J. Mittelstrass, *Die Haeuser des Wissens*, Frankfurt an Main: Suhrkamp, 1998, S.201.

② J. Mittelstrass, *Leonardo-Welt*, Frankfurt an Main: Suhrkamp, 1992, S.24.

八、利科与诠释学研究

文本、间距化与解释的可能性

——对利科“文本”概念的批判性解释[①]

利科的哲学诠释学无疑是诠释学发展的重要环节。他对诠释学的定义大致经历了三个阶段。在第一阶段，他将诠释学主要理解为有关象征解释的理论；在第二阶段，他把诠释学主要理解为有关话语解释的理论；在第三阶段，他把诠释学理解为关于文本解释的理论。在《诠释学的任务》一文中，他明确地将诠释学定义为“关于与文本的解释相关联的理解程序的理论”[②]。

然而，他的文本概念与传统意义上的文本概念有着很大的区别，这种区别不仅决定着他的诠释学的基本任务的独特性，而且决定着他的方法的独特性。他的诠释学虽然像海德格尔的本体诠释学那样最终将“理解”理解为人的存在的基本方式，但其基本任务不仅是要消除说明与解释的对立，从而克服传统诠释学在自然科学与人文科学之间设置的对立，而且是要填平作为方法论的诠释学与作为本体论的诠释学之间的鸿沟。为此，利科不但批评海德格尔和伽达默尔不经过对理解的方法论的讨论而直接进入对有关理解的本体论层次的讨论，从而使对理解的理解和对解释的解释难与实际生活的文本解释实践相衔

---

① 本文载于《学术界》2011 年第 10 期。——编者注

② 利科：《诠释学的任务》，载洪汉鼎主编：《理解与解释》，东方出版社 2001 年版，第 409–432 页。

接，而且通过将诠释学嫁接在现象学上将诠释学循序渐进地由语义层次经过反思的层次再上升到本体论层次，从而使诠释学具有生活世界的根基，而不是脱离具体解释活动的空中楼阁。关于利科的诠释学进路，利科本人主编的《哲学主要趋向》曾作过这样的概括："……利科研究了一门关于语句的语义学，它与言语行为理论关系密切，其目的在于使文本的结构分析与文本的解释相互沟通。主体通过领悟写在作品中的记号而增加了他对自己的理解，他对意义的掌握被看作是理解的最后一步行为。在此最后步骤之前必须有结构分析与概念说明的一切客观性程序步骤。于是说明就不再与理解对立，而毋宁说包含着通向意义掌握路程中的一切间接步骤。"①

这段话既反映了利科对理解的客观性的追求，也反映了他的诠释学对理解的渐进主义立场。这一立场是基于他对有关理解的本体论的前提条件所进行的批判。它的背后隐含着利科的诠释学的一个基本问题，这个问题可以这样来表述：作为认识方式的理解与作为存在方式的理解是怎样统一的？对这个问题的回答在利科那里直接取决于对文本概念的理解。之所以如此，不仅是因为他把文本理解为一切有意义的系统，而不仅理解为文字的"织体"，而且是因为他特别强调诠释学是通过文本来理解生活世界并通过文本来实现人的自我理解。"文本"概念决定了诠释学对象的范围，也决定了解释学方法的性质。他写道："一方面，它（指诠释学）在文本本身中寻找支配作品的建构的内在动力，另一方面，寻找作品拥有的投射到自身之外并产生这样一个世界的力量，这个世界的确会成为文本所指称的事物。这种内在动力和外部投射构成了我称之为文本作品的东西。重构这个双重的作品就是诠释学的任务。"②

---

① 利科主编：《哲学主要趋向》，李幼蒸、徐奕春译，商务印书馆 2004 年版，第 428 页。

② *A Ricoeur Reader*, *Reflection and Imagination*, Mario J. Valdes ed., Hermel Hemstead: Harvester Wheatsheaf, 1991, pp.17–18.

那么，利科是如何看待文本的呢？要全面地阐述这个问题需要写一本大书。这里，我仅仅选择几个相关的方面谈些看法。

一、文本意味着什么

利科对文本曾做过这样的定义：“文本就是由书写所固定下来的任何话语。根据这个定义，由书写固定是文本本身的构成因素。”① 但在讨论文字与言语的关系方面，利科的观点比较保守。他依然认为文字是用来固定言谈的。文字附属于言谈并后于言谈。文字是谈话的标记，因为这个标记，谈话的内容才能持久保持。但文字记下的并不仅仅是发音，而且记下了意义。甚至可以说，文字主要是记下谈话的意义的。不过，利科也承认写与读的关系并不能视为对话关系的特殊情形。那种把读书看作读者与作者对话的想法在利科看来是荒唐的。那种认为我们读古人的书是在与古人对话的说法也是不能成立的。对话是问题与答案的交换，在读者与作者之间不存在这样的交换。读一本书就是把作者看作已经死了。因为文本从作者那里出来之后，作者是无法决定人们如何阅读的，因为文本具有自身的独立性。

但文本本身又是由什么构成呢？是由语言构成的。语言必有词汇和句子，以及一系列规则。它们共同构成了文本的材料。在《解释学与人文科学》中，利科列举了构成文本的陈述的四个主要特征：（1）意义的固定；（2）意义与作者的主观意图的分离；（3）表面资料的呈现；（4）作品涉及普遍的系列。这四个特征构成文本的客观性。没有这种客观性，理解和解释就不会存在。②

对于作者，文本是为了固定意义；对于读者，文本是为了敞开意义。一开始，利科强调文本是以文字的方式而存在的话语。到后来，

---

① 利科：《解释学与人文科学》，陶远华、袁耀东等译，河北人民出版社 1987 年版，第 148 页。

② 同上书，第 219 页。

利科发现将文本仅仅限于文字系统大大限制了诠释学原则的运用范围。实际上，世界上有许多非文字的东西具有文字一样的功能，它们可以成为意义的承载者、传达者和创造者。因此，利科渐渐把文本概念的外延加以扩大。于是，他使用了广义的文本概念。他认为，文本的形式多种多样，但文本有自身的结构、规则并且是一种开放的意义系统，这个系统可能以话语的形式、行为的形式、被赋予意义的象征系统的形式，甚至以梦和无意识的形式呈现出来。

作为话语系统，文本通常被称为作品。虽然作品的存在形式很多，但作品是一个整体，它具有自身的结构和风格。不同的作品不是通过作者的个性或作者的个人意图而区分开来的，而是通过它们的形式、结构和风格而区分开来的。比如，一部小说不同于一首诗，不是由作者的意向决定的，而是由它们的不同语言结构和构成规则决定的。小说可能包含诗，但肯定不能还原为诗。小说和诗无疑都由语词和句子构成。但后者不过是一些服从形式结构的材料，它们本身不能决定文本的状况和特点。历史上的一些史诗以及民间口头传唱的歌谣一开始没有被文字固定下来，但它们也是一种独立的广义的文本形式。由于年代久远，其意义不断处于增益之中，作者的主观意图早就被稀释以致很难确定。文本越是古老，原始意义越是难以确定，文本产生的时代条件越容易被淡化乃至被遗忘。作者的主观意图甚至对后来的解释工作不起多少作用，因此，不断追问作者的主观意图是无法得到诠释史的证实的。

作为行为方式，文本是动作及其构成的事件。对利科来说，人类行为是行为科学的对象，也是诠释学的对象。这是因为行为在他看来也是一种需要解释的有意义的广义文本。适用于一般作品的解释方法和分析方法也适用于行为。黑格尔曾说，人是一连串的行为。对此，利科表示赞同。由于人类的事件是由一系列的行为构成的，事件的意义乃是行为解释的意义。行为就像文本一样具有开放性。行为里有思想，就像文本中有思想一样。行为的结构与文本的结构具有相似之处。行为的意义不是孤立存在的，它要通过人类的共同体确定。人类生活中有许多意义不是通过文字来传达的。行为包含了丰富的意义。这种意义不同于行为者的主观意图。它具有客观性并且可以得到共同体的确认。戏剧、舞蹈、手语和手势乃至体育活动都在向我们传达客观意义。只有当它们超出了个人意图才能为人理解。行为规则就像语法规则一样保证了个别行为是如何连成一个有意义的整体的。“就像文本是从它的作者那里分离出来一样，行为也是从它的行为者那里分离出来并展示其后果的。这类人类行为的自主性构成了行为的社会范围。”①

然而，在这里我们要注意一个事实，即，行为者的意图是不同于行为的意义的。在不同文化情境中，行为的意义无法从行为者的意图中得到解释，而要从社会文化系统本身中寻求解释。就像说话者的意图与文本的意义发生疏远一样，行为的意义与行为者的意图渐渐疏远。我们的行为发生我们自己无法预料的后果恰好说明我们的行为具有自主性。此外，由于行为的意义不是行为者个人规定的，而是由社会共同体规定的，行为实际上是在公共领域里显示其意义并为人们所理解。没有人能否认个人行为出自个人动机的驱动，但行为一旦表现出来，就成为公众注意的对象并接受公众的解释，解释的规则是在集体的意义系统中规定的。当一个人胡乱做些动作并且无法被人接受时，我们就说它行为反常。很显然，这里所说的反常是由正常规定的。公众对什么是正常有一个大致的标准。现代精神病学如果脱离了对行为意义的关注以及相应的解释系统，根本就无法存在。不过，利科在将行为作为文本对待时，从行为科学中吸取了灵感，也从赫希（Hirsch）诠释学理论中吸取了养料，他认为我们对行为的意义的解释

① 利科：《解释学与人文科学》，陶远华、袁耀东等译，河北人民出版社 1987 年版，第 215 页。

也可采取赫希所说的“猜测-证实”模式。

作为象征系统，文本同样是十分原始、十分复杂的。在《恶的象征》中，利科提出过“象征引发思想”的著名论断。在人类生活的早期，象征的方式就多种多样，它们对人的认知能力的发展具有十分重要的作用。不同社会的认知模式的差异首先就体现在象征形式的区别上。脱离了象征，我们根本无法解释各种仪式，也无法解释各种宗教。其实，每一种象征系统都是有其规则的，它传达意义的过程符合诠释学的一般规律。如果我们仔细考察不同的宗教仪式及其象征，更容易明白为何要从那些象征中去寻找解释宗教功能的秘密。在《恶的象征》中，利科这样写道：“象征已经成为言语的一部分。我们已充分说明，它们拯救了情感，甚至还有出自沉默和慌乱的恐惧；它们为忏悔提供了一种语言，人类依靠它们而始终保持了语言。任何地方都不存在不属于诠释学的象征语言。但那还不是最紧要的。一个人无论在哪里做梦或胡言乱语，另一个人就会出来作一番解释。凡是被论述的东西，即使是语无伦次，也可以被诠释学形成有条理的论述。在这方面，现代诠释学是和从来不乏象征的自发性解释相接续的。”①

在《解释的冲突》中，利科对象征的讨论则与对反思哲学的讨论联系在一起。作为象征的材料当然多种多样，比如，它可以是手势，可以是被赋予意义的自然物，也可以是生活中的其他任何东西，然而，象征始终是一种意义系统，它一开始是依赖象征物与被象征的意义的相似性而发挥作用的。后来它的原始意义渐渐被人淡忘，从而使人们对这类原始意义的意识被压抑下去或被掩盖。如果我们考察一下各类仪式中的象征，这一特点尤其明显。对象征系统的解释构成了文化人类学的基本内容之一，也成了文学解释的内容之一。对一般诠释学而言，象征使我们要面对意义世界的内在张力，这种张力与隐喻过

① 利科：《恶的象征》，公车译，上海人民出版社 2003 年版，第 363 页。

程的意义张力颇为相似，因为我们要面对初级意义与次级意义或字面意义与深层意义的不一致性。利科说，“象征意义是在字面意义中并通过字面意义构成的，而字面意义通过提供相似物来运用类比。”① 利科把象征分为不同层次。尽管他的主要工作是分析宗教中的象征，但他的那些看法具有普遍意义。当他把象征放在一般诠释学的框架内进行讨论时就更是如此。他把原始象征称为人类的初级语言，并认为这里包含着人类对自然力量和人的生活的基本经验。在利科那里原始象征与神话象征相区别。原始象征显示了象征的基本意向结构。他把其中的意向分为字面意向与第二级意向。象征体现了由原始意义向深层意义的过渡，也实现了意向的转移。所以，利科认为，在象征系统中，存在双向的运动：一方面是无可争议的内化运动，另一方面是象征丰富性的贫乏化运动。② 作为文本，象征的意义是不受象征的手段支配的，就像作品的意义不受构成作品的材料的支配一样。

利科还通过解释精神分析把文本概念进一步扩展到无意识领域。在《论解释》中，利科强调精神分析的原则和概念与诠释学的概念和原则并不矛盾。精神分析中的言语、象征和梦境都是一种文本，其中的意义生成机制与文字文本的意义生成机制具有一致之处。它表面上关乎人的欲望世界，实质上关乎文化的世界。所以，利科说：“精神分析属于现代文化。它在解释文化时也改变文化。它在给文化提供反思的工具时也持久地给它打上了标记。”③ 精神分析既是一种解释理论，也是一种分析工具，它本身又是很好的解释对象。它的文本解读与对多种意义的文字文本的解读非常相似。但它的解释材料是一些隐喻、象征、无意识活动以及对理想化和现实化的东西的描述。它深刻地体现了解释是意义的回忆活动，也是怀疑和猜测的活动。“为相信

---

① P. Ricoeur，*Le conflict des interpretations*，Paris：Seuil，1969，p.286.

② Ibid.，p.88.

③ P. Ricoeur，*De L'interpretation*，Paris：Seuil，1965，p.14.

而理解，为理解而相信”① 同样是它的箴言。就像拉文（Lavine）所说的那样，“精神分析是作为最终文本而服务于利科的。它不仅反映和批评了西方的个人欲望和文化欲望，而且是双重意义的不竭源泉，是善恶的象征的不竭源泉，是隐喻、丧失了和抛弃了的对象和对意义的充实性的追求的不竭源泉。”②

为了强调诠释学原则的普遍有效性，利科大大拓展了文本概念，但他显然没有说明这些原则是如何以不同的方式在不同类型的文本中起作用的。他同样需要说明不同的文本需要不同的解释方式以及为何如此。

二、文本的间距化

“间距化”（distanciation）是利科经常使用的概念。这个源于伽达默尔的概念对利科的诠释学非常重要。这是因为在他那里间距化不仅使解释成为必要，而且使解释成为可能。同时，间距化既使读者对作品的理解变得困难，又使读者对文本的阐释具有创造性。虽然法国思想史家多斯断言，“利科与伽达默尔的发展不能根据影响来考虑，而要被视为发生于两个邻近地点的两场平行的发展”③，但不可否认，利科从这间距化中看到了更多积极的方面，因为他认为间距化恰恰是一种解放，是意义的创生。这种解放使读者不必老是拘泥于文本作者的意图，也不必拘泥于作者写作文本时的社会条件。这样一来，文本自身仿佛成了一个有着自己的生命的独立的世界。他把这个世界称为“文本的世界”。这个世界充满了意义，而此意义是独立于个人意向

---

① P. Ricoeur，*De L'interpretation*，Paris：Seuil，1965，p.38.

② T. Lavine，“Paul Ricoeur and The Conflict of Interpretations”，*The Philosophy of Paul Ricoeur*，ed. By Lewis Edwin Hahn，Chicago and La Salle，Illinois：Open Court，1995，pp.169–188.

③ F. Dosse，Paul Ricoeur，*Les sens d'une vie*，Paris：La Decouverte，2008，p.333.

的，因此它不同于主观的随意安排。利科试图通过这种方式来显示文本意义的客观性并保证解释的客观有效性。他写道："在文本中必须加以解释的东西乃是一个被筹划的世界，我可以居住在这个世界中，我也可以将我的最内在的一种可能性投射在这个世界中。这就是我所说的文本的世界，是这个独一无二的文本所特有的世界。"①

然而，任何文本都不是为当下而存在的。它始终处于历史的进程之中并成为历史进程的一部分。文本就是为克服当下性或者说克服时空的有限性而存在的。正如西蒙斯所概括的那样，"利科承认任何话语都有可能产生间距化，但是，正是文本将间距化推进到单纯的原始层次之外。伽达默尔发现间距化就是疏远，而利科则发现它是积极的和创造性的。对他来说，文本展示了人类经验的历史性的基本特征，即，它是在距离中并通过距离而进行的沟通。"②

然而，文本的间距化意味着什么呢？间距化有哪些特点呢？在利科那里，文本的"间距化"是指文本因脱离文本的创造者以及产生这一文本的文化条件而造成的远离效应。这种远离效应使原意难以成为原意，或者，对相信原意并试图紧守原意的人来说，这种远离效应会损害原意。正因如此，几乎所有宗教经典的捍卫者都反对不经权威授权和认可的经典翻译，因为他们认为每一次翻译都是一次疏远，都为曲解和误解提供了可能性。比如，《新约》直到1523年才有第一个法文全译本并且在当时的法国根本不让印行，所以译者不得不把它拿到瑞士去偷偷印刷出来。但这些法文译本运回法国之后却被教会下令焚毁。由此可见，对间距化的恐惧一开始就支配着人们对待宗教经典的态度与方式，因为他们担心因翻译而导致的间距化有可能损害教会对经典的独有解释权。

① Mario J. Valdes ed., *A Ricoeur Reader*, *Reflection and Imagination*, Hermel Hemstead: Harvester Wheatsheaf, 1991, p.86.

② Karl Simms, *Paul Ricoeur*, London and New York: Routledge, 2003, p.38.

另一个可以作为佐证的例子是《圣经》的汉译过程。《圣经》的汉语全译本直到 1814 年和 1823 年才问世，其原因是罗马教廷担心利科在此所说的那种间距化会损害《圣经》的权威性。当我们考虑到人们一直围绕如何给拉丁文的 Deus（上帝）找一个相应的汉语译名而进行激烈争论时（法国哲学家和神学家马勒伯朗士甚至认为 Deus 其实相当于朱熹所说的“天理”），我们也就不难理解罗马教廷的担忧了。如果我们担心翻译造成的间距化会破坏原意，今天世界上那么多《道德经》的翻译简直是大逆不道了，因为《道德经》的外文译本已超过了 500 个并且每年的数量还在上升。与那些宗教权威的理解不同，利科从翻译而造成的间距化中看到的是积极的方面，因为他认为文本本身就是间距化的结果，没有间距化就没有文本。无论是从文与言的关系看，还是从文与思的关系看都是如此。换言之，间距化是一个客观事实，并且是与文本相伴而生的必然现象。这是由作者的意图与文本的意义的不一致性决定的。借用法国文论家罗兰·巴特在著名论文《作者之死》一文中的说法，文本一问世，作者就死了。

利科显然没有像罗兰·巴特那么极端，但他同样强调文本的独立自主性。利科把自主性理解为“文本对于作者的意图、作品的情境和最初的读者的独立性”。但这种自主性一开始是由什么造成呢？是由文本的意义远离作者的意图和时代条件造成的。由于诠释学家眼中的世界是通过文本而呈现的世界，文本就成了我们理解世界并理解我们自己的中介。不过，文本意义的客观性也恰恰体现了文本自主性的展开过程。间距化保证了意义的客观性的扩展以及意义空间的扩大。利科把间距化分为四种基本形式，或者说四个阶段。

第一种间距化是作者所说的意思疏远了所说的事件。即作者的主观意愿与说出来的意思有间距。无论是言不尽意，还是言不达意，抑或言过其实，实质上都属于这种情形。作者所说的东西是通过文字来表现的，但文字有构词法和句法规则，这些规则是不受作者主观意向左右的。相反，作者要服从它们才能使写下的话语为别人所理解。所以，诉诸文字的东西以普遍性来吸收个人的主观意图，使之不露形迹。言说行为的创造性在文字中得到了扩张，文字传得越久远、越广泛，间距化及其影响越大，作者的主观性就越发难以辨认。效应史就因为这一点才显得越发重要。

第二种间距化是文字表达与作者的言语之间的间距化。不可否认，在很多时候，书面的表达仿佛是对言语的记录和再现，但是细究下去会发现，无论是从个人学习语言的过程看还是从人类发明文字的过程看，书面的文本始终是后于言语的。书面的东西真能作为言语的可靠记录吗？利科认为书面的东西，即文字，始终不等于言语，文字写出的东西比言语要么多些，要么少些。当我们记下某人口述的东西时，记下的东西与口述的东西有间距，后来的读者在解释时更不理会这些文字是否真的表达了口述者的意思，他们只按文字去理解。这样一来，文字的东西传得越久远，它离口述者的距离越大，直至把它完全忘记。因此，口述史一经写出，就不是什么口述史，而是文本的历史。口述的回忆录的真实性获得了新的规定。回忆录的细节越貌似真实，其整体的真实性越发可疑。

第三种间距化是文字表达的东西与原来的听者所听到的东西之间的间距化。众所周知，记下的东西与听到的东西常常是不一致的。听者在听别人说话时有情境在起作用，别人说话可能同时使用手势、语气和音调的变化乃至眼神来传达相应的意义。因此，看别人的演讲记录与当场听讲的效果永远是不一致的。我们通过文字文本去理解的意义与原来的听者听到的东西始终有差异。对文字文本的理解很可能加入想象的情境，它对读者的理解会发生整体性的影响，使得后人的解释有了不同于原来的听者的解释的可能性。

第四种间距化是文本中的表面指称与实际指称之间出现间距。如果说言谈中的指称受言谈情境的制约，那么，在书写的文本中除上下文之外这种情境的制约因素不再存在。书写文本的语词指称范围比言谈中语词的指称范围要大得多，由于想象的作用，对文字的理解比对言语的理解反而更加自由。这是一种意义的解放。在隐喻和象征中，实际指称与表面指称的不一致尤其明显。利科特别说明语言的隐喻过程如何影响了语义的更新。隐喻本身就体现了表面指称与实际指称的间距，没有这种间距，就没有隐喻。我可以用一个例子来说明这种现象。比如，我可以说“汪堂家是唐老鸭”，也可以说“汪堂家是一只木桶”，还可以说“汪堂家是一根竹竿”。见过我的人会说前两个隐喻不妥，后一个隐喻比较贴切。但我并不真的是竹竿，因为如果我是竹竿的话，我就会被人拿去晾衣服了。但是，这个隐喻仍然是有效的。“竹竿”是字面指称，它是通达第二级指称“细长的东西”的桥梁。在此，当人们听到“汪堂家是竹竿”时，心里想到的其实是“瘦长的人”。许多语词都经过这样的隐喻过程，原来的意义渐渐被人淡忘，新意义渐渐被人接受。语词的新义与原有的意义间距越来越大，从而实现了语词空间的扩展。对隐喻的解释之所以困难，原因就在这里。

文本的间距化经历了双重的过程。一方面是口头传达而造成的间距化，另一方面是被文字固定下来之后的间距化。这两种间距化决定了理解和解释的历史性和可能性。就口头传达而造成的间距化而言，特别是在文字出现之前，一些歌谣、史诗、传说、民间故事乃至家谱都会经历因口头传达而远离原始状态，远离作者的主观意图的过程。在漫长的历史过程中，它们仿佛具有自我衍生的能力，内容不断增加、修改和完善，以致我们搞不清楚究竟谁是作者，而且似乎没有必要关心谁是作者，即便人们知道谁是作者，这个作者很可能成了人们发挥想象力不断加工的对象。这样一来，不是作品附属于作者，反倒是作者附属于作品，成了作品的一部分。

就口头传达的内容被文字固定的文本而言，文字有了特殊的生命。口语化的生动性和当下性消失了，讲话的情境消失了，在文字中人们发现了更多的可能性，更多的想象空间。由于文字变化的相对缓慢性，作品的自主性比在口头传达的状态下更强了。由于语言的隐喻过程能够将语词的原始意义掩盖掉、替换掉或者增加一些新的意义，后人对同一部作品的某些词语和句子的理解很可能极为不同。① 但作品在某个时代的意义仍然有其无法被读者随意解释的客观性，因为文字在某个时候的意义是约定俗成的，即便是作者也不能随意加以解释，就算作者申明自己是在何种意义上使用某些词语，读者也不一定按作者的申明去理解（比如，“主观的”“客观的”这样的词在 17 世纪西欧的意义与今人的用法刚好倒过来，就像“经济”“政治”这两个词在古汉语中与在现代汉语中用法相反一样）。同时，作品的结构和篇目顺序也决定着文本的整体意义，它制约了读者对文本的理解和解释，特别是过度解释。② 这一点决定了我们在研究古代的经典时不仅要细读作品本身，分析其篇章结构，了解这部作品与其时代的特定情境的整体关系，而且要不断了解这部经典的诠释史。因为我们正是通过这部经典的诠释史来接近构成这部作品的一些词句乃至句法在久远时代的特定用法。比如，我们不能无视魏、晋、唐、宋、明、清等时代的学者对老子《道德经》的解释去直接接近这部经典，我们也不能说我们可以根据现代汉语的意义去理解和解释《论语》，因为它的词义和句意通过诠释史才被我们所理解。同时，我们还要注意到，

---

① 关于此问题，请参见利科:《活的隐喻》，汪堂家译，上海译文出版社 2004 年版，第 2、3 部分；另见利科:《作为认知、想象和情感的隐喻过程》，载《江海学刊》2005 年第 1 期；汪堂家:《隐喻诠释学：修辞学与哲学的联姻》，《哲学研究》2004 年第 4 期；汪堂家:《隐喻：翻译与诠释》，《现象学与当代哲学》2008 年第 2 期，香港中文大学哲学系编，台北漫游者文化事业有限公司，第 23–48 页。

② 艾柯:《过度诠释本文》，载艾柯等:《诠释与过度诠释》，三联书店、牛津大学出版社 1997 年版，第 53–80 页。

《论语》在公元前1世纪有三个版本，今本是由西汉张禹和东汉郑玄重新编定的，“篇目文字都有变动，却无法同早期文本对勘。”①这一事实表明，文本的间距化能在不同层面发挥作用，它既为诠释史提供可能性，也为诠释史所扩展。

然而，文本与个人风格在某些文本里还是具有明显的联系的，个人的个性特征在某些文本里能够得到表达，否则，我们就难以解释一个诗人写的描述自己心境的诗篇为何不同于另一个人的诗篇，虽然它们的形式结构可能完全相同。因此，笼统地排除所有文本的个人因素并不能有效地解释某些作品。利科似乎对这个问题没有给予足够的重视，他也没有有效地解释个人意图是怎样在作品中消失的。既然我们绝大多数人在写作品时试图说明自己的写作意图并在作品的扉页写上自己的名字，既然我们总在研究一个学者的作品时谈论作者的心路历程（思想传记就是基于这一点才得以成立），我们只是简单地说“作者死了”无助于解释作品的个性化特征。对这个问题的确需要具体问题具体分析。但利科在追求对间距化的普遍有效性的解释时严重忽略了个性化文本与非个性化文本的差异，甚至是有意取消这种差异。比如，在法律文本与诗歌作品中，作者的主观意图对作品的影响具有重大差异。法律文本要求排除个性化，而诗歌文本却需要个性化，尽管这种个性化也需要人们之间的共同感才能对读者发挥作用。为解决这类问题，艾柯提出了“作品意向”或“文本意向”的概念。按照这一概念，文本意义远离作者个人意向是通过文本意向的中介来完成的。作品意向是作品的意义之源，但它既不会受制于作者的意向，也不会妨碍读者的意向在阅读作品时发挥作用。②利科和艾柯的看法在很大程度上可以互补，并能分别解释下述两种现象：一是文与人的一致，

---

① 朱维铮：《走出中世纪》（增订本），复旦大学出版社2007年版，第298页。

② 艾柯：《过度诠释本文》，载艾柯等：《诠释与过度诠释》，三联书店、牛津大学出版社1997年版，第12页。

二是文与人的不一致。但这两种相互矛盾的特点不可能同时出现在同一部作品里，而只能出现在不同作品里。我这里用法文的两句熟语来说明这种现象。

法语中有“Le style，c’est l’homme”这种说法，直译为“风格即人”，实则相当于我们常说的“文如其人”。但这只是一个比喻性说法。而且这里的“是”不等于“等于”，它只是一个隐喻性的“是”。无论如何，文与人（此处无疑指作者）始终是有差别的。这种差别既体现为文与言的差别，又体现为文与思的差别。文并非言的简单再现，言并非思的简单再现，文也并非思的简单再现。文始终比思多些或少些，言也始终比思多些或少些，它们之间不是相等的关系。法语中还有一句熟语：“根据文本来了解作者无异于根据尸体给人画像”。这事实上在强调文与人的不一致性。一旦文字从作者笔下或口中出来，作者就无法支配文字了。越往后，作者的个人因素越容易被读者所忽略。由于文的公共性，它一出现就进入了公共性中，为人们所分享。文的结构和风格既要通过公共性而存在，又要通过公共性而显示出自身的意义并为读者所理解。即使那些未完成的作品，也要等待进入公共性中去充实自身的内容。

在我看来，正因为有间距化的存在，所有文本在一定程度上都是残缺不全的。后人试图续写未完成的作品不仅是画蛇添足，而且注定不会取得成功。这不单单是因为这样做是外在地把续写者的主观意图当作原来的文本的客观意义加诸已有的文本，其生硬性犹如黑格尔批评的那样，无异于将木头绑在大腿上，这也是因为续写者忽视了原有文本在脱离作者意图之后形成的自主性和创生性。正是基于这一点，我以为续写《红楼梦》是在浪费续写者的才情（如果她或他确有才情的话）并且不值得赞扬。续写者可能无视了一个客观事实：《红楼梦》之为《红楼梦》就在于它是残缺的，就像断臂的维纳斯雕像的价值就在于她的手臂是不可补全的。其魅力恰恰在于它的残缺，其文本意义的客观性和独特性反倒有赖于这种残缺。作者的独特性、时代的独特性、社会生活的独特性以及《红楼梦》之作为残缺的作品的独特性应当得到尊重。《红楼梦》的残缺性构成了原作的悲剧性、作者的悲剧性、时代的悲剧性的要素。从这种意义上讲，残缺性反倒成就了《红楼梦》的完整性。外在的强加表面上补齐残缺，实质上是在破坏其整体性，即，作品与其时代条件和文化环境的整体性。撇开作者的主观意图和时代条件不谈，单是原作的语言、结构和风格就是不可复制的。续写充其量是对原作的诠释，并且很可能是过分的诠释或臃肿的诠释。这是我从间距化理论的应用里得出的结论。

隐喻诠释学：修辞学与哲学的联姻

——从利科的隐喻理论谈起①

隐喻是语言之谜，是意义之谜。自古以来，隐喻一直是修辞学和诗学的对象，在一段时间里也曾是哲学的对象。在古代，正是在隐喻问题上，哲学与修辞学分道扬镳；在今天，隐喻成了哲学与修辞学的共同话题。隐喻诠释学的产生则实现了修辞学与哲学的联姻。

一、对修辞学的两种哲学态度

修辞是晓人动人的艺术。作为研究这种艺术的学问，修辞学像哲学一样古老并与哲学有过同源关系和密切的互动。这一判断不仅适用于中国，而且适用于西方。

就西方而言，修辞学曾与语法和逻辑并称“三科”，它是对人进行基础教育的基本手段，也是开展哲学论辩的基本条件。到了亚里士多德时代，修辞学已经成为一门比较成熟的学科。利科曾经断言：“亚里士多德的修辞学构成了从哲学出发将修辞学制度化的最辉煌的尝试。”②

然而，出于对修辞的作用的不同认识，西方哲学家们从一开始就对修辞学采取了截然相反的态度。这使得“修辞学既是哲学最古老的

---

① 本文载于《哲学研究》2004年第9期。——编者注

② Paul Riceur，*La métaphore vive*，Paris：Seuil，1997，p.16.

敌人，又是哲学最古老的盟友。之所以说它是哲学最古老的敌人，是因为巧妙言说的艺术始终不再理会真实的言说，以对产生劝说效果的原因的认识为基础的技巧给那些完美地掌握这门技巧的人提供了非常可怕的权力：这是一种不要实物而支配语词的权力，也是通过支配语词而支配人的权力”①。柏拉图是把修辞学作为哲学的敌人的最大典型。他声称，修辞既不利于追求公正，也不利于探索真理，因为修辞是产生错觉和假相的艺术，研究这门艺术的修辞学是在以精巧的方式守护谎言的世界和虚伪的世界。在《斐多篇》(271c)、《高尔吉亚篇》(49a—458c)中，柏拉图极尽对修辞进行攻击之能事。具有讽刺意味的是，他这个激烈反对修辞的人恰恰是最善于利用修辞手法的人。这也许是由于他坚信，如果有什么修辞学，那种修辞学就是辩证法本身即哲学。柏拉图反对修辞学的最大理由是，修辞是以巧言代替真言，以矫饰代替真相。

进入近代以后，除帕斯卡尔和伏尔泰之外，哲学家对修辞学纷纷提出批评。霍布斯声称，修辞是自欺欺人，是通过玩弄语词而滥用语词。洛克则宣布，“修辞学……是错误和欺骗的最大工具”②。莱布尼茨亦说，“即使是修辞学上的比喻词藻本身，要是使我们强以为真时也就变成了诡辩”③。

但是，修辞学在18世纪的衰落与其说是因为受到外来的批评，不如说是它自身造成的。正如利科所说，修辞学在19世纪中叶已经变成一门“死学科”，那时大学基本上不再教授修辞学，但我们只要看看18世纪修辞学的状况，就会明白修辞学为何会走向死亡。那时修辞学已经被归结为对修辞格的研究，以致修辞学成了比喻学，而比喻最终又被归结为隐喻、换喻与提喻这三种修辞格。这样一来，修辞

---

① Paul Riceur, *La métaphore vive*, Paris: Seuil, 1997, p.15.

② 洛克：《人类理解论》下卷，关文运译，商务印书馆1983年版，第497页。

③ 莱布尼茨：《人类理智新论》，陈修斋译，商务印书馆1982年版，第112页。

学成了植物分类学式的东西。修辞学自己主动切断了与哲学、逻辑学和诗学的联系：它不再关心自身以外的东西，也不想借用其他领域的方法，更不想追问自身概念的合理性。修辞学的历史乃是不断萎缩的历史，修辞学在被归结为它的一个部分时也同时丧失了通过辩证法把它与哲学联系起来的纽带；随着这种联系的丧失，修辞学变成了一门不定型的无用的学科。当将修辞格进行分类的兴趣完全取代了给广泛的修辞学领域赋予生机的哲学观念时，修辞学也就死亡了。①

经过一个多世纪的沉寂之后，西方学界掀起了重建修辞学的运动。在20世纪下半叶，不仅开始出现一批新修辞学家，而且有部分哲学家参与到重建修辞学的努力中。有的学者（如Prieto和Muller）甚至引入了统计学方法来探讨修辞格问题。早在1964年，罗兰·巴特就主张“用结构主义方法重新思考修辞学的问题”②。最引人注目的事件是所谓新修辞学派的诞生。狭义的新修辞学就是指比利时列日（Liège）学派提出的修辞理论，这种理论不仅在结构语义学的基础上更新了古典修辞学的分类学计划，而且提出了许多革命性的概念，如“修辞学零度”“义位转换法”“修辞学间距”等等。它明确提出把隐喻建立在形象化表达的概念基础上并试图建立一种形象化表达的修辞学。按列日学派的看法，“隐喻严格说来并不是意义的替代，而是对一个词项的语义内容的改变，这种改变源于两种基本活动——义素的补充与隐匿的结合。换言之，隐喻是两种提喻的产物。”③

通过对隐喻问题的思考，哲学与修辞学重新找到了彼此的交汇点。尼采、海德格尔、伽达默尔、波格勒（O. Pöggeler）、阿多诺、罗蒂、利科、德里达等人都对修辞学表现过极大的热忱，对隐喻问题

① Paul Riceur，*La métaphore vive*，Paris：Seuil，1997，pp.3–14.

② Roland Barthes，“Rhétorique de l'image”，*Communications*，1964：4，pp.82–100.

③ J. Dubois et al.，*Rhétorique général*，Paris：Librairie Larousse，1970，p.106.

的关注无疑是产生这种热忱的动力。20世纪的科学哲学也出现了修辞学的转向。伽达默尔甚至断言“哲学就是修辞学”。1976年他发表了著名的讲演，题为“修辞学与诠释学”。在他看来，理解与解释是诠释学与修辞学的共同领域，这两个学科原本是同根同源的。在当代众多的哲学家中，伽达默尔可能是强调哲学与修辞学合流的最极端化的例子。由于他模糊了哲学与修辞学的区别，自然遭到了许多人的批评。

实现哲学与修辞学联姻的一次主要事件，是1978年在芝加哥大学召开的一次以“隐喻：概念的跳跃”为题的会议。保罗·德曼、戴维森、哈利斯、利科、哥德曼、布莱克、博斯（W. Booth）、科恩（T. Cohen）等著名学者参加了这次会议。他们为何要选择“隐喻”这个原本属于修辞学领域的论题展开讨论呢？据考恩万（J. Cowan）的解释，这是因为隐喻“渗透了语言活动的全部领域并且具有丰富的思想经历，它在现代思想中获得了空前的重要性，它从话语的修饰的边缘地位过渡到了对人类的理解本身进行理解的中心地位”①。实际上，隐喻不仅是修辞学和诗学的中心问题，而且成了哲学、心理学、艺术史、神学、语义学、翻译学、逻辑学等学科无法回避的问题。

二、隐喻诠释学的基本旨趣

哲学为什么要关注隐喻？

从大的方面看，哲学与修辞学既然同根同源，它就不能不关注与它同根的修辞学的中心问题——隐喻问题。在西方学术史上，隐喻理论是微缩的修辞学，它的兴衰表征着修辞学的兴衰。从亚里士多德对隐喻的定义（他把隐喻定义为名称的转移）和分类到马克斯·布莱克

① Sheldon Sacks（ed.），*On Metaphor*，Chicago：The University of Chicago Press，1978，p.1.

对模型与隐喻的关系的分析，再至新修辞学家们将隐喻解释为语义的隐匿与补充，对隐喻的每一次深入的认识都影响到对其他修辞格的解释。隐喻理论的繁荣也相应地反映了修辞学的繁荣。隐喻是修辞学的难点，突破了这一难点其他问题就可以迎刃而解。

另一个显而易见的事实是，古代的哲学家都偏爱以隐喻的方式谈论哲学，在中国如此，在西方同样如此。哲学关注隐喻既表明了哲学的自觉，也反映了哲学通过反思自己最早的表现形式而寻求自身的根据的努力。即使是在实证精神大畅其道的现代哲学中，仍有一些哲学家精心守护着隐喻的王国。尼采、晚年的海德格尔、巴什拉、德里达、巴达耶、扬凯列维奇就是最好的例子。他们不仅以隐喻的方式谈论隐喻，而且从隐喻中找到了最适合自己的思想表达方式。这些表达方式反过来成了文本解释策略的一部分。同时，那些以对语言的逻辑分析见长的哲学家，如奎因、戴维森、哥德曼、哈利斯、塞尔等人也都不约而同地关注隐喻。因为在他们看来，隐喻是一种普遍的语言现象，甚至有人认为语言都是隐喻。奎因在《关于隐喻的附言》中说，隐喻虽然是在娱情悦性的散文和高度诗意化的艺术中繁荣起来的，但它在科学和哲学的正在扩大的边缘地带也显得生机蓬勃。科学本身甚至也常常使用隐喻式语言（如“光波”“克隆”“原子”“以太”等等）。“沿着科学的哲学边缘，我们可以找到质疑基本的概念结构以及探索再造它们的方式的各种理由。旧习语在这里对我们必定无济于事，只有隐喻才能开始描述新秩序。如果这一冒险取得了成功，那么，旧隐喻也许会死亡并且永存于保持字面意义的新习语中，而这种新习语适应着变化了的视角。”①

但是，哲学关注隐喻还有更深层的原因。按传统观点，隐喻

① Quine，“A Postscript on Metaphor”，in：Sheldon Sacks ed.，*On Metaphor*，Chicago：The University of Chicago Press，1978，pp.159–161.

仅仅起修饰作用而不能表达真理。利科提出了“隐喻的真理”概念。对他来说，隐喻不仅仅是名称的转移，也不仅仅是反常的命名（dénomination déviante）或一些学者所说的对名称的有意误用，而且是语义的不断更新活动。哲学归根到底是对意义的探究，而隐喻是意义之谜，哲学不揭示隐喻的秘密就不可能在意义的探究方面取得突破性的进展。

利科认为，隐喻不仅具有修辞学的意义，而且具有本体论和认识论的意义。隐喻不仅是一种命名事件或词义替换，而且涉及语词之外的“世界”。隐喻是一种述谓活动（predication），它只有在陈述中才有意义，而陈述是离不开语境的。语词之所以是活的，恰恰是因为它向“生活世界”开放。不但如此，“隐喻不是话语的某种装饰。隐喻远不止有一种情感意义。它‘包含新的信息’。实际上，通过‘范畴错误’，新的语义领域就从一些新的关系中诞生了。简言之，关于现实，隐喻提出了一些新的说法。”① 这就意味着，隐喻并非与现实无关，相反，它是贴近现实的，只不过是以曲折的方式贴近现实而已。但要揭示隐喻与现实的复杂关系，我们就不得不明确隐喻陈述的指称功能。利科根据弗雷格的看法，确认在任何陈述中都可以区分意义与指称。意义是陈述表达的内容，指称是陈述表达的相关对象。陈述所表达的内容是内在于陈述的，它所涉及的对象则超出了语言之外。由此推知，隐喻陈述的指称并不是语言自身，而是语言之外的世界。

正是基于上述的考虑，隐喻诠释学突破了古典修辞学仅从语词自身来讨论隐喻的框架。它根据罗曼·雅各布森的“一分为二的指称”这一概念，进一步提出了二级指称的假设并用这种假设来解释隐喻的真理是如何可能的。既然隐喻陈述有字面意义和隐喻意义，那么，它

① 见胡景钟、张庆熊主编：《西方宗教哲学文选》，上海人民出版社 2002 年版，第 586–597 页。

也就相应具有两类指称：一类是字面上的指称，另一类是隐含的指称。隐喻实际上是对现实的重新描述。这种重新描述之所以可能，恰恰是因为它悬置了第一级指称而让第二级指称发挥作用。但第一级指称并非可有可无，它是一种桥梁和中介，通过它，意识才能顺利地过渡到第二级指称。第二级指称之所以能发挥作用，也正是因为两类指称之间具有相似性。比如，当我们说“本·拉丹是一只狐狸”时，我们当然不是说拉丹变成了狐狸这种动物，而是说拉丹像狐狸一样狡猾，或者说他是一个狡猾的人。在这里“狐狸”是一级指称，“狡猾的人”是二级指称。二级指称隐含在一级指称的背后。

对隐喻诠释学来说，在隐喻陈述中语词之间的张力，特别是字面解释与隐喻解释之间的张力创造出新的意义。但隐喻并不是通过创造新词来创造意义，而是通过违反语词的日常用法来创造意义。隐喻对意义的创造是在瞬间完成的，而不是记载在词典中。真正的隐喻都是新颖的隐喻。新颖的隐喻只是反复多次后才变成死隐喻。存在于词典上的隐喻都是死隐喻而不是活隐喻。真正的隐喻可以解释但不能翻译，因为它维持着语词的张力，维持着字面意义与隐喻意义的张力，它不断创造新意义，翻译是无法穷尽这些不确定的新意义的。从根本上讲，语言的隐喻使用最能体现词义空间的扩大。哲学离不开语词，语词是隐喻意义的效果的载体。“正是语词在话语中确保了语义的同一性的功能：隐喻所改变的正是这种同一性。因此，重要的是表明，在被理解为整体的陈述的层次上形成的隐喻如何‘聚焦’于语词。”① 但顺着利科的思路，我们不难发现一个事实，隐喻虽然以语词为指称单元，但它只有在语句中才能发挥作用，而对隐喻的理解脱离了语境和话语几乎是不可能的。隐喻既可以成为理解的障碍，也可以成为通达新的理解的桥梁。诠释和翻译的最大困难莫过于如何面对隐喻。就

---

① Paul Riceur，*La Métaphore vive*，Paris：Seuil，1997，p.9.

像“隐喻”这个词在希腊文中本身就是隐喻一样，隐喻的诠释和诠释的隐喻合而为一。从语源学上讲，许多哲学词汇原本就是隐喻。也许是基于这一点，海德格尔断言，形而上学与隐喻有着内在的关联。海德格尔甚至说，“隐喻仅仅存在于形而上学中”，但“海德格尔对隐喻的使用最终比他对隐喻的附带批评更为重要”①。

我们千万不要以为，仅仅因为隐喻陈述包含着本体论的意义，以利科为代表的哲学家才去关注它。在我看来，隐喻不但包含意义的最大秘密，而且以一种似乎不太合乎逻辑的方式表达着准逻辑的真理。隐喻并不只起修饰的作用，它也能以形象的方式传达真实的信息，因为隐喻陈述是以逻辑上的基本语句为基础的，从根本上讲它至少不是反逻辑的。它所传达的真实仍是一种出自本源的真实，因而是一种虽不同于逻辑真实而又隐含逻辑真实的真实。譬如，当我说“汪堂家是一根竹竿”时，我是要向大家传递一个信息：汪堂家是一个瘦子。如果汪堂家是一个大胖子，你却说他是一根竹竿，你的断语显然是错的。由此可见，隐喻中也包含着真实。在两种隐喻中还存在哪个更真实的问题，这就是我所说的隐喻的真实度问题。但你要判断隐喻是否真实以及隐喻的真实程度，你就不得不超出隐喻语词或隐喻陈述本身而涉及其指称对象。这样一来，对隐喻的深入探讨不可避免地触及指称理论，广而言之，触及符号学理论和语言哲学。

正因如此，利科说自己对隐喻的探讨始于古典修辞学，经过符号学和语义学，最后到达诠释学。但隐喻诠释学构想还包含对隐喻过程的讨论，包括对隐喻认知、情感和想象过程的关系的讨论。“如果一种隐喻理论没有说明情感在隐喻过程中的地位和作用，那么，它是不完整的。”②

---

① Paul Riceur，*La métaphore vive*，Paris：Seuil，1997，p.358.

② P. Ricoeur，“The Metaphorical Process as Cognition，Imagination and Feeling”，Sheldon Sacks（ed.），*On Metaphor*，Chicago：The University of Chicago Press，1978，pp.141–158.

而想象的功能之一便是，为一分为二的指称所特有的悬置提供具体的维度。在隐喻里，情感具有形而上的意义，它是“此在”的存在方式。情感具有非常复杂的意向结构，它不仅是内在状态，而且是内在化的思想。隐喻所激起的情感消除了认知者与认识对象的距离，但并不取消思想的认知结构以及它所暗示的意向性距离。隐喻提供了不可译的信息。许多人正是基于这一点说诗歌不可译。隐喻也通过某种程度的虚构来重新描述现实。由于隐喻的形象性，它能把呈现的意义“置于眼前”。文本因隐喻而变得生动，因为它通过给文本提供形象而使话语显现出来。形象为语言提供了内在空间。根据新修辞学家托多罗夫（T. Todorov）的定义，“形象”体现了话语的可见性（利科称之为“隐喻的图形化特征”）。因此，我们也可以说，话语因为使用了隐喻而具有可见性。我想，隐喻能动人情感、引人想象、促人认知，其秘密大概就在此。

“隐喻不是奥秘，而是奥秘的解答。”① 为什么说它是奥秘的解答呢？因为它透露了相似性在形象化表达中的作用，也透露了相似性在语义更新中的作用。亚里士多德曾说，做好的比喻就是发现相似性。隐喻的意义载体不仅是语词而且是整个句子。隐喻绝不只是名称的转移或替换，而且是逻辑上的主辞与谓辞的互动关系。传统的修辞学家往往把隐喻过程看作语词偏离原有意义的过程。但是，正是由于相似性和想象发挥着重要的作用，隐喻过程才能发生。隐喻之所以给人以惊奇感、新颖感，也恰恰是因为隐喻把两个本来相距遥远的东西放在一起，隐喻实质上利用了两个事物之间的相似性。

三、隐喻诠释学的多重效应

隐喻诠释学具有多重效应。随着时间的推移，这些效应将会日益

---

① P. Ricoeur, “The Metaphorical Process as Cognition, Imagination and Feeling”, Sheldon Sacks (ed.), *On Metaphor*, Chicago: The University of Chicago Press, 1978, pp.141–158.

明显地表现出来。它对修辞学的意义是显而易见的，因为它不仅突破了古典修辞学和新修辞学仅仅把隐喻作为一种比喻、作为与提喻和换喻并列的修辞格这一修辞学的古老框架，而且赋予隐喻以广泛的文化意义，特别是本体论意义和认识论意义。隐喻不仅体现了一种复杂的语言结构，而且暗示了思想和现实的深层结构。由于隐喻既有话语的修饰功能又有指称现实的功能，隐喻提供了关于现实世界的信息，甚至提供了关于现实世界的知识与真理。“同样，由于隐喻的意义不但没有废除反而保留了字面意义，隐喻的指称保持了它所暗示的日常视域与新视域的张力。”① 隐喻解放了人们谈论现实和解释现实的另一种能力，即以客观的可操控的世界反衬那不可操控的生活世界的能力；隐喻传达了人对世界的基本经验，这种经验揭示了有意犯的错误背后隐含着的真理。著名哲学家和文艺理论家哥德曼常把“字面的错误”与“隐喻的真理”放在一起使用，正是对利科的隐喻诠释学关于“字面的错误是隐喻的真理的一个组成部分”的观点的最直接的响应。

不但如此，隐喻诠释学还通过提出“隐喻的真理”概念打破了那种认为只有科学语言才表示实在的神话。赫西（M.B.Hesse）在《科学中的模型与相似性》中把隐喻视为对现实的“重新描述”。马克斯·布莱克（M. Black）的《模型与隐喻》则认为隐喻起着模型似的作用。基于此，利科的《活的隐喻》有时把隐喻视为对现实的启发式的虚构或“创造性的模仿”。通过这种虚构或模仿，我们可以发现事物之间的、以同构性为特征的新型关系。作为对现实进行重新描述的工具，隐喻像模型一样反映着现实的结构。为进一步说明这种结构，利科区分了比例模型、类比模型和理论模型，并用理论模型去说明隐喻与现实之间的同构关系。而也正是在这一点上，20 世纪下半叶的一些科学哲学家发现对现实的科学解释（科学常用模型来解释自然现象）与隐

---

① Sheldon Sacks（ed.），On Metaphor，pp.141–158.

喻解释之间具有根本上的一致性。从这种意义上说，隐喻诠释学实质上是对科学哲学的第三次转向即修辞学转向的有力呼应和补充。

更为重要的是，隐喻诠释学不仅大大扩展了传统的真理概念，而且从根本上深化了宗教诠释学对理解的理解以及对解释的解释。众所周知，几乎所有的原始宗教经典都充满了隐喻，如果不能对这些经典的隐喻进行合理的解释，宗教文本就难以理解。传统的释经学正是在这一点上遇到了难以克服的困难。诠释学的一个重要任务就是消除解释和理解过程的神秘性。解释既是对意义的回忆，又是在进行怀疑或猜测。而怀疑的反面就是相信，相信的极致就是信仰。"为理解而相信，为相信而理解"①乃是宗教现象学的箴言，也是宗教诠释学的箴言。相信与理解互为前提，它构成了宗教诠释学的一种循环。

对经典的理解无疑是解释的先决条件。然而，释经者的有效解释又反过来加深对经文的理解。在经文的隐喻中包含着解释的最大秘密。因为经文的隐喻是有张力的隐喻，这种张力既决定了隐喻的可解释性，也决定了解释的不确定性。但如果不能给经文提供确定的解释，信仰就会发生动摇。因此，问题的关键在于找到文本的本意与新意的连接点。这种连接点处于字面解释与隐喻解释的内在关联中。利科指出，"隐喻并不存在于自身中，而存在于解释中。隐喻解释预设了一种字面意义要被摧毁。隐喻解释在于将一种战胜自身的意外的矛盾转变为一种有意义的矛盾。正是这种转变将某种扭曲强加到语词上去。……因此，隐喻就是在字面上所解释的陈述的某种不连贯的答案。"②

众所周知，以布尔特曼（R. Bultmann）为首的当代基督教神学的诠释学方法在很大程度上仍然受到施莱尔马赫和狄尔泰的浪漫诠释学传统的影响，这一传统强调到文本背后去找文本的意义。以利科为

① Paul Riceur，*De l'interpretation*：*Essai sur Freud*，Paris：Seuil，1965，p.38.
② 胡景钟、张庆熊主编：《西方宗教哲学文选》，上海人民出版社 2002 年版，第 587–597 页。

代表的后浪漫诠释学或批判诠释学强调意义不在文本之后而在文本之前，强调解释并不限于文本的内在意义，而是要展示作品所投射的世界。以这种观点为根据的隐喻诠释学方法被一些宗教哲学家和神学家成功地用来解释《圣经》的某些章节，特别是其中的神迹与寓言。这一事实已经部分地证明隐喻诠释学的有效性。如戴维·特蕾西指出，“不管利科的立场有何特殊性，他都表现了上述《新约》研究的新出现的共识。因为不管如何解释寓言式的隐喻，解释者必须使用某种张力理论或互动理论而不是替代理论去充分理解‘上帝的王国’像什么样子。”①

隐喻诠释学的深远效应还表现在文学批评方面，尤其表现在诗学方面。因篇幅所限，在这里我只想指出，隐喻诠释学从根本上改变了传统诗学对诗歌语言与现实的关系的看法。长期以来，文学批评家一直认为诗歌语言的功能是与隐喻紧密联系在一起的，但是他们否认以隐喻性为特征的诗歌语言能够表达语言之外的某种实在，相反，他们认为“悬置”实在恰恰是诗歌语言发挥作用的前提。从雅各布森的《语言学与诗歌》到刘易斯（G.D. Lewis）的《诗歌的意象》，再到弗赖伊（N. Frye）的《批评的剖析》，这种倾向似乎没有表现出减弱的迹象。利科通过他的隐喻诠释学与科恩、保罗·德曼、哈利斯和哥德曼等人一起达成了一种共识：诗歌语言与科学语言都涉及实在，只不过前者是以不同于后者的方式涉及实在；诗歌语言是一种话语策略，它通过抑制或取消语言的日常指称来重新描述现实。利科上承海德格尔，重新提出了隐喻的本体论意义问题和隐喻的真理问题，从而大大拓展了诗学的视野。利科的观点实际上也是对诗人艾略特的诗歌创作实践及其理论总结在哲学上的呼应。对艾略特而言，诗歌不仅表达一

① Tracy, “Metaphor and Religion”, in: Sheldon Sacks ed., *On Metaphor*, Chicago: The University of Chicago Press, 1978, pp.89–104.

种经验，不仅具有审美价值，诗歌还揭示了更加重要的东西，它帮助个人确定他在世界上所处的位置。对利科来说，不仅诗歌，而且几乎所有的文学文本都涉及作品所确立的世界，理解这种文本就是把我们自己置于作品的世界之前，向那个世界敞开，借此扩大我们自己对世界的理解。①著名文艺理论家哈利斯在分析利科的隐喻观时指出，利科是"把隐喻放在这种本体论解释的背景中加以讨论的。以既有的语言背景，诗歌语言的冲突没有本义，它们不能从既定的东西中抽引出来。新的隐喻乃是'一种语义更新，这种更新在既不作为指称又不作为含义的既定语言中没有地位'。恰恰因为它没有这种地位，它才有助于让新的世界显现出来。"②由隐喻诠释学开启的这种隐喻观念已经成为当今诗学的潮流。

① Paul Riceur，"Metaphor and the Main Problem of Hermeneutics"，*New Literary History*，1974：4，p.107.

② Harries，"Metaphor and Transcendence"，in：Sheldon Sacks ed.，*On Metaphor*，Chicago：The University of Chicago Press，1978，pp.71–88.

九、杜威与实用主义研究

科学·科学精神·人文精神

——杜威眼中的科学对精神生活之意义①

说到“科学”与“民主”两个关键词，不能不提及美国哲学家、教育家杜威。他不仅在许多讲演和论著中强调科学对于发展物质文明的重要性，而且重视科学精神的培养及其社会效应。从某种意义上讲，科学精神的培养比从事某项具体的科学研究更加困难，也更加重要。尽管两者之间存在着互动关系，但前者比后者更需要持久的努力和不懈的追求。对科学的自觉使杜威并没有因实证主义的影响而陷入科学万能论的陷阱，相反，他通过把怀疑精神、批判精神和探索精神引入他所提倡的科学精神的范畴，为科学地、伦理地对待科学预留了空间。

一、科学对精神生活之意义

“当我们没有意识到科学的意义时，科学是不会发展的。”②这是杜威在考察科学的历史和社会效应时反复申明的观点。科学的意义是多方面的。在杜威生活的时代，特别是20世纪头二十年，科学对人

---

① 本文载于《学术月刊》2009年第11期。——编者注

② John Dewey，“The Development of Modern Science”，*John Dewey Lectures in China*，*1919—1920*. tr. and ed. by Robert W Clopton/Tsuin-Chen Ou，Honolulu：The University Press of Hawaii，1973，pp.230–236.

类物质生活面貌的改变已经日益明显，以致生活在日趋工业化的西方国家的人们都能感受到科学对日常生活的广泛影响。正因如此，杜威以前在美国发表的论著没有在这方面多着笔墨。但在中国讲演时，杜威也许有感于中国科学的落后而反复强调科学对于减轻人的劳动和改善物质生活的重要性。

然而，杜威提醒我们注意一个很多人至今依然忽视的事实：在英国工业革命的早期，科学发展所遇到的阻力比在中国遇到的阻力要大得多。这种阻力来自三个方面：一是势力强大的教会的阻挠，因为科学的发展直接冲击了一些宗教信条，损害了教会的权威；二是遇到了一些政治人物的阻挠，因为科学家的工作在当时造成了蔑视权威的风气；三是由于技术发展导致一些工人的工作被机器所取代，有些工人放火焚烧厂房和机器，错误地以为是机器本身剥夺了他们的工作。这些事实反而使杜威感到不仅要从物质层面去理解科学，而且要从精神层面去理解科学。

从精神层面去理解科学意味着什么呢？意味着不仅要看到科学的结果，不仅要看到科学在物质生活方面给我们带来的各种便利，而且要看到科学如何改变了人的精神世界。在杜威看来，科学既改变了人们的生活方式和社会组织方式，又改变了人们的自然观、时空观，也改变了人们对自身的看法，还改变了人们的道德理想以及人们与宗教传统的关系，更改变了人们的思维方式和人生态度。在 20 世纪，越来越多的人通过科学研究激发了探索的热情，找到了探索的乐趣。对于长期从事科学研究的人来说，科学探索甚至成了精神生活的主要内容。

首先，通过对科学的效应史的考察，杜威发现，近代科学出现之后，人们的世界观出现了四个重要的变化。这些变化分别以自然律概念、自然统一性概念、能量概念和进化概念的出现为标志。

在近代科学出现之前，人们最多只是模糊地认识到自然有一定的秩序，并在此基础上形成了宇宙和谐的观念〔在希腊文中，“宇宙”（cosmos）一词最早就有“和谐”的意思〕。近代科学出现之后，人们认识到自然界的一切都遵循特定的规律，这些规律可以用数学进行精确的描述。这样一来，人们就不会面对表面上杂乱无章的自然现象茫然若失，而是因自然现象的可预见性而对自己有了更多的信心。

近代科学出现之前，人们只能以思辨的方式抽象地谈论自然界的统一性。近代科学出现之后，人们能从宏观和微观两个层次精确地解释自然界的统一性。而自然界的统一性观念的形成给人类的认识领域带来的显著变化是，人类的认识兴趣首次有了共同的中心，所有社会的知识阶层有可能被一个共同的事业联系起来。不同民族、不同国家和不同地域的人在知识领域的这种联系为知识共同体，进而也为人类共同体观念的形成奠定了牢固的基础。在一定意义上讲，自然界的统一性观念的形成与知识共同体观念的形成具有一定的对应性，因为当我们要去认识共同的东西时，我们不仅被引导到共同的目标之下，而且意识到我们 有了共同的生活基础并且被迫面对共同的问题。

“能量”概念的出现在近代科学中具有革命性意义。它不仅使我们能深入研究光、热、电等自然现象，而且将古人对宇宙的静态理解变成了今人对宇宙的动态理解。杜威认为，恰恰是“能量”概念的出现导致了新天文学、新物理学和新化学的产生，也导致了新生物学以及一系列其他科学如人类学、人种学、社会学和语言学的出现，因为“所有这些学科的产生都源于人们意识到宇宙除有静态方面还有动态方面”。[①] 更重要的是，这种新思维方式使人们勇于质疑传统的权威，特别是宇宙由永恒实体构成的观念。

“进化”概念的出现使人们得以重新审视所有生命现象，包括人

---

① John Dewey，“The Development of Modern Science”，*John Dewey Lectures in China*，*1919—1920*. tr. and ed. by Robert W Clopton/Tsuin-Chen Ou，Honolulu：The University Press of Hawaii，1973，pp.230–236.

和人类社会的起源与演进，因而从根本上改变了人的历史观。杜威深受达尔文进化论的影响，并认为进化概念的直接效应是摧毁了预成论的世界观以及中世纪神学的永恒真理观念。按杜威在《达尔文主义对哲学的影响》一文中的看法，将“物种”与“起源”这两个词结合在一起本身就“体现了一次理智的反叛并引入了一种新的精神气质”，“《物种起源》引入了一种思维方式，这种思维方式肯定会改变知识的逻辑并因此改变对待道德、政治和宗教的方式”。① 对真理相对性的承认使人们有可能去怀疑过去的权威，探求新的知识，并树立了一种“向前看”的思维方式，而不是“向后看”的思维方式。与此相应，人们也牢牢树立了一种“发展”的观念，这种观念虽然在某些人看来与其说是一种基于历史事实的描述性观念还不如说是一种对未来的信念，但它显然培养了一种积极的人生态度并主导了近百年来人类所做的许多重要努力。

其次，通过对科学的效应史的考察，杜威发现，科学给人的生活带来了新的希望并为人们走向新生活鼓起了新勇气。就像一个人年龄大了就需要新的力量、新的勇气并要防止自己过于守旧一样，一个民族要保持青春的活力就需要新的希望和新的勇气。科学能为一个民族和国家带来青春的活力，是因为科学让人们树立了对自己的理智力量的信心。尽管科学并不能解决所有问题，有时甚至有某些负面的影响，但科学本身就是人的智慧的结晶。只要科学地对待科学，合理地对待科学，人类就能有效地、合理地发展科学并运用科学。在精神世界，科学为人们使用和开发理智开辟了崭新的途径。过去，人们在遇到生活的困难和危机时总是习惯于乞求神灵的保佑。现在，通过科学，人们学会了依赖自己的聪明才智去解决自己的问题并摆脱了大量

① John Dewey，“The Influence of Darwinism on Philosophy”，John Dewey，*The Middle Works*，*1899—1924*，Vol.4，edited by Jo Ann Boydston，Carbondale：Southern Illinois University Press，2008，pp.3-14.

的愚昧与错误，从而树立了更好的是非标准。至少，现代人可以通过科学对自己和自己生活的世界有了更真切、更完整的认识，人们在面对错误与愚昧时不再采取愚昧的态度。对自身的理智力量的确信使人们不再迷信古人，不再盲从权威。正因如此，人们更容易采取面向未来的前瞻态度。这种精神取向的转变也使人们更容易从未来看现在，而不是从过去看现在或以过去的标准去衡量现在的一切。

最后，科学的出现使人们摆脱了宿命论和悲观主义对人的精神生活的控制。科学无疑改变了知识的格局，更重要的是改变了知识的性质。在近代科学出现之前，人类的知识多半限于单纯的直接经验或主观臆测，没有严密的体系和合理的论证，因而经不起推敲和检验。近代科学的出现使人们不仅意识到精确性对于知识的重要性，而且意识到知识的成长不但要重视量的积累，还要重视质的提高。科学革命的意义首先就在于把知识的质的提高摆在优先地位。科学不断地解决问题，但也不断地产生问题。杜威更多地强调前一方面而不大注意后一方面，这自然是其时代条件决定的并且与其时代要求相一致。

但是，杜威敏锐地看到，科学的发展改变了两种对社会精神生活起压迫作用的世界观，一种是把自然看作毫无秩序和不易控制的东西的世界观，另一种是认为自然虽然遵循一定的规律但人类对它无能为力的世界观。这两种世界观产生了三种形式的悲观主义。①第一种悲观主义认为一切都已命定，非人力所能为，因此，抱这种悲观主义的人在社会生活中采取逆来顺受的态度。杜威认为，科学的兴起使人们能借助精密的方法洞悉自然的奥秘，控制自然的进程，因而给人们带来了希望，这种形式的悲观主义自然烟消云散了。第二种悲观主义抱着“摘不着葡萄就说葡萄酸”的心态去对待自然，其结果自然是认为

① 袁刚、孙家祥、任丙强编：《民治主义与现代社会——杜威在华讲演集》，北京大学出版社 2004 年版，第 439–458 页。

自然现象不值得我们去控制，因为我们压根儿控制不了。科学的兴起以铁的事实说明自然进程不仅值得控制而且能够控制。第三种悲观主义是将眼光放在过去，而不是瞩目将来。按照这种悲观主义，古人一切都好，古人的智慧远远超过今人且不犯错误。持这种观念的人看到的人类知识图景是灰暗的，它所显示的人类历史是一种退步史，而非进步史。“言必称古人”是其精神生活的真实写照。科学出现之后，人们终于发现了自己的理智的伟大力量，他们不仅以前所未有的广度与深度掌握着自然的奥秘，而且能不断发明新的技术和工具为人类服务。从此，人们不再轻视对自然的研究，相反，认为这种研究是一件富有挑战性的有趣工作。

如果杜威停留于此，杜威还不成其为杜威。他对科学意义的阐述并不停留于对科学效应的现象描述，而是深入对科学精神的探讨上。对杜威来说，科学绝不等于单纯的技术和工程。科学首先是思想的自由事业，是对真理的不懈追求。没有研究的自由和思想的自由，就没有真正意义上的科学。因此，他不仅深入研究了科学与民主的关系，而且详细阐述了科学精神的要义。

二、科学精神的要义

科学精神体现在具体的研究中，但又不限于具体的研究。从广义上讲，科学的人文理想也是科学精神的一部分。科学生根于文化的土壤中，这一点决定了科学活动的人文性质。以科学的精神对待科学不仅体现了科学的自觉，而且是科学向自身提出的正当要求。当这种要求成为社会的普遍需要时，科学才能找到合理的定向。

然而，科学活动是以自然律概念的出现为背景的。这一概念将确定性与不确定性区分开来并使这种区分成为必要。科学探究是解决问题的活动，但正如迈克尔·汉佩（Michael Hampe）和班博格（Bamberg）所言，在杜威那里，“科学探究在很大程度上不是由解释某物的冲动支配的，而是由将不确定的情境变为确定的统一的情境的愿望支配的”①。科学探究是科学活动的主要部分。科学精神贯穿于科学活动中，但随着科学活动的普遍化以及人们对科学的逐步推崇，科学精神也渐渐渗透到其他领域。杜威对科学精神的论述实际上是以自然律概念和确定性概念为依归并将科学方法视为科学精神的具体体现。这是因为，他认为科学研究首先是以揭示和运用自然律为目标，从不确定性中求确定性则成了它的根本特征。由于揭示自然律是人们勇于运用自己的理性并且不断探索的结果，我们就可以合乎逻辑地得出这样的结论：科学精神首先意味着勇于探索的精神。

勇于探索又意味着什么呢？意味着勇于破除迷信，勇于打破陈规，勇于革除传统的习惯，勇于尝试和实验。由于失败总是与探索联系在一起的，勇于探索也意味着不怕失败。杜威特别强调科学方法的重要性，正是科学方法显示了科学研究的探索性质。因此，他对科学方法做了大量的论述。在他看来，科学并不等于书本上的知识，物理、化学、生物学、天文学只是科学努力的结果，而非科学本身。科学的重要意义不在其结果，而在其方法。用他本人的话讲，“只知科学的结果而不知科学方法的人并不真正懂得科学的意义”②。他还说，“科学的重要性在于它引进了求知的方法，它使人们能根据现有的经验预见并控制将来。这就是我们所说的真正意义上的科学”③。

然而，由于对实验方法的偏爱，杜威常常把科学方法等同于实验方法。比如，他说，“科学方法是什么？简单地说是实验的方法，是通过人类的活动在心灵的功能与自然事实之间建立联系的方法”④。但

① Michael Hampe/ Bamberg，“A Pragmatic View of Law of Nature”，*Die Zukunft des Wissens*. Hrsg. von Juergen Mittelstrass，Konstanz：Universitaets verlag Konstanz，1999，S.447–453.

②③④ John Dewey，“Science and Knowing”，*John Dewey Lectures in China，1919—1920*. tr. and ed. by Robert W Clopton/ Tsuin-Chen Ou，Honolulu：The University Press of Hawaii，1973，pp.245–251.

杜威所说的实验要从广义上去理解。实验具有目的性，甚至具有预见性。在实验中，研究者提出假设，证实假设或否证假设，人们也可以根据新事实得出新观念，提出新假设。这一过程无疑具有探索的性质。在通常情况下，当有人提出某项建议时，人们往往以两种方式作出反应。如果那个建议好，就予以采纳，如果不好就加以拒绝。实验方法引入了第三种反应方式，即把那个建议看作假设，其价值由实验结果决定。

与强调实验方法相对应，杜威提出了"真知始于意见"、科学源于假设的观点。著名的科学哲学家莱欣巴赫（Reichenbach）在谈到杜威的科学理论时虽多有批评，但肯定了杜威对实验方法的重要洞见。因为对杜威而言，近代科学的一个显著特点是将实验方法引入了科学，从而可以不断提出假设和验证假设，这一点导致人们放弃了科学中的教条并随时准备接受实验检验的结果。① 科学中的假设不同于思辨或随意的假定，它以既有的理论为根据并受某种理论的指导，科学实验通过人为的组织和安排来体现实验者的目的。科学不承认永恒真理，它只承认真理的有条件性。科学的观点都是有待其结果证实的假设，一旦被证实，它就成了暂时的真理并需要受到进一步的检验和证实。从这种意义上讲，所有科学活动都带有探索的性质。后来胡适所说的"大胆假设，小心求证"就是对杜威上述思想的高度概括。

科学精神也意味着追求真理的精神和实事求是的精神。求真是科学的本性，也是科学对自身的基本要求。一旦走上科学探究的道路，人们就被迫把自己的个人兴趣、情绪、臆断置于科学规律的统摄之下。任何理论和观点在未经证实的情况下都不过是假设。科学帮助我们实现由假设向真理的过渡，也帮助我们揭示自然、社会和人自身的

---

① H. Reichenbach，"Dewey's Theory of Science"，*The Philosophy of John Dewey*. ed. by Paul Arthur Schilpp and Lewis Edwin Hahn，La Salle Illinois：Open Court Publishing Company，1989，pp.157-192.

真谛。“牺牲真理以及放弃探索真理迟早都会招致牺牲社会福利。”① 在 1911 年写的《真理问题》中，杜威区分了“truth”这个英文词的不同意义。它既可以表示与谎言相对的真话，又可以表示与谬误相对的真理，也可以表示事实、真相。从词源上看，这个词一开始就与信念有关、与价值评判有关。在神学和道德哲学中，它甚至与不可挑战的权威有关。然而，科学的出现恰恰与打破对这类权威的迷信联系在一起。科学把真理视为理智与对象的逻辑关系和认识关系②。这种观念上的转变客观上要求人们具备求真的意志和求真的理想。忠于事实而不是忠于主观的臆断在所有科学研究中成了首要要求。因此，当权威的意见与事实相悖时，科学要求我们无条件地尊重后者；当某种信条有碍于真理的探究时，科学要求我们放弃那种信条。独立于个人主观愿望的真理的客观性让个人获得了一种行为的校准：科学研究要求诚实，科学研究要求讲真话，科学研究要求采取实事求是的态度。

但是，杜威注意到一个事实，这就是，个人利益常常与诚实相冲突。虽然诚实历来是一种美德，但要做到诚实的确很困难，因为一个人要诚实就要讲真话，而讲真话在某些情况下可能影响个人的利益。所以，一旦讲真话与实际利益相冲突，很多人往往选择后者而不是前者，这为社会的不安和冲突制造了土壤。很显然，错的不是讲真话，而是个人把自己的利益看得过重或者被偏见所左右。实际上，讲真话最符合社会的总体利益并且最符合社会治理的经济原则。如果社会成员都能做到诚实，这个社会的内耗就少，反之，大量的资源就要被浪费于对事实的还原和澄清。社会公正是与求真的理想和求真的意志联

① John Dewey，“Science and the Moral Life”，*John Dewey Lectures in China, 1919—1920*. tr. and ed. by Robert W Clopton/Tsuin-Chen Ou，Honolulu：The University Press of Hawaii，1973，pp.237–244.

② John Dewey，“The Problem of Truth”，*John Dewey*，*The Middle Works*，*1899—1924*，Vol.6，edited by Jo Ann Boydston，Carbondale：Southern Illinois University Press，2008，pp.12–68.

系在一起的。这就是为什么在一个诚实的社会里更容易做到公正。

科学的发展有利于诚实的态度在社会里生根，反过来，在一个相对诚实的社会里，科学的发展具有更好的外部条件。“自然喜欢躲藏起来”，只有实事求是的人才能揭示自然律。不遵循这一原则，就难有真正的发现。科学研究中的不诚实最终会给研究者带来耻辱。从这种意义上讲，科学活动的确能培养实事求是的态度，这种态度如果能扩展到科学活动之外，社会就能大蒙其利。

科学精神还意味着将自由探讨和严谨求实相结合的精神。如前所述，科学是思想的自由事业，它只服从真理的要求，而非服从外在权威和教条的要求。由于任何科学原理和理论需要不断得到检验和证明才能保证其确实可靠性和真理的有效性，科学的发现必须具有可重复性才能得到认可。但是，可重复性只有在理论得到公开时才能被确认。所以，科学发现虽然可以由个人来完成，但它并不属于私人领域的事。科学理论需要被带到公开领域接受别人的批评与驳难，才能受到真正的检验。但科学家在研究的过程中是不应受到机械的束缚和无理限制的。这就是研究的自由。杜威说，自由有两层意思，一是就方法而言，一是就目的而言。在科学活动中没有人能规定哪种方法可用，哪种方法不可用，关键要看哪种方法更便于发现真理。自由探讨意味着不接受方法上的强制。此其一。其二，就目的而言，“做事的时候能发现真理也是极好的自由。这种自由带有知识的性质，是真正的自由”①。比如说，知道汽车运行原理的人比不知道的人更加自由。

然而，在《自由的哲学》一文中，杜威强调，自由的可能性深深地扎根于我们的存在之中。用他自己的话说，“事实上，自由是一种坚定的意志，在某些方面尚不确定的世界上这种意志正发挥作用，因

① 袁刚、孙家祥、任丙强编：《民治主义与现代社会——杜威在华讲演集》，第533–534页。

为它开辟并趋向新的未来”①。包括科学探讨在内的认识上的自由建基于我们自由存在的天性。发现真理其实是人的天性之一。儿童的好奇心就反映了这一点。但迷信与偏见不断销蚀人要求发现真理的这种天性。科学研究可以看作是人的自由天性的部分实现。

不过，科学研究有它自身的逻辑。科学不是主观的想象，也不是松散的知识，更不是随意的猜测，而是严密的系统。科学有它自身的标准，这种标准不是由外在权威制定的，而是经科学研究反复检验的结果。从根本上讲，它是真理的客观性向人们提出的一种要求。研究者不仅受制于研究的条件和研究的方法，而且受制于科学成长的规律。同时，研究者还要承担某种道义上的责任。这种责任使他们不能不关注研究的结果的可靠性和安全性。自由探讨如果不与严谨求实的精神相结合，科学活动就会变成不顾后果的游戏。正是在这里，杜威渐渐给科学提出了伦理的要求。这也是他作为伦理学家而存在的重要价值之一。

三、在科学活动中贯彻人文精神

杜威并未直接使用“人文精神”这一概念。在中国，这一概念是牟宗三在 1952 年首先使用的。尽管这一概念比较模糊，我仍然借用它来表示在科学活动中那种体现美的理想和善的价值的精神。具体地说，它意味着尊重人的审美需要，尊重人的价值、尊严与自由；用更思辨化的语言说，就是使物的物性任何时候服务于人的人性。康德所表达的“任何时候不仅要将人作为手段，而且要作为目的”的观念已经在很大程度上蕴涵了人文精神的内容。科学精神与人文精神的统一最终体现在真、善、美的统一中。杜威在不同领域的学术工作充分表

① John Dewey，“Philosophies of Freedom”，John Dewey，*The Later Works*，*1899—1924*，Vol.3，edited by Jo Ann Boydston，Carbondale：Southern Illinois University Press，2008，pp.92-114.

现了这种统一的必要性和可能性。

杜威没有把事实与价值的领域截然分离开来，他的经验形而上学也不允许他将它们分离开来。对他来说，无论是审美活动还是道德实践都不过是人的广泛经验的一部分。人在科学活动中贯彻审美理想和伦理关切可以防止事实与价值的分裂。在《经验与自然》中，杜威明确指出，“艺术再现了自然的重大事件和经验的极致。在这方面，人们通常对艺术与科学所作的截然分离遭到了批评。我们主张，作为方法的科学比作为主要内容的科学更为基本。科学探究是一种艺术，它既是控制的工具又是作为纯粹的精神享受的最终手段”①。如果说科学的主要目的是求真，那么，艺术的主要目的是“判美”（我在这里取庄子所说的“判天地之大美”之义），伦理的主要目的则是“企善”。虽然“不同的问题需要探究不同的解决方式”②，但它们在本质上是相通的。正如著名的杜威研究专家希克曼（Larry Hickman）指出的那样，“杜威坚定而一贯地主张，艺术与技术科学具有不同的题材和不同的工具，在这一点上，它们构成了探究的不同方面”③。但技术科学主要与事实领域打交道并不妨碍它为创造美的王国、提升美的理想、创造新的审美形态、展示美的多样性作出贡献。反之，作为经验的艺术可以帮助科学朝美的理想前进，或者说，使科学的发展更符合人类的审美要求，由于人类对美的尊崇促进了人的自由与和谐，将美的要求贯彻到技术的发明和应用当中可以使技术更符合人性的需要。技术本身是中性的，它自身并未规定如何应用。一切取决于掌握技术的人如何合理地对待技术和使用技术。所以，杜威提倡艺术地使用技术，

---

① John Dewey, *The Later Works, 1899—1924*, Vol.1, edited by Jo Ann Boydston, Carbondale: Southern Illinois University Press, 2008, pp.8–9.

② John Dewey, *The Later Works, 1899—1924*, Vol.13, edited by Jo Ann Boydston, Carbondale: Southern Illinois University Press, 2008, p.82.

③ Larry Hickman, *Philosophical Tools for Technological Culture*, Bloomington and Indianapolis: Indiana University Press, 2001, p.89.

因为艺术可以表达技术和科学所阐明的意义。在《作为经验的艺术》中，杜威简洁地说，“科学阐明意义，艺术表达它们”①。

带着审美的眼光去从事科学研究可以帮助人们更容易发现科学规律，更容易揭示自然的奥秘。因为从本质上讲，科学所揭示的自然规律往往符合美的规律，体现美的节奏和韵律。从天体运行规律的发现到化学分子结构的揭示，从动物行为的分析到植物光合作用的研究，无不反映了这一特点。毕达哥拉斯、达·芬奇和爱因斯坦等人的科学研究与艺术实践就是生动的说明。在最高层次上，艺术的审美经验与科学研究中的想象有着惊人的一致性。有艺术素养的科学家更容易在研究中找到发现和发明的灵感。因为艺术经验以及与这种经验相关的想象力可以帮助人打开视域，展现新的可能性。

科学和艺术都促进了人的解放。就此而言，它们具有共同的目标。科学可以让艺术经验更具深度和广度。比如，天文观测可以让人类把目光引向遥远的天体并从中获得某种崇高感与和谐感。海洋科学让人认识到深海领域的奇妙，而海洋深处的奇观让我们获得了新的审美经验。照相机、广播、电影、电视和互联网的出现以及新的音响系统和舞台照明技术的不断发展使艺术的表现手段和传播方式获得了空前的丰富和质的提高。在这种意义上说，求真可以为审美提供手段和工具并为审美开辟广泛的可能性。以审美的态度去从事科学研究可以使我们的研究成为一种令人快乐的事情。所以，杜威常说，科学探究体现了生活经验的审美特征。

然而，科学探究并不自动地把人引向良善的方向。尽管杜威提倡将科学方法用于其他领域，但“他并不想否认技术决定常常无法服务于人类，也不想否认技术有时会失控并且结果是异化和苦难。但

---

① John Dewey, *The Later Works*, *1899—1924*, Vol.10, edited by Jo Ann Boydston, Carbondale: Southern Illinois University Press, 2008, p.90.

他主张，无论何时出现了这种情况，那都不是技术本身的过错”①，而是由于人们不恰当地使用自己的想象力，不恰当地将科学技术的自行发展凌驾于“共同的善”之上，归根到底是因为人们没有将伦理的要求和责任置于科学的研究和应用中。因此，给科学活动以合理的定向符合人文精神的基本要求。这一要求将求真与积善统一起来。求真可以培养诚实的品格，也可以促进人的自由。在《新旧个人主义》中，杜威指出，“认为自然科学会以某种方式限制自由，会使人服从于固定的必然性，这种观点并非科学的内在产物”②。也就是说，科学本身并不内在地限制自由，相反，只要运用恰当，科学本身可以增进自由。一切取决于我们如何以人文理念和规范引领科学的发展和具体运用。既然科学技术本身具有工具性特征，我们在开发和运用这种工具时就要贯彻善良意志，进而言之，我们要将道德选择引入科学活动本身。在这方面，古代的希波克拉底已经为我们做出了表率。杜威还以培根为例说明科学为何要以人的幸福为依归。科学的后果并非科学自身决定的，而是由掌握科学的人的道德选择决定的。比如，一项技术可以用于杀人，也可以用于为社会谋福利。人们采用什么价值观决定了他们以什么方式进行选择。人是技术的主人，而非技术的奴隶。以善的理念贯穿到科学活动中恰恰体现了人的这一特点。

然而，杜威在很大程度上是一个后果论者。在讨论科学活动中的道德选择时，杜威不仅看重动机，而且看重后果。“一方面，人并不是停留于内心生活中，一个人的愿望再好，如果不借行为及其后果来表现，将显得毫无意义；另一方面，行为的后果并非自然而然地产生

---

① Larry Hickman, *Philosophical Tools for Technological Culture*, Bloomington and Indianapolis: Indiana University Press, 2001, p.153.

② John Dewey, *The Later Works*, *1899—1924*, Vol.5, edited by Jo Ann Boydston, Carbondale: Southern Illinois University Press, 2008, p.105.

的，它在很大程度上是人选择的，受制于自我并体现了自我。”① 杜威也注意到，人的行为总是与现实的条件和道德情境相关。“一个人越有良知，就越关心其行为的道德性质，就会越意识到发现何为善这一问题的复杂性。”②

杜威倡导“有良知的科学活动”。早在 1926 年 9 月，杜威在《动物试验的伦理学》一文中就提出了用动物进行试验的道德原则问题。在他看来，科学探究的自由自然应当得到尊重，但科学毕竟是服务于社会进步和启蒙的工具，将人本身作为科学活动的目的可以确保科学朝好的方向发展。具体而言，要衡量一项科学活动的正当性就必须了解它能否增进人类的根本利益。比如，为了减少人的疾病及其痛苦，用动物而不用人进行药物试验就是正当的，这种试验甚至不仅是权利而且是责任。③ 防止对动物的残忍在道德上当然是没有异议的，但为了人的健康和拯救人的生命对动物进行试验却有道德上的正当性。由于科学活动越来越依赖投资，将有限的资源用于哪个研究领域本身就是一个伦理问题。在一项科研成果问世之后，将它运用到哪个领域同样是一个伦理问题。经过两次世界大战，人们更加认识到科学技术成果可以运用到两个完全相反的领域——为人谋福利和伤害人的生命。科学技术本身不必也不可能为其应用负责。一切取决于掌握科学技术成果的主体作出何种选择。在这种选择中实现求真与企善的统一正是人文精神的基本要求。

总之，科学活动不仅带来物质财富，而且造就一种精神品质，一种社会氛围，一种价值校准。通过科学活动来培养科学精神是使我们

---

① 汪堂家：《道德自我、道德情境与道德判断》，《江苏社会科学》2005 年第 5 期。

② John Dewey，*The Later Works*，*1899—1924*，Vol.5，edited by Jo Ann Boydston，Carbondale：Southern Illinois University Press，2008，p.279.

③ John Dewey，“The Ethics of Animal Experimentation”，*The Later Works*，*1899—1924*，Vol.2，edited by Jo Ann Boydston，Carbondale：Southern Illinois University Press，2008，pp.98-103.

这个物质生活日益丰富的世界变得更加合理、更加安全的途径之一。杜威的贡献在于，他对科学精神的强调和阐述使我们认识到，科学活动可以并且应当促进人文理想的实现，反之，以人文精神统领科学活动可以使我们的社会更加合理，可以使人生活得更加幸福，更富有意义。从这种意义上说，科学精神与人文精神在根基处不是分裂的。它们的互渗，可以为我们正为之奋斗的合理化的社会开辟道路。

多重经验中的身体

——试论身体对于杜威哲学的意义[①]

在杜威的哲学中，长期遭到学界忽视的身体概念是占有重要地位的。近些年来，人们对其身体概念的兴趣与日俱增，这不仅是因为被重新激活的梅洛-庞蒂等人的身体哲学的意义在新的学术环境中不断显示出来，而且是因为人们从中看到了克服身心二元论和还原论的双重困难的崭新机会。此外，神经科学和心身医学的发展向我们提出的种种尖锐问题，使我们有一种到杜威的身体概念中去寻求潜在的解决方案的动力。尽管杜威对身体的哲学意义未作系统化的阐发，但他的未曾发挥的萌芽性思想可以为我们解决上述问题提供一种启迪。即便是为了透彻理解杜威本人的哲学思想，我们也不能不对他的身体概念作一番探讨，因为无论是在他的经验形而上学中，还是在他的教育哲学中，抑或是在他的艺术哲学中，身体概念在逻辑上讲都是必不可少的。

身体概念对杜威的教育哲学的重要性比较容易理解，因为杜威基于人的全面发展的观念非常强调体育对人的成长的重要性。在他看来，体育顺乎儿童的天性，它“不仅显示生命的活力，而且陶冶性情，减轻个人的内心压力并有利于培养青少年的团队精神。同时，我们的社会也因其广大成员热爱体育而大大受益。这一点既表现为体育

① 本文载于《复旦学报》（社会科学版）2012 年第 4 期。——编者注

活动可以增进社会成员的身心健康，因而也间接增进社会的健全并为我们的社会注入活力，而且表现为体育在激发社会成员的竞争精神的同时又是社会的融合剂”①。杜威有时还直接使用 cultivation of the body（字面意思就是对身体的培养、修炼）一词来表达新时代的体育理念，他甚至感到体育可以增进个人的自由与独立。他的“寓教于乐”和“在做中学”的教育思想是他在哲学上关注身体的理由。

身体概念对杜威的经验形而上学的重要性则表现在，假如没有身体概念，就无法对其形而上学的两个核心概念，即自然概念和经验概念进行完整的说明和有效的解释，也无法说明自然与经验的连续性。对艺术哲学来说，身体是艺术经验的第一“自然”。脱离身体来谈艺术经验即便不是隔靴搔痒，至少也可以说是不完整的。本文暂不讨论杜威的身体概念对其教育哲学的意义，而仅仅从身体与经验形而上学的关系以及身体与艺术经验的关系出发探讨身体对杜威哲学的意义。

一、身体与经验形而上学

我们要了解身体对于杜威哲学的意义，首先要了解“身体”概念对杜威来说意味着什么，其次要了解“身体”概念对于经验形而上学意味着什么。杜威赋予身体以多重的意义。比如，我们可以谈论医学和生物学意义上的身体，也可以谈论哲学人类学意义上的身体，又可以谈论作为经验之源和意义之源的形而上学意义上的身体，我们甚至可以谈论作为实践哲学主体的行动着的身体。虽然从不同角度去看的身体是同一个身体，但杜威所说的身体绝不能从心灵的对立面去理解。这既是因为他一贯反对自笛卡尔以来的心身二元论并把克服这种二元论作为自己的重要理论目标，而且是因为他已在相当大的程度上改变了传统的心灵概念和身体概念的用法并且以流动的观点、过程的

① 汪堂家：《杜威教育哲学的当代意义》，《江苏行政学院学报》2009 年第 5 期。

观点和相互作用的观点去看待精神。胡克在给杜威晚期著作第一卷所写的导言中甚至说他对心身问题的探讨是主张“生物学的-物质的东西与精神的东西、身体的东西与心理的东西并非相互独立的实体，而是‘相互作用着的事件在特殊领域中的性质’”①。对杜威来说，传统的心身并列或平行的观念在逻辑上也是成问题的，因为按照那样的观念心灵要么被视为身体的指挥或舵手，要么被视为身体的一部分存在。如果心灵是作为舵手或指挥而存在，就意味着它是可以离开身体的，但我们谁也无法证明心灵可以离开身体；如果心灵是作为身体一部分而存在的，那么，将这个部分与作为整体的身体并列在逻辑上就是错误的，因为整体与部分的关系是包含关系而非并列关系。从这种意义上讲，杜威已经指出了二元论所犯的一个重大错误，这个错误类似于赖尔（G. Ryle）后来所说的“范畴错误”（category mistake）。

在杜威看来，身体是人的“第一自然”，因而体现并规定人的性质。身体并非封闭的实体，而是与自然相通并与自然具有连续性的东西，它同化着自然物而又介入自然物。当我们谈论各种感觉时，我们不仅假定了外物的存在，而且假定了人的各种感觉器官的存在，因而也假定了人的感官的综合体，即身体的存在。在英文中，body 这个词既可以指“身体”又可以指“物体”的事实恰恰说明了身体与物体具有相同性和相通性的方面。在西方文化传统中，body 与 flesh（肉身）是两个不同的概念，后者带有基督教的意义并且常与“精神”（spirit）成为一对概念。人的堕落被认为是肉身引诱的结果。所以，肉身成了邪恶的化身。在道德上，对肉身似乎有一种恐惧。当然，spirit 有时也与 matter（物质）相对使用。精神与物质在人体中结合在一起。按照这种思维方式，“精神是单纯的、单一的、永久的和不可

① John Dewey, *The Later Works, 1926—1953*, Vol.1, Ann Boydston ed., Carbondale: Southern Illinois University Press, 2008, pp.xvi–xvii.

分解的，物质则是杂多的、易变的和易于分解的”①。但这两个相互对立的东西的结合在西方文化传统中终是一个问题。按照亚里士多德的形而上学，自然是潜能与其现实化由低到高的系列，有机体处于物质系列的最高点和精神系列的最低点。人体是物质特性的潜能的充分实现，但人体具有显示理想的现实性的潜能。人体之所以在存在物的等级系列中占有特殊地位，恰恰是因为它既有心灵的潜能，又有物质潜能的最高现实性。希腊思想、希腊宗教、希腊雕塑和娱乐之所以非常关注人体，其原因也正在这里。杜威从亚里士多德的论述中既看到了矛盾又看到了解决矛盾的希望。他发现，唯有放弃心物分离的想法，才可以避免陷入二元论思维的怪圈。

那么，我们有什么正当的理由放弃心物分离的想法呢？为回答这个问题，杜威求助于功能主义的解决方案。他说，一个活生生的有机体是通过其活动才显示其作为有机体的特性的。生命是以需要、努力和满足为特征的。需要是能量的分配的条件，身体因为有需要而处于不稳定的平衡状态。努力则是改变环境的活动，它通过机体自身的运动而实现了主动的平衡。假如机体不能与环境互动，机体就无法实现这种平衡，因而也无法维持下去。人就生活在一个有赖于偶然性的世界上，这个世界是他冒险的舞台。正因如此，杜威说，生活有点像赌博。人不能确切地知道自己的行为会给自己和周遭的一切带来哪些具体的影响。这一特征不仅是由世界本身规定的，而且是由贯彻着人的意志的身体活动规定的。身体不但是人的一切活动的可能性的条件，而且是介入自然的所有活动的主体。对于自然而言，身体是心灵的延伸，身体力量是精神力量的展示。因为脱离了精神力量，身体就会毫无生气，并消解为纯物理的东西，因而也就不再是人的身体。对精神

① John Dewey, *The Later Works*, *1926—1953*, Vol.1, Ann Boydston ed., Carbondale: Southern Illinois University Press, 2008, p.192.

而言，身体不但是向外显示自身活动的窗口，而且是接纳世界、同化世界并改变世界的中介。作为有机体，身体始终保持开放的姿态，否则，它就无法作为有机体而存在。同时，身体渗透着精神的因素，否则，身体便与其他自然物无异。在人身上，我们实际上是无法把精神与物质完全分离开来的。它们只能根据其功能性来界定。换言之，对身体的说明离不开对身体功能的使用的说明；对精神的说明离不开对其运用的说明。无论是身体结构还是心灵结构都不是静态的结构。因为只要人存在，人就会作为欲望的东西、感受的东西、思考的东西和具有感情的东西而活动于自身与环境的相互联系、相互交流和相互影响当中。

杜威使用“身体”一词的频率并不高，而且多半是在批评心身二元论时谈及身体。其原因是，他害怕别人误解他，害怕他对“身体”的看法被打上传统形而上学的二元论色彩。在他看来，传统意义上的身体概念要么忽略了身体与其他自然物体的重大差异，要么把身体作为一个封闭的实体。他本人更愿意从心理–生理一体性的角度去看待人。所以，他经常用“心–物”或“心理–物理”（the psycho-physical，有些情况下要译为“心理–生理”，“生理”兼有“心理”和“物理”的双重特点）这样的词来描述人。他认为，人类的一切活动都可以被看作心理–物理事件或事态，其核心内容是给人类经验的对象确立和赋予意义，而“意义的实现给心理–物理的性质提供了最终意义和价值”①。在《自然、生命与身心》一文中，杜威力图填平身心与自然的鸿沟。他不仅通过分析身心问题的希腊起源和中世纪哲学乃至近代哲学对待身心问题的不同态度而保持着对身体概念的历史意识，而且通过吸取最新的生物学和生理学的成果说明传统哲学意义上的“心物”

① John Dewey, *The Later Works*, *1926—1953*, Vol.1, Ann Boydston ed., Carbondale: Southern Illinois University Press, 2008, p.229.

概念本身就应被理解为一个整体。“心灵和物质所属的那个东西乃是构成自然的诸事件的复合体。”① 过去的哲学家所寻求的那个“心灵处所”不过是心灵的静态阶段，它其实只是有机体行为的性质，而那些性质是以语言及其结果为条件的。

但是，杜威很快发现要批评传统形而上学还不得不使用传统形而上学的概念。换言之，我们需要一只脚站在传统形而上学之中而另一只脚站在传统形而上学之外才能批评传统形而上学。因此，在了解这一点之后我们就不难理解杜威为何要在批评传统形而上学的身体概念的时候仍然继续使用身体概念。不过，我们需要明白，他此时所说的身体概念已经是指心理-物理事件的主体，而不是传统形而上学所说的独立于精神活动的单纯具有广延性的存在物。

那么，在他的经验形而上学中身体又处于什么地位呢？众所周知，杜威常把自己的理论称为“直接经验主义”或“经验自然主义”，有时也称为“自然主义的经验主义”。按照这种理论，我们不说经验是认知的一种方式，而要说认知是经验的一种方式。直接经验主义的基本假设是，事物就是我们经验到的那个样子，经验是人类事务的唯一材料。但经验既显示了自然对象的性质，也显示了意识的性质。

在杜威看来，传统哲学，特别是经验主义哲学所说的经验带有偶然性和不确定性并且与自然相分离，甚至像一道帷幕或屏障那样把人与自然隔离开来。而他所说的经验乃是生命活动本身或者说是生活的历程。这种经验中既有主动的因素又有受动的因素，既有感受、观察、体悟、情绪的因素，又有想象、思考、信仰的因素。身体综合了所有这些因素，或者说，这些因素不得不通过身体而起作用。由于人的生命活动有赖于身体对环境的统摄，用生物学的术语说，有赖于身

① John Dewey, *The Later Works*, *1926—1953*, Vol.1, Ann Boydston ed., Carbondale: Southern Illinois University Press, 2008, p.66.

体对环境的同化与异化，身体不仅是经验得以可能的条件和源泉，而且是经验及其统一性和连续性的体现者。身体的状态决定着经验的方式。生命活动并非外在于经验活动的过程，生命活动的展开本身就是经验的过程，反过来，经验的过程和经验的能力也是生命力的表现。人的生命的丰富性是离不开经验的丰富性的。“哪里有经验，哪里就有生命的存在；哪里有生命，哪里就有有机体与环境的双重联系。”[①]

不过，经验并不等于内心活动。经验是身体官能统摄和消化对象的过程，也是环境因素通过身体的官能而展现的过程。人作为“一个有机体并不仅仅生活于一种环境中，而应当说他是借助环境而生活——正如生命的历程通过有机体而呈现，它同样体现为环境，因为有机体之于环境乃是一种综合”[②]。即便按常识，我们也可以知道，意识并非与事物直接打交道，而是通过身体的各种官能与事物打交道。身体既有与事物相通的方面，又有与意识相通的方面。只有这样，它才能成为中介性的东西。否则，我们的意识无法与非人类的世界建立连接。身体当然不仅仅是被动的感受器，它还是能主动影响被经验对象的施动者（agent）。经验中的人性因素不但通过身体来赋予，而且通过身体来体现。在《经验中的自然》一文中杜威指出，“事实是，经验的器官，即身体、神经系统、双手和双眼、肌肉与感官是我们接近非人的世界的手段”[③]。

无论如何，现实中的一切首先是通过经验而显示出来的那个样子。虽然英文中用 experience 这个词既可以描述外在的经验又可以描述内心的体验，但杜威作为心理学家还是强调它们的区别。正是这种

① John J. Stuhr（ed.），*Classical American Philosophy*：*Essential Readings and Interpretive Essays*，New York：Oxford University Press，1987，p.339.

② Tom Burck，*Dewey's New Logic*：*A Reply to Russell*，Chicago：The University of Chicago Press，1994，p.27.

③ John Dewey，*The Later Works*，*1926—1953*，Vol.14. Ann Boydston ed.，Carbondale：Southern Illinois University Press，2008，pp.141-154.

区别促使我们思考外在经验与幻觉所显示的内容是怎样区别开来的。杜威举例说，就像“我受惊吓”与“我知道我受到惊吓”是不同的一样，外在经验与内心的体验的确是有差别的。人们之所以知道错觉之为错觉以及错觉与事物的本来状态的区别，首先是因为人们的那些受理智支配的感官先行确认了什么是真实状态，其次是因为经验有其客观性。这种客观性可以通过以下现象而得到印证：认识的经验具有某种能在以后的经验中得到进一步填补的东西。人们通常所说的真理问题在杜威那里并不涉及被经验的事物究竟是存在还是非存在、是实在还是单纯的假象，而是涉及某种被经验到的事物的价值。人的身体和精神的需要把这些被经验的事物的价值显现为价值。

杜威说经验始终有分散性、不稳定性的特征，但这些分散的经验因为人的身体而具有完整性、稳定性和连续性。比如，我们的眼睛能看到颜色，耳朵能听见声音，手能感知硬度。如果没有身体的整合，这些颜色、声音和硬度就无法成为一个统一的东西的特性。它们就只能作为单个的性质呈现出来。在这种情况下，我们甚至无法说我们感知了某个东西。人对所有东西的印象就是分离的。反过来说，如果我们的某种官能丧失了，事物就不能向我们呈现与这种官能相应的特征。这就意味着我们的经验在此种情况下是残缺的、不完整的。然而，我们的感官仍只是作为身体的局部的东西而存在的。我们的身体把不同的感官统一为整体，也把不同的感觉综合起来，使之形成对外在事物的完整印象和抽象观念。

杜威虽然不断谈论经验，但并不把经验限于感觉和知觉或内心的体验。他所说的经验是广义上的经验。这种经验既包括日常经验，也包括形而上的经验，还包括审美经验和宗教经验。对他来说，“从感觉对象怎样推出外部世界的存在”这一古老问题是一个伪问题，因为在提出这类问题时人们已经假定了外部世界的存在，而且，只要我们谈论感觉和知觉，我们就已先行假定了作为身体一部分的感觉器官的存在。对人而言，身体既是经验的主体，又是经验的符号。身体还是心灵的语言。身体总是显示我们的意向和意义。杜威常举情感的例子来说明这一点。情感通过身体体现了心灵与外在环境的复杂而精微的关系。这种关系可以看作经验连续性的证明。杜威甚至说“感受性（sentiency）特有的性质是宇宙事件的性质”①。但感受性是有赖于身体的，它是经验的基本环节。刺激–反应代表了感受性的基本结构。如果把世界上的东西分为三个层次，即物理层次、心理物理层次和精神层次，那么，感受性就属于第二个层次。这些层次代表着自然事件的复杂性和相互作用的程度。物质无非是在相互作用层面的自然事件的性质，而心灵则是相互作用的特殊领域的性质。所有无生命的物体与有生命的身体的区别就在于，前者无法对性质作出回应，后者则能作出回应。生命和心灵对物理事件的依赖性在杜威看来是毋庸置疑的。我们要讨论的并非有没有这种依赖性，而是这种依赖性的程度是怎样变化的。经验自然主义的形而上学恰恰将外在的经验和内心的体验作为具有心理–物理性质的东西。

二、身体与艺术经验

杜威强调审美经验的完整性，并认为这种完整性与身体的完整性以及经验与自然的连续性是一致的。从逻辑上讲，身体是自然与心灵的中介。如果从传统意义上使用“身体”与“心灵”这两个词的话，情况就更加如此。但杜威力图克服传统的心身二元论，主张人的身体不仅是自然的一部分，而且是经验得以可能的条件。既然艺术作品的审美价值取决于它们如何吸取和表现人类集体生活的意义，那么，艺术经验就离不开人类的集体生活环境。我们通常所说的环境无非是指

---

① John Dewey，*The Later Works*，*1926—1953*，Vol.1，Ann Boydston ed.，Carbondale：Southern Illinois University Press，2008，p.204.

自然环境和社会环境，而自然环境本质上是指人力所及和思想所及的环境。它也包括人为的自然，亦即人工产品构成的环境。自在的自然对审美是没有意义的。身体是思想对自然发挥作用的桥梁，也是人类经验的核心。由于经验与环境的一体性，特别是与自然的连续性，审美就不得不考虑艺术品与环境的相关性。艺术作为普遍性与个体性的结合，一方面与思想、观念和感觉相关，另一方面与处于自然和社会环境中的个别对象相关，即便是虚构的对象，其要素依然与经验的素材相对应。审美经验的完整性涉及两个方面：一个方面是指将审美对象放在一定的环境中加以审视，另一个方面是指要把艺术作品的各种要素综合起来并把它们与整体联系起来欣赏。

就第一个方面而言，我们在欣赏艺术品时要尽量关注它与环境的协调和关联。这一点当然是由艺术品的功能决定的，即它要表达人的生活。生活除了满足身体的官能需要，还要透过物质需要表达包括审美需要在内的精神需要。生活是艺术的素材，也是艺术的根基。脱离生活去理解作品，作品就是一件死气沉沉的东西。比如，建筑就不仅仅为人提供安全和保护，它也为人提供第二自然，并表现人类的集体生活经验。它既表现生活，又直接进入生活、塑造生活并指导生活。“雕塑则是以个体化的形式表现生活。”① 很多作品单独看可能显得平淡无奇，但如果放在一定的环境中欣赏就可以立即显示出特殊的意义。这是因为环境将作品与生活联系起来。因为有身体，环境才被赋予意义；因为有环境，身体才是活的身体。身体对艺术经验的重要性就体现在身体与环境的相互作用中。杜威敏锐地发现了雕塑与建筑的相关性，他甚至怀疑离开建筑的雕塑还有多高的审美价值。比如，在一个空旷的广场和公园里，一个孤零零的雕塑显得有点不协调。如果

---

① John Dewey，*The Later Works*，*1926—1953*，Vol.10，Ann Boydston ed.，Carbondale：Southern Illinois University Press，2008，p.237.

这座雕塑与周围的环境相协调且包含与周围的建筑相关的因素，你会觉得其审美意义可以被充分展示出来。杜威对作品与环境的相互关联的看法对我们认识作品的审美价值意义重大并且与审美经验非常一致。比如，在西安以外的地方孤立地看某个兵马俑与在西安博物馆原址看兵马俑的感觉是很不一样的，原因是单个的兵马俑并不足以显示其独特性，也不足以显示它的整体意义。再如，徽州民居是与徽州的山水融为一体的，甚至是在与其他民居的呼应和映衬中，亦即在村落中显示它的美感的。如果把其中的一栋房子移到北京或上海市中心去，它就会丧失原有的美感。这实际上给我们的文物保护提出了一个有趣而重要的问题。

就第二个方面而言，杜威强调艺术作品本身的整体性。诚然，整体的美感离不开各个部分的协调与和谐，但局部之美只有通过与之相关的整体才能显示其深层的审美价值。在谈到雕塑和建筑时，杜威指出，“雕塑和建筑都必须拥有统一性并且必须表达统一性。但建筑的整体的统一性乃是许许多多因素的汇聚的统一性。雕塑的统一性是比较独特和确定的——只要通过空间来实现，它就被迫如此。甚至黑人雕塑也被迫遵循独特性原则——设计的作品是根据人体各个相互联系的部分，即，头、手臂、腿、躯干而制作出来的”①。杜威不止一次地提到黑格尔的一个观点，即人的每个器官都应与整个身体联系起来进行理解。手脱离了人体就会死亡，耳朵只有作为人体的一部分才能成为活的耳朵。人的脚趾离开人体甚至是可怕而又可憎的。同样，作为审美对象的人体与作为感受者和施动者的人体是统一的。它们并非两个截然不同的东西。它们的统一也决定着审美经验和创作经验的完整性。从最终意义上讲，感官的协同性、身体的统一性乃是审美经验和

① John Dewey, *The Later Works*, *1926—1953*, Vol.10, Ann Boydston ed., Carbondale: Southern Illinois University Press, 2008, p.236.

创作经验的完整性的根源。杜威甚至提醒我们，“美学”与“审美”（esthetic）这个词就是表示作为鉴赏、感知和享受过程的经验。但“它表示消费者的立场而不是生产者的立场”①。如果说传统的艺术理论大多从消费者的立场去看艺术，那么，杜威则力图不仅从消费者的立场而且从生产者的立场去看艺术。《作为艺术的经验》充分体现了这种努力，在这种努力中，审美经验和创作经验被给予特别的关注，身体则成了不可或缺的环节。

从生产者的立场看，身体之所以显得重要，是因为身体不但将艺术观念和艺术构思实现出来，而且通过工具介入对自然物的改变，它也在这种改变中改变自身。在这里，艺术家的工具（如画笔、道具、刻刀等等）成了人的器官的衍生物或延长了的人的器官，它把感觉、知觉与思想连成一体。身体的中介性使它既是艺术活动的主体又是艺术活动的手段，它的能动性和可控性直接决定了艺术作品的成功与否。比如，书法艺术在很大程度上乃是融入了思想和感觉的肢体艺术。正因如此，古人将练气与练笔统一起来。由于运笔成了融合思想和感受的肢体动作，练身与练心在这里不再是两个东西，而是同一过程的两个方面。

在绘画中，杜威发现了创作经验与审美经验在艺术表现上的统一性。在“做”画的过程，画家不但要用到我们通常所说的感觉、知觉与想象，而且要运用理智的力量。可以说，“做”画的动作成了综合各种感知因素和思想因素的中介化活动，身体在这里是作为一个整体出现的。尽管画画看上去只是动动手而已，但这只手不是孤零零的手，而是作为那个充满艺术活力的身体的一部分的手。“一个画家必须有意识地经受他的每一个笔画的影响，否则他就不会意识到他正在

---

① John Dewey, *The Later Works*, *1926—1953*, Vol.10, Ann Boydston ed., Carbondale: Southern Illinois University Press, 2008, p.53.

做的事情，也不会意识到他的工作向何处去。而且，他必须在与他渴望创造的整体的关系中看到‘做’与‘经受’（undergoing）的每一种特殊联系。领会这种关系就是思想。并且，这是最激动人心的思想样式之一。”① 从这里我们可以看到杜威比许多人都更加强调绘画中的思想因素。在他看来，绘画不仅是想象与直观的产物，而且是思想的产物。艺术的灵感是在酝酿中产生的。“那种认为艺术家不像科学探索者那样进行有意识的、富有穿透力的思考的想法是荒谬的。”② 这是因为，对所做的事情与所经受的事情之间的关系的把握是理智的工作；这也是因为，艺术家在创作过程中受制于他对他已经做的事与下一步要做的事之间的联系的把握。忽略理智在艺术创作过程中所起的作用是由于人们将思维等同于对材料、言语符号和语词的使用。经验中的身体不同于尸体，因为它是有活力和有表情的，而它显得有活力和有表情，乃是因为意识在起作用。

在歌唱艺术中，五官和四肢服务于、服从于艺术表达，人对声音的控制、调节在达到自如的程度时，生命的节律与艺术的节律达到了统一，这时并且只有这时，身体的自由与审美的自由才成了同一种自由。此时的身体仿佛是会说话的身体和会思想的身体。这一点在舞蹈艺术和其他造型艺术中表现得相当明显。在舞蹈中，创作经验与审美经验达到了高度的统一。一个真正懂得欣赏舞蹈的人在看到别人跳舞时自己也常常禁不住要舞动起来。整个身体仿佛都在说话，都在自由地表达心灵的全部感受并邀请其他的身体与它交流。即便是孤独的舞者，也总能从他的环境中发现他的回光，找到他的共鸣。在舞动身体时他既在进行艺术的创造，也在进行艺术的欣赏。此时，舞者的身体会向你发出会意的回响或与自然的韵律相应和。所以，舞者的身体仿

①② John Dewey，*The Later Works*，*1926—1953*，Vol.10，Ann Boydston ed.，Carbondale：Southern Illinois University Press，2008，p.52.

佛透出诗心与灵韵，它是自然之诗，也是经验之诗。它不仅向我们显示审美的意义，而且显示自由的意义。

从生产者的立场看，艺术是“想”出来的，也是“做”出来的。希腊人的“技艺”（teche）“诗”（poesie）这两个词非常巧妙地反映了艺术与“做”之间的内在关联。在真正的艺术创作中不再有娱乐（游戏）和工作的严格分离和对立。儿童就没有明确地意识到游戏和工作的对立，这种对立在杜威眼里只是成人生活造成的。杜威试图消解它们的对立。对他来说，艺术家的工作就是改变材料并把它作为表现的中介，但这一过程充满游戏的性质。与传统的游戏理论不同，杜威的艺术经验理论试图表明，艺术创作中没有自发性与客观秩序的对立，没有自由与必然的对立，那种对立不过是二元论的思维方式造成的。因为在创作中，材料并非是从外面压迫我们的东西，而是服务于我们游戏经验的东西。换言之，“在艺术中，游戏态度对改变材料感兴趣以便服务于一种发展的经验。欲望与需要通过客观的材料才能实现，因此，游戏也是对对象感兴趣”。①

然而，艺术的游戏特征体现了自由。由于人的自由不只是思想的自由，而且是由思想自由引领的行动的自由，身体就成了自由的实践者和体现者。思想的自由表达是民主的重要条件，也在最终意义上靠民主来保证。但杜威强调艺术创作的自由是自由的真正试金石。艺术靠形象说话，当然也靠浸透了感受、体验和思想的身体说话。因此，通过身体而进行的自由表达如果不能作为自由的见证，至少能作为自由的先声。艺术通常是通过解放身体来最终解放自身的。“艺术的自发性并非与任何东西对立的自发性，而是标志着循序渐进的沉醉。这种沉醉就是审美经验的特征。但它是所有经验的理想，并且那种理想

① John Dewey，*The Later Works*，*1926—1953*，Vol.10，Ann Boydston ed.，Carbondale：Southern Illinois University Press，2008，p.284.

要通过科学的探究者和专业人士的活动来实现，此时，自我的欲望和急切之情（urgencies）完全灌注于客观上所做的事情”。①

从审美经验看，身体的经验决不是可有可无的。身体是艺术的根源，也是艺术的原形。脱离身体经验，我们很难对艺术作出符合实情的解释，至少对某些艺术门类是如此。所以，杜威说“审美经验包含对客观材料的确定的重构，这种重构乃是舞蹈艺术和歌唱艺术以及造型艺术的特征。比如，舞蹈就包含着以转变身体及其动作的自然状态的方式来使用身体及其动作”②。创作和欣赏其实都是对自然状态的改变。通常情况下，没有人是以舞蹈的方式走路的，也没有人以唱歌的语调跟别人说话。即便是照镜子，人们也会明白镜子中的形象与实际的东西有出入。镜子（或类似镜子的东西）的发明和使用是人类自我品评的见证。它是为弥补触觉的不足和自我观看的盲区而发明的。当人从水中映照出自己，看出自身的模糊形象，他（她）已经懂得了镜子的意义。镜子服务于人的自我认知和自我欣赏的需要，有时也在一定程度上满足人的自恋的需要。在其中起作用的是审美的经验。它一开始注重的是人的面容，而非整个身体。但人的面容并非与身体毫无联系，它在一些时候甚至可以通过身体向你发出微笑，它也通过整个身体而显得更加生动。由于面容之于身体就好比眼睛之于面容，身体反衬出面容的完整意义和优先性。个人对自己身体的经验是他对自身独特性的确认，也是个人自我认识的必要步骤。

在历史上，人类对身体的完美性的追求一刻也没有停止过。从人们的日常生活到文学艺术作品，身体的审美意义在历史上的不同时期被赋予不同的重要性，从而也得到不同程度的关切。这是因为身体的自然性与社会性常常处于相互矛盾的关系中。人的体型不仅受食

---

① John Dewey，*The Later Works*，*1926—1953*，Vol.10，Ann Boydston ed.，Carbondale：Southern Illinois University Press，2008，pp.284–285.

② Ibid.，p.284.

物和劳动的影响，而且受审美观念的影响，这已经不是什么秘密。同样，社会的文化因素，尤其是道德因素制约着对身体的审美经验。到目前为止，各种女性主义的文化观之所以大畅其道，不仅是因为性别平等和权利观念在起作用，而且是因为它们注意到社会文化因素对性别和身体的影响。在禁欲主义的时代，身体是掩盖的对象，是不能公开展示的对象，或者说，它只是个人思想中的对象，或只是在私室中打量的对象，而不是公开谈论的对象，当然也不是视觉艺术和音乐艺术刻意表现的对象。这是因为人们在很大程度上把“身体”（body）与“肉体”（flesh）混为一谈并担心它会燃起人们的邪念。在禁欲主义的时代，身体被有意无意地排除在公开的审美经验之外。为实现这一目标，各种社会文化因素经常介入对身体的规训、陶冶、改变与塑造。由于身体与欲望甚至与邪念联系在一起，对身体的欣赏被长期压抑着，这自有其宗教、道德乃至政治的根源。杜威注意到，在柏拉图之后的西方传统中，哲学家们对心灵和身体的等级式区分为贬低身体的重要性创造了条件。因为在他们那里，心灵本质上是有秩序和纯洁的，而低劣性“与身体，与感觉，与物质性的东西，与不确定的变化内在地联系在一起，而那种变化的东西与因为不变而变得确定的东西恰恰相反”①。由于把身体归于低劣的东西之列，限制身体在他们那里就有了正当的理由。但基于生命的延续的审美力量不时地侵蚀乃至瓦解对身体的限制因素，甚至成为解放身体的前奏或解放身体的力量本身。

审美经验是以“看”和“听”为中心的，创作经验则不但需要“看”和“听”，而且需要“做”、需要行动。这一点与杜威的哲学主调是一致的。如果从生产者的角度看艺术，“做”显得尤为重要。正

① John Dewey，*The Later Works*，*1926—1953*，Vol.4，Ann Boydston ed.，Carbondale：Southern Illinois University Press，2008，p.66.

是在“做”中，身体具有特殊的表现力。也正是在“做”中，感觉经验与思想统一起来，“做”中包含目的和计划。

“做”中无疑包含了“看”与“听”，它能将思想实现于外，而实现的手段就是身体。与强调“看”的视觉中心主义哲学（以柏拉图为代表）和强调“听”的海德格尔主义不同，杜威强调“看”与“听”的互补性和统一性。无论是对科学探索而言还是对审美而言，“看”与“听”都是人“打量”对象、欣赏对象的不同方式，确切地说，对象可以在“看”和“听”中显示给我们，它仿佛是在经验的总体中建构出来的。能自由地“看”和“听”被视为自由的表现。能自由地“看”与“听”也被认为是思想自由的前提和象征。但这还只是从接受者的立场来看问题。杜威力图改变这一局面。他不仅提倡从接受者的立场看问题，而且提倡从发出者、生产者和行动者的立场看问题。在艺术哲学领域，他特别强调要从创作活动本身与生活经验的角度看问题，因为艺术活动本质上是通过人的官能乃至整个身体来体验、介入和表现不同于现实世界的世界。

如果考虑到望远镜、听诊器和显微镜的发明给人类的“看”与“听”所带来的变化，我们就可以发现，“看”与“听”不仅不是被动地接受，而且能通过“打开”事物而介入事物本身。“看”与“听”尽管体现了感官的不同功能，但它们能够代偿的事实已经说明了它们是协同活动的。比如，一个盲人的听觉和触觉可能特别敏锐，以弥补视力的欠缺；一个聋人的眼睛和其他器官可能变得特别敏锐，以弥补听力方面的欠缺。在正常情况下，“听”能让人联想到要通过“看”来显示的形象，此时，跳动的音符宛如流动的风景。最典型的事例是，我们在欣赏“高山流水”的乐曲时仿佛能看到水的奔流，因为过去的经验已在我们脑海里浮现出流水的意象。换言之，在一种感觉经验里，声音与形象在相互联系中出现在我们的心灵里，结果，我们在听到声音时连带着想到其形象。杜威对这一现象的解释是，“耳朵与眼睛互补。眼睛提供事情发生的场景，各种变化被投射到这一场景上——甚至使一种场景处于混乱不堪的状态。耳朵将视觉和触觉的协同活动所提供的背景作为理所当然的事情，它将变化之为变化向我们生动地显示出来。因为声音始终是结果，是各种自然力进行撞击、影响和抵挡的结果”①。

“看”与“听”一向被视为人类最基本的经验，其他的经验是以这两种经验为核心而组织起来的。因此，对它们的哲学说明始终是所有经验主义哲学或对经验问题感兴趣的哲学的重要课题。与此相应，“看”与“听”的器官，即眼睛和耳朵也得到了更多的关注。依赖这两种官能的艺术在有关审美经验的理论中得到最多的发展和研究。“看”与“听”虽然只是眼睛和耳朵的功能，但是，人类的看和听甚至是身心协同作用的结果，人类的思想也参与看和听的过程。杜威给我们的审美活动提出了一个至关重要的问题：人类的审美活动脱离了以看和听为中心的整个身体的活动还有可能吗？

总之，身体是我们认识的出发点、体验的出发点、审美的出发点，也是人类的“类”经验显示世界以及人们之间的关系的中介。身体是经验的原点和驱动者。身体是艺术的根源，也是艺术的原形。身体不但将艺术观念和艺术构思实现出来，而且通过工具介入对自然物的改变，它也在这种改变中改变自身。

① John Dewey, *The Later Works, 1926—1953*, Vol.10, Ann Boydston ed., Carbondale: Southern Illinois University Press, 2008, p.239.

杜威的审美经验理论及其当代启示[①]

在实用主义的几位创始人中，杜威是唯一就美学进行过系统阐述的哲学家。他在美学上的重要贡献首先就在于颠覆了上自苏格拉底、柏拉图下至康德、黑格尔乃至克罗齐的西方美学传统，确立了审美经验在美学中的重要地位，重建了艺术与生活经验在美学上的深刻联系。他对日常生活经验中的审美特质的细致观察，以及基于经验与自然的连续性对自然美和艺术美的重新界定，对当代美学具有重要的启示意义。审美经验经英伽尔登、尧斯、迪弗雷纳和李普曼等人的大量阐释在20世纪下半叶的世界美学中获得了前所未有的重视并成为美学的主流。有足够的理由认为，正是对审美经验理论的系统讨论带动了世界美学的当代转向，而这种转向可以追溯到杜威在1934年撰写的《艺术即经验》(亦译《作为经验的艺术》) 一书。虽然杜威的审美经验理论有不少缺陷，但它在很多情况下能更有效地解释当今的艺术实践，甚至能为文物保护、城市建筑设计和自然景观保护提供参考意见。

一

正如接受美学的创始人尧斯（Hans Jauss）在《审美经验与文学

① 本文载于《中国高校社会科学》2014年第5期，系汪堂家先生生前完成的最后一篇论文。——编者注

解释学》中所言“约翰·杜威的《艺术即经验》一书是审美经验领域里的一项开创性成果。该书认为，审美经验处于人类生活发展中所有较高级功能的底层。生活过程基本上被看作是在与环境的相互作用过程中的一种不断的不规则运动，它在恢复统一和谐的那一刻便获得了‘审美品质’。”[①] 基于美是和谐的经验（这是我本人的概括——作者注）这一基本观念，杜威把美学建立在经验自然主义的基础上。为此，他不再像柏拉图和康德等人那样诉诸美的先验原则来解决美学问题，而是考察经验中的审美特质是怎样形成的以及审美经验的最终来源。由于将艺术美归为自然与经验的一体性，杜威的艺术理论与他的经验自然主义的哲学理论是一致的。由于强调所有经验只有具备审美特质时才是统一的，杜威实际上将美学作为其哲学体系的最高环节。由于强调艺术的经验特质以及经验的无限开放性，杜威大大拓展了审美经验的范围，因而也大大拓展了美学研究的范围。鉴于杜威的经验自然主义的哲学理论已众所周知，本文将只对其审美经验理论涉及的一些主要问题作几点探讨。

当我们面对“经验”概念时，可能首先想到的是近代经验论哲学对经验的界定，或者把经验视为认识的一个方面。杜威恰恰批评近代哲学的经验概念并赋予了经验概念全新的内涵。他不是把经验作为认识的一个方面，而是把认识作为经验的一个方面，这是他对经验与认识关系的一个革命性的颠倒。为了表明对经验的理解，他一开始喜欢使用从詹姆斯那里借用来的“纯粹经验”和“原始经验”概念，并把“经验”概念由传统的认识论领域扩展到本体论领域。经验在他看来是有机体与环境的互动过程，其意义是由它的客观效果决定的。它不仅与既有的东西有关，而且与未来的东西有关，或者毋宁说，它就是

---

① ［德］汉斯·罗伯特·尧斯：《审美经验与文学解释学》，顾建光译，上海译文出版社 1997 年版，第 169–170 页。

有机体处理处于流动过程中的事物的操作活动。由于涉及未来，它始终带有探究的性质，而且也正因如此，它是永无止境的成长过程，并因而也是开放的、不完全确定的。持续性和统合性构成了经验的基本特征。我们通常所说的自然是通过经验显示出来的，因而与经验保持连续性。经验既非单纯的物质活动，也非单纯的精神活动；既非单纯的感性活动，也非单纯的理智活动，而是它们的统一和综合，同时又不限于它们的综合。因为它的本质是做和遭遇的活动，它不是盲目的，而是有内在目的的活动。正因如此，情与思、想象与实际、实践与理论统一在经验中。

在这个问题上，杜威试图通过回溯到希腊人对经验的原始规定来为自己的经验概念作辩护："在希腊人那里，经验表示丰富的实践智慧，表示在指导生活事务方面有用的大量洞见。感觉和知觉是它的场所并为经验提供了相关材料，但并不自动地构成经验。"① 杜威持相近的观点，也不把经验归结为感觉和知觉以及内心体验。他认为经验不仅涉及人的感知活动，而且涉及理智活动，尤其涉及人的行动。与近代哲学把理智与经验作为两种认识方式或认识阶段的做法相反，杜威特别强调它们的不可分割性。具体地说，经验并非单纯的感性活动，而是同时包含理智因素和感性因素在内的不断生发的活动过程。用杜威本人的话说就是："承认反思是经验之内的一个真正要素，承认反思是一个必不可少的用以控制世界的要素，这个要素保证对经验作出一种会取得丰富成果和有意义的扩展；这种承认破坏了历史上的理性主义的基础，正如它也毫无疑问地摧毁了历史上的经验主义的基础一样。"②

审美经验是经验的特殊形式，或者说是能激起审美快感的完满的

---

① John J. McDermott ed., *The Philosophy of John Dewey*, Chicago: The University of Chicago Press, 1981, p.301.

② 《杜威文选》，陈波、涂纪亮编译，社会科学文献出版社 2006 年版，第 75 页。

经验。审美经验虽然具有一般经验的特点，但又有其自身的独特性。这种独特性首先在于，审美经验是和谐而统一的经验，它摆脱了日常经验的其他形式的零散与分散状态，也摆脱了日常经验与其他经验（如，科学实验中的经验）的偶然性。它把人的感受、回忆、想象和理解统一起来，也把理智和情感统一起来，甚至能通过使审美习惯和审美态度引领审美过程将个人的美的理想彰显出来。

强调审美经验中有理智因素的参与是杜威论述的一个重点。据此，他批评传统美学理论把审美归结为感性活动。从“美学”这个词的起源就可以看出这种倾向。“美学”（Aesthetics）原本指感觉学或感情学，这一点反映出人们一开始的确是从感觉或感情的角度来诠释审美活动的。杜威认为，艺术的鉴赏活动并不只有感觉和情感，有时还需要反思。欣赏一朵花或看到一个漂亮的人也许不需要一番思索，但如果看一本小说、听一首钢琴曲、欣赏一幅画，或者要欣赏到科学活动中的美感，你就得有反思活动，而不仅仅是使用自己的感官或内心体验。这反映了科学活动与审美活动的统一，也反映了理智在审美活动中的作用。这样，杜威就克服了传统美学在理智与情感之间制造的分裂。杜威以画画为例说明创作经验与审美经验在艺术表现上的统一。他说，画家在作画时不单单使用感官的功能，而且要把思想融入其中。作画是综合各种感知因素和思想因素的中介化活动。“一个画家必须有意识地经受他的每一个笔画的影响，否则他就不会意识到他的工作向何处去。而且，他必须在与他渴望创造的整体的关系中看到‘做’与‘经受’的每一种特殊联系。领会这种关系就是思想。并且，这是最激动人心的思想样式之一。”①

不仅从鉴赏者的角度看，而且从创作者的角度看，审美经验都是

① John Dewey，*The Later Works*，*1969—1991*，Vol.10，Ann Boydston ed.，Carbondale：Southern Illinois University Press，p.52.

理智活动与感知和想象活动的统一体。艺术活动的过程也是审美的过程，这一点在杜威看来是毋庸置疑的。画画不是对经验到的事物的单纯模仿，也是对经验中的审美要素的提炼和升华。传统所说的“美学”或“审美”这个词就是表示作为鉴赏、感受和享受过程的经验。但杜威认为“它表示消费者的立场，而不是生产者的立场”①，而他本人希望克服这一缺陷。换言之，他要从消费者和生产者的双重角度去看待审美经验。从消费者的立场看，对生活中的美的事物或对艺术作品的欣赏过程也有创造的成分在内。每一次欣赏可能有不同的体验，可能都在经历与创作相似的过程。在欣赏艺术作品时，接受者要对作品进行某种程度的重构。审美经验本质上就是重构审美对象或让美的特质根据我们的兴趣和习惯向我们呈现的过程。在这一过程中，人们当然不仅在知觉和感受美的特质，而且在享受美的特质。欣赏者对对象的重构表明欣赏者不是被动地接受，而是主动地介入和创造。后一点表现在，不是任何对象都可以成为美的对象，成为审美经验的一部分，接受者的审美兴趣和审美习惯决定了一个对象或对象的何种特质向我们呈现出来。接受者的想象更是在重构过程中起重要作用。比如，对急于赶路的大部分人来说，眼前的壮丽山川非但难以成为欣赏的对象，反而成了莫大的障碍；对一些人来说，摇滚乐并不给人美感，相反是一系列让人心烦的噪音；一些宗教信徒在听到某种宗教音乐时会心情平静并产生神圣感，而另一些人则不会产生这样的感觉；惊涛骇浪让乘船的人感到恐惧，而在岸边的画家却由此感受到大自然的崇高，如此等等。此外，接受者有时还将想象出来的东西投射到对象上去，从而使对象更为完美。接受者能够为美的对象赋形，也能通过想象为对象赋予新的色彩和内容。所以，在接受者的审美经验中也

① John Dewey, *The Later Works*, *1969—1991*, Vol.10, Ann Boydston ed., Carbondale: Southern Illinois University Press, p.53.

有创造性的因素。

在杜威眼里，不仅消费者在进行审美活动，创作者也在进行审美活动。所谓享受创造的乐趣证明了创作中有审美，审美中有创作，两者并不是绝对分离的。创作时的快感以及创作后作者对自己作品的欣赏或批评本身就是审美的经验过程。艺术作品的构思或创作之前的酝酿过程就是艺术理想的设置过程，也是作者对想象的作品的鉴赏过程，它被融入了作者过去的审美经验。就艺术创作而言，作者永远是第一个消费者。杜威当然很重视艺术作品的表达功能，并且把作者的情感表达和思想表达看作引起接受者共鸣的首要因素。艺术作品是将作者与接受者联系起来的纽带，也是在作者与接受者之间建立认同的桥梁和中介。但杜威也注意到，创作者不只是表达和宣泄，也常常把自己摆在消费者或鉴赏者或品评者的位置。他不断打量自己的作品，不断反问自己怎样才能使作品看起来更美。因此，创作者的创作过程就是让自己扮演生产者和消费者的双重角色。作者在创作时要想到接受者的态度和可能的效果，体现接受者的态度和立场，并照顾到接受者的感受和趣味。这样做并非单纯的迎合，而是对他人的关切。

为进一步说明审美经验的内在机制，杜威把艺术品分为艺术产品与艺术作品，并说明审美经验在其中是如何发挥作用的。前者主要是资本主义大生产时代的产物，后者则贯穿于整个人类的历史；前者的主要特征是机械地复制，后者则是独一无二的创造。艺术作品体现了完满而和谐的经验并且让人产生审美快感。它不是复制出来的东西，否则就只是艺术产品，而非艺术作品。艺术作品把创造者和欣赏者联系起来，是艺术理想的实现和美的现实，是创作者的审美经验的集中表现，本质上将作品的材料作为实现内在目的的手段和中介。只有当作品的意义得以显示，材料才是活的东西。材料是审美经验的符号性载体，艺术作品通过给材料赋予意义而成为作者与接受者沟通的有效手段。一件劳动产品是否艺术品当然取决于它是否能给人带来审美快感，但接受者的审美兴趣和认知能力也是不可或缺的因素。按杜威的思路，区分艺术品与非艺术品的一个直接标准是，在作品中目的与手段是外在的还是内在的。当一件作品的目的与表现手段相互外在时，它就不具备审美特征，反之，当手段被吸纳进结果，完全服务于艺术表现并且不能被其他手段取代时，该作品就具备审美特征。①

杜威特别强调，在审美活动中，不同感觉被统一起来，而审美经验就是它们的整体。比如，当人们看一幅山水画时，不仅看到形状和色彩，也仿佛听到了水的声音；当人们听《高山流水》的音乐时，不仅听到了声音，也联想到了潺潺的流水。杜威对这种现象的解释是："耳朵与眼睛互补。眼睛提供事情发生的场景，各种变化被投射到这一场景之上，甚至使一种场景处于混乱不堪的状态。耳朵将视觉和触觉的协同活动所提供的背景作为理所当然之事。它将变化之为变化向我们生动地显示出来。因为声音始终是结果，是各种自然力量进行撞击、影响和抵挡的结果。"② 基于感觉之间的潜在联系和互补功能，杜威既反对以"看"为中心的视觉主义的艺术哲学，也反对以"听"为中心的听觉中心主义的艺术哲学。他特别强调"做"的重要性，因为"做"把感知与思想统一起来，在"做"中，"看"与"听"是互补的。但是，无论是日常的审美经验还是艺术作品的鉴赏，都带有某种重构的性质。正因为这种重构，视觉艺术也具有某种乐感，我们常说建筑是流动的音乐就是在这种意义上说的；而且也因为这种重构，音乐艺术亦具有两面的特质。杜威在谈到身体在审美经验中的作用时曾明确指出这类重构对于艺术的重要性。他说："审美经验包含对客观材料的确定的重构，这种重构乃是舞蹈艺术和歌唱艺术以及造型艺术的特征。比如，舞蹈就包含着转变身体及其动作的自然状态的方式来

---

① 参见杜威：《艺术即经验》，高建平译，商务印书馆 2005 年版，第 219 页。

② John Dewey，*The Later Works*，*1969—1991*，Vol.10，Ann Boydston ed.，Carbondale：Southern Illinois University Press，p.239.

使用身体及其动作。”①

但对杜威来说，人不仅在欣赏艺术作品时形成审美经验，在日常生活的审美活动中也会形成审美经验。宽泛地讲，凡是能给人带来审美快感的经验都是审美经验。外在的审美观照只是审美经验的构成要素，而不是它的全部。在谈及审美经验时，杜威这样写道：“审美既非无益的奢华，也非通过超验的想象而从外部浸入经验之中，而是属于每一个正常的完整经验特征的清晰而强烈的发展。我将此事实当作审美理论可以建筑于其上的唯一可靠的基础。”②在杜威看来，在审美活动中，甚至最粗糙的经验也比其他经验中的对象更能提供通达审美经验的内在性质的线索。对艺术作品的鉴赏体现了审美经验的完整而凝练的形式。因此，对审美经验的考察自然要转向对艺术作品的考察。

但是，与“审美经验”这一概念相关联的另一个问题可能是，日常生活经验与审美经验是什么关系？虽然杜威并不认为所有日常经验都具有审美特质，但他看到了许多日常经验本身就是审美经验或为审美经验提供了可能性。日常经验并不是与审美经验绝然分离的，相反，日常经验中充满了美的因素和情调，是艺术活动的真正源泉。在早期的人类活动中，日常经验与审美活动是统一的过程，因此客观上要求我们对日常生活多一些审美态度。在日常生活中形成的审美习惯就是审美经验的结晶，这种习惯给人们提供了一种瞬间适用的标准或视角。假如日常生活没有审美特质，审美习惯是不可想象的。比如，甚至最没有审美眼光的人也会在可能的情况下尽量使用给人带来美感的器物，或将自己的环境装饰得符合美的要求。艺术起源于人们的生产与生活，起源于与人的生、老、病、死相关的各种仪式。对美的热

① John Dewey, *The Later Works, 1969—1991*, Vol.10, Ann Boydston ed., Carbondale: Southern Illinois University Press, p.284.

② 杜威:《艺术即经验》，高建平译，商务印书馆 2005 年版，第 49 页。

爱也使人们对生活的诸多方面赋予美的要求。在杜威看来，生活中并不缺少美，而是缺乏审美的眼睛和耳朵。他举了许多例子说明日常经验是美的经验的最终根源，认为虽然日常经验并不都有审美意义，但审美特质包含在日常经验的完善形式中。当从无序转向有序，从混乱转向和谐的那一刹那，我们就能够感受到美的快感。从呼啸而过的消防车到隆隆作响的挖掘机，从运动员的击球动作到家庭主妇在花园里劳动的景象，都能给我们一种带有美感的潜在力量。艺术将这种力量表达出来并加以理想化，审美者则通过感受、想象和热情的投入塑造了一个具有审美特质的经验领域。艺术的传统属性可以在审美经验领域得到有效解释。

二

杜威的审美经验理论十分丰富，前文只是谈到了这一理论的两个侧面。即便如此，这些侧面亦对我们有着重要的启示意义。

首先，杜威在接受美学出现之前已经尝试提出后来接受美学重视的东西：不仅要从创作者的立场看待艺术，而且要从接受者的立场看待艺术。20 世纪世界美学的一个重要转向就是突出了接受者的地位，强调了接受者的态度、兴趣、理想、视角和方法乃至审美认知能力在审美经验方面的重要性。这样一来，从生产者的立场看艺术作品就让位于从生产者和消费者的双重立场来看待艺术作品。这种视角上的丰富大大改变了传统的艺术批评习惯，也为更全面地品评艺术作品、发掘艺术作品的价值提供了新的可能性。如前所述，接受美学的奠基人尧斯对杜威的《艺术即经验》的看法明确承认了杜威在提升审美经验的地位方面所起的重要作用。由于接受者的地位的突出，艺术创作者在创作过程中就不能不考虑自己的作品与接受者的关系，特别是考虑接受者的审美兴趣和审美习惯，而不能一味强调作品的表现功能。在创作中想到接受者是对接受者的尊重，杜威的审美经验理论让我们可以恢复这种尊重。杜威的观点有利于在此方面指导创作者的创作实践。具体地说，创作者在创作时需要考虑到接受者的审美趣味和习惯，重视自己的作品与公众的交流功能，而不仅仅重视自己作品的表现功能。注意这一点，有利于克服审美经验中的矛盾。

其次，杜威的审美经验理论强调审美经验的整体性，从而合乎逻辑地强调不能孤立地看待艺术作品。在他看来，艺术作品的意义不仅通过其自身的整体性来显现，而且通过它与环境的关系来显现。在审美知觉中，人的所有感官具有统合功能，把审美对象放在整体的经验中，而这种特点是由人的身体的综合能力决定的。在《经验中的自然》中，杜威写道："事实是，经验的器官，即身体、神经系统、双手和双眼、肌肉与感官是我们接近非人的世界的手段。"① 但是，"我们的感官仍只是作为身体的局部的东西而存在的。我们的身体把不同的感官统一为整体，也把不同的感觉综合起来，使之形成对外在事物的完整印象和抽象观念。"② 审美经验无疑是经验的特殊形式，但在审美经验中的艺术作品是各种要素的和谐结合，也是人类集体生活经验的升华。杜威说，艺术作品通常是个性化的，但它也在个性化中蕴含着普遍性。杜威以雕塑为例说明它是如何以个性化的方式表现生活的。杜威发现雕塑这类作品是与环境密切相关的，它的审美意义和美感只有在环境中才能充分显示出来。他的这种观点提示我们，不能脱离环境来看待艺术作品，也不能无视环境因素来保护文物古迹。按照这种观点，我们如果把徽州古民居搬到北京或上海的中心城区，就会使它失去原有的美感，因为徽州古民居是与徽州的山水融为一体的。同样，如果我们把西安的兵马俑孤立地放在某个地方，也无法显示出其整体意义和气势。杜威指出："雕塑和建筑都必须拥有统一性并且

---

① John Dewey, *The Later Works, 1969—1991*, Vol.10, Ann Boydston ed., Carbondale: Southern Illinois University Press, pp.141-154.

② 汪堂家:《多重经验中的身体》,《复旦学报》(社会科学版), 2012 年第 4 期。

必须表达同一性。但建筑的整体统一性乃是许多因素的汇聚的统一性。雕塑的统一性是比较独特和确定的一只要通过空间来实现，它就被迫如此——甚至黑人雕塑也被迫遵循独特性原则——设计的作品是根据人体各个相互联系的部分，即手、手臂、腿、躯干而制作出来的。”①

第三，杜威是世界上首位对审美经验进行系统阐述的美学家，这种阐述不仅引导了美学的潮流，而且预示着20世纪下半叶以来美学旨趣的重要转向，并在一定意义上重建了美学与生活经验的密切联系，从而激发了美学的活力。长期以来，美学与审美经验的脱节滋长了空谈玄理和玩弄概念的倾向，这种倾向也影响到建筑艺术的美学阐释。结果是，一种建筑或其他艺术作品被强行贴上某种标签，划归于某种风格和主义，就成了美学的一项基本任务。空无内容的概念充斥着各种美学著作，外在的标签取代了富有灵感的分析和鉴赏。美的形而上学的滥用以及美学的理论阐释缺乏自身生发出来的语言，所有这些正把我们置于美学的空中楼阁之中。其原因很多，但有一个不容忽视的根本原因，就是美学忽视了活生生的审美经验。这种经验既包含作者的因素，也包含作品的因素，更包含观察者或鉴赏者的因素，社会风尚也以无形的方式渗透于审美过程之中。艺术作品的社会规约功能被无限放大，更有甚者把艺术作品视为意识形态的奴仆或工具。在一个封闭的社会里，在一个人们的思想有可能被操控的社会里，艺术的确有可能成为思想宰制的工具，或者成为意识形态的表现方式，甚至可能成为政治的工具或牺牲品。我们只要看看德国第三帝国统治时期产生的“政治性建筑”就清楚了。像所有控制手段一样，一旦艺术也成为社会控制的一部分，它的简单化解释就直接服务于控制者的需要。由于创作者和作品始终是少数，而接受者始终是多数，创作者-

---

① John Dewey, *The Later Works*, *1969—1991*, Vol.10, Ann Boydston ed., Carbondale: Southern Illinois University Press, p.236.

作品-接受者之间的复杂关系越是被简化，越有利于控制者本身。因此，控制者总是希望艺术作品的阐释被简化为对自己有利的方面。在强调作品的意识形态功能或宗教信仰功能的时代，艺术的接受者的审美感受遭到忽视是符合社会控制逻辑的。这时，以作品和作者为中心的美学观念大行其道就不难理解了。

但是，杜威早就指出，观察者和鉴赏者的因素被长期忽视之后，人们就很自然地惯于只就作品来谈论作品，而忽视作品只有在接受者面前才能显示其意义的事实，忽视作品只有进入审美经验所敞开的广阔领域才能激起人们的审美兴趣并把自身设置进审美内容的事实。因此，在过去的漫长时间里，人们大多从作品本身谈论审美问题，而忽视接受方的审美经验在作品审美特性的界定方面所起的作用，这必然使得对艺术品的美学阐释忽视接受者的审美经验，或者有意压抑对审美经验的重要性的承认。比如，在历史上，把建筑作为审美对象一直是建基于以作品为中心的固有美学观念的。这种观念自有其历史的合理性，因为建筑作品的作者（设计者和建造者）常常是不明确的，加之某些建筑的完成过程非常漫长（比如欧洲某些教堂的建设花了几百年之久，更不用说像长城这样的宏伟工程了），人们把注意的重点放在建筑活动的结果而不是放在建筑的设计者和完成者的身上，是完全可以理解的。但是，同一栋建筑在不同时代激起的审美想象和审美感受的差异被大大忽视了，不同时代的审美兴趣的差异也被忽视了。换言之，建筑的审美主体——公众对一件作品的接受程度常常被排除在美学的视野之外。建筑师和批评家仿佛拥有对建筑作品的最终解释权，而审美经验的历史性和即时性的矛盾恰恰要到社会生活和公众的审美兴趣的历史变化中才能得以解决。

一方面是“人民的艺术”与“大众的艺术”的观念的流行，另一方面是部分批评家对大众文化或文化工业的批判，艺术作品的商品化使得市场的力量成为艺术作品评判的重要因素。建筑作品作为一种艺术作品在20世纪的命运很大程度上受市场逻辑的左右。尽管建筑艺术的独立价值仍然在艺术家的圈子里受到重视，公众的审美兴趣却也不得不重视，因为市场的逻辑最终需要公众兴趣的支撑。在这种情况下，建筑的设计者比以往任何时候都需要发挥交流的功能，过去那种来自建筑的设计者、拥有者和评论家的单方面解释无法说服公众。公众作为解释者而非被动的接受者主动参与到建筑作品的阐释中。对建筑师而言，建筑的意义不再限于传达建筑师的审美兴趣和美学理想，而且需要交流——与公众的审美交流，包括情感的交流、视角的交叉和审美经验的交流以及某种认知的交流（比如，对新结构和新材料的认识）。但是审美兴趣的差异也制造了他们之间的距离。同一件建筑艺术品在不同人群中引起的审美快感的差异从未像今天这样强烈。对作为艺术品的建筑的审美经验呈现多元的性质，作品与建筑接受者的关系变得更为复杂。作者（建筑师）、评论家和大众接受者的审美兴趣出现了前所未有的张力。公众作为接受者直接参与到建筑作品的意义的阐释中。随着互联网的普及，他们不但作为欣赏者和批评者发言，而且作为具有广泛影响的集体阐释者发言。

为了说明建筑作品的设计者、评论者和公众在审美趣味方面的差异和审美认知方面的差异，且看如下两个实例。第一个例子是人们对待上海环球金融中心的不同审美态度。专业人士一般都肯定这一建筑的独立审美价值，2008年它在美国芝加哥被评为“世界最佳高层建筑”就是明证。该建筑所具有的简约的矩形孔设计，使这个建筑作品看上去成了世界上的最大雕塑。然而，一开始，一部分公众却认为这栋建筑像一把军刀并把它与中国人常常关心的风水联系起来。由于这栋建筑由日本森大厦株式会社主导兴建，少数人甚至把它与日本侵华联系起来。这种过分的解读一度给人带来困扰。现在人们根据它的外形把它戏称为“开瓶器”并把它与金茂大厦和正在建设的上海中心大厦合称“厨房三件套”（注射器和打蛋器）。这种戏称当然显得亲昵，但反映了公众惯于从日常生活经验的类比来看待建筑作品的审美态度。在专业人士看来，这栋建筑恰恰体现了中华古代文化气质与当今先进建筑理念和技术的完美结合，因为其矩形孔设计吸取了中国古代钱币——刀币的灵感（原有的设计是圆孔），它实际上在把古代中国的生活经验传递到当今社会生活中来并与这栋建筑的用途和称谓（金融中心）相应合。此外，这种设计加装阻尼器后在技术上解决了大楼摇晃的问题，其简约的流线型外观更给人以舒朗之感。可以预言，这栋建筑将会成为世界建筑史上的经典之作。它在专业人士与公众之间引起的审美差异将会随着公众的认知和体验的加深而渐渐消失。

与此相比，中央电视台新大楼引起的争议要大得多。这栋建筑并不能给人以审美快感，甚至让人看了难受。因为它颠覆了我们的审美习惯。我们不禁要问，是什么使得建筑师与作为接受者的公众之间在审美趣味方面表现出如此巨大的差异呢？难道建筑师不需要与公众就建筑本身的意义进行有效的交流和沟通吗？了解中国人的审美趣味和生活经验对于设计中国的建筑难道并不重要吗？建筑的意义难道仅仅由建筑师们来界定吗？审美对象的意义的呈现取决于哪些因素？公众（接受者）的诠释难道不需要获得尊重吗？对建筑审美对象的认知差异如何决定审美效果？

要回答这类问题，就需要求助审美经验。正是审美经验的差异决定了建筑师与公众对待审美对象的不同态度。而正是在这个意义上，杜威的审美经验理论能够为我们提供许多有益的启发和帮助。

十、伦理学研究

代际伦理的两个维度①

“代际伦理”并不是一个内涵明确的概念。国际上的一些伦理学家大多从家庭伦理的角度对它进行界定和阐释，以期说明世代之间尤其是亲代和子代之间，乃至老一代与第三代、第四代、第五代之间的伦理关系及其在家庭结构中的内在调节作用。其实，我国的儒家学说早就关注作为家庭伦理的一个部分的“代际伦理”问题。尽管在强调个人自主性的今天人们很难认可过去的家长制作风，但儒家以“仁”为核心，以“孝”和“爱”为标举的代际伦理观念仍在一定程度上影响中国社会的家庭关系并或多或少影响家庭成员的行为方式。今天，我们要促进家庭的和谐和稳定，需要在尊重个人自主性的同时发扬儒家代际伦理的积极因素并力求在传统道德与现代伦理之间实现动态平衡。儒家学说倡导的代际伦理观念是以“孝”和“慈”以及“尊”与“爱”为基础的。只要给“孝”与“慈”进行一些改造并赋予现代内容，它们就可以在现代社会大放异彩。

“孝”是对晚辈提出的道德要求，“慈”则是对长辈提出的道德要求，因此，从本质上讲，儒家学说所倡导的代际伦理并非基于单向的道德要求，而是基于双向的道德要求。由于历史上人们对“孝”强调较多而对“慈”重视不够，许多人误以为儒家学说只是片面地向某一

① 本文载于《中州学刊》2006 年第 3 期。——编者注

方面提出道德要求。“孝”的观念在孔子生活的时代已经很完善。综合历史上的不同规定，我们可以发现，“孝”被赋予了仍值得今人重视的内容。“孝”在《说文解字》中指“善事父母”。但怎样才算善事父母呢？它首先意味着“善养”，按《吕氏春秋》的说法，善养指养体、养耳、养目、养口、养志。在这里善养仍限于满足物质生活和精神生活的初步需要。如果“孝”只停留在这一点上还远远不够，因此，它还必须加上“爱”与“敬”。爱与敬意味着不仅关心父母的物质需要，而且关心父母的精神需要，关心父母的身心健康和情感要求。只有做到了以上各点，才可以说达到了孝的要求。

但是，由于中国素有“推己及人”的道德思维定势以及“亲亲、仁民、爱物”和“修身、齐家、治国、平天下”的道德实践，我们对代际伦理的考虑就不得不超出家庭的范围。古人把尽忠置于尽孝之上就是典型的例证。更为重要的是，即使在家庭伦理学的范围内，代际伦理也不仅涉及活着的几代人之间的伦理关系，而且涉及已经过世的人与活着的人之间以及活着的人与尚未出生的子孙后代之间的伦理关系。这种伦理关系无疑是以活着的人为中心的不对称的伦理关系，因为它体现的道德要求是对活着的人的单方面的道德要求，易言之，活着的人对已过世者和尚未出生者承担单方面的道德责任。

关于活着的人对已过世者的道德责任，我们不难理解。比如，一个老人过世了，其子女会理所当然地承担起安葬老人的责任并且尽力维护老人的名誉与人格尊严。但我们有时会碰到这样的问题：老人给子女留下了一些遗愿，希望子女为其实现这些遗愿，如果子女有能力实现这种遗愿，他们通常会千方百计去做。在这种情况下，活着的人显然把实现老人的遗愿作为自己义不容辞的责任。但是，假如老人并没有立下捐献器官的遗嘱而其子女却出于拯救他人的目的擅自那么做了，子女的行为是否道德呢？或者，假如父母立下遗嘱愿将自己的器官死后捐献出来，而其子女却为了维持父母尸体的完整性而不愿将它们捐献出来，子女的行为是否合乎道德呢？传统的伦理学几乎不去思考这类问题，而现代伦理学却无法回避这类问题。这类问题也属于我们所说的代际伦理问题。

关于活着的人对尚未出生的人的道德责任，我们如果不仔细思考，往往会忽略，因为现实生活的忙碌常常使人只关注眼下的东西而不关注不确定的将来。然而，活着的人的行为和决定却可以左右尚未出生的人的命运和生存状况。比如，一个孕妇抽烟或乱服药物会影响后代的身心健康。一个活着的人的疏忽可能会给尚未出生的人造成潜在的伤害，而不顾后代的权益匆忙地作出选择恰恰会使后代失去选择的机会。如果说这类事情在过去很难被人意识到，那么，当科学技术的发展足以改变人的遗传素质时，这个问题就进一步突出起来。比如说，通过基因工程的方法可以改变人的一些基因，而基因的改变可能使一个人获得某些能力而丧失另一些能力。但我们这么做时实际上不也在给后代作出选择吗？我们怎么知道我们的子孙后代愿意接受这样的选择呢？如果我们通过改变基因治好了我们的某种疾病但也让我们的后代失去某些特性或能力，我们是否应当这么做呢？如果我们没有对子孙后代负责的伦理意识，连提出这个问题都是不可能的。无论从逻辑上看还是从技术上看，我们都可以在不久的将来通过改变人的基因来改变人的生理和心理素质，比如体形、面部特征、性格，等等。由于这种改变在客观上是在为子孙后代进行选择，我们实质上是在将自己的好恶和意志强加给后代并且难以预料它的长远后果，因为这样做的长远后果很可能要经过几代人才能显示出来。因此，当我们采用有可能给子孙后代带来不确定的消极影响的高新技术时，必须采取一种不仅对自己而且对子孙后代高度负责的态度，谨慎地作出决断。由于我们的子孙后代无法选择自己的遗传素质，也无法选择自己的出身，我们在今天应当比以往任何时候都更加注意自己对子孙后代承担的单方面的道德责任。这也是我们所说的代际伦理的应有内容。

然而，如果我们进一步将目光从家庭的亲缘关系转向社会，并由社会转向整个民族、国家，再从国家转向全人类，我们所说的代际伦理就会有更为广泛、更为丰富的含义。随着经济和文化的全球化，人类正成为一个相互依存的整体。作为同一个地球村的村民，不同国家和地区的居民不得面对共同的问题，这些问题不仅包括全球粮食安全问题、能源问题、环境问题、人口问题以及使大部分人受益的全球经济增长问题，而且包括全球政治社会稳定问题以及带来这类问题的大规模杀伤性武器的扩散问题，全球性犯罪如毒品泛滥、走私、洗钱、偷渡、互联网犯罪、侵犯知识产权等问题，国际恐怖主义问题，极端民族主义和极端宗教势力的猖獗问题，甚至还有整个地球可能面对的来自外层空间的小星体的碰撞问题。此外，随着大气的环流、鸟类的迁徙以及货物和人员的全球性流动，致病的细菌和病毒在全球的扩散比以往任何时候都更为容易，以致我们可以说当今的疾病也正在全球化。所有这些问题都不是局部的问题，而是影响整个人类的生存和发展的大问题。这就需要整个地球村的村民作为一个整体去共同应对，也需要我们在考虑眼前利益的同时兼顾子孙后代的长远利益。由于我们的生存空间随着人口的增长而变得日益狭小，我们有必要为子孙后代预留生存和发展的空间；由于自然资源，特别是矿产和能源非常有限，我们需要考虑给子孙后代留下生存和发展所需要的资源；由于现在采取的某些政策和举动有可能危及子孙后代的利益，我们在作出决策时有必要进行审慎的规划，并尽可能评估和减轻它们对子孙后代的不利影响。正因为我们的子孙后代生下来时无法自主选择环境条件，我们上一代人对尚未出生的后代理应承担起守护者和保养者的责任，这应是一种不求回报也无法获得回报的责任。在人口压力、环境压力、资源压力非常大的中国，这无疑是需要优先对待的伦理问题。超出狭隘的家庭范围，从整个国家、整个民族乃至整个人类的生息繁衍的角度去看待活着的人对未来世代的单方面责任正是广义的代际伦理的要求。正是出于这种要求，我们在修建水库、铁路、公路、运河、油气管线、电站、码头、垃圾处理场等大型公共工程时要充分考虑子孙后代的需要，充分考虑它们造成的生态效应。也正是出于这种要求，我们有必要把我们的祖辈创造的物质和文化遗产传承下去并加以光大和发展。对大自然的敬畏和保护，对先人的文化遗产的尊重与继承，既是我们这代人生存和发展的需要，又是我们与先辈之间的代际伦理的要求，也是我们对子孙后代所应承担的责任。从这种意义上讲，我们正在实施的退耕还林、退耕还草、退耕还湖的生态工程，是在还前人欠下的环境旧债，又是功在当代利在子孙的重大举措，它所体现的代际伦理精神值得我们发扬光大。而落实科学发展观就是发扬代际伦理精神的确证，因为它蕴含着开发和保护并重的智慧，它的着眼点不仅在当代，而且在未来，它将子孙后代的长远利益纳入了当代人的视野。

总之，代际伦理可以从两个维度去理解，一是在家庭关系的范围内把代际伦理理解为几代家庭成员之间的伦理关系，这种关系本质上是一种双向的互动的关系，它体现了对家庭成员的双向的道德要求，比如“父慈子孝”就属于这样的要求。二是超出家庭关系，从国家、民族乃至人类的高度去看待当前活着的人与过世的人和未来的人的伦理关系。由于过世的人已不再是道德主体，而未来的人尚未出生，这种意义上的伦理关系往往体现了活着的人对前人和后人的不求回报的单向道德要求。由于这种伦理关系是一种非功利性的纯义务关系，它也显示了人类的道德尊严，维护了人类的类性和活着的人的崇高感。

技术语言的泛化与技术的伦理定向[①]

今天，随着人类生活的世界越来越成为技术化的世界，技术的语言正在改变日常语言的结构，改变人们的习惯与思维，甚至改变不同文化背景下人的相互沟通与交流的方式。从根本上讲，它是以改变语言的个性化特征为基础的，同时，它也在很大程度上要求人放弃自己的主观性与任意性，个人的情感与意志在这里无用武之地。你一旦进入技术语言的世界，你就被卷入客观符号的洪流，任其驱使，随其漂流。但这不是说你在技术语言面前无能为力，而是说，你只能运用自己的理性与这种语言打交道，这恰恰与文字、艺术的语言形成鲜明的对照。技术语言是对世界的标准化，人通过这种语言与事物打交道，也被迫使自己适应标准化的要求，他的思想与行事方式也不能不受到标准化的影响。这一过程就是我所说的技术语言的泛化。

技术语言的泛化以及能在多大程度上被恰当地使用反映了人对物理世界的控制能力。技术语言的更新，反映了人对世界操控能力和认识手段的更新。如果事物有目的的话，人仿佛要运用技术语言与外部事物进行交流与沟通，他不仅通过这种语言将自己的想法灌输到对象中去，而且通过这种语言倾听对象的回声。无论是通过探测器收集遥远星体的信息，还是通过声呐搜寻海洋中运动的物体；无论是通过钻

---

① 本文载于《江海学刊》2004 年第 3 期。——编者注

探南极冰层来了解气候的变迁，还是基因工程中对动植物基因的测序；无论是古生物学对化石的分析，还是通过岩层的钻探来了解大地的构造，人都是在使用表面上相异而实质上相同的技术语言与自然进行对话，这也是文化与自然的对话。

技术语言既在人与自然之间建立屏障，从而使自然在某种程度上失真又使自然更多地打开自己，解除遮蔽，向人传递更多的秘密。技术语言越是丰富，人与自然沟通的途径越是多样化，人影响自然的过程或者说人对自然的文化过程越是明显。技术语言把人的意识带到万物中去，又将事物的信息从深处带到人的面前。随着人类通讯由地球通讯向宇宙通讯过渡，人与自然进行沟通的技术语言将越来越成为人际语言，随着声控计算机和日常语言的机器翻译日臻成熟，自然语言（日常语言）与人工语言（技术语言）的界限将越来越模糊。在这样一个技术力量无所不在的时代，技术语言对人性的影响是显而易见的。人是向未来开放的存在，因而也是不确定的存在，人的面前的确充满了各种各样的可能性。人对自己何去何从需要根据人的现实状况和人的最好前景相应地改变自己的定向。技术及其语言正在为人的重新定向创造好坏参半的条件。

一

技术力量正在打破人的绝对本质的神话，也在打破人的绝对完整性的神话。如今，人的活动范围越来越受制于技术，人不得不跟着技术奔跑，技术把人纳入没有尽头的竞争，它使人意识到这个世界没有永远的胜利者，失败迟早都在等待个人的到来。于是，人们都被迫把自己扮演成参加竞技的运动员。到了一定的时候，就得由运动员变成观众。技术的确有分裂人的危险，它甚至影响对人的界定。因为技术丰富人的生活，丰富人的语言，当然也丰富人的内心，但前提条件是人在广泛采用技术的同时没有丧失对技术的控制能力，也没有因技术语言的广泛运用而丧失情感语言、交际语言。黑格尔说过，情感中自有理智不可说明的因素。如果任由理智运用的技术语言不断侵占或取代情感语言，如果让情感语言不断技术化，我们就有丧失情感语言的危险，丧失人的丰富性的危险，在这种情况下，马尔库塞笔下的“单向度的人”就真有可能出现。毕竟在人类历史上，人的自我认识的成果之一就是确定人有相对完整性，其条件之一是人有相对完整的语言系统，尽管这个系统本身具有开放性。人工语言系统被用于了解自然的奥秘，自然语言系统被用于人与人的交往，并显示人际生活的奥秘。诚然，后者蕴含着人工语言的起源，并且反过来不断从人工语言中借用新的词汇。譬如，“硬件”与“软件”曾几何时不过是少数电脑专家使用的语言，但近年来逐渐成为日常生活用语，甚至成为一种政治语言；“基因”十多年前还是少数生物学家的用语，如今几乎成了生活语言的一部分。当转基因食品纷纷端上人的餐桌而其安全性并未得到充分验证时，当有些种子公司给种子植入“自杀基因”从而使其失去繁殖能力，使农民们永远要向种子公司购买种子时，欧洲人从这个词中联想到的就不只是这种技术语言所昭示的诱人前景，而是对自身存在的忧虑，对世界生态的忧虑。这的确是一种出自生命本真状态的忧虑，因而也是一种不无道理的忧虑。

然而，我们的确不必因噎废食。毫无疑问，技术因素正越来越多地介入人与自然的关系，也越来越多地介入人与人的关系。技术工具与技术产品越来越多地进入日常生活，当然意味着日常语言在某种程度上的技术化，但技术始终是人的技术，人是技术的创造者、使用者，当然应该成为技术的主人。技术本身不承认绝对封闭，绝对完整的东西，技术向人打开自然，它也需要人不断打开自己。因此，技术语言随着技术产品向生活世界的渗透是不可避免的，它是人的本质力量的表现，因而反映了人的内在需要。技术本身没有过错，技术毋须为它的不合理运用负责。技术的不合理运用带来的消极后果是人自身造成的。从逻辑上讲，人能用技术的方式弥补技术的缺陷，能用新的完善的技术取代旧的不完善的技术。技术的完善是无止境的，就像人自身的完善是无止境的一样。如果人认为自己达到了绝对完善的状态，那就无异于人的终结。因此，只要人给技术以合理的定向，技术语言就不大可能成为冷冰冰的支配世界的语言。人能为这种合理定向做些什么呢？诚然，人首先要做并且能够做的是为技术语言在生活中的应用设定界限，从而为情感语言留下地盘。由于技术语言的膨胀的确是人的工具理性的膨胀，人其次要做并且能够做的是为工具理性设定界限。由此我们可以真切体会到哲学家康德为纯粹理性和实践理性划界的意义。

其实，技术语言只能侵蚀或掩盖情感语言，而无法真正取消情感语言，这不仅是因为情感与意志是一种显示人的生命力的活动，而且是因为它们本身有一种冲破藩篱的能力。但技术语言的蚕食可以把情感与意志逼到死角，让它有朝一日以火山般喷发的方式摧毁心灵的防护。因为人的相对完整性要求人不时以情感的声音说话。因此，人需要从技术语言中抽身出来，不时地融入情感的语言和人际的语言中去。我们与其说是通过技术语言还不如说是通过情感语言与人际语言来勾画人的图景，因而，人的自我认识和自我完善归根到底还是要落实到被人的情感、意志、理性等等表现出来的完整精神世界中来，落实到人与人的交往世界中来。可以设想，假如我们整天停留于技术的语言中，用技术的语言说话，用技术的语言思考，一年到头都置身于工具世界中而不与人交往，我们是否还能作为完整的人出现？我们是否在把自己作为自然对象而不是作为人来对待？我们在将世界技术化的同时是否在将自身技术化？

技术力量及其语言使科学与技术的关系发生了革命性的变化。在科学和技术分离的古代，科学探索满足了少数人好奇的需要、求知的需要、求智的需要，但它的绝大部分不是为了直接解决生活的实际问题，也就是说，不是为了实用而科学，而是为了科学而科学。因此，除少数知识精英以外，科学并未成为日常生活的需要，也没有从根本上改变常人的生活方式。技术的情形却不同。技术在古代被称为技艺，它源于生活的需要并相应地改变了人的生活，但技术发明的主体仍是少数匠人。普通人通过他们发明的工具方便了生活，美化了生活，同时也创造出更多的物质财富，但技术并未完全把人从自然界分离出来，人仍然要靠天吃饭，靠自然力的赐予，受自然力的摆布，人本身受技术的改变是微乎其微的。到了近代，科学与技术开始结合起来。一方面，科学被技术化，另一方面，技术被科学化。前者是指科学研究越来越仰仗技术手段的发明与创新，因为除基础理论之外，应用科学需要多种技术手段来进行观察、发现、验证、统计、设计、测量、控制等等。没有望远镜，天文学的发展是不可思议的；没有显微镜，生物学就只能停留在非常原始的水平上；没有加速器，微观世界就难以揭示。技术的科学化则是指技术重大发明与创新需要科学的基础理论做后盾。不少发明一开始只是理论构想，技术只是这些构想的具体化，许多技术问题是从理论科学引申而来，一些发现与发明是理论成果的转化，另有一些技术问题的解决需要借助数学来建立理论模型。没有爱因斯坦对质量和能量的转换关系所作的理论研究，就不可能有核能广泛的利用，没有数理逻辑的发展就不可能有今天的电子计算机，甚至一些精密仪器的制造，这种看似纯技术性的工作最终也离不开理论问题的解决，更不要说机器人、航天飞机、宇宙探测器、超高速计算机这样一些复杂的技术产品了。

今天科学的技术化和技术的科学化倾向与日俱增。它给人本身带来的革命性变化，既在于理论知识与实践知识的性质发生了变化，特别是它们之间的鸿沟已经不再明显，又在于人的智慧和能力越来越依赖知识的进步，也在于人的生存环境越来越技术化。这一点首先表现在人与人的关系越来越包含科学技术与生活世界的关系，这首先是因为人的交往与交流不断受到技术因素的影响，人的时间和空间观念因为远程通讯和运输手段的发展而改变。相距遥远的人们不仅因技术而且为了技术而走到一起，交往的国际性促进了技术的国际性，技术的国际性反过来巩固了人的国际性、文化的国际性。

但是，这还只是问题的一个方面。对工业化国家的人来说，人简直生活在一个技术的环境中，不仅人的衣食住行越来越离不开技术，人的学习与工作也越来越离不开技术，人本身也越来越成为技术的作品。如果说试管婴儿标志着人制作人的开始，那么，克隆技术的出现为人复制人这一引起可怕想象的人类远景提供了现实条件。一旦克隆人不加限制地成为现实，人的自然生殖就变得没有必要，建立在性爱基础上的传统家庭以及以家庭为细胞的传统社会及其伦理观念将遭到毁灭性破坏。更为严重的是，一旦人可以像制造其他产品那样复制人，一部分人就可以操纵另一部分人，让另一部分人成为工具，生命的价值就可能降低为物的价值，人将不再拥有人的尊严。至于人会不会因为非自然的复制而无法抵抗变性细菌和病毒的侵袭从而导致人类的自我毁灭，我们今天还很难想象这样的事情。仅有法律的禁止似乎并不足以遏制部分科学家在知识方面的好奇心。只有他们的内在自觉和强烈的人类责任感才可以规范科学家的不合理的尝试。

当然，最能体现人越来越成为技术作品的倾向反映在这样的事实上：人正在试图控制自己的进化过程，自己掌握自己的命运，乃至创造“新人类”。随着分子生物学和基因工程的发展，人正在通过人工选择来代替自然选择从而打断了自然的进程。毫无疑问，这会导致许多人担忧人类对自然过程的过分干预将会破坏自然界原本脆弱的平衡。但它带来的实际利益和诱人前景始终成为这一工作的巨大推动力。科学家不仅把自然作为一本大书，而且把人本身作为一本大书来阅读，这本大书是用基因语言写成的，已经完成的国际大型合作科研项目人类基因组的测序和基因谱的绘制工作，就是要将人类基因的

30亿对核酸分子秘密展现在我们的面前，它的意义不仅在于人能由此掌握生老病死的秘密，而且在于它为人的自我设计和自我改造提供了基本条件。从逻辑上讲，凡是人能想到的事情都有可能发生。众所周知，转基因植物和转基因动物已经大量开发出来，其中以转基因大豆、玉米、棉花最多，并且已批量进入商品市场，它们对环境的长远影响尚未得到充分的验证，人们是在缺乏足够精神准备的情况下迎接这些新事物的。基因的剪接和重组技术使人类能够将一种植物的基因注入另一种植物，从而打破了植物物种的界限，同时人也能将植物的基因“注入”动物或将动物的基因“注入”植物，从而拆除了动物与植物之间的壁垒。这样，人就可以大规模提高动植物的产量并改善动植物的品质。可以设想，假如没有伦理限制，植物和其他动物的基因有可能被用于改造人类自身，因为这在理论上是完全可能的。譬如，把花的基因“注入”人体，使人体能散发花的香味，一旦人人都成了“香妃”，香水大概会成为多余的东西。把狗的基因“注入”人体使人具备狗的听觉与嗅觉；把虎与熊的基因“注入”人体，使人具有虎背熊腰；把鹰的基因“注入”人体，使人具备鹰的视力。这样，古代的千里眼神话、顺风耳神话、狮身人面神话都有可能成为现实。但愿我的这一大胆想象不会成为现实，因为随着人的统一性、完整性的消失，人作为人已不复存在，随着人具备其他动物的基因，人的体能、形态乃至性格、气质都会发生重大改变，人之为人的尊严将遭到削弱，甚至有可能把人贬低到物的地位。

有人可能会说，我的上述想象如果成为现实，实质上符合人的优生原则。从古至今，人从来都没有放弃成为“超人”的理想。人对自己完善性的追求始终是人类多种努力的最终动因。人的确有许多缺陷，并且有些缺陷（如体能）随着人的智力的进化反而退化了，人需要扭转这一趋势。此外，人还有许多未能治愈的疾病，特别是遗传性疾病几乎决定了人世世代代都有不可逆转的痛苦。基因工程的发展，使我们不仅有可能对这些疾病作出诊断或对一些疾病的出现提供“预警”，从而为疾病的有效预防提供可能，而且能够治愈原来无望治愈的疾病，甚至清除某些致命病的基因，或“修改”人的某些基因使人更不易被一些有害病毒和细菌所侵袭，就像眼下培养的那些抗病虫害的玉米和蔬菜那样。但基因工程给人的远景带来的根本影响仍然在于，它既能纠正病人体内的某些基因缺陷，使他本人受益，也能将新基因“注入”生殖细胞，使他的子孙后代受益从而改变人的进化方向，还能改进人的许多特征。总有一天，人能像改良其他物种那样改良自己的身体与智能，那时，一部分人将成为人类体形设计师，还有一部分人将成为体能设计师，另有一部分人将成为人的智能设计师。

综合了许多人种优势的新人种将有可能产生，这就意味着改良和生产人的工厂有可能出现。我们的生死将有可能重新界定，我们的生死过程也变得更容易操控。现在，确定这样做对人是福还是祸似乎为时尚早。人的自我设计、自我改良、自我塑造不仅取决于技术条件，还取决于人怎样使用这些技术条件，怎样确定合理地使用这些技术的范围、条件和目标。

二

技术并不必然使人变得丑陋，使世界变得不合理。相反，对技术的合理定向可以使人和人的生活充满审美情趣，使人变得更加自由。我们不应当把技术作为宰制人的东西，人应当始终成为技术的主人。人虽然越来越成为技术的作品，但技术归根到底是人的作品，因为，人可以决定创造什么样的技术，也可以决定把已有技术用于为人谋福利还是用于人的自我毁灭。人有能力创造技术也有能力控制技术的运用，问题取决于这种技术落在什么样的人手里。那种试图通过限制技术的发展来创造一个合理社会的想法，不仅不切实际，而且不利于人类自身的利益。技术从来就可以作两方面的运用，就像一把刀可以用来切菜也可以用于杀人一样，我们不能因为它有可能用于杀人就干脆禁止生产一切刀具。同样，原子能的发现本身没有错误，但究竟是用于制造原子弹还是把它用于发电，这取决于人们的政治意志和军事选择。虽然，人类走错了第一步造出了原子弹，但他还可以防止自己走错第二步，即防止使用原子弹。因此，我们在警惕和防止技术不合理使用的同时，需要对人类合理地运用技术抱有信心，因为这是我们不放弃任何一项旨在规范人类技术活动的重要动力。今天，我们的确要防止将一切灾难归结为技术本身的倾向演变为对技术发展的不分青红皂白的唾骂，也要防止技术狂的出现，对技术万能的迷信不但会滋长人的狂妄，而且会妨碍一部分人去发展自己的能力。因为有一些人指望一切都由技术去解决，自己懒得去运用自己的才智。比如，一部分人离开了电脑就无法工作，因为他们已经丧失了计算能力，人的记忆能力也因此得不到锻炼而走向退化。在某些发达国家，我们还可以发现有部分医生甚至懒得提高自己的综合诊断能力，有的人就连简单的处方也得查电脑。人的生活越是技术化，人的工作越是技术化，人越是需要保持对技术的相对独立性，因为，只有这样人才能比较清醒地评估某项技术的价值和前景，寻找合理地运用技术的方式。人对于情感的需要，对于审美的需要，对于道德的需要，使我们不能把自己变成单纯的技术处理对象，否则，人就会把自己变成自然物品，人就会陷入某些哲学家担心的境地：技术对人的全面统治而导致人陷入无家可归的状态。

人不是生理的机器，因此不能用单纯的技术主义眼光来看待。人要过一种温馨的充满亲情的生活，自然不能通过一些早期浪漫主义者所宣扬的那种弃绝科学与技术的方式来实现，而要在迎接技术发展的同时把人性的因素注入技术的世界中，从而使技术充满人味与情味。换言之，使每一件技术作品变成符合人的审美情趣的艺术作品，我们发展技术时始终不要忘记关注人的情感需要，技术作品不应成为隔绝人心人情的屏障，而要为人心的亲近，为相互倾注贴己的感觉提供手段。把真的追求与美的观照结合起来，有助于我们实现这一目标。这就要求技术人员应当向达·芬奇学习，用艺术的精神，用生气灌注的灵魂融入技术的作品，工程师虽然不一定能具备艺术家的全部素质，但他至少要有艺术的素养，有审美的眼光和美的理想。如果我们把弗洛姆的“无意识”概念换成“审美情感”，他的下面这段话就可以用来说明技术时代人的本性和人的远景：

> 在任何一种文化中，人本身具有一切潜能；他既是原始人又是食肉的动物，既是一个食人者，又是一个偶像崇拜者。同时，他也是一个具有理性、爱情和正义能力的存在。……意识代表了社会的人，代表了个人被抛入的历史状况所造成的偶然局限性。无意识代表了植根于宇宙中的普遍的人，完整的人；它体现了人本身的植物性与动物性，体现了人的精神；体现了人类的过去到人类生存的策略；体现了人类的未来即人将成为全面的人的那一天的到来，人成为“自然化”的人而自然则成为“人化”的自然。①

“人化的自然”绝不应当是丑陋的自然，而应是按美的规律来改造，并真正符合美的规律的自然。今天，技术无所不在，婴儿尚未出生就已感受到技术对自己生命过程的干预和监护，而父母也能通过技术与胎儿进行交流。新生的婴儿通过技术方式来到技术世界，在技术的环境中长大。今天的婴儿很早就在观察和学习多种多样器具和五花八门的电器的使用，六七岁的孩子就以极大的好奇心和惊人的模仿能

① Erich Fromm，*Beyond the Chains of Illusion*，London：Sphere Books Ltd，1980，p.120.

力在摆弄电脑键盘或操纵电视遥控装置，电动或智能玩具，使他们很早就感到技术的产品比现实中的儿童或动物更能给他们带来快乐。这一方面培养和强化了他们的技术意识，另一方面也减弱了他们与人的联系，少数儿童甚至由此生活在一种虚拟的世界中，对他们来说这个世界反比现实的世界更为真实、更为有趣、更为美丽。然而，有理性的人却不能不阻止这一现象的发生。它给我们提出了技术环境的合理利用问题，也给我们提出了技术的世界是否会让人不断远离人的世界的问题，提出了技术世界是否会变成另一个支配人的意识的自在世界，从而使人丧失自主性的问题。遗憾的是，现在有许多人仍是以技术的方式来回答这样的问题。显而易见，这不是一个技术问题，而是一个要靠人文理想、德性智慧和审美眼光才能综合解决的问题。

一方面，技术的创造者不只是把技术作为人的感官的延伸，他也把技术看作显示自然进程，改变自然进行的方式，看作显示人的力量与智慧的符号，看作方便人的生活，减轻人的劳动，因而也使人享受更多闲暇的手段。在这一过程中，省时省力的欲望，或确切些说，人的懒惰反倒推动人想方设法以心力去节省体力，避免操劳。这无疑会使更多的人加入精神财富的创造中去，它从根本上改变了体力劳动与脑力劳动的对比，并使教育与文化活动成为一种泽被四方，惠及万众的普遍事业。也许，总有一天，随着网上免费大学的普及，教师将从社会上消失，或者说，必须改变教师的身份，或改行从事教育软件的设计工作，或成为传统教育思想的检讨者，改进者，成为新的教育理念的创造者，设计者，从某种意义上讲，也成为新人类的设计者。这是一项比具体的技术工作更为复杂，更富有挑战性，更能表示对人的关怀的事业。技术本身在任何时候只能作为手段或工具服务于人本身这一崇高目标。因此，不应由技术规定我们如何生活，而应根据我们的生活理想去发展和宰制我们的技术。技术不应用作限制人的自由的手段，而是要使人获得比以前更多的自由。这就意味着，技术不应是单一的，而要保持它的多样性，只有创造多样性，人才能有所选择，只有当人面临多种多样的选择并能自主地进行选择时，人才有自由可言。如果我们的面前只有一种可能性，只有一条早已规定好的生活道路，只有一种发展模式，我们就谈不上选择。当然，也谈不上尊严与自由。因为选择起码意味着两种可能性。如果我们工作的背景除了要么屈从于既定的命运要么走向死亡就别无选择，我们创造新技术又有什么意义呢？被迫地而不是出于自由的乐趣去创造技术就像自掘坟墓一样使人颤栗。

另一方面，技术的使用者离不开现有的条件，离不开自己置身其中，融身其中的政治经济制度和文化背景，他们的价值观有时可以决定朝什么方向去开发技术。从这种意义上讲，技术也是一个国家的国民性格的一种体现。穷兵黩武的国家必然把最好的技术最优秀的人才投入武器系统的开发，希特勒德国就是典型例证。在和平时代，国计民生无疑是显示技术力量的舞台，民众从技术的实效和美观中来体会技术的益处和情趣。在一个压抑个性、掩饰情感的地方，兴建的技术设施必然色调单一，造型死板。在一个秉持客户至上的理念的地方，工程师和其他技术人员就会仔细研究人的需要，了解人的情趣和审美理想，并千方百计满足消费者的个性化要求。这样，技术本身就会成为充满生气的工具，成为民众福祉的物质承担者，成为美的巡礼，力的激扬，智的显露。这样的技术就能植根于民众的生活中，给生活带来积极的意义。技术的伟力甚至可以改变人参与社会事务的方式以及社会成员组织的方式。人本质上是喜欢技术的，但开发和使用技术的人需要承担对技术的道德责任，需要内在地确保将技术用于增进人类的福利，而不是用技术伤害人的健康乃至生命。这就是技术文明时代的伦理要求。

荣辱之辨与赏罚体系的合理重建①

中国的道德体系就像中国的社会经济结构一样正处于弥合“断裂”、重建新机的历史时期。一方面，它需要对“文化大革命”造成的无文化现象进行“历史清淤”，并以此为出发点为日益市场化的新的社会组织形式提供价值导向；另一方面，它需要在不断反省历史的过程中返本归根地恢复文化的道德含义，②从而使伦理命令不再沦为经济活动和其他社会活动的工具，而是成为正人心济世事的内在根据。然而，道德体系的复杂性使我们必须对它的构成和机理作仔细的辨析，以便为它的合理重建寻找可靠的基础。本文拟从“荣辱”这一古老的伦理范畴入手对我们的赏罚体系进行初步的检讨，并试图为这种体系的合理重建寻求合理的方式。

一

荣辱是最古老的伦理范畴之一。自从人组成了真正意义上的社会并在群体生活的规则下生活，人就有了荣辱感，因为人正是通过荣辱感而享有人在社会化过程中的最初尊严。在一个崇尚气节、崇拜英雄的时代，这种荣辱感更是达到了空前的程度。在个人和人类发展

① 本文载于《云南大学学报》2004年第6期。——编者注

② 汪堂家：“‘文化’释义的可能性——与建构主义对话”，《复旦学报》(哲学社会科学版)1999年第3期。

中，荣辱都关乎到人生之大本。从个体意识的成长看，儿童的社会化过程既是儿童学会遵守道德规则的过程，也是培养儿童的荣辱感的过程，道德教育的成功很大程度上取决于荣辱感的形成。当儿童没有通过家庭、学校而建立起知荣辱、辨是非的健全心理机制时，他对社会规则的认同将出现严重障碍。美国心理学家科尔伯格（Lawrence Kohlberg）对儿童的道德发展过程所做的实验研究令人信服地证明了这一点。

从历史上看，荣辱问题就像善恶、勇敢、节制等问题一样很早就成了学者讨论的问题。早在赫西俄德的《神谱》中就有“美德、声誉与财富为伍”，“羞耻跟随贫穷，自信伴着富裕”的说法。① 此后的许多西方大思想家也或多或少触及这一问题。在中国历史上，“知耻”与“无耻”始终是评判行为好坏的道德标准，寡廉鲜耻被看作道德沦丧、世风衰微的明显标志。《尚书·说命下》中已有“其心愧耻”一词。《礼记》曰：“物耻足以振之；国耻足以兴之。”《孟子·尽心上》有“人不可以无耻”的训导。《左传·昭公五年》有“耻匹夫，不无务，况耻国乎”之语。中国古代的思想家之所以特别强调“耻”的重要性，是因为他们深刻地认识到，“知耻”是道德人格的基础，是维护人的自尊的重要条件，因而也是淳化风气的重要条件。

那么，何为荣辱呢？荣辱与荣辱感有何区别呢？它们在人的社会生活，特别是道德生活中起什么样的作用呢？我们的赏罚体系与人的荣辱感之间有什么样的内在关联呢？对这类问题的回答不仅意味着一个独立的研究领域的出现，而且意味着为我们的社会寻找一个合理的评价体系。

荣辱是荣誉和耻辱的合称，前者是社会舆论或公认权威对个人或

---

① 赫西俄德：《工作与时日·神谱》，张竹明、蒋平译，商务印书馆 1991 年版，第 10 页。

集体行为的褒扬，后者是社会对个人或集体行为的贬损。在一个公正合理的评价体系中，社会对个人或集体的褒奖越高，通过荣誉而认定的社会价值就越大，个人或集体从中得到的价值感就越高；反之，公众的指责越激烈，个人或集体的社会价值就越低，个人或集体的耻辱也越大。从道德的意义上讲，当个人对荣誉产生情感上的满足时便产生荣誉感；当个人对耻辱感自惭和痛心时便产生廉耻心。

从词源上看，英文和法文的“荣誉”一词都来源于拉丁文，它既可表示人的行为的内在道德价值，又可表示社会声望，也可表示“头衔”“勋章”“奖品”“称号”“学位”“礼仪”“尊严”和“仰慕”；由于荣誉的授予往往与某种仪式联系在一起，所以又可引申为“盛典”“荣典”等等。“耻辱”在古英语中写成 scamu，古德语则写成 scoma，本指“该受指责之事”，后来进一步引申为由于意识到自己或与自己密切相关的人或群体的行为或立场有缺点或不正当而产生的内心痛苦。

在中国，最早将“荣”“辱”对置起来的当推孟子。他将“仁”视为荣辱的试金石，认为“仁则荣，不仁则辱”(《孟子·公孙丑上》)。后来，荀子对“荣”“辱”进行了专门探讨。在他看来，“荣辱之大分，安危利害之常体；先义而后利者荣，先利而后义者辱。”(《荀子·荣辱》) 荣有“义荣”与“势荣”之分，辱有“义辱”与“势辱”之别。“义荣”是因“意志修，德行厚，知虑明”等人格的内在价值而获得的荣誉；“势荣”是因“爵列尊，贡禄厚，形执胜”等外在因素而获得的荣誉。“义辱”是因“流淫污侵，犯分乱理，骄暴贪利”等恶劣行径而招致的耻辱；“势辱”是因受到诬陷、强暴和欺凌而招致的耻辱。直到今天，这一区分仍有十分重要的意义。

诚如英文 honor 一词的古义所表现的那样，荣誉代表着社会舆论或公共权威对某个人或集体的行为所赋予的精神价值。它既可以通过奖品、奖金、奖状、奖章来体现，也可以通过勋章、头衔、封号、谥号和称号来体现，还可以通过社会舆论的赞扬来体现。五花八门的竞赛，名目繁多的评比，各式各样的庆典，千奇百怪的封赏，无一不是对荣誉的肯定。这些荣誉或用来肯定人的成就，或用来表彰个人的贡献，或用来称道他的才智，或用来赞扬他的品德，或同时兼具这几种目的。不管荣誉采取哪一种形式，其社会功能主要在于鼓励先进，鞭策后进，凝聚人心。然而，只有当荣誉被用来赞扬人的优秀品德，它才具有道德意义，才可以成为道德荣誉，即荀子所说的“义荣”，除此之外，皆为“势荣”。“势荣”无疑能给人带来成就感，但不能使人获得道德情感上的满足。一个演员得了奥斯卡奖，其荣誉显然不代表道德价值，而一个人因舍己救人而得到的荣誉则来自其行为的道德价值。虽然这两种荣誉都能激起别人的崇敬、羡慕乃至崇拜，但在前一种情况下，人们崇敬的是人的才华，在后一种情况下，人们崇敬的是人的品格。在现实生活中，我们每每发现，人的荣誉与其行为的价值并不一致。有些人的行为很有价值，却没有得到什么荣誉；有些人的行为没有什么价值，反倒得到了很高的荣誉。当一个社会的荣誉与成员的行为价值发生严重背离，这个社会的价值体系和评价体系便出现了危机。

与荣誉不同的是，耻辱是人的自我价值感遭到损害或人的自尊受到打击时产生的情感。根据是否诉诸道德原则或道德观念，羞耻感可分为道德羞耻感和自然羞耻感。自然羞耻感是指某个人因生理缺陷或某些方面的无能在遭到嘲笑和轻蔑时而产生的羞耻感。由于这种羞耻感并非由人的过失所造成，因而不具有道德意义。道德羞耻感则是因某个人在意识到自己的过错并由此觉得自己缺乏本应具有的品德时产生的羞耻感，如一个士兵在战斗中表现怯懦而产生的羞耻感。再如，一个窃贼在逃跑时摔断了腿，他留下的残疾可能会使他深感羞耻，这种羞耻不仅源于生理的缺陷，而且源于人格和道德品质的缺陷，别人的轻蔑和鄙夷会使他感到无地自容，以致见到别人时产生懊悔、痛苦和难堪的情绪。

此外，羞耻感还有个人羞耻感与集体羞耻感之分。如果说个人羞耻感产生于个人的自尊和价值受到贬损，那么，集体羞耻感则产生于集体荣誉的受损或集体价值的贬低。一个集体的成员是否把某个人所蒙受的耻辱视为集体的耻辱取决于该集体的团结程度以及该成员在集体生活中的地位。一般说来，一个人的集体观念愈强，他对集体羞耻感的体验愈深，他要求雪耻的愿望则愈强。由于一个集体具有区别于另一个集体（在此，我把国家视为放大的集体）的标志（如原始部落的图腾，现代国家的国旗、国徽等等），当这个标志遭到外人贬损时，该集体成员就会产生集体羞耻感。

斯宾诺莎在谈到羞耻时指出："羞耻正如怜悯一样，虽不是一种德性，但就其表示一个人因具有羞耻之情，而会产生过高尚生活的愿望而言，亦可说是善的……因此，一个人对于他感到的羞耻，虽在他是一种痛苦，但比起那毫无过高尚生活的愿望的无耻之人，终究是圆满多了。"① 斯宾诺莎的论断无疑符合这样的事实：失去羞耻之心会使人陷入麻木，激发羞耻之心会使人改过迁善。中国无数的仁人志士之所以不断倡导"教耻为先"，是因为他们懂得"知耻振邦"的道理，忍辱负重、卧薪尝胆莫不是因为"耻"在起作用。马克思甚至说："耻辱就是一种内向的愤怒。如果整个国家真正感到了耻辱，那它就会像一只蜷伏下来的狮子，准备向前扑去。"② 也是出于同样的原因，龚自珍反复强调一个社会要兴民风，厚德泽就必须"养人之廉"，"去人之耻"，要"催助天下廉耻"。

与羞耻相应，荣誉的作用也是双重的。一方面，它既可以激发人的热情，也可以给人以忍耐和毅力；它可以增强人的自尊与自信，也可以激励人努力奋发。只要不是把荣誉转变为虚荣，只要以正当的方

---

① 斯宾诺莎：《伦理学》，贺麟译，商务印书馆 1997 年版，第 215 页。

② 《马克思恩格斯全集》第 1 卷，人民出版社 1975 年版，第 407 页；罗尔斯：《正义论》，何怀宏、何包钢、廖申白译，中国社会科学出版社 1988 年版，第 120–226 页。

式去追求荣誉，那追求荣誉对社会的发展就具有积极的意义。即便是先贤圣哲，即便是性情淡泊的隐士，也并非不顾自己的名誉，至少他们把贤达和淡泊本身视为荣誉。斯宾诺莎甚至说，那些声称不爱荣誉的人也总不会忘记把自己的名字写在书的封面上。另一方面，对荣誉受损的担心可以促使人发展自己的某种能力和品质，也可以使人检点和约束那些有可能导致荣誉受损的行为。一个运动员可能为了保护已经获得的荣誉而顽强拼搏，一个军人可能为给自己的勋章增光添彩而舍生忘死，一个"劳动模范"可能为了保持先进而再接再厉，一个胆小如鼠的人可能害怕被说成是怯懦而奋勇争先。①

二

一个社会的赏罚体系不仅要体现这个社会的正义要求，而且要以制度化的形式体现这个社会的荣辱观。只有当赏罚体系有利于维护社会公正时，这一体系才是合理的，也只有当赏罚体系能够从根本上激发民众的荣辱感时，这一体系才可能实现抑恶扬善、祛邪扶正的目的。从表面上看，赏罚体系，即奖励体系和惩罚体系，是两个互不相属的体系，实质上它们反映了价值认定方面的两个极端情形并在现实生活中共同发展，有时甚至彼此会发生微妙的影响。奖赏体系旨在确认个人或群体对社会的独特贡献，它是对个人或群体的正面价值的认定，并且它们所认定的价值超出社会平均价值；惩罚体系则是对个人或群体对社会造成的损害的确认，并以社会权威的名义将个人或群体的负面价值宣示出来。奖赏和惩罚均应成为一种社会行为而不应成为一种个人行为。当奖赏仅由某个人确定时，奖赏实质上很难实现对个人或群体的独特价值进行客观认定的目的，因此，即便是古代的皇帝

① 汪堂家：《道德情感与道德判断》，载陈根法主编：《心灵的秩序》，复旦大学出版社 1997 年版，第 35–96 页。拙作的部分观点和材料是我的立论基础，因此本文不得不予以适当采用。

在进行大的封赏时也不会忘记要举行某种仪式并诏告天下。当惩罚成为一种个人行为时，它便失去了惩罚的意义，而是演变为一种报复，并且这种报复会因报复者的随心所欲的情绪性反应给社会正义的维护带来损害。因此，一种健全公正的法律制度首先意味着杜绝私刑的发生。当一个社会大量存在私刑现象时，这个社会的法律体系便存在严重的问题，其根源不仅在于民众的无知，而且也在于执法机构的公正性并未得到认可。

合理的赏罚体系有赖于公正的评价体系的建立。赏罚制度的确立不仅使评价成为必要，而且使评价成为基础。就像我们在惩罚罪犯之前首先要确认其行为已经构成犯罪，并且要有客观有效的量刑标准一样，我们在奖励某个人或团体之前，也必须对这个人或团体的行为及其影响进行可比性评价。然而，评价需要特定的标准，而不同领域的标准又是不同的。由于职业的千差万别，每一种职业对自身都有不同的要求，制定这些标准虽然是专家们的工作，但这些标准只有成为客观化的公开的东西并为公众所遵从时才有普遍的效力。因此，制定标准既是运用专门知识和智慧的过程，也是集思广益获得公众认可的过程。如果评价标准只是某个人的主观想法或是偶然采用的牟利工具，那么，即便这种标准甚为科学，它也不能发挥评价标准的作用。因此，任何时候，我们都得承认这样一个事实：标准是在对标准的维护中显示其力量的。

那么，合理的标准如何确立呢？要回答这个问题，我们首先要明确的是，此处所说的评价标准仅仅涉及个人的行为，并且常常涉及与道德相关的行为。与质量论证体系不同的是，行为评价的对象不是一个被动的东西，而是能以各种方式影响评价者，甚至左右评价者的人。在对产品的质量进行鉴定评估时，我们比较容易展开量化的标准，评价者比较容易保持客观的立场，而对行为的评价却要涉及动机和后果等许多不确定的因素，并且容易受评价者的情感好恶和价值观念的影响，被评价者也会常常千方百计地利用这些影响去获得有利于自身的评价，更有甚者，一些被评价者为了争逐某种荣誉或某种利益常常会在评价之前、评价之中或在评价之后通过压制对方、毁损对方来确立自己的相对优势。在我们这个社会中，这类情形（如奖励的评比）非常普遍。因此，要确立公正合理的评价体系，首先就要预防性地考虑到影响评价标准发挥效力的主要因素并附带制定对破坏评价标准的行为进行处罚的相关条款，以维护评价标准的权威地位。

毫无疑问，合理的评价标准必须满足客观性和科学性的要求，制定标准时的任何偏私都有悖于社会公正。同时，评价标准必须是可核查并经得起核查的东西。作为标准的东西必须是公开的东西，因而是可供合理修正并能体现普遍意志的东西。然而，有了好的评价标准并不等于有了公正的评价体系。事实表明，对评价体系的挑战每每来自评价者内部。由于评价者是评价标准的直接运用者，他的主观好恶会对评价结果产生重大影响，因而当评价者本身不遵守评价规则或不合理地运用规则时，评价的公正性将是有疑问的。在一个社会中，法官、裁判、评审团成员唯有不断置于公众的评判之下才能忠实地履行自己的职责，换言之，评价者本身只有不断接受评价才能保证评价者在评价时保持不受外界影响。然而，这只是必要条件而不是充分条件。事实上，一个评价体系中有人既当“运动员”又当裁判员，将使评价体系本身失去信誉，这也是评价体系中的最糟糕的情形。评价者持身严正是保证公正评价的道德要求，只有这样，评价的伦理与伦理评价才会走向统一。

合理的评价体系必须使评价者、评价标准的制定者与评价标准的维护者（监督者、护法者）相互分离、相互制约。评价者之所以要与制定者相分离，是因为两者需要不同的知识与经验，而知识的缺乏和经验的不足都足以导致评价的失误，同时，评价标准的制定者与标准的运用者一旦合而为一，就容易导致个人出于自己的偏私而制定有利于自己的标准，这样一来，标准的客观有效性就会遭到损害。从评价的实践看，虽然评价标准的制定不能脱离一个社会的具体状况，但它又必须独立于个人的具体经验并且超越于这种经验。在某种意义上，唯有当制定标准时做到为标准而标准，才能保证标准的客观性。

在评价者和评价标准的制定者之外之所以要设立独立的“护法者”，即评价标准的维护者，是因为评价者本身只有接受别人的评价和监督才能从制度上保证评价的公正性，从根本上说，“权利需要权利来制约”的理论依然适用于评价体系的建立过程。此外，评价标准的维护者不仅要纠正评价标准的不恰当运用，而且要对评价标准进行审查。标准只有付诸运用才能成为标准，并且需要在保持相对稳定性的同时随社会的进步而作相应的修订。然而，评价标准的维护者只能对评价标准的修订提出建议，而不能越俎代庖地去改变评价标准本身。在一些社会中，评价体系的混乱首先表现为评价标准的模糊不清，表现为标准的制定和解释过程的主观随意性，表现为评价标准的制定者-评价者-护法者这种具有制衡和稳定机制的三维结构被缩合为“统一体”，通俗地说，一些“裁判员”既成了“运动员”又成了游戏规则的制定者。正因如此，评奖过程常常成为一些人的自我授奖过程，成为通过逐奖而争名夺利的过程。这种通过不规范的评价体系而实现的“名利双收”，又反过来导致了评奖活动的泛滥。与此相应的是漫无节制的罚款以及能给评判者带来间接利益的其他名目繁多的处罚。社会的腐败由此反映出来，而且由此进一步滋长。从这种意义上讲，赏罚体系的危机既是价值失范的表现，也是道德的危机。

三

为了克服赏罚体系的危机，我们需要对赏罚体系进行合理化，而一个社会的赏罚体系的合理化不仅取决于评价体系的合理化，而且取决于这种赏罚体系是否能满足社会正义的要求。然而，事实恰恰如卢梭所说，“当正直的人对一切人都遵守正义的原则，却没有人对他遵守时，正义的法则就只不过造成了坏人的幸福和正直的人的不幸罢了。”[1]因此，赏罚体系必须通过社会的普遍的约定和法制的强制力量来保障。当人的名誉权可以通过完备的法律来维护时，当不当的赏罚可以通过法律本身来纠正时，健全的赏罚体系才有可能实现。

但是，赏罚本身并不是目的，而是增进人的荣辱感的手段，并且只能是这样的手段。纲纪之功贵在运用，赏罚之能旨在荣辱。赏罚得当能使人趋荣恶辱；赏罚不当则使人混淆荣辱，虚骄自恣或弃善从恶。因此，合理的社会不仅要赏罚分明，而且要赏罚有度。一个有功不赏，有过不罚，无功受禄，有罪逍遥的社会必然导致五德不修，价值失范，导致荣辱颠倒，恶欲猖狂。反之，滥用赏罚或赏罚无度也可能使赏罚本身失去价值。事实正如霍尔巴赫所说，“论功行赏，等于火上加油；无功受奖，等于火上泼水；完全不奖，等于让火焰自行熄灭。”[2]有小功而重赏不仅反映了道德本身的无奈，而且易使人夸大功绩，望利而行；有小过而课以严刑则体现了一个社会的道德体系的软弱无力，使人不知德性的力量，而仅怀对严刑峻法的恐惧。究其实，这是社会成员“廉耻丧尽”，失去道德自觉，非有外在力量的刺激和强制才能遵守行为规范的反常现象，也是仁道衰微，礼义颓废的征兆。因此，要淳化社会风气，荡除蝇营蚁附之流，只有赏罚适中，才能使人真正做到孔子所说的“行己有耻”。赏罚在社会生活中所起作用的大小，在相当大的程度上是以人的廉耻心为基础的。在一个“廉耻风衰，君师道丧”（王夫之《黄书·大正》）的社会中，严厉的惩罚虽能起作用于一时，但难以使社会长治久安。如能广泛培养人的道德自觉，使人知耻力行，虽奖一人而仍能扬社会之正气，虽罚一人而仍能抑颓风于流俗。因此，败坏人的廉耻无异于败坏人的灵魂，而败坏人的灵魂无异于铲除正义观念和正义原则得以发挥作用的土壤，在这

---

① 卢梭：《社会契约论》，何兆武译，商务印书馆1997年版，第49页。
② 霍尔巴赫：《自然政治论》，陈太先，眭茂译，商务印书馆1994年版，第327页。

种情况下，即便靠警察来统治也无济于事。

由于奖励与荣誉之间有着内在的关联，并且可能具有政治、军事、科技、文化、宗教、伦理、教育乃至意识形态的意义，我们在设立重大奖项时必须综合考虑各种因素的可能影响并且尽可能制定详细的、可资操作的明确标准，建立可供检查、可供监督的评奖程序，仔细斟酌能真正激发人的荣誉感并能体现社会普遍意志的奖励方式。

如果听任于实利主义的横行，许多人就会被笼罩在瓜分荣誉并进而瓜分利益的阴影之中，追名就会成为逐利的手段，奖赏就会成为利益的分配，沽名钓誉者就会热衷于蝇营狗苟式的利益计算，工于计算者就会把荣誉变成可供批发和零售的商品。一旦荣誉商品化，在许多领域中就会存在着瓜分荣誉的尖锐斗争，奖赏的滥用则使奖励本身成为馈赠礼品的特殊形式。一旦荣誉商品化，奖励在许多领域就会逐渐失去那种使人卓然独立、超拔平凡的精神力量，失去那种凝聚人心、催人奋进的内在动力，失去那种涵养人心，敦风厚俗的伦理意义，因而也在很大程度上取消了奖励之为奖励的存在理由。我们在建立合理的奖励体系时必须避免下述情形：

（1）避免将奖励与报酬混为一谈。众所周知，在当今社会，哪里有劳动组织，哪里就有奖励活动，奖励似乎成了人人可以获得的东西，比如，在所有单位里相当一部分劳动报酬是以奖金的名义来分发的。当人人都可以获得奖金时，奖金其实不是真正意义上的奖金，而是体现劳动者的付出与所得之间相对等价的工资关系，因而起不到增进人的荣誉感的作用。

（2）尽可能避免以奖励的方式促使个人尽义务。义务之所以成为义务就在于它是外在的强制和内心的“应当”，用康德的话说，“义务是一种尊重法则而且必须照此而行的行为。”① 在合理化的社会结构

① 周辅成：《西方伦理学名著选辑》下卷，商务印书馆1987年版，第369页。

中，个人各司其职，各尽其责是对人的起码要求。因此，真正合理的做法不是对履行义务的人进行奖励，而是对不履行义务的人进行惩罚。只有当人完成了自己的义务并且对公共生活领域做出了远远超出自己应尽义务的贡献时才应给予奖励。否则，义务非但不会成为义务，相反会成为不尽义务者要求获得额外补偿的讨价还价的手段。

（3）避免评奖活动中的变相交易行为和滥奖行为。在一个法制完备的社会中，评奖活动是在法律的规范下进行的非常严肃的活动，任何个人都无权将某项奖励指定给某人，提名者、评判者和申请者的严格分离以及公众舆论的广泛监督，使得评奖活动既是一种专业活动又是一种透明的公开活动。

然而，不公正的奖励体系还要通过公正的惩罚来消除。惩罚有法律上的惩罚、行政上的惩罚和道德上的惩罚。但这些惩罚的目的不仅在于维护社会正义，而且在于“催助天下之廉耻”（龚自珍语），使人自知自重，自尊自惜。当惩罚能使人知耻止耻时，人就能以羞恶之心来约束自己的行为；当人不以受罚为耻，或对受罚麻木不仁时，惩罚只能起警示他人，让人畏惧的作用，而不能铲除受罚者继续为恶或继续犯错的心理根源。惩罚的有效性取决于它的公正性，滥罚就像滥奖一样，只能破坏大众的廉耻心。只有不公正的惩罚行为本身受到惩罚时，民众才会相信惩罚的道义力量。治罪显然不止是把罪犯关进监狱或强制劳动就万事大吉。如果只是束缚罪犯的身体而不能束缚罪犯的灵魂，如果罪犯不能洗心革面，他很可能在回归社会后继续犯罪，当罪犯越惩越多并且不以犯罪为耻时，监狱足可以成为犯罪的学校，众多罪犯的“共在”既使他们减轻了心理的畏惧，也使他们交流犯罪的经验变得十分方便。因此，不能唤起廉耻心的简单治罪，至多起隔离罪犯的作用，而不能洗刷罪恶的灵魂。只有感化和教化才能固人心人性之大本。

器官移植的伦理反思[①]

器官移植是人类的古老梦想。无论是东方还是西方，历史上都有过置换器官的神话。安装假肢、假牙和假眼乃是人类器官移植的原始形式。早在宋代，中国就有用檀木和陶瓷制作假眼并且几能以假乱真的记载。尽管这种作为器官移植雏形的医学实践主要源于我们的祖辈追求生命完整性的根本动机并且其审美考虑大大超过了实用考虑，但先人的探索为后人的临床医学实践提供了启示与灵感。人工器官由原始到精密，所用材料由低级到高级，仿制器官由简单到复杂的发展过程以及今天的科技工作者为将电脑芯片植入人脑所作的设想，使我们看到了器官移植的光明前景。

器官移植无疑是20世纪最为重要的医学成就之一。自1954年肾移植在美国波士顿获得成功以来，人类已能移植角膜、肾脏、肝脏、心脏、心肺、骨髓等除人脑之外的几乎所有重要的器官和组织。随着脑科学和其他相关学科的发展，人类已有可能通过移植神经细胞来修复大脑中某些受损的部分。人工心脏、人工耳蜗、人工晶体等人工器官和肾透析机的发明已经挽救了许多病人的生命，或使一些病人恢复了视力和听力，同时也改变了传统的生命观念和死亡观念，并推动了相关生物技术的进步。干细胞研究、克隆技术和组织工程学的发展为

---

① 载于《云南大学学报》2003年第2期。——编者注

人类最终解决器官来源问题铺平了道路，并为将来批量培养备用器官及进而开设器官“银行”，从而为大大延长人的寿命开辟了广泛的可能性。

然而，器官移植在技术上的可行性与它的普遍有效性和实际应用前景并不一定成正比。这首先是因为任何技术的应用均有风险，而技术应用的外部条件也总是随着生活世界的改变而改变。其次是因为器官移植触及人类一切价值的核心——生命的价值与尊严，触及人对自身生命的完整性的自我理解，触及人与其他生物的关系（在异种移植方面），触及医疗资源的合理分配方式，触及人的心身关系和人格的同一性，一句话，触及世代相传的生命观念和技术应用的价值导向。此外，器官移植不仅已经证明而且正继续证明——人越来越成为人的作品，成为日趋制度化的技术的作品。法国哲学家笛卡尔和拉美特利提出的“人是机器”的古老观念正在复活，这种观念的复活和技术应用的人文环境的相应变化，特别是宗教观念对人的行为的制约性的减弱，渐渐淡化了生命的神秘感。生命科学家和医生对多数人的生死安危的重要性日益明显。这种日益增长的重要性，即使不会促使生命科学家和医生在主观上要求增强自己对生命的操控权，也会在客观上强化这样一种观念：谁控制着医疗资源，谁控制着医疗技术，谁就直接控制着病人的生死。因此，基于人的善良意志的器官移植活动要朝合理化的方向发展，首先就要求生命科学家和医生承担起相应的道德责任。

但器官移植就像其他医疗技术和生物技术的发展与应用一样受制于整个社会发展水平。它所引发的问题既涉及技术的层面，又涉及经济和公共政策的层面，也涉及法律和伦理的层面，还涉及宗教和文化心理的层面。由于迄今为止大部分器官移植仍是费用昂贵的医疗手段，在医疗资源十分短缺的情况下，我们如何公正地分配这些资源？譬如说，我们是将有限的公共资源投入器官移植还是运用这些资源去医治其他急需医治的病人？如果着眼于推动新的医疗技术的发展而实现两者兼顾，那么，什么样的比例是合适的？当几个病人急需移植同一器官而器官供应严重不足时，医生和医院按什么样的顺序来安排器官移植手术才算合理？从医疗经济学和伦理学的角度看，像我国这样的发展中国家，中央和各级地方政府应按怎样的比例去资助人工器官的研制和异种器官的移植？鉴于动物器官的一些病毒很难消除以及人类的许多寄生虫病、艾滋病、鼠疫等严重传染病来自动物的事实，我们是否应该为了抢救某个人的生命而冒着危害人类整体健康的巨大风险将动物的器官移植给病人呢？器官能否作为商品出卖呢？如果器官可以作为商品出卖，人是否被降低为物，从而严重危及人的尊严呢？在器官严重缺乏的情况下，我们应建立什么样的社会机制来制止器官的黑市交易呢？随着贫富差距的不断扩大，一些发展中国家的穷人被迫出卖器官是否意味着一部分人不再成为人的目的，而仅仅成为了人的手段呢？在器官移植技术逐步成熟的我国，如何建立捐献器官的社会伦理机制和法律机制？器官移植对受体的人格同一性将产生怎样的影响？

所有这些由器官移植引发的问题尚未引起社会的普遍关注。随着器官移植的逐渐增多，许多问题已日趋尖锐地摆在人们的面前，并对传统的伦理观念构成了重大挑战。因篇幅所限，本文拟只就器官移植的基本概念、器官移植的伦理准则、器官来源问题的合理解决途径、器官移植对人的本性和人格同一性的潜在影响进行讨论。

一、器官移植的伦理原则及其具体化

器官移植是集多种技术为一体的复杂医疗活动。它首先必须遵循调节医患关系的一些伦理原则，如尊重病人的生命，尊重病人的自主性，仁慈地对待病人，不伤害病人和团结互助，等等。而且，由于器官移植可能涉及公共卫生资源的分配和利用，涉及保险公司的利益，涉及器官供体与受体之间的伦理关系（如人与人之间，人与动物之间的伦理关系），它还必须遵循现代社会必不可少的公正原则。另外，由于一些器官移植的高风险性和实验性，它还要顾及研究的自由与责任的平衡问题。但是，在具体的临床实践中，人们面对的问题通常比较复杂，有时甚至会面临两难选择，因为一些伦理原则在被运用于具体情境时常常发生冲突。这就要求我们区分事情的轻重缓急，尽可能考虑在面临两难选择时我们应遵循的原则的优先顺序，换言之，我们应当看看哪种选择最符合人的最高利益。正如恩格哈特（H. Tristram Engelhardt Jun）教授所说，“所有道德都植根于一种紧张关系，这种紧张关系源于关注人的自由与维护人的利益之间的矛盾。在卫生领域，这种困境越来越明显。一些病人常常倾向于采取医生和护士十分担心其危险的行为方式：这些行为方式有可能严重损害病人的健康，甚至有可能造成致命的后果。”① 尽管不同民族和国家的社会成员都承认上述原则的普遍有效性，但由于文化背景的差异，上述原则对于不同社会的人具有不同程度的重要性，在大多数情况下，这些原则能相互补充，但一旦这些原则发生冲突时，我们该优先服从哪种原则呢？我们服从这种原则的根据是什么呢？

在现实生活中，我们每每发现，在十分强调个人价值观的西方世界，基于仁慈精神的家长制作风对处理医患关系已没有什么吸引力，而尊重病人自主的原则几乎成了生命-医学伦理学的“第一原则”。但是，医疗活动是一项专业性很强的活动，对疾病缺乏合理的了解和处理，轻则贻误治疗，重则危及生命，器官移植更是如此。因此，过分强调病人自主，而不同时重视尊重病人生命和医生的仁慈美德，病人有可能因为错误判断和错误决定而付出沉重的代价，医生也可以借口

---

① H. Tristram Engelhardt Jun，“Die Prinzipen der Bioethik”，Von Hans-Martin Sass，*Medizin und Ethik*，Stuttgant：philipp Reclam jun，1994.

尊重病人自主权而推脱自己的责任，甚至眼睁睁地看着病人不愿治疗而死去。在中国这样有着悠久的儒家文化传统的国家，个人自主意识仍有待合理发展，加之医疗资源主要由政府支配和管理，处理医患关系的模式与西方社会有着很大差别，对上述伦理原则的强调重点自然有所不同。因此，机械地套用西方医学模式可能无助于现实问题的解决，器官移植也是如此。当一个人生前表示愿意捐献器官而他死后家属却不允许医生摘取器官时，捐献器官的自主愿望自然无从实现。而没有适当的器官来源，器官移植就无从谈起。

首先，当尊重病人生命的原则与别的生命伦理学原则发生冲突时，尊重病人生命的原则应当毫无疑问地成为最优先遵循的原则。这不仅是因为挽救病人生命、减轻乃至消除病人的痛苦是所有医疗活动的基本出发点和这一行业得以可能的最终根据，而且因为生命是一切价值的客观基础。生命不仅具有工具价值而且具有内在的固有价值。当人的生命消失了，与人相关的价值也就消失了：有了人就有其他的可能性。中国人的人命关天的观念本身就包含了生命的神圣性观念。正因为如此，对生命的尊重才成为检验一切价值体系的合理性的最终尺度。而在一个视生命如草芥的社会，奢谈其他伦理原则都显得苍白无力。

照康德的看法，人本身就是目的，他的存在本身就具有绝对的价值，我们不应当问“人为什么要活着？”而应当问“人该怎样活着？”对康德来说，人应遵循的一个绝对命令是：“你一定要这样行动：无论对自己或对别人，你始终要把人看成目的，而不要把他作为工具或手段”。[①] 大自然中的无理性者不依靠人的意志而独立存在，它们至多具有工具或手段的价值，因此，我们称之为“物”。“反之，有理性者，被称为人，这是因为人在本性上就是作为目的而存在，不能把他

---

① 康德：《实践理性批判》，关文运译，商务印书馆1960年版，第370页。

当作‘物’看待。人是一个可尊敬的对象，这就表示我们不能随便对待他。”① 这条人类尊严原理是人类行为的最高准则，正是依据这条准则，强制性戒毒，强制司机系安全带，强制骑摩托车的人戴头盔才有根据；也正是根据这条准则，我们才禁止不经别人的同意去摘取一个人的器官并将它移植给另一个人，禁止将危及供体生命的器官（肾、骨髓除外）移植给病人，否则，就是在杀人，就是把另一个人贬为手段。美国曾有过医生合谋借外科手术之机把病人的肾脏偷去卖给别人的案例。1984 年 9 月，美国通过了禁止买卖人体器官的法律，这一法律的伦理基础就是人不是物品，把人体器官作为商品乃是把人从目的降为单纯的手段。一旦器官商品化，人的尊严将毁于一旦，并在整个社会导致道德全面滑坡的连锁反应。一些犯罪集团将利用各种可能的手段残害他人，以出卖其器官获取高额不义之财。

其次，在器官移植中应当遵循自主原则，知情同意则是这一原则的具体化。此处所说的“自主”，既包括病人有权接受或拒绝器官移植，也包括病人对治疗过程的积极配合和对医生的自由委托，还包括病人在移植器官之前有权了解器官来源，了解可供选择的医疗方案的利弊和风险，并基于对信息的全面了解作出最终选择。由于组织配型、血液配型都直接影响移植的成功率，病人及其家属更有必要对治疗过程的关键步骤乃至技术细节作全面的了解。由于器官移植费用通常很高，病人及其家属要面对生命和经济上的双重风险，医生需要了解和体谅病人及其家属在决定进行器官移植前的复杂心情。对一些实验性的手术，病人的知情同意显得尤为必要。比如，异种器官移植虽然早在 20 世纪 60 年代就已开展，但由于难以解决的免疫排斥反应，接受动物器官移植的人存活的时间都很短，生活质量也很差。因此，病人究竟能在多大程度上获益是很值得怀疑的。如果病人术后才

① 康德：《实践理性批判》，关文运译，商务印书馆 1960 年版，第 371 页。

被告知他（她）身上移植了动物器官，他会作出怎样的反应呢？病人家属会不会产生“人财两空”的感觉呢？有人可能会说，医学是在不断的实验中进步的，实验性的异种器官移植符合人类的整体利益。但个别的病人会说为什么要拿我做实验呢？这自然是医生很难回答的问题。人们也许会说，我这里所说的知情同意原则过于理想化了。如果把所有情况都告诉病人反而不利于病人配合治疗，因而最终损害病人利益。此外，像中国这样的发展中国家资源短缺，每个医生一天要看很多病人，医生根本没有时间和条件把所有情况告诉病人，然后等待他（她）慢慢作出决断。还有，知情同意包含这样一种假定：病人及其家属已有清醒的头脑，有足够的知识和良好的判断力对医生提供的信息和可能性作出选择。事实上，具备这些的病人在现实生活中并不很多，对等待器官移植的严重病人情况更是如此，因为严重疾病乃至死亡的威胁会对病人心理造成很大的影响，忧郁、压抑、担心、恐惧是常有的事，这种心理或长或短地影响着病人对医生提供的信息的选择、理解与接受，从而影响病人对已有的事情和即将发生的事情的判断和决定。很多病人是在无所选择的情况下忐忑不安地作出决定的。在一个受教育程度普遍不高以及对医学知识缺乏了解的社会，病人对医疗活动通常不太了解，他与医生的关系委托的成分更多，知情同意原则的贯彻往往受到极大的限制。在这种情况下，病人家属的决定起着很大作用。这时，仁慈地对待病人的原则也更加突出地调节着医患关系。

但是，这并不等于说自主原则就不重要，我们也不应借口病人缺乏医学知识和足够的判断力而拒绝遵循知情同意的原则。任何原则都可能有例外并也都带有理想性，否则它就不成其为原则。正因为现实中的许多情况不符合原则，它才越发需要原则的规范，否则现实生活就会陷入混乱状态并进而影响整个社会的和谐与效率。贯彻知情同意原则还有更深层的原因：它是人的主体性在医疗活动中的重要体现。

病人即便移植了动物的器官抑或安装了人工心脏，他仍不改变人之为人的本性，他作为理性的存在物仍需要受到普遍的尊重。自主性是人这个理性存在物或目的性存在物的重要方面。随着人的自主意识的增强，人对知情同意的要求越来越高，我们的医疗模式需要适应这一变化。

第三，我们需要讨论一下在移植器官时如何体现公正原则。公正是现代社会的一个基本要求，只要有人群存在，我们就会碰到怎样按公正原则办事的问题。就器官移植而言，我们碰到的主要问题是：（1）移植器官的医疗费用怎样解决才算公正？（2）在几个人同时等候移植同一类型的器官而供应的器官只有一个时，我们该遵循怎样的顺序才算公正？（3）在异种器官移植时，我们杀死一个曾与人类有着亲近关系的濒危动物而去维持一个生活质量低下的人多活几天是否合理？动物有没有权利？如果有，我们该怎样来保护这种权利？第一个问题涉及资源的宏观分配，第二个问题涉及资源的微观分配，第三个问题涉及生态伦理。

关于第一个问题，我们自然要触及社会的制度化安排。按照美国著名伦理学家罗尔斯的表述："所有社会价值——自由和机会、收入和财富、自尊的基础——都要平等地分配，除非对其中的一种价值或所有价值的一种不平等分配合乎每一个人的利益。"① 既然如此，每个社会成员都应平等地享有利用公共资源医治疾病的权利。但因公共医疗费用有限而器官移植费用通常很高（如在美国，一般肝移植费用在 20 万美元以上），如果器官移植占用了大量公共开支，必然影响其他社会成员医治急需医治的疾病，影响全社会的疾病预防。因此，越是医疗资源短缺的国家，越是不得不让病人更多地承担器官移植的费

---

① 罗尔斯：《正义论》，何怀宏、何包钢、廖申白译，中国社会科学出版社 1988 年版，第 58 页。

用，否则，对其他社会成员就不公正。就宏观分配来说，对器官移植既要采用代价与效益原则来衡量，也要采用风险与效益原则来衡量，还要考虑眼前效益与长远效益。因为许多医疗技术，包括器官移植都有一个由不成熟到成熟，由高代价到低代价，由高风险到低风险的发展过程，还有些技术被一些新的更好的技术所代替。与人的生命健康直接相关的技术首先要考虑它的安全性与可靠性，这是由“不伤害人”这一最低限度的伦理原则或底线伦理原则决定的。因此，在权衡器官移植的眼前效益与长远效益时，应当首先考虑这一底线伦理，同时应尽可能考虑这项技术的应用前景。支持器官移植的财政拨款如果太少，就无法支持新的实验性研究和新技术的推广，从而损害人的长远利益；财政拨款太多就势必挤占其他医疗费用。究竟以什么样的比例来安排医疗开支，需要组织由医学专家、伦理学家、政府官员、财政专家、公共政策专家和民众代表组成的专门委员会根据上述伦理原则和承受能力来确定并进行必不可少的年度审查。

第二个问题是从事器官移植工作的医生和管理人员经常碰到并让他们感到困惑的问题。假定10个心脏病患者等待心脏移植，但可供移植的心脏只有一个，医生和医院管理人员就不得不面对一个残酷的现实：只能选择一个病人进行移植，其他病人很可能在等待中绝望地死去。从某种意义上讲，对病人的选择过程在这类情况下就变成了决定谁生谁死的过程，我们该按什么样的原则来选择病人呢？如果根据病人、病人家属、病人的亲朋好友乃至单位与医院、医生的人情来安排优先顺序，这显然有悖公正原则。如果根据市场供求关系来解决这个问题，就势必造成谁出钱最多就给谁优先安排移植手术的局面，这显然会导致器官的商品化，导致医院的漫天要价，从而违背医疗这一特殊行业的根本宗旨，并且导致整个社会的强烈反对。按照程序伦理（指根据一般伦理原则来解决如何合理地做事的问题）的一般原则，“做什么的合理性”最终离不开“怎么做的合理性”，通俗地讲，就是做事的程序一定要合乎正义要求（这被伦理学家们称为程序正义）。因此，我们制定一个合理的规范来确定选择的程序就十分重要。目前，国际上比较普遍的做法是：第一步考虑等待器官移植的病人的适应证和禁忌证。即使许多病人签署文件希望进行器官移植，我们也无法仅仅依据先来后到的时间顺序去安排器官移植。尽管在所有其他条件相同的情况下，登记的时间先后当然应成为考虑的一个因素，但先登记的人并不一定是适合移植的人，一个人是否优先移植先得符合相对客观的医学标准。在器官移植时首先要排除有禁忌证的人，优先考虑病情严重的人，考虑在组织配型时发现免疫排斥少的人，所有这些都不会引起太大的争议。如果等待器官移植的几个病人的这两个条件相同，那么，有可能影响愈后的生理心理条件和自我调适能力就应成为决定谁先接受移植的重要因素。比如说，在其他条件相同时，一个不吸毒、不酗酒的人就应先于吸毒、酗酒者得到器官移植。假如其他条件相同，而可供移植的器官只有一个，那么，病人对其家庭的价值也可以成为医生考虑的另一个因素。比如说，一个有年幼的子女需要哺养的年轻妇女很可能比一个独身老人优先得到考虑。

第三个问题是近些年来提出的新问题。一些动物保护主义者和生态伦理学者认为，其他动物与人同属一个生物共同体，这个共同体的成员相互依存，维护它的完整性、稳定性和优美性是人类义不容辞的责任，异种器官移植尚处于实验阶段，但采用的器官每每来自灵长类动物（如狒狒、黑猩猩等），这些动物有感受苦乐的能力和初步的意识能力，人类摘取它们的器官是在杀死自己的“远亲”，是在侵犯动物的生存权，是一种不道德的行为。这种对“远亲”生存权的践踏也预示着践踏人类自身的可能性。由于动物的生命也有内在的价值，人类本应将自己的道德关怀扩大到动物，尤其是高级灵长类动物。一旦这些动物灭绝，人类离自我毁灭也就不远了。从伦理的观点看，人类本可以发展其他的医疗技术或更多地利用尸体器官和人工器官来解决目前存在的问题，而不应通过残害另一种高级生命来延长人的生命。更何况，到目前为止，利用动物器官进行移植并没有从根本上改善病人的生命质量，从长期看，我们还无法确定动物的疾病是否会通过移植而传染给人类。

二、器官移植与人格同一性问题

器官移植技术使人格同一性问题比以往任何时候都更加尖锐和复杂。当某个人被移植了肾脏，我们通常并不认为这个人成了另外一个人，这个人也不会因此而改变自己的身份以及在家庭和社会中的角色。但是，如果这个人的许多重要器官都是移植的异体器官，这个人是否还是原来的人呢？他的身份是否需要改变呢？许多人可能会说，这个人还是原来的人，他的身份没有必要改变，因为他的人格基础——大脑并没有改变。然而，人格显然并不等于大脑，人也不等于大脑。人的身体对人的界定并非无关紧要。已有证据表明，人的意识过程是人脑与其他器官协同作用的结果。两年前，德国的科学家发现人的腹部有过去未曾发现的一些神经细胞与大脑的意识活动密切相关。这一发现不仅使我们有必要重新审视传统的人格理论，而且使我们能解释为何心情紧张会引起胃部不适，人吃得过饱反而不利于思考，甚至印证了法国现象学哲学家梅洛-庞蒂的一个基本观点：人的身体是意识化的身体，人的意识是身体参与的意识。脱离身体去谈人格，与脱离意识去谈论人格一样站不住脚。黑格尔说，人格是一连串的行为而不说人格是一连串的意识活动已或多或少考虑到了人格的这一特性。下述例子进一步证明了一些重要器官的移植对人格的可能影响：

有个病人在移植了一个因车祸而导致严重脑损伤的死者的心脏之后性情大变，甚至连饮食习惯都改变了。她原来不喜欢喝咖啡，移植心脏之后变得很爱喝咖啡。她百思不得其解。后来她向提供心脏的死者家属询问其生前饮食习惯，才得知那个死者生前很爱喝咖啡。

类似例子还可举出一些，它们表明了器官移植可以影响乃至改变人的习性和性格特征，但影响的程度可能因人而异。这一点在理论上讲不难理解。因为人本是一个完整而又开放的系统，某个人因某个器官的衰竭而不得不接受器官移植意味着原来身体的完整性遭到了破坏，他作为个人的统一性被打破了。他的有机体的各个部分必须改变原有生命信息的传输方式并且调整原来的生命节奏才能保证各个部分的和谐，从而使它们作为有机整体发挥效能。早在18世纪法国百科全书派的狄德罗就在《达朗贝的梦》中描绘过一个“珊瑚人”，这个人可以分化为不同部分，这些部分可以像机械的零件一样留存起来，然后又可以重新变成有机整体。这种富有想象力的设想在今天还没有完全实现，但已经在部分地实现。从逻辑上讲，只要我们能在体外培养各种器官，甚至培养大脑的各种组织，并且解决免疫排斥和移植技术的困难，拼装一个新人是完全可能的。我们关心的是，用大部分异体器官或新培养的器官移植给一个病人，这个“新拼装出来的人”是否还是原来的人？人体无疑服从机械运动的规律，但不仅仅服从这种规律，因为其中还有许多比机械运动更加复杂的运动形式。因此，器官移植绝不是新的器官与原来的有机体的机械相加。如果一个人的大部分器官都被置换了，这个人必定获得了新的生理素质，这个人作为肉体显然不同于以前的那个人，如上所述，他的心理素质也必定在一定程度上发生变化。然而，我们的社会之所以不会因此宣布他的身份无效，更不会要求司法机关重新鉴定这个人的身份，是因为这个人还保持着人格的同一性。问题是，我们根据什么来判定一个人的人格同一性呢？当一个人被改变到什么程度我们才说他的人格同一性彻底改变了呢？

第一个问题是近代哲学家笛卡尔、巴特勒和洛克等人早就提出的问题。笛卡尔认为人是心身的结合体，心灵是一个独立存在的实体，这个实体的本性就是思想，他把这个思想的实体称为自我。在他那里，人格要通过思想来规定，这里所说的思想是广义的思想，相当于我们今天所说的“意识”。他声称，我思想多久，我就存在多久，我何时停止了思想，我就何时停止了存在。这样，人格同一性问题最终归结为自我的同一性或思想的同一性问题。按照这种逻辑，人格同一性是不受身体影响的，人被置换了器官并不影响人格的同一。那么，自我的同一性又靠什么保证呢？对笛卡尔来说，“人们之所以在日常生活中体验到自我的同一性，倒不是因为自我一成不变，而是因为自我处于不断的生成过程中，并且新的我与过去的我是同质。”①洛克区分了人的同一性与人格同一性。他认为，人的同一性乃是由于不断生灭的诸多物质分子，连续地和同一的有组织的身体具有生命的联系，因而参加着同一的继续的生命。因此，“人的同一性在于一个组织适当的身体，而且这个身体中的各个物质分子虽在不断地变化着，可是那些分子同这个身体都联为一体，属一种共同的生命组织，而且这个身体无论你从哪一刹那来观察它，它以后仍是要继续着与此刹那相同的组织。”②人格同一性则是指有理性的存在物的同一性，它仅仅在于意识，这个意识在回忆过去的行动或思想时，它追忆到多远的程度，人格同一性亦就达到多远的程度。现在的自我就是以前的自我，而且以前反省自我的那个自我，亦就是现在反省自我的这个自我。显然，按照洛克的逻辑，人的同一性要根据身体来判断，而人格同一性要根据意识特别是记忆来规定。我们不难发现，洛克将两个逻辑上包容的概念看成两个并列的概念，人的同一性应当包含人格的同一性而不是与人格同一性相并列的东西，前者比后者外延更广。洛克对两种同一性所作的区分无疑有一定的合理性，但如果遵循洛克的观点，就会得

① 汪堂家：《自我的觉悟——论笛卡尔与胡塞尔的自我学说》，复旦大学出版社1995年版。

② 洛克：《人类理解论》上卷，关文运译，商务印书馆1983年版。

出只要身体相同，一个人仍是以前的那个人的结论。这样一来，一个人哪怕换了大脑也应被视为同一个人，但一个失去记忆的人的人格便不再是以前的人格，他的财产继承权和婚姻家庭关系应当发生相应的改变。这两个结论显然是相互矛盾的。不过洛克的解释倒是可以为下面这个案件的判决提供理论上的支持：

1998 年，美国得克萨斯州法院决定对女囚塔克尔执行死刑，但死刑判决是在 13 年前做的。在此后的 13 年中，塔克尔不断改过迁善，洗心革面，变成了虔诚的基督徒。德州法院的决定在美国社会引起了民众的广泛关注和舆论的普遍指责。许多人认为，现时的塔克尔与以前的塔克尔已判若两人，她的心理与人格已大大改变，因此不应对她执行死刑。

一些民众出于人道考虑要求取消对塔克尔的死刑执行是可以理解的，许多国家采取缓刑制度，本身就承认了罪犯是可以改过自新的。但我们并不能由此断定这个人的人格同一性已彻底改变。人无论是从生理上讲还是从心理上讲都是不断变化的，人的可变化性本身就是人的定义的一部分。正如恩格哈特（H. T. Engelhardt）教授所说，"当个人具有人格特征时，当他们具有自我意识和理性并且拥有最低限度的道德感时，他们就是人格存在。"① 每个人的人格特征都不相同，因为它们不仅包含不同的生理素质，而且包含不同的心理素质和社会文化素质。人格同一性就是由这些方面共同决定的。即使以后真有科学家敢冒天下之大不韪而克隆人，我也敢断言，被克隆出来的人与原来的人只有生理上的相似性，他们不可能具有相同的人格，因为他们毕竟是两个不同的个体，诞生的时间不一样，年龄不一样，面对的社会文化环境也不会绝对相同，接收的信息也不可能相同，每个人的自我

① H. T. Engelhardt. Jr，*The Foundation of Bioethics*，Oxford：Oxford University Press，1986.

学习能力也会有这样那样的差别。人格不是僵死不动的实体，而是一个不断生成的过程。大脑主要组织的连续性为一个人的人格同一性提供了物质条件。虽然它本身并不等于人格同一性，但它的消失意味着人的消失和死亡，即便这个人还有原来那个人的躯体和面部特征。

因此，当将来某一天人类能成功地移植大脑，我们仍然以被移植过来的大脑作为人格同一性存在的条件。假如两个人出了交通事故，一个人的大脑严重受损，另一个人的大半个身子受了严重的损伤，一个合乎逻辑的想法是将后者的大脑移植到前者的身体上。这个拼凑出来的人将继承谁的身份呢？他无疑应当继承那个保存了大脑的人的身份。从技术上讲，移植大脑的难题最终是可能解决的，特别是将来能够用更精密的机器人进行手术之后，移植可以达到快速而准确的程度，并能随时修改手术方案。如果能解决免疫排斥的难题，人类离这一目标就为期不远了。早在 20 世纪 80 年代，南非的一个医疗小组曾做过移植猴子脑袋的实验，尽管被移植脑袋的猴子存活的时间很短，但它预示着器官移植的最后堡垒将被攻克。在此，我们关注的是这一工作的社会伦理意义。脑袋移植既是打破原来的生命的相对完整性（如果原来的生命体是十分完整的，就不应当进行移植），又是重建生命的新的完整性。大脑和新的身体的内在联系通过移植而被建立起来，它们作为有机整体继承了原来的大脑所接受和处理的全部自然的社会的和文化的信息，它们的内部调适过程是被“修改”过的，只是这种“修改”还是局部的而不是实质性的，由存活下来的头脑保存的心理社会文化特征并没有根本改变，所以其体现的人格只是受到了一些影响而未彻底改变。至于“换脑人”的神话，它在不远的将来应当不是神话，而是技术上可行的具体可能性。但在现实生活中这是不可接受的，因为不是为了抢救一个人的生命，而是为了其他目的而将两个人的脑袋互换，既无现实的必要也不能获得伦理上的支持，它只能算是思想试验，并且这种试验也许带有“意念杀人”或“意念伤害”的性质。然而，它提出的问题与脑袋移植手术提出的问题是一致的，即，保持人格同一性需要具备哪些条件？一个人的人格变化到何种程度，这个人才不再是这个人？这两个问题之所以重要，是因为它们不仅涉及现实的法律问题，而且涉及几乎所有社会交往活动的本体论基础。

有的学者（如 Rolani Pucciti，Daniel Kolak，Raymond Martin，Thomas Nagel，Ernest Hilgard 等人）依据裂脑人存在的事实断言，一个人的人格是双重的甚至是多重的，传统的人格同一性图景与事实不符。① 如果真是这样，一个人一辈子就需要不断确认身份，所有罪犯都不必为以前的罪过而承担责任，法律的追溯力就都是无效的。仔细想一想，我们就会发现，其实那些学者犯了一个致命的逻辑错误，他们举的例子都是人类的反常现象，我们不能因为这种反常现象来断定人类本来就是这样或者应该这样。比如说，一个马达突然发出了古怪的响声，我们难道就可以说这个马达本来就要发出这种古怪的响声？我们之所以说某人是瞎子而不说一块石头是瞎子，恰恰是因为人本来就应当有视力。在精神病学的病例中，我们的确可以发现有的患者用右手把袜子穿上，左手又莫名其妙地把它脱下来，有的患者想用右手拥抱妻子左手又将妻子推开。但这些病态现象并不能证明人本来就有双重的人格。如果把它们视为正常人格状态，那就意味着每个人一生下来就应该朝这样的方向发展。这样一来，人的交往乃至生存都会难以继续下去。

既然断言一个人同时具有双重或多重人格没有令人信服的根据，那么，我们就不应当把器官移植后的人格变化视为一个被隐蔽的人格在新的条件下的实现。人格的同一性是以人的单一性为条件的。从生

---

① 沈亚生：《人格同一性的思辨》，载《哲学研究》2000 年第 3 期。

物学上讲，人格的同一性基于一个人在遗传上的独一无二性，遗传上的连续性，他的自我发展能力[①]，人格在本体上的连续性以生理—心理的连续性为前提。所以，器官移植的限度是，只要最大限度地维持了一个人的生理和心理因素的连续性，我们就保持了他（她）的人格同一性基础，否则就等于取消了这个人的存在。随着脑科学的发展，将来无疑能移植大脑的某些部分，恢复大脑的某些功能。由于中枢神经系统对人的意识至关重要，对人格同一性至关重要。因而，改变中枢神经系统的移植在伦理上很可能不被接受，如果真有一天人类能够完成这种手术的话。

① Edwin C. Hui，"Personhood and Bioethics[A]"，Edwin C. Hui，*Questions of right and wrong*，Vancouver，BC：Regent College，1994.

十一、思想随笔

诗心与灵韵[①]

只有诗意才使人的安居成为安居，只有在安居中人才能体悟存在的诗意。

这是人的本质、世界的本质向人自身提出的双重要求。在《诗·语言·思》一书中海德格尔把这种要求浓缩为一句话："人诗意地安居"。

"人诗意地安居"本是荷尔德林的诗句，海德格尔在自己的著作中反复引用并且赋予新的内容，甚至把它提高到了存在本体论的高度。毫不夸张地说，"人诗意地安居"不仅是海德格尔的《诗·语言·思》一书的主题和极旨，而且是海德格尔晚期学说的秘义和依归。

人如何诗意地安居呢？我们的一切安居都包含着诗意吗？海德格尔问道。然而，这位迷恋黑森林的老者以他惯有的严谨精神提醒我们注意以下两点：第一，这里所说的安居远不是指拥有一个居所，第二，这里所说的诗意远不是指诗人的想象物。

那么，"人诗意地安居"，意味着什么呢？海德格尔强调，安居是以诗意为基础的，我们是通过安居来思考通常所说的人类存在。因此，这里所说的"安居"不同于通常所说的"居住"。按通常的理解，居住只能是人类行为的一种方式；我们在城里工作，住在城外，我们

① 本文载于《思路心语——生活世界的哲思》，汪堂家著，上海人民出版社，2011 年。——编者注

旅行，一会住在这里，一会住在那里。诗意则属于想象的领域，它飞翔于现实之上。但是，当荷尔德林谈到安居时，他的眼前总是浮现出人的存在的基本特征，并且认为诗意并不是附着于安居之上的装饰，也不是为了逃避大地，翱翔于大地之上。恰恰相反，人的安居越富有诗意，人就越趋于大地，属于大地，扎根于大地。所以，荷尔德林说，“满身功德，人诗意地安居在大地上”。

然而，海德格尔并不满足于重复荷尔德林的诗句。在他看来，“人安居在大地上”也意味着在天空下，在神面前，并且包含人的相互归属，因为天、地、人、神构成了不可分割的整体。“当我们说到大地时，我们已经说到了其他三者；当我们说到天空时，我们已经说到了其他三者；当我们说到神时，我们已经说到了其他三者”①。

人的安居意味着天、地、人、神的四重统一。这里的“天”是指什么呢？海德格尔说，天是太阳的穹形之路，是月亮盈亏轮回的行程，是星星四射的闪光，是年轮的季节变迁，是白昼的光明与昏暗，是黑夜的朦胧和闪光，是气候的和煦和严寒，是流云和以太的蔚蓝。

这里的“地”是指什么呢？海德格尔说：“地”是生命的源泉，是服役的承担者，它开花结果，撤遮岩石与水面，滋生植物和动物；“地”也是人安身立命的所在，它既是人的庇护所，又是人的出发点，更是人的归属。

这里的“神”是指什么呢？这里的神并非一般宗教意义上的神。海德格尔所说的神颇有老子所说的“道”的味道。当老子说“人法地，地法天，天法道，道法自然”时，他从自然中看到了天、地、人、道的统一性。对海德格尔来说，神是神性的召唤着的使者，神在露面和退隐时从神性的神圣统治中显露出来。人通过神性，归返内

---

① Martin Heidegger，*Poetry*，*Language*，*Thought*，tr. By A. Jbeert Hofstadter，New York：Harper & Row，Publishers，1976，pp.211-245.

心、倾听内心，从而自尊自爱；人通过神性提升自己，从而使自己崇高；人通过神性获得归属和依托，从而产生家园之感。

这里所说的“人”是指什么呢？海德格尔所说的“人”是具有超越性的存在物，是必有一死并意识到这种可能性的存在物，早期的海德格尔把这种存在物称为“亲在”（Dasein），因为他认为传统的“人”的概念并不足以反映人的特性。人不单单是理性的存在物，人还是有诗心和灵性的存在物。人是神的意象，神性是人的尺度。人以神性来测度自己时就跨越了大地与天空，人只有在这种跨越中才成为人，这就是为什么人可能粉饰这种跨越，阻碍这种跨越，抹去这种跨越，但决不能回避这种跨越。

人以神性来测度自己，由此，人既要生根于大地，又要超拔于大地。在此，人超越了自己的有限性而趋于“等生死齐万物”的境界。于是人在常驻的青春里留待，于超拔中获得灵性和诗意。可是，必有一死的人如何安居呢？

人安居于他们把神作为神来等待里。可是人的神性随着人的物化而沦丧了。但他们仍满怀希望地仰望着神性，企盼着神降临的暗示。他们既不应为自己制造神，也不崇拜偶像。在深深的不幸里，在无尽的期待中，他们指望着已被撤回的福祉的再次到来。

人安居于他们把自己的本性引入死亡能力的运用和实践中。把人引入死亡的本性绝不意味着制造作为空无的死亡，也不意味着使死亡成为目的，更不意味着通过对目标的泰然态度使其安居晦暗起来。“唯有人会死，而且只要他居留在大地上，安居在大地上，他继续不断地死。不过，他的安居却居于诗意中。”

在拯救大地、接纳天空、等待神性的过程中，安居作为对天、地、人、神四重性的四重保持而出现。保持意味着照看、操心、保护。但人如何使他们的安居成为这种保持呢？如果安居仅仅是居留在大地上、天空下、神面前，那么，人就不可能使他们的安居成为这种保持。

安居意味着与物共在。然而，与物共在包含着天、地、人、神的四重特性。安居通过把四重特性引入物性从而保持这种四重特性。人培植生长的物，并且建造并不生长的物。而培植和建造就是狭义上的筑居。

安居总是与建筑相联系的。海德格尔说，荷尔德林并未揭示这种联系。他在“安居、筑居、思想”一文中说，人只有已经筑居、正在筑居以及打算筑居时，他才能安居。筑居以安居为目的，但并非一切筑居都是安居。桥梁公路、电站都是建筑物，但不是居所，不过，这些建筑物属于我们安居的领域，这个领域涵盖了经过人手和人脑而创造的一切。今天的房屋也许设计得很好，就它们为人的安居服务而言，那些并非居所的建筑物仍然是由安居决定的。因此，在任何情况下安居都先于筑居。安居和筑居是作为目的和手段而相互关联的。但是，筑居并不仅仅是安居的手段和途径。筑居本质上已经就是安居。

从词源学上看，bauen，即筑居，原本就有安居的意思，现在动词 bauen 的真正意义，即“安居”已经丧失了，它一般用来表示筑居。当然，这里所说的筑居不仅指建造房屋，而且指珍爱与保护，耕耘与培植。其实，任何使人安居的富有诗意的创造都是筑居。海德格尔甚至说，我们可把诗的本性理解为使人安居，理解为筑居——一种特定的筑居。如果根据这种现象来看待诗意的存在，我们就真正触及了安居的本性了。

对诗人来说，作诗就是安居，因为诗人呼唤着天空的光明，大地的行程，四季的歌唱。在诗人的笔下，天地的联姻栖于春水，驻于果实馈赠的没救。在这果实里，大地的营养和天空的太阳相和合。天地就在水的馈赠中，酒的馈赠中，在物的物性中。然而，物性中有着生气灌注的灵魂，终有一死的人们以自己的方式与这种灵魂相沟通。神性的流连，人之梦幻，天地之归属结合为一，相互占有、相互映照、相互为用。这就是天、地、人、神的四重奏。

在海德格尔看来，如果诗人是诗人的话，他就不能描述天地的单纯现象。作诗并不是原始的构造建筑物意义上的筑居，它作为对安居维度的真正测度构成了安居的重要形式。作诗首先使人的安居进入人的本性，诗是对筑居的原始的接纳。人安居于筑居。只有当人学会了在诗意的测度上的安居时，人才能进行筑居。真正的筑居就是像诗人那样作诗。诗人测量着建筑物，测量着居所的结构。诗意确立了人的安居本性。诗意和安居不仅不相互排斥，而且相互归属，相互呼唤。

安居意味着避免危险和伤害，获得和平和安全，享受自在和闲适，领有神意和灵性。

现代人学会安居了吗？没有，远远没有。

一方面，我们的安居正受到房屋缺乏的困扰，即使不受此困扰，我们今日的安居仍要受工作的困扰、金钱的困扰、名利的困扰。当人们以为今日的安居能给诗意留下余地时，当他们把时间远远抛开时，他们至多把安居理解为饮食起居、上班下班和生儿育女的方式而已。

另一方面，大地，这个人的栖息之所已经百孔千疮。灰蒙蒙的天黑沉沉的地把人挟得喘不过气来，在无声的嬉戏背后舞动着血淋淋的双手。机械的程序和冰冷的房屋已把人物化了。于是，人性被开启，灵性却被遮蔽。物与物接近，人却与人疏远。在海德格尔眼里，这种西方工业文明的必然现象已使人前临火海，背抵深渊。对神性的背弃已把人从大地连根拔起，温暖恬适的家园已经满目悲凉。此时，人对自己、对自己所生活的大地岂不有一种陌生的感觉？

尽管如此，人生在世的怪诞却抹煞不了安居的诗意本性。诚如海德格尔所言，如果说安居没有诗意，那仅仅是因为它本质上是有诗意的，这就像一个人之所以被称为盲人，是因为他本质上必定是具有视觉的一样。一块木头绝不可能成为盲目的木头，人有诗意的本性，人才有可能作诗；人有诗意的本性，人才可能进入诗意的安居。

人如何学会诗意地安居呢？诗意地安居首先要像诗人那样诗意地言说。诗意地言说就是安居于语言，以语言为家，以语言为友。通过安居于诗意的语言，我们像筑居一样属于安居，虽然是以不同的方式属于安居。安居于诗意的语言不仅意味着学会诗意地言说，而且意味着学会诗意地倾听。海德格尔说，只有筑居和思想属于安居之时，人才会沉醉于诗意地倾听。不管房屋的缺乏多么令人担忧，安居的真正困境仍然在于人会不断探求安居的本性。人必须永远学习安居。人的无家可归就在于人尚未把安居的真正困境视为困境。

也许，海德格尔没有料到人会这么快地进入信息时代和太空时代。但在人有可能放弃地球之前，他还不得不安居在大地上。随着物的物化，人的人化，世界的世界化，人并不能自然进入诗意的安居。为了我们的安居，让我们随诗人一起咏叹和述说并从灵魂深处细细体悟这一咏叹的真正意义：

草原等待，
泉水涌出，
春风留驻，
向诸神祝福。

“手”的述说[①]

随着我手指受伤的经历渐成淡淡的印象，随着母亲送我远行时那双拭泪的手在我心中定格，随着父亲在寒冷的冬日里将我的小手放在他的心窝渐成温馨的回忆，随着姐姐为我缝衣时那飞针走线的手不时浮现在我的脑海，手虽偶尔激起我心中的隐痛，但多半唤起我对美好事物的遐想。从上大学的时候开始，手就一直是我思考的主题。我惊叹手的神奇并且不断追问：手对我究竟意味着什么？

这是一个不易回答的问题，但又是一个不断袭上心头并逼我回答的问题。按通常的理解，手意味着劳作，意味着艰辛，意味着亲情，意味着收获，但对我来说手更意味着个性与思想。德国哲学家海德格尔甚至说，不是思想决定手，而是手决定思想。如果我们了解手对于劳动的重要性，我们就不难理解“手决定思想”的精义。海德格尔说，“手提供与接收，但不限于物，手伸向他人并被他人所接收，手保持，手搬运，手画符号，手显示，这也许是因为人本身就是符号”。[②] 手是人固有的器官，也是人特有的器官。手不仅显示人的性别，而且成就了人的开放性本质。手打破旧世界并创造新世界。手几乎关联着人的社会性的一切方面。手不仅让我们做事与行事成为可

① 本文载于《出版参考》2010 年第 20 期。——编者注

② Matin Heidegger，*Unterwegs zur Sprache*，Pfullingen：Neske，1959，S. 51.

能，而且参与我们的对自然和人生的诉说与倾听。实际上，手上有乾坤，手里有世界，手里有生活的万千波澜，手里有人之为人的深层意义。正因如此，我们应当并且能够从“手”入手展开我们的思想。

有趣的是，法国思想家德里达一辈子都在关注海德格尔的手。他不但关注海德格尔的手稿或手迹，而且搜集了海德格尔的各种照片，研究海德格尔的手势，分析他手上发生的细微变化，连手纹也不放过。他甚至举办过题为“海德格尔之手”的照片展览并写过以此为题的长文。①那么，他为何如此关注海德格尔的手呢？答案也许在于，手代表着海德格尔的生活，一种靠手来展开的有思想的生活。然而，更加重要的是，“手”与“思”“言”“听”一起成了海德格尔思想的主轴。在众多哲学家中，尼采是最早拥有打字机的人，但他几乎不用；海德格尔也拥有打字机，但自己很少使用。其用意只有一个：在我们的手正遭到危害的时代里，他们想以此提示尽力保护手的自由的必要性。

手在何种意义上正在丧失自由呢？我想，问题恰恰在于人类正无节制地使用自己的手。今天，通过千万双手，我们正亲手把自己带入信息化的时代，这个时代使我们的生活越来越便利，也使我们越来越富足，与此同时，它也使一些贪婪的、看不见的手悄悄地伸向世界的每一个角落，伸向个人生活的每一个方面。但从本质上讲，这个时代仍是本雅明所说的机械复制的时代，是一个人们不由自主地失“手”的时代，甚至是一个“钱用人”而非人用钱的时代。在这个时代里，一方面是机械的“手化”，另一方面是手的机械化。机器本是手的附属品，现在，手反倒成了机器的附属品。于是，触目所见，是被各种机器抓住的手，是在流水线上单调操作的手，是在键盘上不停敲击的

① Jacques Derrida，“La main de Heidegger”，*Heidegger et la question*，Paris：Flammarion，1990，pp.145-172.

手，是被手机牵引着的手，是被老虎机咬住的手，还有在麻将桌上不断舞动的手。就连可怜的孩子们也被手边那表面上好玩，实质上会消磨其意志的“电子手”所操控。对此，我们不能不问，如何保护这些儿童的手呢？人类为什么在新技术的挑战面前一再失手或束手无策呢？

一种合理的解释是，我们缺乏自由自在的手，缺乏作为反思对象的手，缺乏让我们理智地与世界打交道的手，一句话，我们没有以合理的方式去运用自己的手。手是新技术的见证，但新技术并非总是得心应手。新技术的发展只有注入人性的因素并服从合理的定向才能有益于人的福祉。这时并且只有这时，手才能真正作为自主的手而出现。在工业化的过程中，手使标准化成为可能，但它也在这种标准化的过程中标准化了自身。只要我们的工业化不能实现由标准化向个性化的转变，我们的手就将停留于机械状态。在这种状态中，千篇一律成了我们这个时代的标志，追求同质性成了很多人不自觉的诉求并且被“狡猾的理性”名之为时尚。与此相应，本可显示人的个性的手写活动被敲击键盘的刻板动作所代替，写字对于长期使用电脑的人来说越来越成为一种苦事，提笔忘字越来越成为一种普遍现象，传统意义上的写信如果说没有消失，至少是越发稀少了。因此，每当我收到朋友手写的短笺，我总是感到亲切与温暖，因为它让我感到手的存在、心的真切、情的激扬。我把它看作“手写时代”的恋歌和“键盘时代”的警示。

键盘时代向我们警示什么呢？它不是让每个人一显身手吗？的确如此。它在推动人类的进步时也警示我们：它让遥远的人变近，也让邻近的人变远；它不断让人由牵手走向分手；它通过不断地煽情而造就了一双双在欲海中求救的手；它还不断通过虚拟的手来代替真实的手，但它比任何时候更让人在心中渴望援手；它让人们发泄个人的怨恨，但也通过这种发泄而制造集体的怨恨。如果说怨恨是要求解放的先声，那么，当我们对怨恨也开始怨恨时，手的叛逆便开始出现了。我们很难想象，在键盘时代我们对他人和自己的信任竟然如此之低，比如，以按手印来确保我们的承诺，以验指纹来辨别我们的身份，以看手相和星座来消除我们的不安，以大脑的“联网”来代替面对面的交谈。事实上，我们有上承悠远的历史，下启开放的未来的手。凭着这样的手，我们在危机中寻找希望，在期待中制造期待。我们期待少些第三只手，少些贪婪的手，少些肮脏的手；我们希望多些行善的手，多些积德的手，多些正义的手。

然而，说起手，我们还不能不提到手艺的失传。在机械化大生产之前，手艺一直决定着我们的生活方式和社会组织方式。尽管一些见物不见人的文化史家只关心手艺的结果，而不关心手艺的过程，以致手艺史（如，木匠史、石匠史、铁匠史）常常被排除在文化史之外，但我们必须千百次地问：没有手艺，何来宫殿？没有手艺，何来长城？没有手艺，何来广厦？没有手艺，何来器具？没有手艺，何来诗意的安居？手艺是心灵的诗篇。真正的手艺抵制复制。真正的手艺人实现了“几何学精神”与“敏感性精神”的统一。他将天地的大美以个性化的方式展现出来。可今天，许多手艺已经败坏了，消失了。我们拿什么去拯救即将失传的手艺呢？答案只有一个：拯救我们的手。

“问”之追问[①]

我们几乎天天发问，但对“问”本身很少过问或几乎不加追问。面对人世间各种各样的“问”，我们不得不问，这些“问”有没有共同的结构？问之所问究竟是由什么决定的？发问者的意向与发问的性质具有何种关联？设问的方式如何影响人们的理解以及问本身的有效性？不同类型的问如何反映出发问者与世界和他人打交道的不同方式？不管是以理论化的方式介入世界还是以实践的方式改变世界，只有具备对“问”的自觉才会把我们引入对上述问题的追问。这种就“问”本身而进行的追问是哲学之问不同于其他追问的特点之一，因为哲学之问首先是以超乎寻常的方式“对超乎寻常的东西作超乎寻常的发问”（海德格尔语）。

我们问“为什么要问为什么”以及问“问的一般性质和结构”不就是对超乎寻常的东西做超乎寻常的发问吗？海德格尔说：“任何发问都是一种寻求。”既然发问是发问者的活动，“所以发问本身就具有存在的某种本己的特征”（海德格尔《存在与时间》第 2 节）。按我的理解，喜欢发问本是人的形而上的本性。而一切发问之所以是一种寻求，乃是因为发问都带有某种意向性，它不但显示发问者对认识的兴趣，而且把将要认识之物或问题所及之物带到眼前。问是对问之所问

① 本文载于《中国社会科学报》2010 年 6 月 8 日。——编者注

的尝试性设置，所以，“问”带有某种探索性。发问者既寻找问的对象也期待对问的回应。不管我们是扪心自问，还是向他人发问，或是做“把酒问青天”式的问，问与问的对象总是同时显现的，不管此一对象是清晰还是模糊。从“只是问问而已”到对某人、某物和某事的细细打听，莫不如此。

然而，是什么东西规定了问之为问呢？毫无疑问，发问包含发问者、问之所问以及问的情境构成的三重因素。发问者的知识、发问者的洞察力和发问者的动机决定着问的深度和问的意义，但只有当发问者对问之所问具有明确的意识时，问才具有针对性和透彻性。虽然我们有时只是泛泛地问或随随便便地问，但我们已把自己置于试问或探问之中了。当我们对某某发问并就某某发问时，问的真切性、确切性和具体性才得到了规定和展开。在大部分情况下，问隐含着“未知”并期待此“未知”转化为“已知”。用现象学的语言说，这个“未知”在“问”中还只是一种“空的意向性”，问之所问，即问的内容，则是发问者的意向对象。但真正说来，只有当问之所问得到了恰当的回答，那种空的意向才得到充实和实现。问中有不确定的意向性。开放性和悬而未决性构成了问的重要特征。虽说偶尔有明知故问的事情发生，但在大部分情况下发问者在发问之时是不知道问的答案的。问的深浅是由发问者的洞察力决定的，而问的范围是由发问者的眼界和知识决定的。

虽然答非所问的事不时出现，但我们能够知道有答非所问的事存在，不也恰恰说明“问”仍然是“答”的基准吗？对“答”的关切让我们不断关心问之所问。何为问之所问？问之所问是问的内容。这种内容是通过发问活动展现出来的。在此，我们仍然要问，答非所问是如何发生的？这个问题把我们引向对“问”的理解。答非所问有三种情形：第一种对问之所问本身未曾理解，第二种是理解了，但故意避而不答；第三种是对问有所理解，但没有能力作出回答。

大体说来，“问”不仅引导着“答”，而且先行决定着答的性质、答的可能性、答的广度和深度。这就意味着我们不仅要多问，而且要善问，因为有深度的问是为有学问、有思想和有水平的人准备的，是为有准备的头脑准备的。几乎所有的科学活动都是从问开始的。但科学之问不仅是尝试性、探索性的问，而且是把我们引向特定原理和特定发现的问。这种问与日常习见的问的区别就在于，前者是要求“知其所以然”的问，因而是“问其所以然”，而后者只是要求“知其然”的问，因而是“问其然”。如果说后者只问浮表，前者则欲通达事物的实质与核心。

黑格尔之所以说“熟知并非真知”，就是因为“熟知”只停留于浮表，而不能把握事物的本质与核心，没有创造性的人或思想的懒汉要么不愿问，要么不深问。即便这类人偶有所问，那种问也多半属于缺乏深思的问或不着边际的问。虽然后者对培养人的想象力不可或缺，但科学活动中的问是把人引导到新发现、新发明和新思想的问，是能问出新视野、新天地和新境界的问。在此，发问出于好奇而不止于好奇。

从发问中，我们大抵能看出发问者的水准、旨趣和个性。当今教育的最大弊端之一便是扼杀了学生对问的兴趣与热情。对儿童的好奇心的损害莫过于对其自由发问的忽视与限制。作为率真的发问者，作为无所顾忌的发问者，作为真正自由的发问者，儿童几乎无所不问。他们的问虽然不一定是穷根究底的问，但他们的问常常是富有想象力的问。他们在天性上的自由自在的问蕴含着探索的原初动力，也是一切自由之胚芽，但装作什么都懂的成人要么出于对自身权威的不自觉的维护，要么出于害怕承认无知，要么出于没有能力回答儿童的提问而消极地对待他们的问，甚至在被问得感到厌倦或无法招架时粗暴地打断他们的问。由于不敢问或觉得问了也是白问，儿童变得不再有问的热情。但要培养人们的探索精神首先就是要让人学会发问，并且要学会既涉及“知其然”又涉及“知其所以然”的深问。爱因斯坦之所以说提出问题比解决问题更为重要，正是因为他看到了问对于科学探索的引导作用。希尔伯特的二十三个数学之问及由此“大问”引申出来的无数“小问”引领着数学的重大发展就是问之先行性、引导性和定向性的明证。从某种程度上讲，一部数学史乃至科学史就是一部发问史和解答史。

不过，发问的重要性并不限于科学。人类生活的一切领域都离不开问。一方面，民主时代的社会生活总是离不开疑问、质问和拷问，并且这样的问最终要落实到问责上来。另一方面，我们要避免成为野蛮人，就要发展文化事业，这样一来我们就不得不“做学问”。我们在“道问学”中，在对话和讨论中不断设问，我们问学于人或充当他人的顾问，我们在司法工作中进行讯问或审问。凡此种种无不以直观的方式凸显着问的重要性。但在各种问中，有些问只是浅尝辄止式的问，有些问则是打破砂锅问到底式的问；有些问只是一时涌上心头的即兴之问，有些问则是不断困扰我们的源远流长的问。为了获得信息，人们每每询问；为了进行辩驳，人们常常反问；批判性的思维总是表现为疑问；为了进行调查，人们精心设问；为了评估，人们进行拷问；等得不耐烦的时候，人们催问；盛气凌人的时候，人们逼问；可我们今天非常缺乏的是问寒问暖式的问。

问寒问暖式的问是以问的方式表达出来的关切，因而是最有人情味的问，是最切近人性、最切近亲情并让人产生兴味的问。心中有爱的人总少不了这样的问。即便这样的问在某些时候带有礼仪的性质，它也总能激起美好的感情。假如人世间缺乏这样的问，我们的社会将何其冷漠？无论如何，问寒问暖式的问是人世间最美好的问，几乎每个人都指望有这样的问并随时准备对这样的问作出积极的回应。亲情、友情和爱情不就通过这种亲切的问而变得温暖吗？所以，洞悉人性的人总是从这种问中获得力量，因为这种问不但消除误解和隔阂，拆去人与人之间不时存在的高墙，而且使人从孤独、痛苦和困局中超拔出来，与其他类型的问不同的是，问寒问暖式的问的主要价值不在于问的内容，而在于问的过程本身。唯其如此，人们不仅期待这样的问，而且享受这样的问。这种问所传递的不是知识，而是情感。它代表着亲和性本身。

问还关乎自由与平等。之所以如此，是因为发问者总是具有社会角色的人，发问者与可能的被问者处于就如何发问和如何回应进行不断定位的社会关系中。发问的语气、发问的态度、发问的内容和发问的情境都受社会角色的影响。一个人与另一个人的关系的亲疏远近常常影响到他们之间的发问方式。在一个不平等的社会中，发问是大受限制的，社会甚至为人们的发问设置了很多禁区。比如，一个仆人就被安置在不能随便向主人发问的地位上。问这问那轻则被视为多管闲事，重则被视为心怀叵测。在一个崇尚权威的社会中，发问的不自由是人们最初遭遇的不自由，这种不自由一方面是压抑性社会机制造成的，另一方面是由发问者缺乏勇气造成的。不能公开发问是人不能公开运用自己的理性的基本表现之一。由于不容发问是不容争辩的开始，我们要继承康德的事业，完成未完成的启蒙，就不得不倡导公开发问的自由。只能赞美性地问而不能批评性地问乃是一切崇尚权威的社会的共同特征。乐于回答赞赏性的问而害怕别人提出疑问和质问是所有权威不肯放弃其权威的基本表征之一。

权威既是自身造成的也是公众造成的。如果说包含公正意志和维护公共利益的权威是维护社会秩序必不可少的，那么，在学术领域对权威的盲从则常常窒息自由探索的精神，它对所有学术研究的损害首先表现在对自由发问的损害上。时下我国科学界热烈讨论的“钱学森之问”之所以有意义，是因为这一问问出了在我国进行新的启蒙的重要性。

追问生命意义的哲人（代编后记）

吴　猛

汪堂家先生走了，这个世界为自己合上了一扇灵秀的心窗。先生是在2014年江南四月的春日里静静地离开这个世界的，一如他在21岁时独自一人静静地从安徽来到上海求学，一如他三十一年来静静地在复旦读书、教书、写书。

先生1962年5月出生于安徽省太湖县，早年就读于安徽劳动大学政治系，后转入安徽大学哲学系。在钱广华等老一辈哲学学者所培育的浓郁学术氛围中，他很早就立志以哲学理论研究为业。在大学时期的老师们眼中，先生是一个废寝忘食地读书、对西方哲学有着特殊偏好的聪明而瘦弱的学生，他曾因读书过于刻苦而病倒，并不得不下决心“正确处理体育锻炼和学习的关系”。大学四年对先生影响最大的课程是讲《小逻辑》。黑格尔引领先生走入了美妙的哲学世界，而《小逻辑》更是伴随他走完人生之路的挚友。这本令他“百读不厌”的书，他一生读了不下五十遍。先生以他的第一篇学术论文《论相互作用》向黑格尔致敬。

安徽大学毕业后，先生考入复旦大学哲学系读研究生，随后留校任教。在复旦大学所接受的学术训练大大拓宽了他的学术视野。他不仅继续关注德国古典哲学，而且将目光投向了法国哲学；不仅阅读近代法国哲学家如笛卡尔的作品，而且也对梅洛-庞蒂、德勒兹、福柯等当代法国哲学家感兴趣。法国哲学因素的引入，是先生学术发展道路的重要因素。法国哲学的敏锐灵动和德国哲学的精细缜密，都是先生所深深喜爱的，而德法哲学的相互接受史也顺理成章地成为他日后学术研究的基点。他的博士论文《心灵的反观自照》（出版时题目改为“自我的觉悟——论笛卡尔与胡塞尔的自我学说”）试图将笛卡尔的自我学说和胡塞尔对笛卡尔这一思想的继承和改造作为两条交织在一起的线索，以此出发探讨西方主体主义的流变及其困境。这篇论文是上世纪90年代初国内西方哲学研究的重要成果，著名西方哲学史家陈修斋先生曾赞之为“别开生面、令人耳目一新”之作。即便从现象学已成为中国学术界的显学的今天来看，该书对胡塞尔现象学的全面把握和清晰阐述也是令人叹服的；而先生通过对笛卡尔的研究，更是跻身国内一流的笛卡尔专家之列。

不过先生的志向显然并不是仅仅成为一位出色的哲学史专家。他对西方主体主义流变史的研究所得到的结论是，西方哲学唯与中国哲学“融合”，方可解决近代以来西方哲学所遇到的问题。这一结论本身当然有黑格尔辩证法的痕迹，但这里更多地体现出先生的根本问题意识：他所关注的其实并非一个“哲学史问题”，而是一个“哲学问题”——生命的意义。西方主体主义只是从认识论角度理解人与自然的关系，这不仅造成了主客二元对立的理论困局，更使生命意义问题成了无解的难题。对于十三岁就痛丧慈母、性格极为敏感的先生来说，不能解答生命意义的问题，不啻宣布哲学是无意义的，而这于坚信哲学具有“以道证物”和“以道观物”功能的他来讲又是不可接受的。

所谓“以道证物”，是指哲学的本性在于求道，即为宇宙万物和社会、人生寻找大根据、大道理；而“以道观物”，则是说哲学所求之道能使物变得通明透亮、使人变得洞明事理。正是由于持有这种哲学观，先生一生的哲思不囿于作为学科的哲学（更不用说作为“某哲”的“二级学科”了），而是还涉及社会学、政治学、语言学甚至文学等诸多领域。而就哲学领域来说，他的工作又涉及近代西方哲学、当代法国哲学、当代德国哲学、实用主义、伦理学等方面，具体说来，17 世纪形而上学、18 世纪启蒙哲学、法国现象学运动、应用现象学、德国建构主义、哲学诠释学、杜威哲学、生命—医学伦理学和元伦理学等都曾是先生挥汗耕耘过的园地，如果我们在这些园地驻足，马上能体会到一位追问生命之意义的当代中国哲人驰骛于其中的神思。对于一位肉体生命的年轮永远定格在五十二岁的英年早逝的哲人来说，这些工作已足够清晰地勾勒出一幅宏大的思想图景。所有这些研究，都是先生为通达自己的哲学理想而垒砌的台阶。

通过对近代西方哲学史的研究，先生坚信以确实性为目标的主体主义哲学不仅无法实现理论上的自洽，更会将思维引入困境。他将现代西方哲学视为走出这一困境的努力。以德里达为代表的解构主义、以米特尔斯特拉斯为代表的建构主义、以利科为代表的诠释学、以杜威为代表的实用主义，正是上述努力的四种典型方式，或者说，四者提供了走出主体主义的四条道路。先生与这四种思想的相遇，或许是出于种种机缘巧合，但这些相遇却又如此巧妙地被整合入他的哲思之旅，堪称“有所思而无定法”。

有理性的生命总是生存于一个文化世界，这个世界与自然世界的一个区别在于它由各种概念构成，因此生命要理解自身和世界，首先遭遇到的就是这些概念。如何理解概念？正是在这里，德里达的解构主义理论出场了。先生聚七年之功迻译德里达的重要著作《论文字学》，并在随后出版了《汪堂家讲德里达》一书，这两项研究呈现了解构主义的基本工作方式。他将解构主义视为一种阅读方式，其价值在于打破文本“意义”的僵死性，或者说，揭示新意义的不断生成性。这一方法被先生借鉴来进行概念史的微观研究。他对“文化”“进步”“启蒙”“后现代”“记号”以及“死亡”等概念的研究所试图展现的，正是这些概念的意义的不断生成的过程。

然而人生在世，除却概念，我们还不得不时刻与这个世界中存在的各种认识形式、制度形式和道德形式相交接，在这个现代性统治的世界里，如何理解和把握这些形式？先生于 1996 年到 1998 年赴德国康斯坦茨大学访学，师从当时的德国哲学协会主席米特尔斯特拉斯，而后者透过科技史的视角对文化世界的独特理解正好构成了对上述问题的回应。米特尔斯特拉斯将人的世界理解为符号之网的世界，而这一世界乃是理性的人的构建的产物。建构主义对于文化世界中各种现存形式的前理论追问，特别是对于这一世界中的人的位置的追问，为先生进一步思考生命的文化意义的生成问题提供了对话对象。这一对话所产生的两个重要结论是：文化形式固然展示了人类共有的理性能力，但这一能力体现于多样性文化的交流之中；当代科技进步所陷入的悖论唯有通过“伦理的定向”方可获得解决。

有理性的生命对于自己以及自己寓于其间的世界的追问，总要借助语言，然而以话语形式存在的语言作为符号如何能越出自身直抵世界本身？通过对于利科的隐喻诠释学所做的研究，特别是翻译《活的隐喻》，先生发现了隐喻这一形式。利科认为隐喻不仅具有修辞学的意义，更具有本体论的意义和认识论的意义，因为隐喻通过“词义替换”在语词与语词之外的“世界”之间建立起了某种联系。而先生则进一步指出，隐喻能以一种“准逻辑”的方式传达“本源的真实”。他甚至将以隐喻的方式说话视为人的“形而上的本性”，而这一方式总是将人引入使用隐喻语言的原始经验之中，使人产生求知、学习和交流的欲望。

“原始经验”这一概念马上令人想到古典实用主义者特别是杜威的“经验”概念。杜威是先生生命中最后几年间重点研究的思想家。先生对杜威思想的关注，与后者的“经验形而上学”同自己问题意识的密切联系有关。如何理解生命过程中的原始经验？先生在自己的研究中形成了一系列与杜威的对话。先生探讨了杜威在道德经验、审美经验、科学探究、教育实践等方面对经验的理解，他着重关注的是杜威对于人在心理—物理事件中为自身所经验的东西赋予意义和价值的方式的探讨。先生生前担任刘放桐教授主持翻译的《杜威全集》中文版的常务副主编，为这一迄今为止国内西方哲学经典的最为浩大的翻译工程殚精竭虑。他在 2008 年赴美国从事富布莱特学者研究期间，查阅了大量档案，通过研究和翻译的工作，找到了英文原版《杜威全集》的一些错误和不足，并根据新发现的手稿寻获到一卷没有包括在英文版之内的杜威著作。他曾鲜有地公开表露自己的抱负，要编出一套比英文原版内容更充实的《杜威全集》。斯言尤存，斯人已去，岂不痛哉!

在其一生中，先生虽更多地从事西方哲学研究工作，但他的伦理学研究无疑更能直接体现他对于生命意义的执着追问。他早在 1989 年就完成了一部题为《死与思》的著作（因故未能出版），从哲学角度对死亡问题进行了深入而细致的思考。他对于自杀、安乐死、基因技术和器官移植等问题的探讨文章，可谓篇篇精妙、字字珠玑。他甚至还通过担任上海肺科医院医学伦理委员会委员，将自己的理论思考与医疗实践结合起来。在元伦理学方面，先生的工作也颇引人瞩目。比如他在道德情感问题的研究中借助现象学的方法建立起一门“道德情感现象学”，其中对于作为“第三自我”的良心的分析，被沈铭贤先生誉为“既完备又优美”。

先生坚持认为，语言中潜存着生命的根基和热情，它使我们得以“栖身”和感到“自在”。鉴于全球化下的现实制度形式越来越多地阻碍而不是推动文化的多样性，作为一位中国哲人，他始终秉持一个梦想：让哲学讲汉语。尽管他研究的对象大部分是法、德、英等西文著作，但这毫不妨碍他娴熟地运用汉语阐述他的哲思。他所表达的思想，无不清晰、明澈，丝毫没有所谓“欧化语式”。他的一些学术作品甚至可以当作散文来读。而他的文化随笔集《思路心语》所体现出的文学成就，也绝非一般的散文家可与比肩。或谓“译事无止境”，但先生所翻译的《论文字学》《活的隐喻》以及《乱世奇文——辜鸿铭化外文录》等无疑已成为当代西学译著中的经典之作，而这一成就之获得，正是源于他对汉语言文字的高超把握能力。先生虽以西方哲学研究专家名世，但他的中学功底也相当深厚。他所翻译的辜鸿铭著作，其中涉及不少中国典籍，从西文回翻为古汉语原文难度很大，但他都能从容应对，而这一工作也受到了向以严苛著称的朱维铮先生的赞扬。

就思想而言，先生是彻底的理性主义者：凡事必求其理据，万物皆备于我心。而他所理解的肉体生命，却到处经历冲突和矛盾，因而充满痛苦。因此他的哲思的一个“功用”，即为引导生命理解痛苦，走向自由。他将卢梭的名言“人生来就是自由的，但无所不在枷锁中”，改为“人生来就在枷锁之中，但无所不在对自由的向往”。在他用通常哲人少有的优美而飘逸的笔触构造出一个丰富而璀璨的“心造的世界”时，我们不能忘记，先生其实归根结底是从精神的角度理解生命的。在他看来，生命“只有在最终离开现象界的时候才能把握现象界，才能给世界赋予意义和价值”。

在本文选中，我们将先生的全部著述分为十个主题，分别为“哲学总论”“死亡哲学研究”“近代西方哲学研究”“德法哲学相互接受史研究”“现象学研究”“德里达和后结构主义研究”“建构主义研究”“利科与诠释学研究”“杜威与实用主义研究”“伦理学研究”，在每个主题下分别选入两至多篇代表性文献，以期将先生一生的学术工作比较全面地呈现给读者。除了上述十个体现先生学术工作的主题之外，鉴于随笔是先生的思想事业中不可或缺的一部分，我们还选了一组有代表性的学术随笔。本文选所涉及的文章时间跨度近三十年，一些概念的表述有不完全一致之处，为了不破坏每篇文章的原初面貌，我们保留了这些差异。同时，为了体例的一致，我们对本书的注释做了形式上的统一化处理。本书的注释，若非编者特别标明，皆为先生原文所加。

本书的出版，有赖于复旦大学哲学学院的鼎力支持，衷心感谢林晖老师为本书的出版所给予的帮助，并谨向孙向晨老师和袁新老师的推动致以诚挚谢意！本书的编选承蒙石永泽、李知倚和雷哲等师兄弟搜集或提供了先生的相关文献资料，张润坤、袁珠、毛成玥和牛小雪等同学录入了本选集的文字，另外，张生、汪堂峰、王卓娅、张奇峰、孙宁、曾誉铭、郝春鹏、梁豪、莫斌、高来源、董山民等兄弟姐妹在编选内容上提供了宝贵的意见，和新风校对了书稿，在此一并致谢！最后，要感谢上海人民出版社的赵伟编辑为本书的出版所付出的心血！

图书在版编目(CIP)数据

理性、生命与世界:汪堂家文选/汪堂家著;吴猛编.—上海:上海人民出版社,2019
(日月光华·哲学书系)
ISBN 978-7-208-15242-7

Ⅰ.①理… Ⅱ.①汪… ②吴… Ⅲ.①哲学-文集
Ⅳ.①B-53

中国版本图书馆 CIP 数据核字(2018)第 128170 号

责任编辑 赵 伟
封面设计 小阳工作室

日月光华·哲学书系
理性、生命与世界
——汪堂家文选
汪堂家 著 吴 猛 编

出　　版 上海人民出版社
(200001 上海福建中路 193 号)
发　　行 上海人民出版社发行中心
印　　刷 常熟市新骅印刷有限公司
开　　本 720×1000 1/16
印　　张 29.25
插　　页 6
字　　数 372,000
版　　次 2019 年 10 月第 1 版
印　　次 2019 年 10 月第 1 次印刷
ISBN 978-7-208-15242-7/B·1338
定　　价 98.00 元

“日月光华·哲学书系”书目

第一辑

01 《马克思早期思想的逻辑发展》 吴晓明 著

02 《熊十力的新唯识论与胡塞尔的现象学》 张庆熊 著

03 《思想的转型——理学发生过程研究》 徐洪兴 著

04 《阳明后学研究》(增订本) 吴震 著

05 《罗蒂与普特南：新实用主义的两座丰碑》 陈亚军 著

06 《从启蒙到唯物史观》 邹诗鹏 著

第二辑

07 《实践与自由》 俞吾金 著

08 《马克思主义经济哲学及其当代意义》 余源培 著

09 《西方哲学论集》 黄颂杰 著

10 《现代西方哲学纲要》 张汝伦 著

11 《差等秩序与公道世界——荀子思想研究》 东方朔 著

12 《孟子性善论研究》(再修订版) 杨泽波 著

第三辑

13《资本与历史唯物主义——〈资本论〉及其手稿当代解读》孙承叔 著

14《中国哲学论文集》李定生 著

15《焦循儒学思想与易学研究》陈居渊 著

16《承认·正义·伦理——实践哲学语境中的霍耐特政治伦理学》王凤才 著

17《科学技术哲学论集》陈其荣 著

18《唯物论者何以言规范——一项从分析形而上学到信息技术哲学的多视角考察》徐英瑾 著

第四辑

19《潘富恩自选集》潘富恩著

20《休谟思想研究》阎吉达著

21《理性、生命与世界——汪堂家文选》汪堂家 著 吴猛编

22《从理论到实践——科学实践哲学初探》黄翔、[墨西哥]塞奇奥·马丁内斯 著

23《不丧斯文：周秦之变德性政治论微》李若晖 著

24《心智的秘密：论心智的来源、结构与功能》佘碧平 著